Treasures for Scholars Worldwide

廣州圖書館藏珍本叢刊・可居室藏書系列

廣州圖書館　主編
蔡曉絢　李鶯鶯　丁　玲　編著

廣州圖書館藏
可居室文獻圖録
（增補版）

Guangzhou Tushuguan Cang
Kejushi Wenxian Tulu
（Zengbuban）

GUANGXI NORMAL UNIVERSITY PRESS
广西师范大学出版社
・桂林・

圖書在版編目（CIP）數據

廣州圖書館藏可居室文獻圖録：增補版 / 廣州圖書館主編；蔡曉絢，李鶯鶯，丁玲編著. —桂林：廣西師範大學出版社，2017.4
ISBN 978-7-5495-9575-4

Ⅰ. ①廣… Ⅱ. ①廣…②蔡…③李…④丁… Ⅲ. ①地方文獻－古籍－廣州－圖録 Ⅳ. ①G256-64

中國版本圖書館 CIP 數據核字（2017）第 040249 號

廣西師範大學出版社出版發行
（廣西桂林市中華路 22 號　郵政編碼：541001
網址：http://www.bbtpress.com）
出版人：張藝兵
全國新華書店經銷
桂林廣大印務有限責任公司印刷
（桂林市臨桂縣秧塘工業園西城大道北側廣西師範大學出版社集團有限公司創意産業園　郵政編碼：541100）
開本：787 mm × 1 092 mm　1/16
印張：26.25　　字數：530 千字
2017 年 4 月第 1 版　　2017 年 4 月第 1 次印刷
定價：288.00 元

廣州圖書館藏可居室文獻圖錄

王貴忱謹題

廣州圖書館藏珍本叢刊·可居室藏書系列

主　　編：廣州圖書館

編　　著：蔡曉絢　李鶯鶯　丁　玲

學術顧問：王貴忱　王大文　林　鋭

編　　委：方家忠　羅小紅　蔡曉絢　袁興薇

前　言

歷代藏書家爲古代典籍的保存與流傳、歷史文化的繼承與發展作出了不可磨滅的貢獻。藏書家多自編藏書目録，以清點和展現個人的收藏情況，許多珍貴典籍的重要信息亦藉之得以保存。廣州圖書館作爲一個公藏機構，多年來也以傳承歷史文化、保護人類文化遺産爲己任，不遺餘力引進各方文化典籍，努力保護與開發各種文化資源。

“可居室”爲王貴忱先生書齋名。先生學問淹貫，富於收藏，是當代嶺南文史學界不可多得的一位通才式人物。其學術研究博涉文獻、古泉、金石、歷史、考古、書畫藝術等多個領域，所藏圖籍、錢幣、金石、書畫等蔚爲可觀。今由廣州圖書館收藏的可居室文獻，主要包括古籍、名人手稿等，其中以形成系列的龔自珍著作及相關文獻、張之洞手札、廣東地方文獻等最具特色。

《廣州圖書館藏可居室文獻圖録（增補版）》著録廣州圖書館收藏的可居室文獻，以專書圖録的形式展示王貴忱先生歷年來所珍藏的舊籍，這既是廣州圖書館對藏書家收藏保存歷史文化典籍功績的肯定與重視，也是圖書館作爲公共文化機構所擔當的歷史文化傳承使命的履行。

本書包括圖録、書目和附録三大部分。其中圖録部分收録文獻 165 種，以古籍爲主（除 6 種民國文獻外，均爲古籍），每頁據各書版本特徵選圖一至六幀不等；書目部分收録民國文獻 162 種，著録諸書基本信息；附録《可居室學述》，是廣州圖書館特爲王貴忱先生撰寫，主要記述先生的收藏成果、學術成就與交游情形，載録了先生爲歷史文化典籍的保存、整理與研究作出的突出貢獻。

《廣州圖書館藏可居室文獻圖録（增補版）》的编寫，首先要感謝王貴忱先生對廣州圖書館古籍建設與整理、開發工作的悉心指導，同時也要感謝林鋭先生給予的全力支持。在《可居室學述》的撰寫過程中，王貴忱先生、王大文先生、林鋭先生惠借許多寶貴資料，悉心校閱全稿；暨南大學歷史系馬明達教授提出寶貴建議；中山大學中文系黄仕忠教授給予細緻的修改意見，在此向諸位先生致以深深的敬意與謝忱。圖録以廣州圖書館已有的可居室文獻書目數據爲依托，古籍編目組同事的編目工作，爲圖録的編著提供了良好基礎；技術部的同事協助拍攝和編輯書影，在此要衷心感謝他們的劳动与付出。

《廣州圖書館藏可居室文獻圖録（增補版）》是在 2012 年 1 月已出版的《廣州圖書館藏可居室文獻圖録》基礎上修訂增補而成。在内容上修訂了之前版本的錯謬不當之處,新增了十種古籍圖録及一種民國書目,且對附録《可居室學述》第五部分“著述繫年”2012 年至 2016 年期間學述内容進行了增補;在形式上,開本更爲闊大、美觀,排版更爲合理，尤其是對圖録書影的呈現更爲清晰。此次增補是對廣州圖書館藏可居室文獻更完善的體現，是爲閱者提供更爲賞心悦目觀感的另一版本。

限於篇幅與編著者的學識，本書恐難以完全凸顯可居室藏書之旨趣，也難免有錯漏之處，企盼方家教正。

目　　録

编　例

一、收録範圍

收録廣州圖書館藏王貴忱先生可居室重點文獻，圖録部分165種（其中，明清圖録159種，民國圖録6種），書目部分162種。

二、編製規則

1. 圖録部分圖文混排，書目信息之後附書影若干。

（1）書目信息的著録，主要依據《古籍著録規則》（GB3792.7–87）和國家圖書館2005年出版的《中國文獻編目規則（第二版）》（第四章 古籍），并結合文獻特點來進行著録。

包括題名、卷數、責任者、版本信息、載體形態、叢書信息以及附注説明等。

附注説明包括：

A. 題名與責任説明附注，包括正題名非取自卷端時的來源説明，責任者的不同説法等；

B. 版本與書目史附注，包括批校題跋、行款、避諱、印章、特別用紙、僞改、版框尺寸等；

C. 出版發行附注，包括牌記、校勘者、刻工、藏版地點、有代表性序跋等；

D. 載體形態附注，包括存佚、配補等；

E. 裝訂附注，包括改换裝訂方式的説明；

F. 相關題名附注，包括非選取爲正題名的封面題名、扉頁題名、版心題名、書根題名以及其他題名説明；

G. 知識責任附注，文獻責任者的附注，如作者簡介等；

H. 内容附注，包括文獻的組成部分或叢書子目等；

I. 提要或文摘附注，當爲稿本或抄本或某些重點文獻時，增加文獻内容介紹。

J. 現有複本附注，對同版本的善本古籍在《四庫全書總目》、《中國古籍善本書目》

等的收録情況説明。

（2）書影部分，每種文獻古籍選圖一至六幀不等，以最能反映該書的版本特徵爲選圖原則。

一般選取卷端、扉頁、牌記、刻書題記、相關序跋、批校題跋或有著名藏書家印章等葉，有裝幀特色的古籍，也會適當選取反映特色裝幀的書影。

2. 民國書目部分，書目信息的著録依據和著録内容參照“圖録”部分的書目信息著録規則。没有書影。

三、分類與排序

以《中國古籍善本書目》的分類體系“經、史、子、集、叢”五大部類進行排序，同類者以責任者時代先後爲序，同一種書有多個版本時，以刻書出版時代先後爲序。

四、索引

包括書名與著者的拼音及筆畫索引。

明清圖録·經部

0001 詩輯：一卷 /（清）李應鴻撰；（清）李宗顥輯 .-- 稿本 .-- 1 册

10 行，字數不等，小字雙行不等，白口，四周雙邊，匡高 13.3 厘米，寬 12.7 厘米。

盧子樞題封、題記。正文有多處著者塗改、添加痕迹。天頭有著者墨筆手書小字注。朱墨筆點讀。書中另夾有附件《李煮石書陳尊齋墓誌銘稿》一張。稿本在流傳過程中有重新裝釘，首兩葉有缺損，内容缺失較嚴重；其他部分葉面亦有個别缺字情況。

李應鴻（1830 ~ 1894），廣東南海人，字翰卿，號翥雲，清同治六年（1867）丁卯科舉人，戊辰科（1868）進士。官至榆林縣知縣。

李宗顥（1862 ~ 1921），李應鴻之子，清末金石學家、版本目録學家。字煮石，號邵齋、夷白等，别號憒石生。幼隨父至長安，訪古都各處，喜愛金石，終日以鑒賞金石自適。長於考據，精治古書版本，通目録學。

是書爲李宗顥輯録其父李應鴻對《詩經》諸篇詩歌所作題旨與注解。

鈐印有“子樞”、“盧子樞”、“乙巳元吉”等。

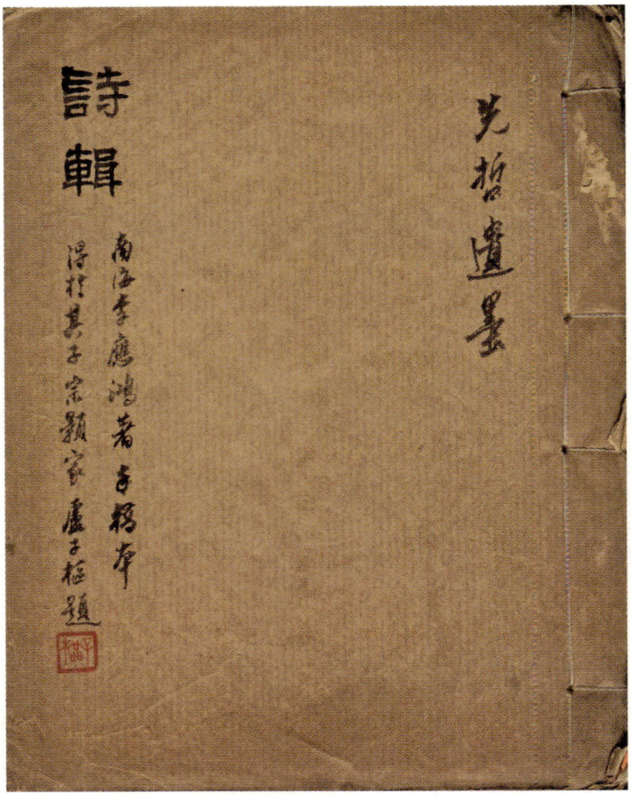

詩輯（3–1）

木瓜美齊桓功德感其
邶鄘之仁也
八郎 書狄不予齊桓專
封衛以尊王之義
桓公事小而德微報至于玉止
矣若天保報上則無物比焉也

請王降爲風何以黍離未
疑歌王者已識東周之
殷
變風作而天下不知有王矣
邶北門曰王事適我衛伯兮
曰爲王前驅 鴇羽曰王事
靡盬 王于興
師修我戈矛 以白也
邶風言王事者一 唐風言王事者三
秦風言王師者三 衛風爲王驅者一

木瓜相贈見苞苴之禮
蔓草相逢誼伸傾蓋之禮 詩任朋友相贈賦木瓜

王

黍離三章 閔宗周也

黍離之 彼稷之 悠悠蒼天此何人哉 行邁靡靡

二雅爲王迹之盛 黍離爲王迹之衰 並廢風謡
二南爲西周之風 黍離爲東周之風 離爲升降
別黍離于二南 黍離爲有迹 閔周室者黍稷莫分
留邶鄘之三士所以挽王風 其父母者蕭艾莫辨 心不存
十五國有風王豈無風 而何嫌並採
二百年尊王 詩亦尊王 而誰殺爲降
不爲雅而爲風 所以存其政體
五曰周而曰王 所以別于魯鄭 卷七
西周有豳風 作其業之所由昌
東周有王風 著王迹之所以熄

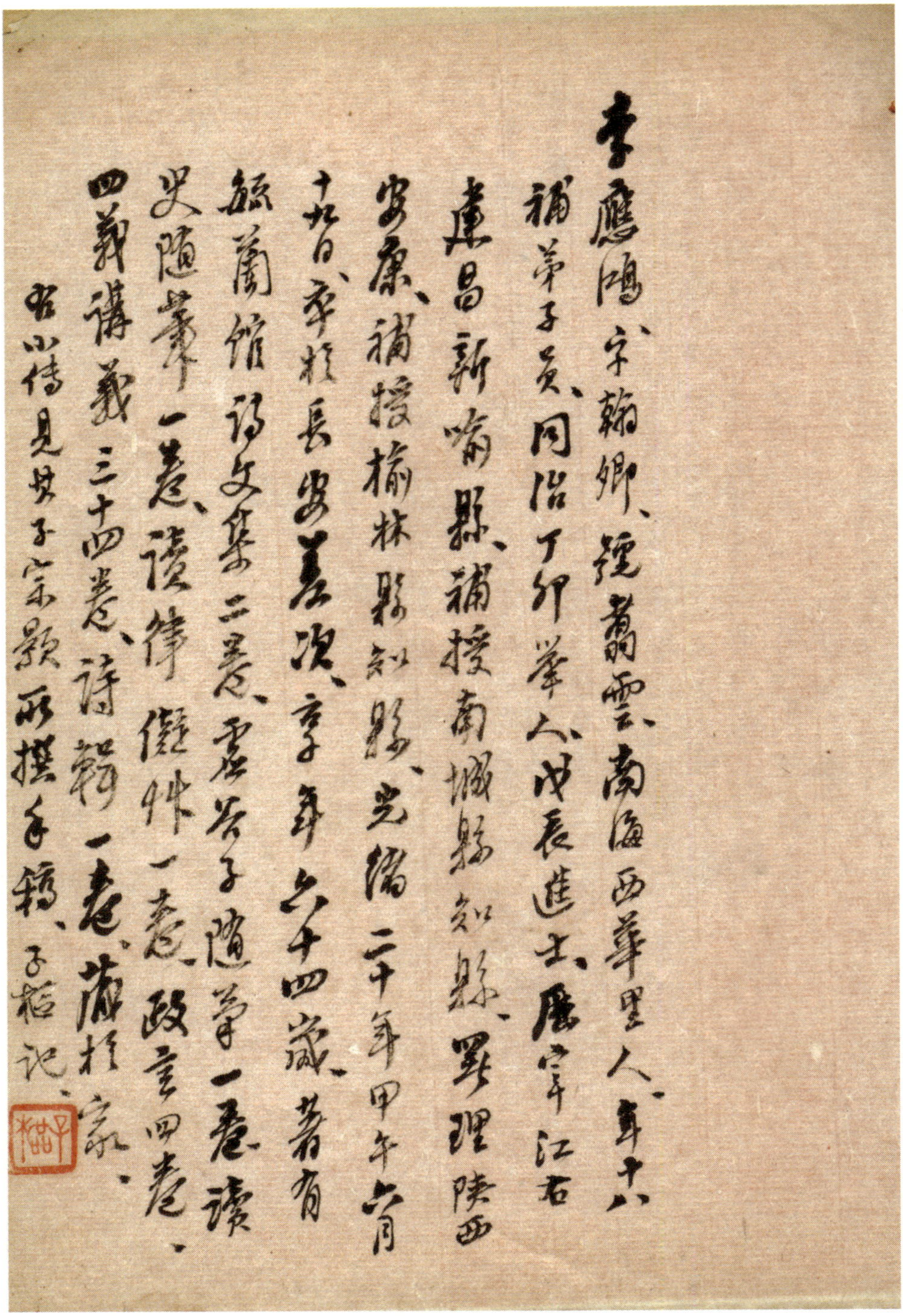
李應鴻，字翰卿，號蔚雲，南海西華里人。年十六補弟子員，同治丁卯舉人，戊辰進士。歷宰江右建昌、新喻縣，補授南城縣知縣，署理陝西安康，補授榆林縣知縣。光緒二十年甲午六月十九日卒於長安差次，享年六十四歲。著有紉蘭館詩文集二卷，雲谷子隨筆一卷，讀史隨筆一卷，讀律儗件一卷，政言四卷，四義講義三十四卷，詩輯一卷，藏於家。

右小傳見其子宗顥所撰手稿。子楷記。

詩輯（3-3）

0002 毛詩草木鳥獸蟲魚疏：二卷 / (吴) 陸璣撰；(清) 丁晏校 . -- 清同治十二年 (1873) 粵東書局刻本 . -- 1 册 . -- (古經解彙函 / (清) 鍾謙鈞等輯 . 小學彙函；第十五)

10 行，21 字，小字雙行同，白口，左右雙邊，單黑魚尾，匡高 18 厘米，寬 13.6 厘米。

李宗顥題封：經部詩類 揔目卷十五著録 吴陸璣撰 毛詩草木鳥獸蟲魚疏二卷。扉頁刊“古經解彙函 第十五 毛詩草木鳥獸蟲魚疏 山陽丁氏校本”。前有咸豐五年（1855）丁晏自叙。各卷卷末均刊有“番禺劉昌齡陶福祥校字”。

陸璣，三國吴郡人，字元恪。吴太子中庶子、烏程令。

丁晏（1794 ~ 1875），清江蘇山陽人，字儉卿，一字柘堂。道光元年（1821）舉人。治經學以漢儒傳注爲宗而不廢宋儒之説。生平校訂、著述書籍極多，有《毛鄭詩釋》等四十七種，已刊者彙刻爲《頤志齋叢書》。

是書專釋《毛詩》所及動物、植物名稱，對古今异名者，詳爲考證，是中國古代較早研究生物學的著作之一。

《四庫全書總目》入經部十五詩類一，爲“通行本”。《景印文淵閣四庫全書》第 0070 册著録。《續修四庫全書》第 0071 册著録有“影印復旦大學圖書館藏清咸豐七年刻本”。

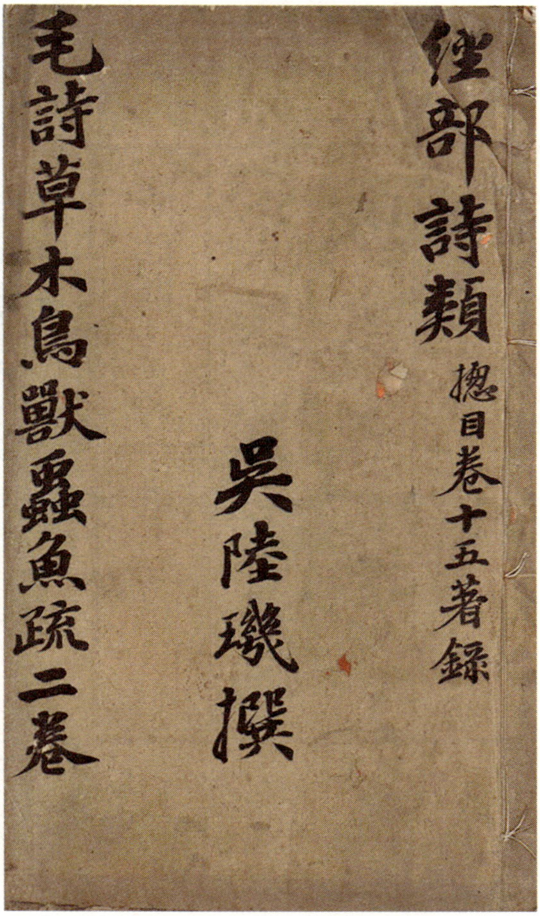

毛詩草木鳥獸蟲魚疏（3–1）

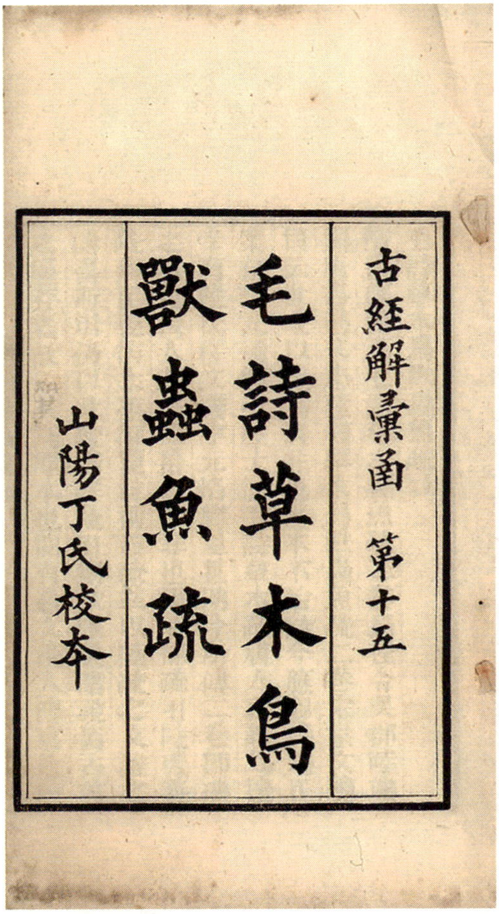
古經解彙函　第十五
毛詩草木鳥
獸蟲魚疏
山陽丁氏校本

毛詩草木鳥獸蟲魚疏（3–2）

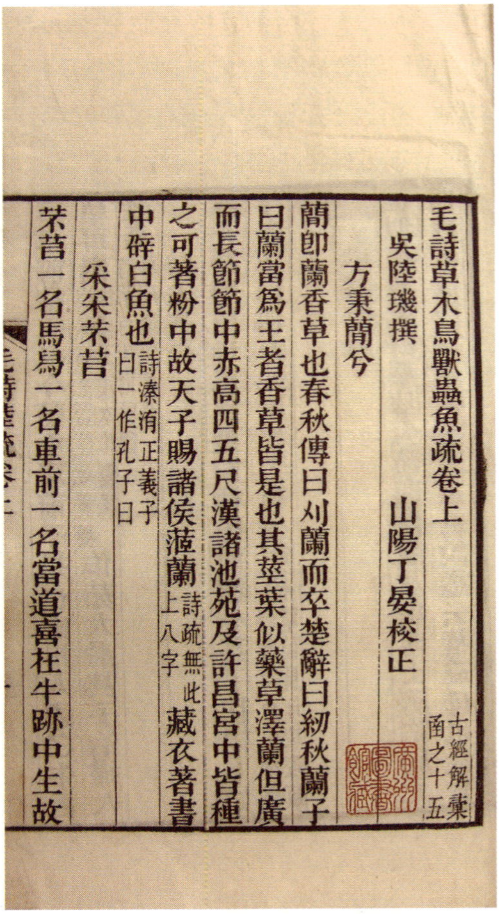
古經解彙函之十五
毛詩草木鳥獸蟲魚疏卷上
吳陸璣撰　山陽丁晏校正
方秉蕑兮
蕑卽蘭香草也春秋傳曰刈蘭而卒楚辭曰紉秋蘭孔子
曰蘭當爲王者香草皆是也其莖葉似藥草澤蘭但廣
而長節節中赤高四五尺漢諸池苑及許昌宮中皆種
之可著粉中故天子賜諸侯蕑蘭詩疏無此上八字藏衣著書
中辟白魚也詩溱洧正義子曰一作孔子曰
采采芣苢
芣苢一名馬舄一名車前一名當道喜在牛跡中生故

毛詩草木鳥獸蟲魚疏（3–3）

0003 春秋公羊經傳解詁：十二卷；附音本校記：一卷 /（漢）何休撰 . -- 清同治二年 (1863) 揚州汪氏問禮堂刻本 . -- 2 册

11 行，19 字，小字雙行不等，白口，左右雙邊，雙黑魚尾，匡高 17.6 厘米，寬 12.5 厘米。扉頁刊"宋紹熙本公羊傳注 揚州汪氏問礼堂栞"。前有"漢司空掾任城樊何休序"、道光四年（1824）汪喜孫重校刊序；末附同治二年魏彦"重刊宋紹熙公羊傳注附音本校記"。每卷末均標明經傳、注、音義字數。部分卷末刊有"余仁仲比校訖"。

何休（129 ~ 182），東漢任城樊人，字邵公。歷議郎，終諫議大夫。精研六經，所作《春秋公羊傳解詁》爲《公羊傳》製定義例，闡述《春秋》微言大義。

鈐印有"保民之印"等。

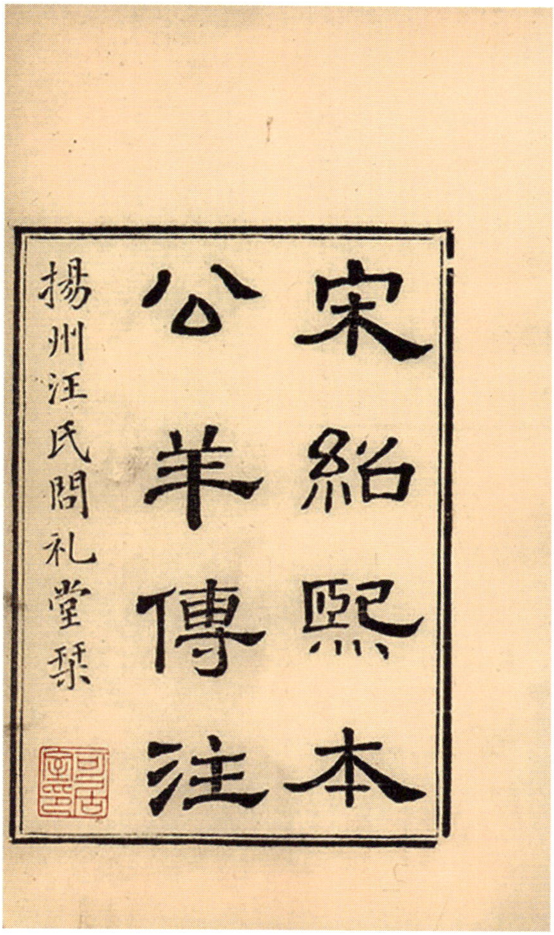

春秋公羊經傳解詁（3–1）

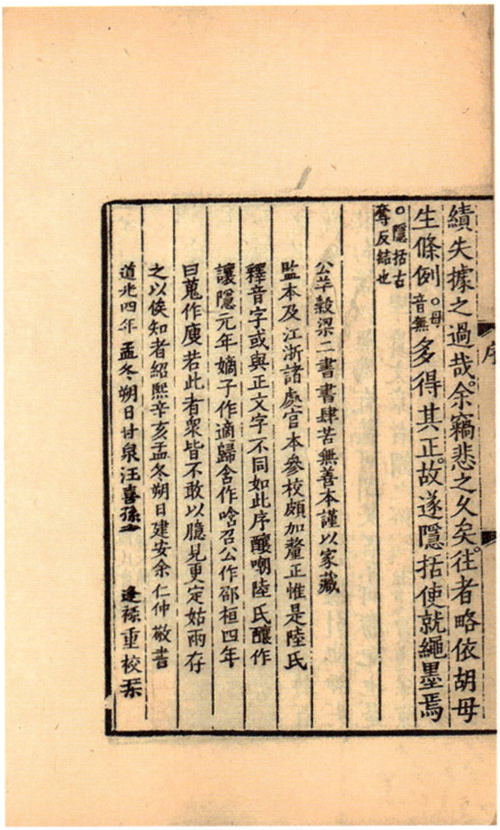

績失據之過哉。余竊悲之久矣。往者略依胡毋
生條例，○毋音無 多得其正。故遂隱括使就繩墨焉
○隱括古奪反結也

公羊穀梁二書書肆苦無善本謹以家藏
監本及江浙諸處官本參校頗加釐正惟是陸氏
釋音字或與正文字不同如此序釀嘲陸氏釀作
讓隱元年嫡子作適歸含作唅召公作邵桓四年
曰蒐作廋若此者衆皆不敢以臆見更定姑兩存
之以俟知者紹熙辛亥孟冬朔日建安余仁仲敬書
道光四年孟冬朔日甘泉汪喜孫 逢祿重校栞

春秋公羊經傳解詁（3–2）

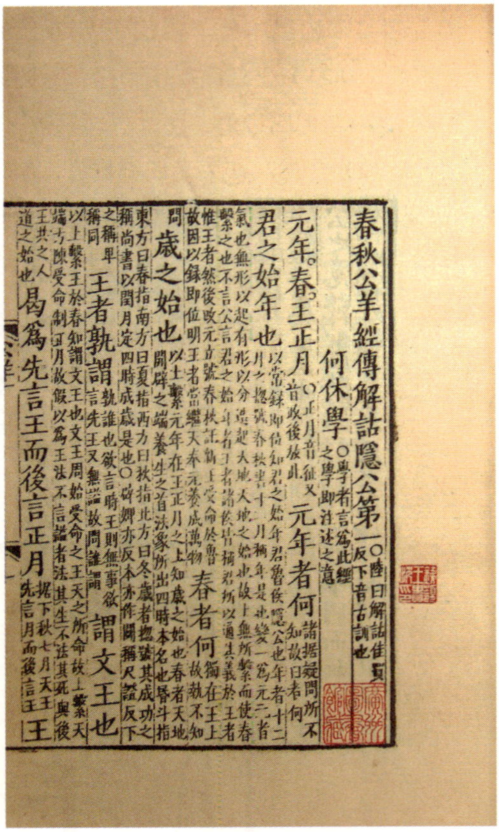

春秋公羊經傳解詁隱公第一 ○陸曰解詁佳買反下音古訓也
何休學 ○學者言爲此經之學即注述之意
元年。春。王正月。○正月音征又音政後放此 元年者何 諸據疑問所不知故曰者何
君之始年也 以常錄即位知君之始年君魯侯隱公也年者十二月之總號春秋書十二月稱年是也變一爲元元者氣也無形以起有形以分造起天地天地之始也故上無所繫而使春繫之也不言公言君之始年者王者諸侯皆稱君所以通其義於王者惟王者然後改元立號春秋託新王受命於魯故因以錄即位明王者當繼天奉元養成萬物 春者何 故執不知問
歲之始也 以上繫元年在王正月之上知歲之始也春者天地開辟之端養生之首法象所出四時本名也昏斗指東方曰春指南方曰夏指西方曰秋指北方曰冬歲者總號其成功之稱尚書以閏月定四時成歲是也○辟婢亦反本亦作闢稱尺證反下之稱同
王者孰謂 孰誰也欲言時王則無事欲言先王又無謚故問誰謂 謂文王也 以上繫王於春知謂文王也文王周始受命之王天之所命故上繫天端方陳受命制正月故假以爲王法不言謚者法其生不法其死與後王共之人道之始也
曷爲先言王而後言正月 據下秋七月天王先言月而後言王 王

春秋公羊經傳解詁（3–3）

0004 干禄字書：一卷 / (唐) 顔元孫撰；(唐) 顔真卿書 . -- 清同治十二年 (1873) 粵東書局刻本 . -- 1 册 . -- (古經解彙函 / (清) 鍾謙鈞等輯 . 小學彙函；第十)

10 行，21 字，小字雙行同，白口，左右雙邊，單黑魚尾，匡高 18 厘米，寬 13.6 厘米。

李宗顥題封：經部小學類 摠目卷四十一著録 唐顔元孫撰干禄字書一卷。扉頁刊“小學彙函第十 干禄字書唐石刻本”。卷末刊有“番禺劉昌齡校字”。

顔元孫（？ ~ 714），唐京兆萬年人，字聿修。顔昭甫子。武則天垂拱初，登進士第。歷遷長安尉、太子舍人、濠州刺史。玄宗嘗出諸家書迹，令定真僞。有《干禄字書》及集。

顔真卿（709 ~ 785），唐琅琊臨沂人，字清臣。顔師古五世從孫。玄宗開元二十二年（734）進士。謚文忠。工書法，初學褚遂良，後從張旭，創爲“顔體”。有集及《韻海鏡源》等。

《四庫全書總目》入經部四十一小學類二，爲“兩淮馬裕家藏本”。《景印文淵閣四庫全書》第 0224 册著録。《四庫全書存目叢書》經部第 0187 册著録有“（唐）顔元孫撰（清）顧炎武考證影印清乾隆六年朱振祖鈔本”。

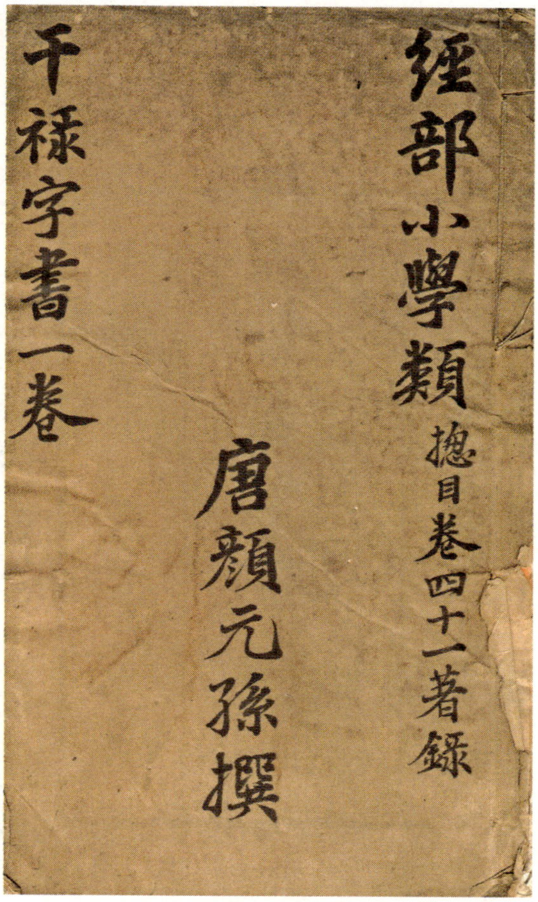

干禄字書（3–1）

小學彙函　第十

干禄字書

唐石刻本

干禄字書（3-2）

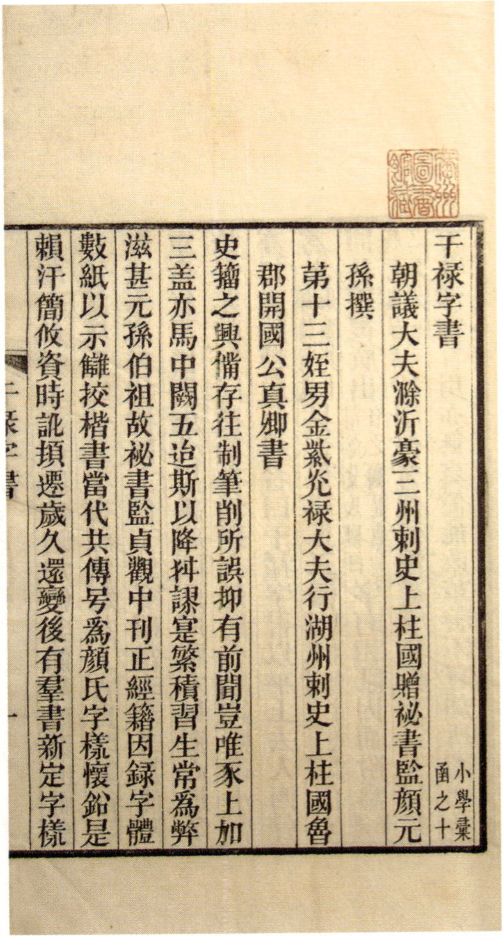

干禄字書

朝議大夫滁沂豪三州刺史上柱國贈祕書監顔元

孫撰

第十二姪男金紫光禄大夫行湖州刺史上柱國魯

郡開國公真卿書

史籀之興備存往制筆削所搜有前聞豈唯豕上加

三盖亦馬中闕五迨斯以降舛謬寔繁積習生常爲弊

滋甚元孫伯祖故祕書監貞觀中刊正經籍因録字體

數紙以示讎校楷書當代共傳号爲顔氏字様懷鉛是

賴汗簡攸資時訛頓遷歲久還變後有羣書新定字様

小學彙函之十

干禄字書（3-3）

0005 説文五翼：八卷 /（清）王煦撰．-- 清嘉慶十三年 (1808) 上虞王氏芮鞫山莊刻本．-- 1 册

9行，21字，小字雙行同，白口，四周雙邊，單黑魚尾，匡高 18.1 厘米，寬 13.1 厘米。

扉頁刊“嘉慶戊辰孟夏新鐫 説文五翼 上虞淮澤堂藏版”。前有嘉慶十三年王煦“説文五翼叙”；末有“閲説文五翼師叒簡札附録”。書口下方刊“芮鞫山莊”。卷五、卷六、卷八末分别刊校字者：男吉士、男蓋臣、孫男九十。

王煦，清浙江上虞人，字汾原，號空桐。乾隆四十四年（1779）舉人，官甘肅通渭知縣。治經史，爲劉墉、朱珪等人器重。歸後主講郎江書院。有《説文五翼》、《小爾雅疏》、《愛日堂集》、《空桐子詩草》等。

《續修四庫全書》第 0212 册著録有“影印湖北省圖書館藏清嘉慶十三年芮鞫山莊刻本”。

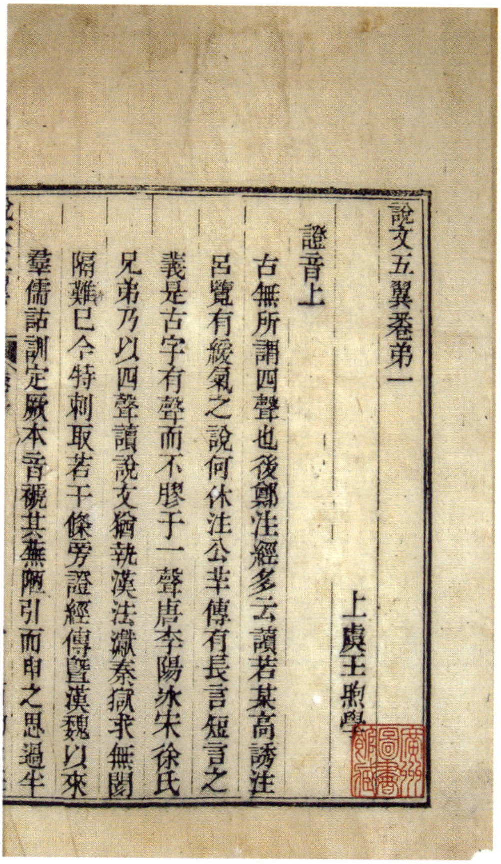
說文五翼卷第一
上虞王煦學
證音上
古無所謂四聲也後鄭注經多云讀若某高誘注
呂覽有緩氣之說何休注公羊傳有長言短言之
義是古字有聲而不膠于一聲唐李陽冰宋徐氏
兄弟乃以四聲讀說文猶執漢法讞秦獄求無閡
隔難巳今特剌取若干條旁證經傳暨漢魏以來
羣儒詁訓定厥本音覈其蕪陋引而申之思過半

説文五翼（2-1）

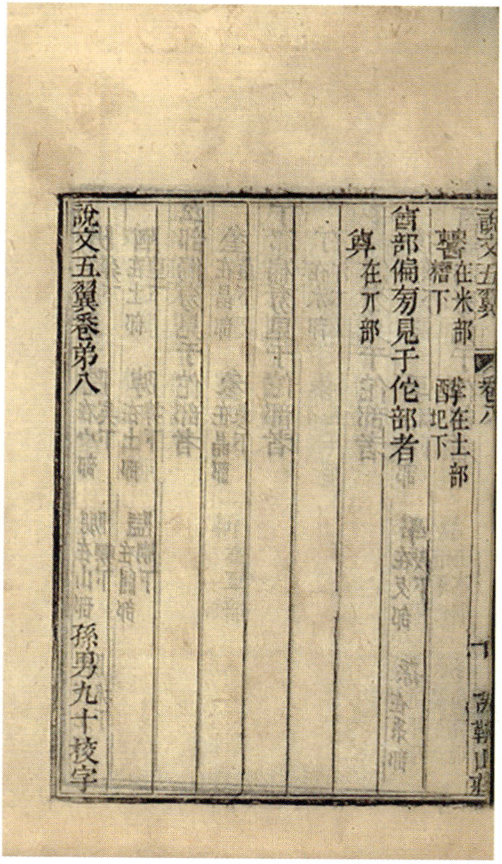
說文五翼 卷八
醬在米部糟下 醇在土部圯下
𠥓部偏旁見于佗部者
尊在丌部
說文五翼卷第八 孫男九十校字

説文五翼（2-2）

0006 字説：一卷 /（清）吴大澂撰 . -- 清光緒十九年 (1893) 長沙思賢講舍刻本 . -- 1 册

10 行，19 字，白口，四周單邊，單黑魚尾，匡高 18.5 厘米，寬 12.3 厘米。白紙本。

吴大澂（1835 ~ 1902），清江蘇吴縣人，字清卿，號恒軒，又號愙齋。同治七年（1868）進士，光緒十二年（1886）擢廣東巡撫。善篆籀，亦能畫，精金石、文字等學，收藏書畫、古銅器甚富。有《愙齋詩文集》、《愙齋集古録》、《古籀補》、《權衡度量考》等。

鈐印有“王貴忱印”、“貴忱印信”、“文甫吉金”、“王大泉印”、“古泉齋”等。

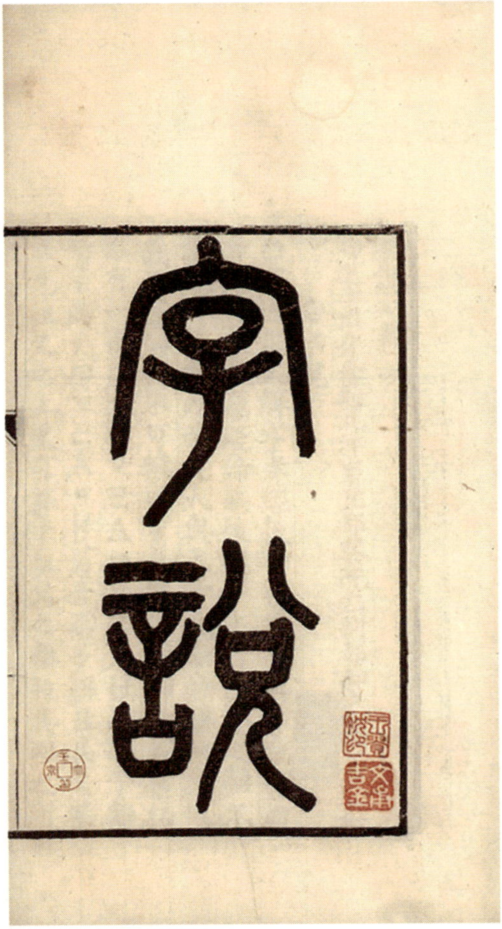
字説

字説（2–1）

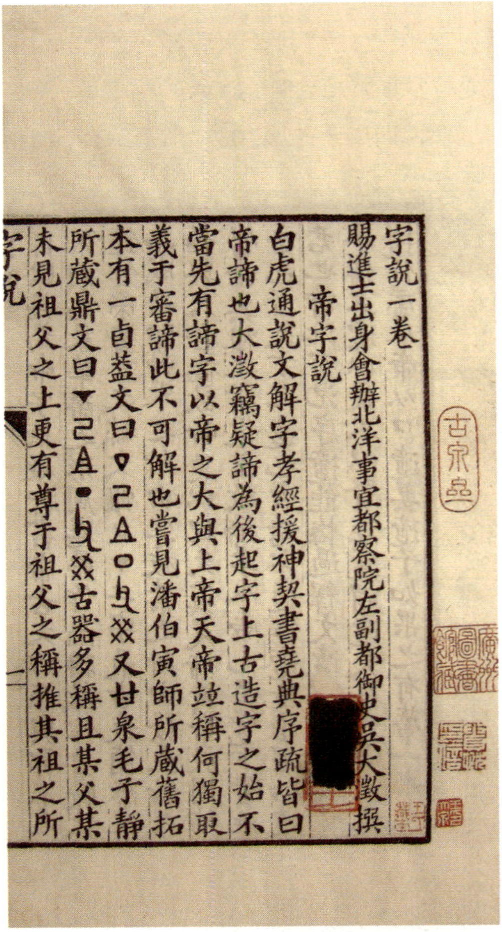
字說一卷
賜進士出身會辦北洋事宜都察院左副都御史吳大澂撰
帝字說
白虎通說文解字孝經援神契書堯典序疏皆曰
帝諦也大澂竊疑諦為後起字上古造字之始不
當先有諦字以帝之大與上帝天帝竝稱何獨取
義于審諦此不可解也嘗見潘伯寅師所藏舊拓
本有一卣蓋文曰……又甘泉毛子靜
所藏鼎文曰……古器多稱且某父某
未見祖父之上更有尊于祖父之稱推其祖之所

字説（2–2）

0007 九經補韻：一卷，附録一卷 /（宋）楊伯嵒撰；（清）錢侗考證．-- 清光緒十年(1884)常熟鮑廷爵刻本．-- 1 册．--（後知不足齋叢書（清）鮑廷爵輯）

10 行，20 字，小字雙行同，白口，左右雙邊，單黑魚尾，匡高 20.1 厘米，寬 13.4 厘米。

李宗顥題封：經部小學類 揔目卷四十二著録 韻書 宋楊伯嵒撰 九經補韻一卷 嘉定錢侗考證本。牌記刊“光緒十年夏六月常孰鮑氏校并刊”。書口刊“後知不足齋校刊”。前有宋嘉定十七年（1224）楊伯嵒自叙，末有宋淳祐四年（1244）俞任禮後叙、清嘉慶四年（1799）秦鑑考證跋。扉頁刊名：九經補均攷證。

楊伯嵒（？ ~ 1254），宋代郡人，居臨安，字彦思，號泳齋。理宗淳祐中以工部郎中守衢州。有《六帖補》、《九經補韻》等。

錢侗（1778 ~ 1815），清江蘇嘉定人，字趙堂，一字同人。嘉慶十五年（1810）舉人，議叙知縣。以父錢大昭去世而歸。於《説文》用力甚深，精古音之通轉。有《群經古音鉤沉》、《正名録》、《九經補韻考》等。

《中國叢書綜録》著録是書爲清光緒中常熟鮑氏刊本《後知不足齋叢書》第二函第六種。

九經補韻（2–1）

《四庫全書總目》入經部四十二小學類三，爲“九經補韻一卷 兩江總督採進本”。《景印文淵閣四庫全書》第 0237 册著録。

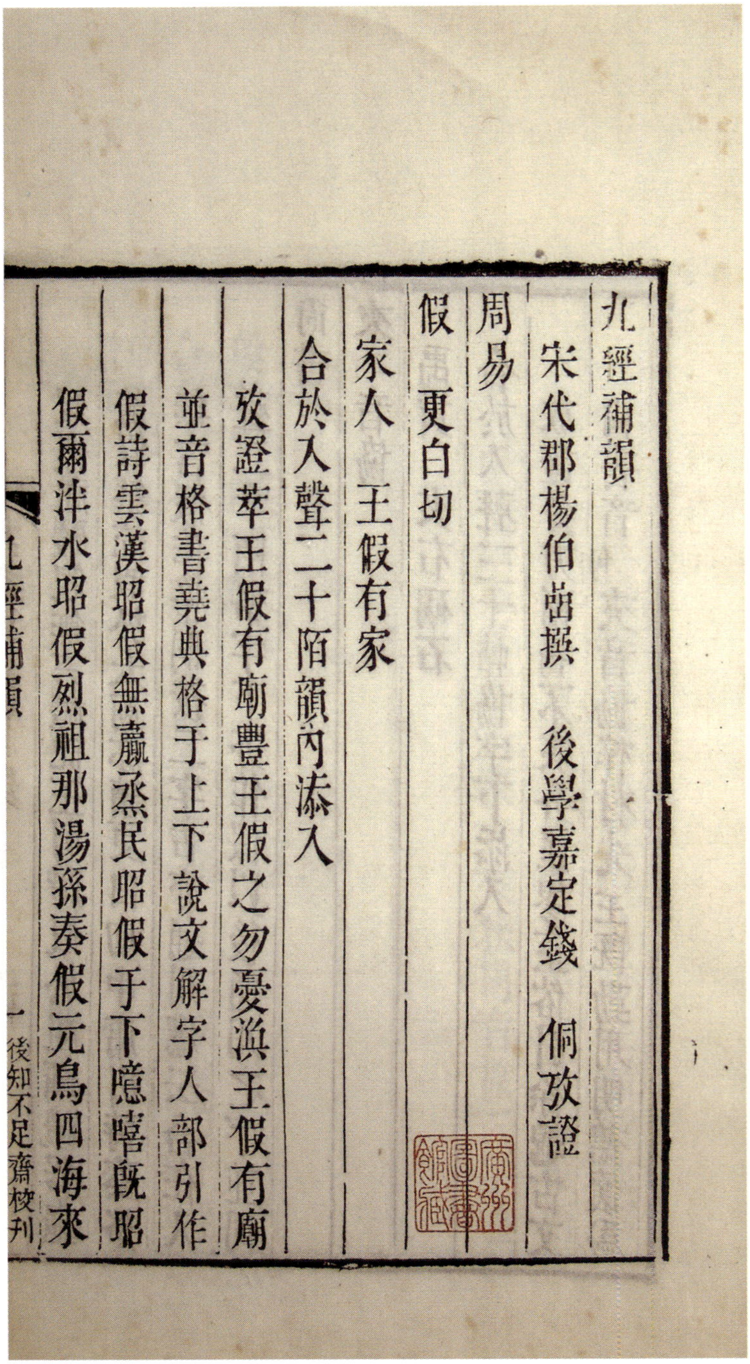

九經補韻

宋代郡楊伯嵒撰　後學嘉定錢　侗攷證

周易

假　更白切

家人　王假有家

合於入聲二十陌韻內添入

攷證萃王假有廟豐王假之勿憂渙王假有廟

並音格書堯典格于上下說文解字人部引作

假詩雲漢昭假無贏烝民昭假于下噫嘻旣昭

假爾泮水昭假烈祖那湯孫奏假元鳥四海來

九經補韻　一　後知不足齋校刊

九經補韻（2–2）

明清圖録·史部

0008 古史：六十卷 /（宋）蘇轍撰 . -- 明萬曆 (1573~1620) 刻本 . -- 1 册

10 行，21 字，小字雙行同，白口，左右邊雙，單黑魚尾，匡高 22.2 厘米，寬 15.1 厘米。

前有胡承珙（號墨莊）朱筆題記兩則，莫伯驥墨筆跋兩篇，刊有明万曆三十九年（1611）焦竑“古史序”，蘇轍“古史叙”。卷中有胡承珙朱筆批校。是書刻工衆多，叙首葉書口下方刊有“李森寫郭一德刻”。李森，明萬曆間江西地區刻字工人，亦工繕寫。參加刻過《紀録彙編》（陳於廷本），《古史》（衛承芳本），《性理大全》等；郭一德，明萬曆間江西地區刻字工人，參加刻過《紀録彙編》（陳於廷本），《古史》（衛承芳本）等。書中出現的刻工還有鄒元、陳鉞、鄒希美、鄒元弼、鄒邦達、鄒天朝等。

存六卷：卷一至卷六。

蘇轍（1039 ~ 1112），北宋眉州眉山（今屬四川）人，字子由，號潁濱遺老。嘉祐二年（1057）進士，官尚書右丞、門下侍郎。著有《欒城集》，包括《後集》、《三集》，共八十四卷；《欒城應詔集》十二卷。

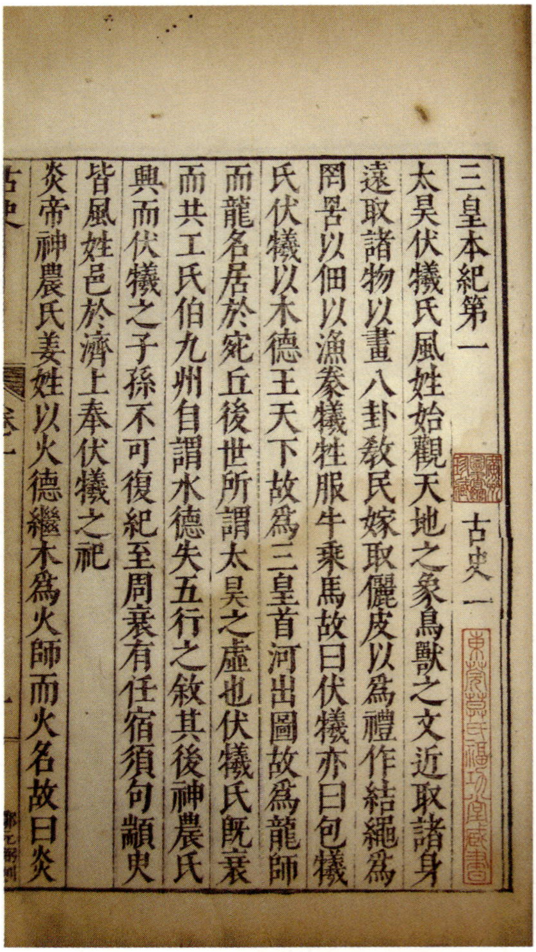
三皇本紀第一　古史一
太昊伏犧氏風姓始觀天地之象鳥獸之文近取諸身
遠取諸物以畫八卦教民嫁取儷皮以爲禮作結繩爲
罔罟以佃以漁豢犧牲服牛乘馬故曰伏犧亦曰包犧
氏伏犧以木德王天下故爲三皇首河出圖故爲龍師
而龍名居於宛丘後世所謂太昊之虛也伏犧氏既衰
而共工氏伯九州自謂水德失五行之敘其後神農氏
與而伏犧之子孫不可復紀至周衰有任宿須句顓臾
皆風姓邑於濟上奉伏犧之祀
炎帝神農氏姜姓以火德繼木爲火師而火名故曰炎

古史（3–1）

是書爲明代徐氏紅雨樓舊藏，後經清人胡承珙和莫伯驥收藏，後爲王貴忱珍藏。

鈐印有“晋安徐興公家藏書”、“東漢傳經之家”、“天一”（印文爲巴比倫古文）、“東莞莫氏福功堂藏書”、“可居室主”等。

《四庫全書總目》入史部六別史類，爲“副都御史黄登賢家藏本”。《中國古籍善本書目》未收。《景印文淵閣四庫全書》第 0371 册有收録。《（文淵閣）四庫全書珍本》（六集）第 092 ~ 094 册有收録。《中國禁書大觀》宋元明章節中著録爲明代禁書。

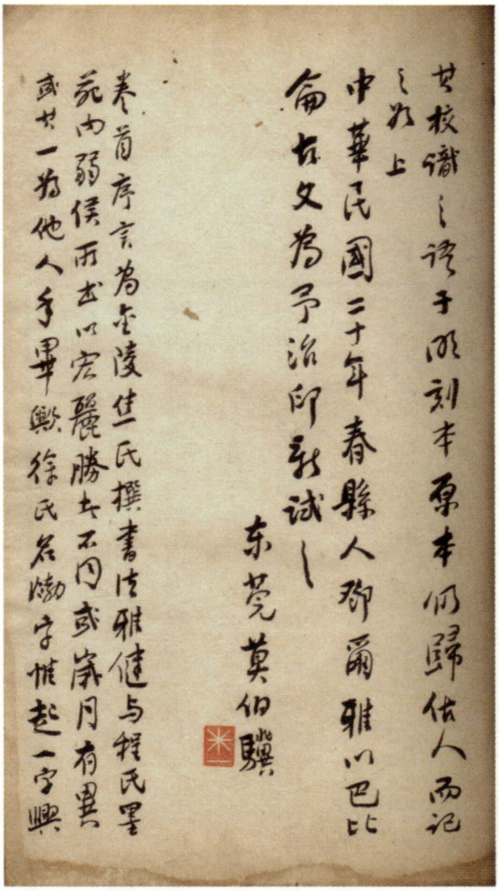
其校讎之語于所刻本原本仍歸佐人而記之如上
中華民國二十年春縣人鄧爾雅以巴比倫古文為予治印試之
东莞莫伯驥
卷首序言為金陵焦氏撰書法雅健与程氏墨苑內弱侯所書以宏麗勝去不同或歲月有異或其一為他人手筆歟徐氏名㶿字惟起一字興

古史（3-2）

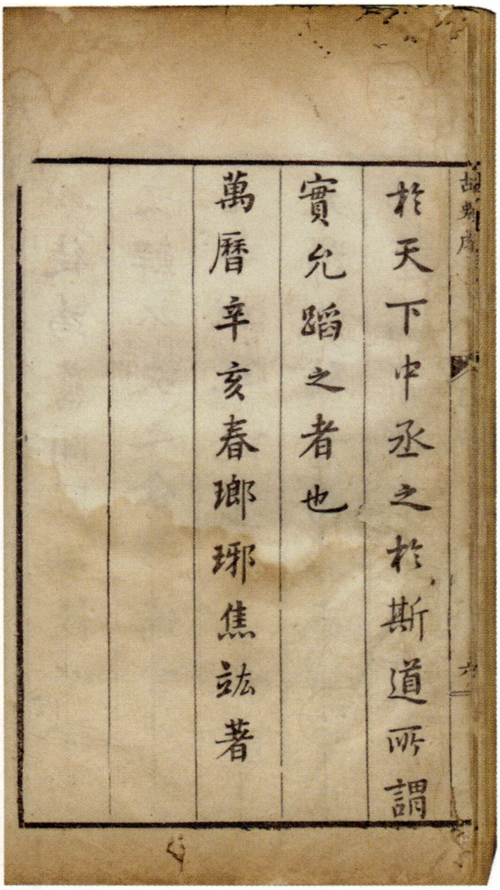
於天下中丞之於斯道所謂實允蹈之者也
萬曆辛亥春瑯琊焦竑著

古史（3-3）

0009 幸存録：二卷 / (明) 夏允彝撰 . -- 清 (1644~1911) 刻本 . -- 1 册 . -- (明季稗史彙編：十六種 / 留雲居士輯)

9 行，19 字，黑白口不一，左右雙邊，單黑魚尾，匡高 14.8 厘米，寬 11 厘米。

夏允彝（? ~ 1645），明松江府華亭人，字彝仲。崇禎十年（1637）進士，授長樂知縣。南明弘光時官吏部考功司主事，未就職。好古博學，工詩文。著有《幸存録》。

據吴哲夫《清代禁毀書目研究》載：《清代禁毀書目補遺一》（即吴氏小殘卷齋所藏傳抄本軍機處十次奏進全毀書）中謂："書中多記明季門户之事，語多偏駁。"屬應毀、違礙二類。

《中國叢書綜録》收録是書在留雲居士輯清都城琉璃廠刊本第五種第七册。

《續修四庫全書》第 0440 册著録有"幸存録三卷續幸存録二卷（明）夏允彝撰（明）夏完淳續 影印復旦大學圖書館藏清鈔本"。《四庫禁毀書叢刊補編》第 16 册著録有"幸存録一卷續幸存録一卷（明）夏允彝撰（明）夏完淳續 影印北京大學圖書館藏清鈔本"。

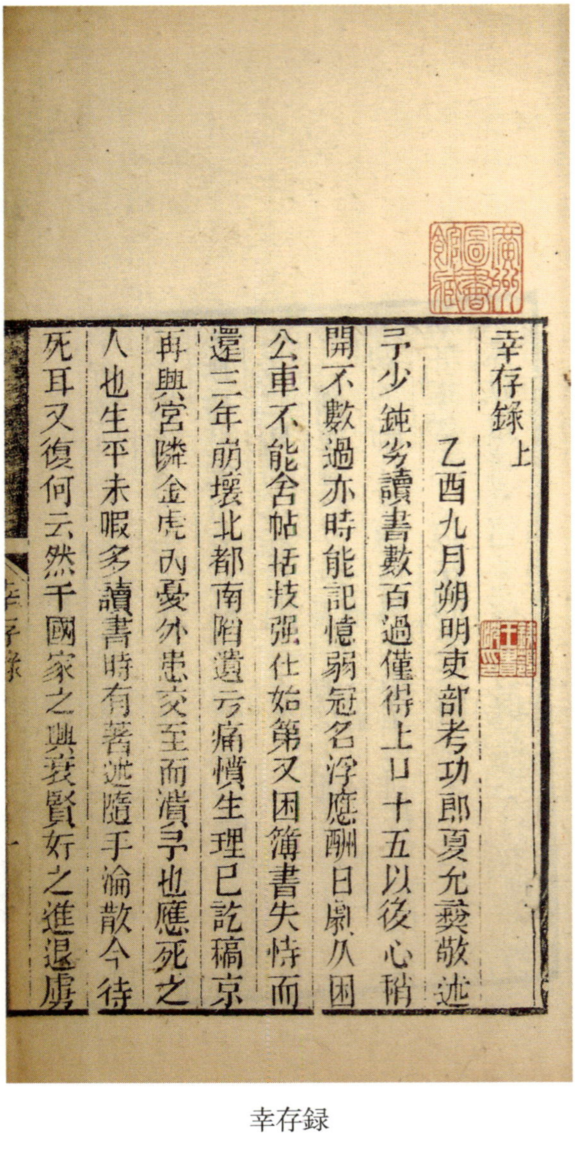

幸存録上
乙酉九月朔明吏部考功郎夏允彝敬述
予少鈍劣讀書數百過僅得上口十五以後心稍開不數過亦時能記憶弱冠名浮應酬日劇久困公車不能舍帖括技强仕始第又困簿書失恃而還三年崩壞北都南陷遺予痛憤生理已訖稿京再興宮隣金虎內憂外患交至而潰予也應死之人也生平未暇多讀書時有著述隨手淪散今待死耳又復何云然于國家之興衰賢奸之進退虜

幸存録

0010 國策地名考：二十卷，卷首一卷 / (清) 程恩澤纂；(清) 狄子奇箋. -- 清咸豐三年 (1853) 南海伍氏刻本. -- 5 册：地圖. -- (粤雅堂叢書 / 伍崇曜輯)

國策地名考（4–1）

9行，21字，小字雙行同，黑口，左右雙邊，匡高13.1厘米，寬10厘米。

前有清道光二十年（1840）阮元叙、狄子奇叙，道光十二年（1832）自叙，凡例，目録，圖説；末有咸豐三年（1853）伍崇曜跋，道光十一年（1831）狄子奇後叙。各卷末均刊有“譚瑩玉生覆校”。

程恩澤（1785～1837），清安徽歙縣人，字雲芬，號春海。師從凌廷堪，於金石書畫、醫算，無不涉及。官至户部侍郎。著有《國策地名考》、《程侍郎遺集》。狄子奇，約生活於清嘉慶道光年間，江蘇溧陽人，字惺庵，或作惺垣，又作叔穎。著有《四書質疑》四十卷，《四書釋地辨疑》、《鄉黨圖考辨疑》各一卷，與程恩澤合撰《戰國策地名考》二十卷等。

是書包括：1. 戰國輿地總圖；2. 周地圖；3. 秦地圖；4. 齊地圖；5. 楚地圖；6. 趙地圖；7. 魏地圖；8. 韓地圖；9. 燕地圖；10. 宋地圖；11. 衛地圖；12. 中山地圖。

鈐印有“文甫手翰”、“真箇嶺南人”等。

《續修四庫全書》第0422~0423册著録有“影印中國科學院圖書館藏清道光二十年安雅齋刻本”。

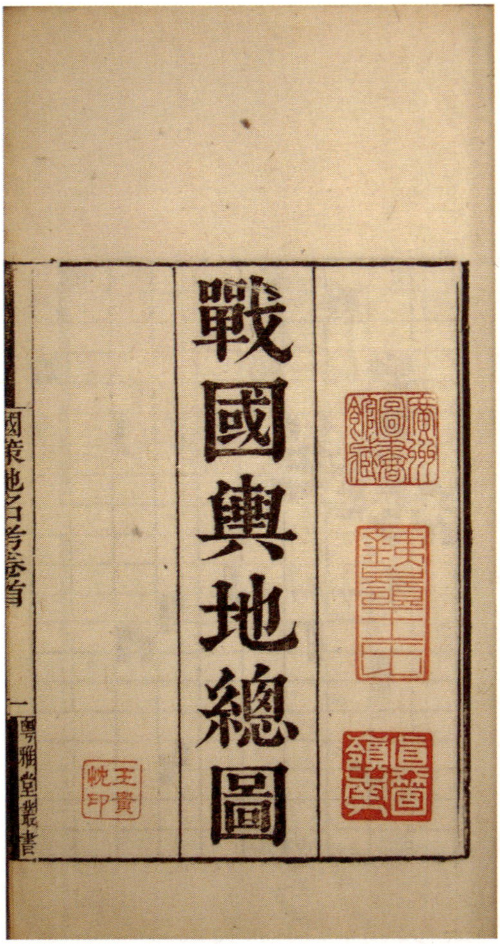

國策地名考（4–2）

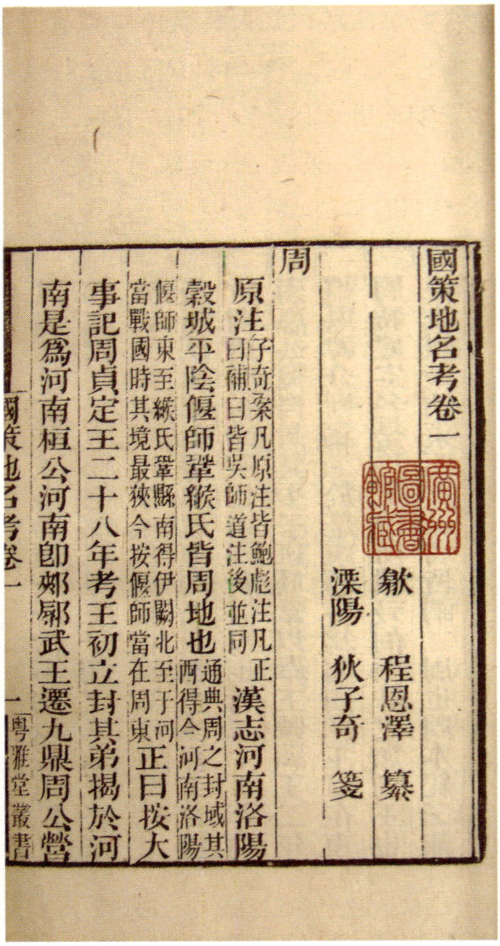

國策地名考（4–3）

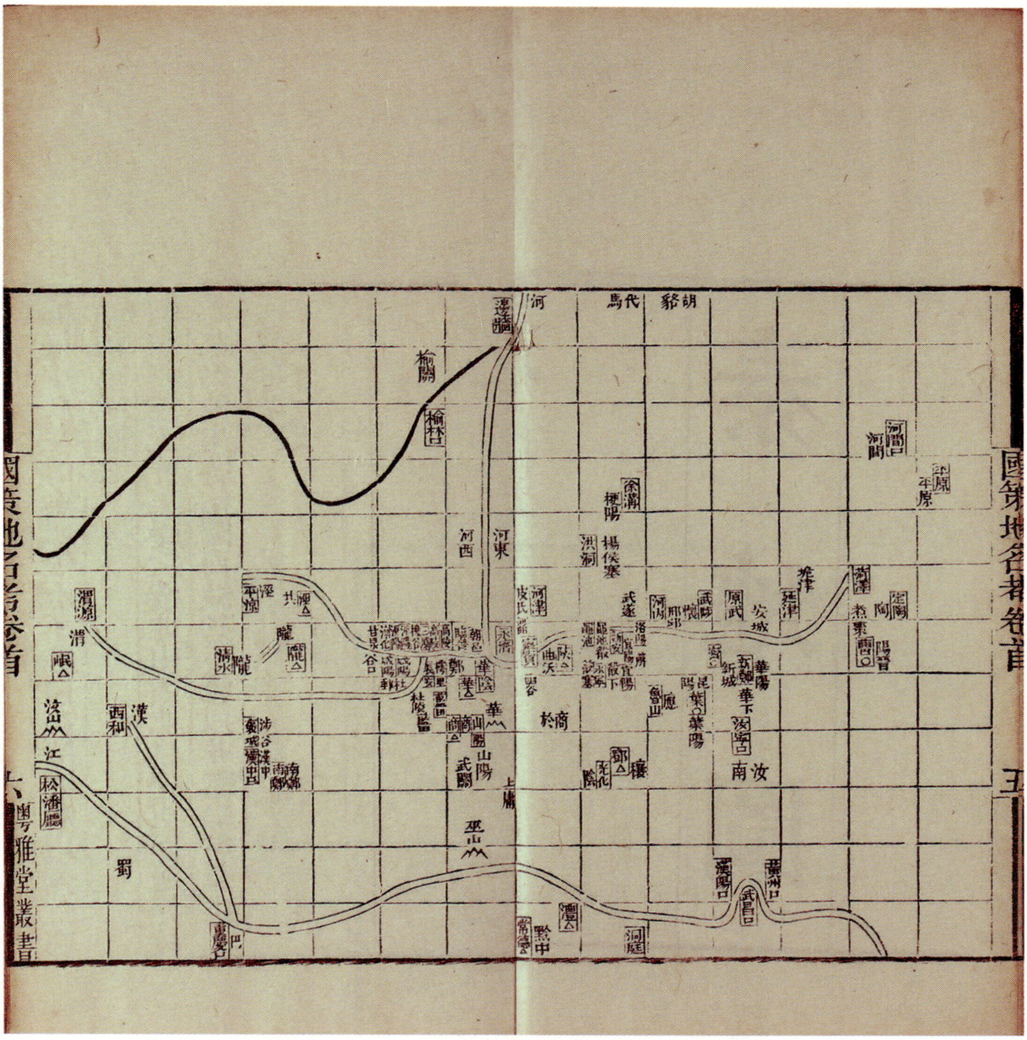

國策地名考（4–4）

0011 滇事總録：二卷 /（清）莊士敏撰．-- 清光緒十四年 (1888) 刻本．-- 1 册

10 行，20 字，小字雙行同，白口，左右雙邊，雙黑魚尾，匡高 15.2 厘米，寬 10.6 厘米。

著者據跋擬。前有光緒十四年張景祁叙；末有光緒二年（1876）莊士敏自跋。

莊士敏，清光緒武進人，字仲求。

鈐印有“天壤室藏”、“鐵嶺王貴忱之章”。

《四庫未收書輯刊》第 3 輯第 13 册著録有“影印光緒間刻本”。

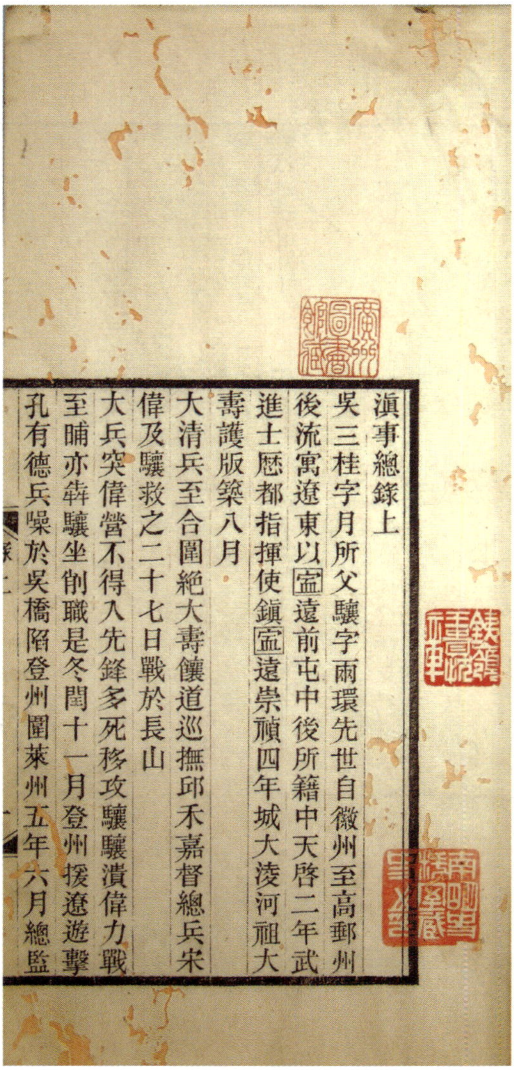
滇事總錄上
吳三桂字月所父驤字雨環先世自徽州至高郵州
後流寓遼東以寍遠前屯中後所籍中天啓二年武
進士歴都指揮使鎮寍遠崇禎四年城大淩河祖大
壽護版築八月
大清兵至合圍絕大壽饟道巡撫邱禾嘉督總兵宋
偉及驤救之二十七日戰於長山
大兵突偉營不得入先鋒多死移攻驤驤潰偉力戰
至晡亦犇驤坐削職是冬閏十一月登州援遼遊擊
孔有德兵譟於吳橋陷登州圍萊州五年六月總監

滇事總録

0012 孝肅奏議：十卷 /（宋）包拯撰；（清）李瀚章重刊；（清）韓欽校字 . -- 清同治二年 (1863) 合肥李瀚章重刻本 . -- 4 册：有像

9行，18字，白口，四周雙邊，單黑魚尾，匡高 19.9 厘米，寬 14.4 厘米。

扉頁刊“同治癸亥九月 包孝肅公奏議 省心閣藏板”。前有宋包孝肅公像及像贊、清同治二年李瀚章重刊包孝肅公奏議序、目録、明正統元年（1436）胡儼包孝肅公奏議集序、明嘉靖三十四年（1555）胡松重刻包孝肅公奏議叙、明萬曆四十二年（1614）戴熺重刻包孝肅公奏議叙、張田題辭孝肅包公奏議集、孝肅包公傳、國史本傳。末有明嘉靖三十四年雷逵跋孝肅包公奏議後、明萬曆十七年（1589）朱天應跋包孝肅公刻集後、清同治二年韓欽跋重刻孝肅奏議後。書口題名：奏議；書根題名：包孝肅奏議。

包拯（999 ~ 1062），北宋廬州合肥（今安徽）人，字希仁。天聖進士。仁宗時任監察御史，建議選將練兵，以禦契丹。後任天章閣待制、龍圖閣直學士。官至樞密副使。爲官剛正、執法嚴峻，權臣貴戚爲之斂手，知開封府時，有“關節不到，有閻羅包老”之語。爲封建時代清官的典型。著作有《包孝肅奏議》。

鈐印有“嘯園藏書”、“南海譚宗瀚季平氏珍藏”。

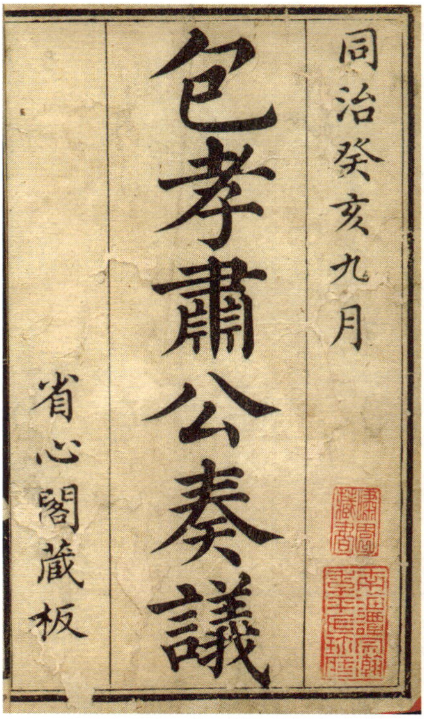
同治癸亥九月
包孝肅公奏議
省心閣藏板

孝肅奏議（2-1）

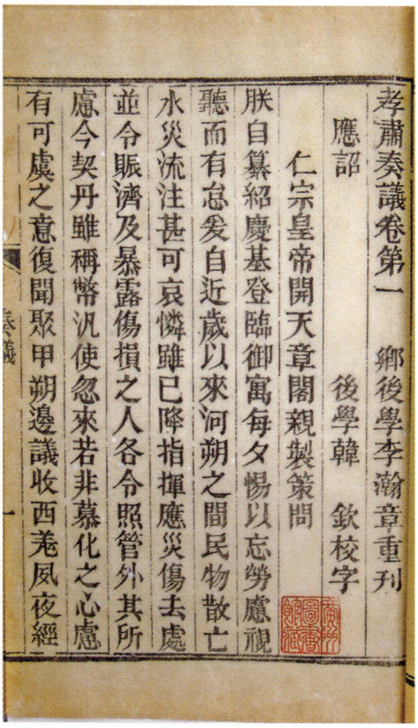
孝肅奏議卷第一　鄉後學李瀚章重刊
應詔　後學韓　欽校字
仁宗皇帝開天章閣親製策問
朕自纂紹慶基登臨御寓每夕惕以忘勞慮視
聽而有怠爰自近歲以來河朔之間民物散亡
水災流注甚可哀憐雖已降指揮應災傷去處
並令賑濟及暴露傷損之人各令照管外其所
慮今契丹雖稱幣況使忽來若非慕化之心慮
有可虞之意復聞聚甲朔邊議收西羌夙夜經

孝肅奏議（2-2）

0013 光緒朝設立統計處條例奏摺：一卷 / (清) 内閣大臣輯 . -- 清光緒三十三年 (1907) 鉛印本 . -- 1 册

12 行，26 字，白口，四周雙邊，單黑魚尾，匡高 18.9 厘米，寬 12.6 厘米。

題名、卷數代擬。

鈐印有“左癖”、“貴忱印信”。

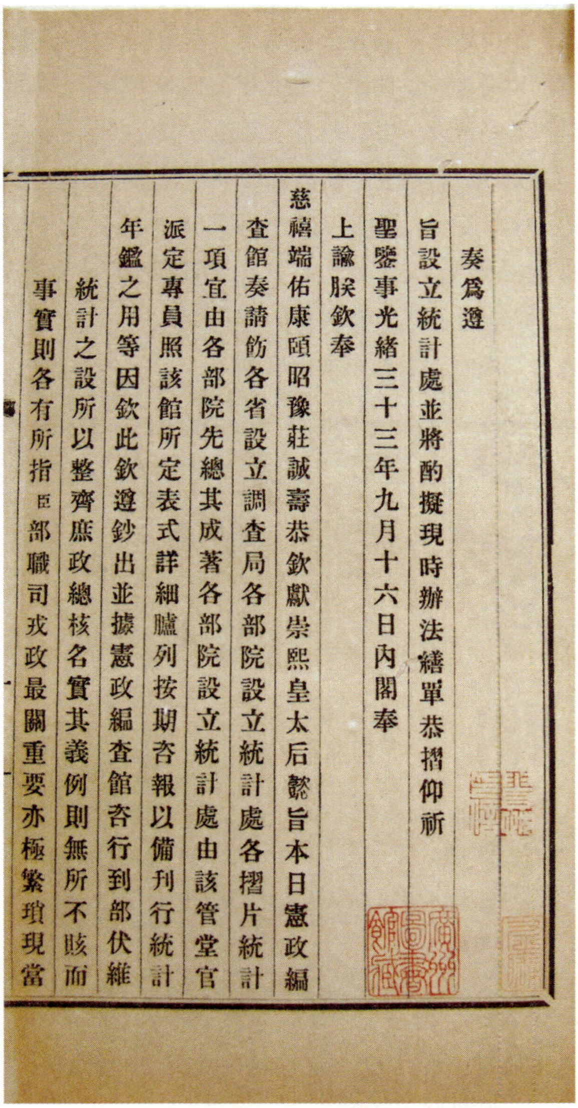
奏爲遵
旨設立統計處並將酌擬現時辦法繕單恭摺仰祈
聖鑒事光緒三十三年九月十六日內閣奉
上諭朕欽奉
慈禧端佑康頤昭豫莊誠壽恭欽獻崇熙皇太后懿旨本日憲政編
查館奏請飭各省設立調查局各部院設立統計處各摺片統計
一項宜由各部院先總其成著各部院設立統計處由該管堂官
派定專員照該館所定表式詳細臚列按期咨報以備刊行統計
年鑑之用等因欽此欽遵鈔出並據憲政編查館咨行到部伏維
統計之設所以整齊庶政總核名實其義例則無所不賅而
事實則各有所指臣部職司戎政最關重要亦極繁瑣現當

光緒朝設立統計處條例奏摺

0014 疑年録：四卷 / (清) 錢大昕編；(清) 吴修校．續疑年録：四卷 / (清) 吴修編．-- 清 (1644~1911) 刻本．-- 1 册

11 行，22 字，小字雙行同，黑口，左右雙邊，雙黑魚尾，匡高 17.6 厘米，寬 13 厘米。

《疑年録》扉頁刊“疑年録四卷”，前有嘉慶十八年（1813）姚鼐疑年録序；《續疑年録》扉頁刊“續疑年録四卷”，前有嘉慶十七年（1812）吴修續疑年録序，末有嘉慶二十三年（1818）吴修跋。佚名朱墨兩色批校、圈點。

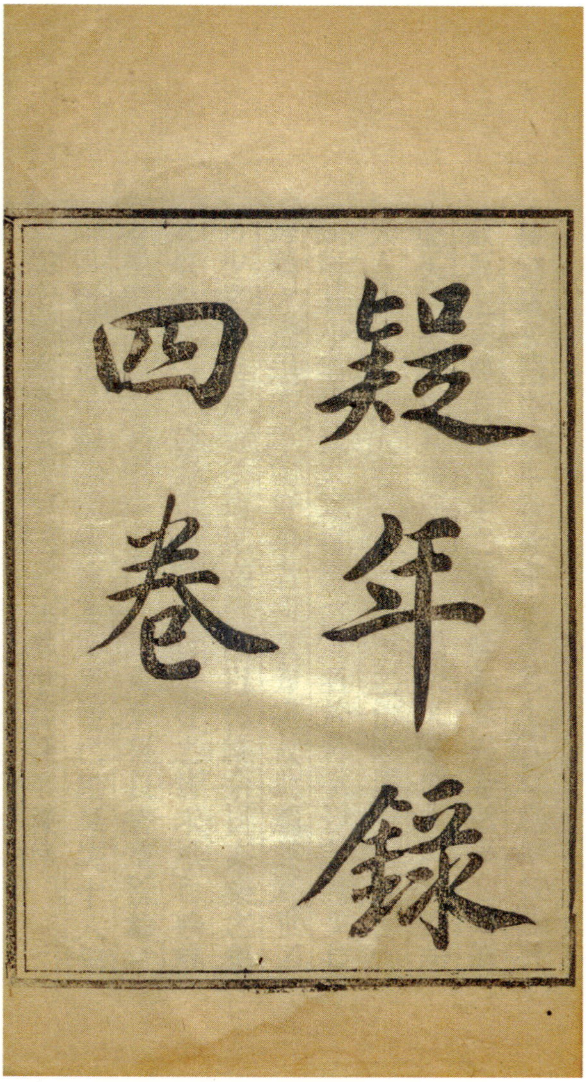

疑年録（2–1）

錢大昕（1728 ~ 1804），清江蘇嘉定（今屬上海）人，字曉征，號辛楣，一號竹汀，晚稱潛揅老人。乾隆進士。官至少詹事。參與修《續文獻通考》、《續通志》等。著作有《潛揅堂金石文跋尾》、《恒言録》等。

吴修（1764 ~ 1827），清浙江海鹽人，字子修，號思亭。諸生。官布政使司經歷。精於鑒别古今字畫金石。刊刻有《湖山吟中嘯集》、《思亭近稿》、《居易小草》、《吉祥居存稿》。另有《青霞館論畫詩》、《續疑年録》、《曝書亭詩集箋注》、《紀元甲子表》及《居易居文集》。刻有其所集清人六百餘家尺牘。

鈐印有“新會伍氏藏書”、“王貴忱印”；卷末鈐有一豎長方藍印“廷試收掌官關防”。

《續修四庫全書》第 0517 册著録有“影印南京圖書館藏清嘉慶二十三年刻本”。

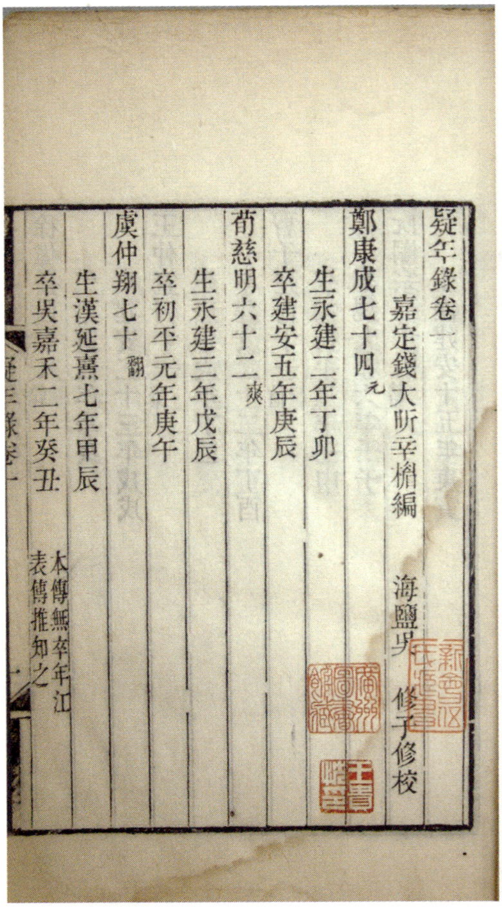
疑年錄卷一　嘉定錢大昕辛楣編　海鹽吳修子修校
鄭康成七十四
生永建二年丁卯
卒建安五年庚辰
荀慈明六十二
生永建三年戊辰
卒初平元年庚午
虞仲翔七十
生漢延熹七年甲辰
卒吳嘉禾二年癸丑

疑年録（2–2）

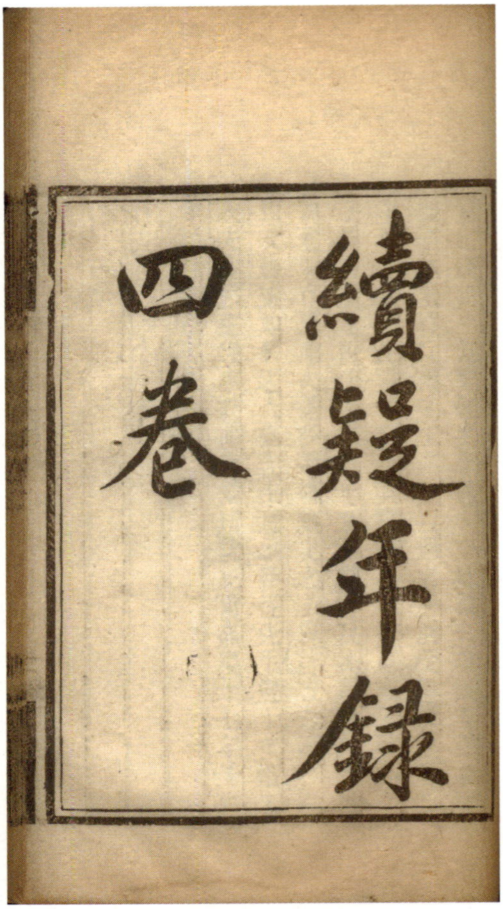
續疑年録
四卷

續疑年録

0015 抱冰堂弟子記：一卷 /（清）張之洞撰 . -- 清光緒 (1875~1908) 鉛印本 . -- 1 册

10 行，25 字，小字雙行 34 字，白口，四周雙邊，單黑魚尾，匡高 19.3 厘米，寬 12.5 厘米。

是書王貴忱經折裝改裝（改裝後半折尺寸爲：31.5 厘米 ×40.1 厘米），書衣用緞面；經折裝改裝前原書半葉尺寸爲：23.4 厘米 ×14.5 厘米。

張之洞（1837 ~ 1909），清直隸南皮人，字香濤，又字香巖、孝達，號壺公，又號無競居士，晚號抱冰，又號廣雅。同治二年（1863）進士。光緒初，擢司業，遷洗馬。曾任兩廣、湖廣總督。卒謚文襄。所作文章典贍，詩亦淹博沉麗。有《張文襄公全集》。

是書成於張之洞督鄂之時，述其生平行事甚悉，托名弟子，實其自撰也。共一百二十條，間附釋文。對研究張之洞生平有重要價值。

鈐印有“安定學齋”、“鐵嶺王貴忱印”、“王貴忱”等。

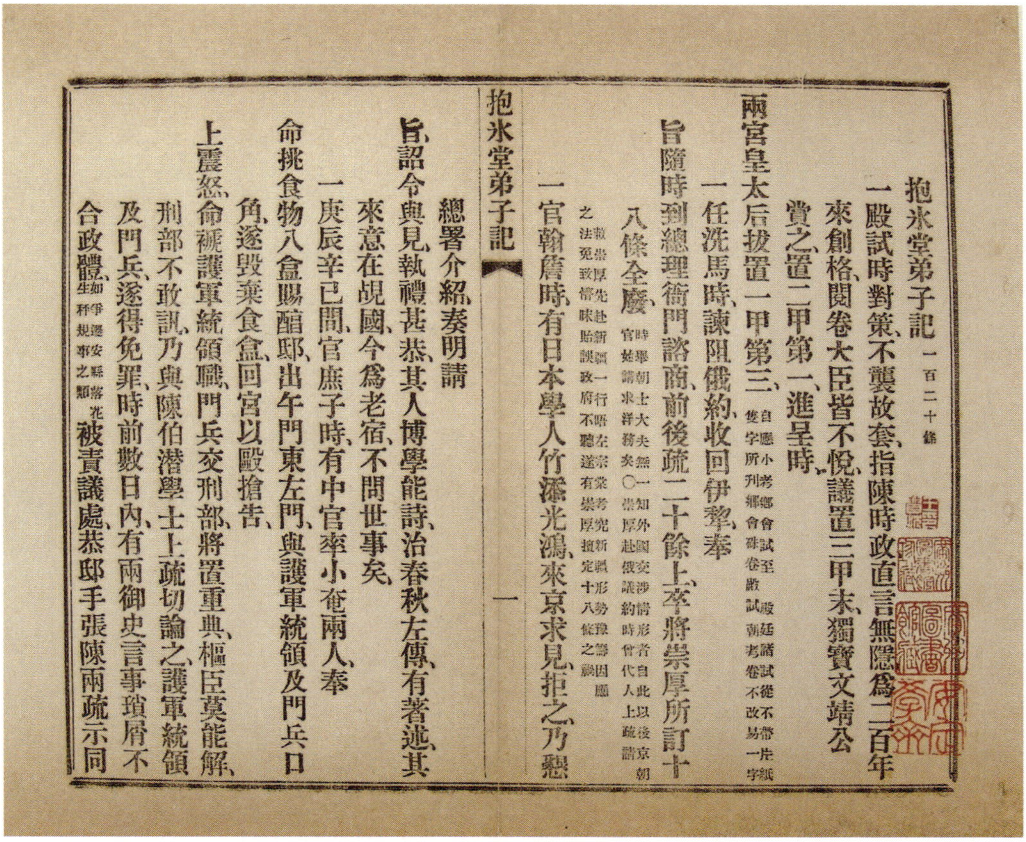
抱冰堂弟子記 一百二十條
一殿試時對策、不襲故套、指陳時政直言無隱、爲二百年
來創格、閱卷大臣皆不悅、議置三甲末、獨寶文靖公
賞之、置二甲第一、進呈時、
兩宮皇太后拔置一甲第三、自應小考鄉會試至殿廷諸試從不帶一片紙隻字所刊鄉會硃卷殿試朝考卷不改易一字
一任洗馬時、諫阻俄約、收回伊犁、奉
旨隨時到總理衙門諮商、前後疏二十餘上、卒將崇厚所訂十
八條全廢、時舉朝士大夫無一知外國交涉情形者自此以後京朝官始講求洋務矣〇崇厚赴俄議約時曾代人上疏請敕崇厚先赴新疆一行晤左宗棠考究新疆形勢豫籌因應之法免致懵昧貽誤政府不聽遂有崇厚擅定十八條之禍
一官翰詹時、有日本學人竹添光鴻、來京求見拒之、乃懇

抱冰堂弟子記 一

總署介紹、奏明請
旨、詔令與見、執禮甚恭、其人博學能詩、治春秋左傳、有著述、其
來意在覘國、今爲老宿、不問世事矣、
一庚辰辛巳間、官庶子時、有中官率小奄兩人、奉
命挑食物八盒賜醇邸、出午門東左門、與護軍統領及門兵口
角、遂毁棄食盒、回宮以毆搶告、
上震怒、命褫護軍統領職、門兵交刑部、將置重典、樞臣莫能解、
刑部不敢訊、乃與陳伯潛學士上疏切論之、護軍統領
及門兵、遂得免罪、時前數日內、有兩御史言事瑣屑不
合政體、如爭遷安縣落花生秤規事之類被責議處、恭邸手張陳兩疏示同

抱冰堂弟子記

0016 南海李應鴻先生行述：一卷 /（清）李宗顥撰 . -- 清 (1644~1911) 稿本 . -- 1 册

9 行，25 字，小字雙行同，白口，四周雙邊，紅色單魚尾，匡高 17.5 厘米，寬 10.6 厘米。是書稿紙爲紅匡紅色格，書口下方有“浣雪”紅字。

盧子樞題封：南海李應鴻先生行述 子宗顥撰手稿本 盧子樞題。扉頁題：先榆林君行述稿本。卷端題名：皇清故進士同治銜陝西榆林縣知縣先府君行述。前有盧子樞題識“李宗顥撰其父小傳手稿”；書中夾有李宗顥手書家譜底稿，另有李宗顥手書李應鴻小傳底稿。天頭有著者墨筆手書小字注。李應鴻、李宗顥簡介見第 0001 條《詩輯一卷》。

是書記述李宗顥之父李應鴻的生平行狀，尤其是其爲官歷程，出任榆林縣知縣時的前後過程。

鈐印有“盧”、“子樞”、“盧子樞”。

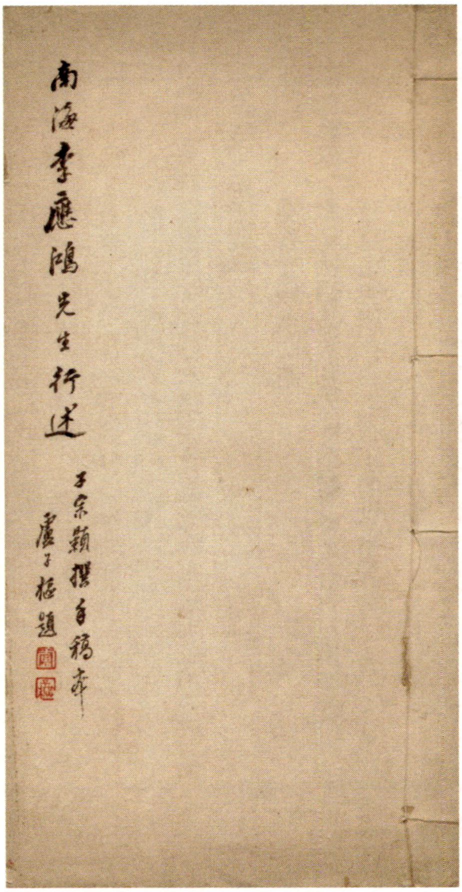

南海李應鴻先生行述（3–1）

皇清故進士同知銜陝西榆林縣知縣先府君行述
府君諱　字　號　始祖諱白孫於宋南渡時由珠璣巷
遷於南海江浦司登雲堡下居西華村遂為南海人十四傳而高
王父修職郎子衍公諱超蕃潛德弗耀春秋九十有八儲旋百齡
人壽十五傳為曾王父湛堂公諱澤先以孝稱於鄉郡生四子其
三為先王父玉階公諱佩璋字志蒼家計中落遂弃學習計然術
積粟為迎檢司喜讀書好敎士[illegible][illegible]書盈收藏不下千卷每逢賞
鑑家輒展卷諷誦至老不勸可謂[illegible]君子者也先王父生三子
長即府君次應[illegible]國學生次應鵾號翼雲贈登仕佐郎元友弟恭

南海李應鴻先生行述（3–2）

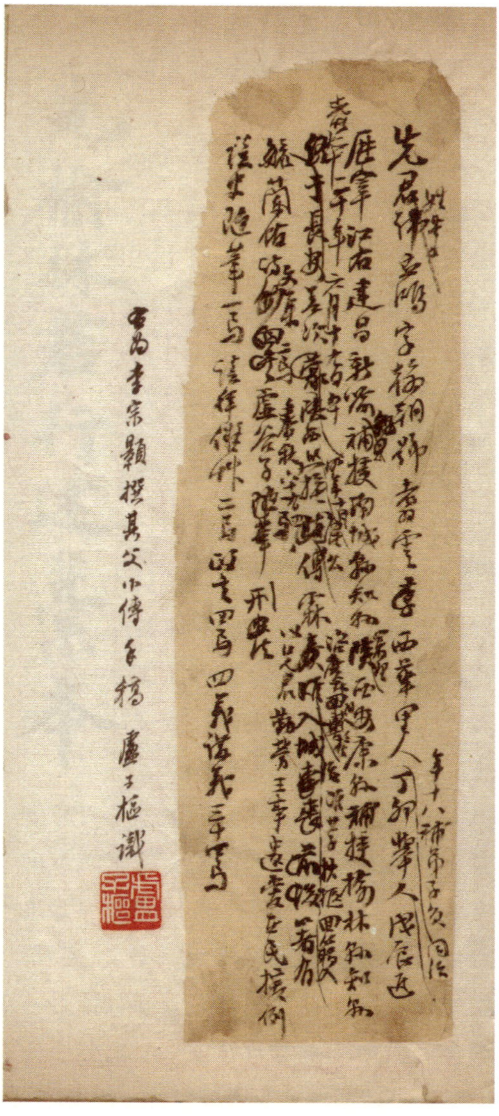

南海李宗顥撰其父小傳手稿　盧子樞識

南海李應鴻先生行述（3–3）

0017 御製原任大學士直隸總督一等肅毅伯晉一等侯贈太傅李鴻章碑文：一卷 /（清）德宗載湉撰 . -- 清光緒二十九年 (1903) 濟南鵲華湖潛亭刻本 . -- 1 册

7 行，21 字，白口，四周雙邊，無魚尾，匡高 23.0 厘米，寬 13.3 厘米。

扉頁刊“御製 光緒癸卯年恭印於濟南鵲華湖之潛亭”。

清德宗光緒帝（1871 ~ 1908），全名愛新覺羅・載湉，四歲登基，由慈禧、慈安兩宫太后垂簾聽政至十八歲。1898 年，啓用康有爲、梁啓超等進行“戊戌變法”，以失敗告終。光緒三十四年（1908）暴死，終年三十八歲。廟號德宗，葬於河北易縣崇陵。

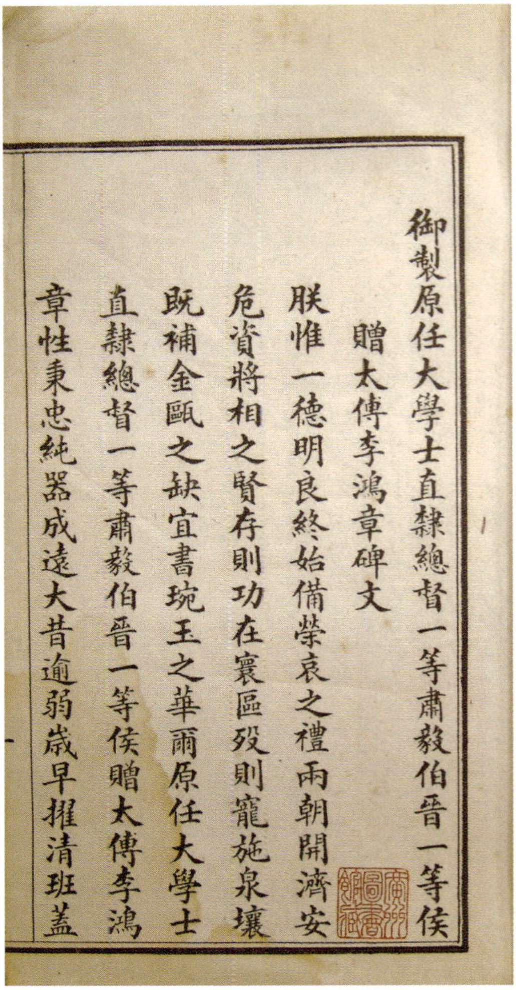
御製原任大學士直隸總督一等肅毅伯晉一等侯
贈太傅李鴻章碑文
朕惟一德明良終始備榮哀之禮兩朝開濟安
危資將相之賢存則功在寰區歿則寵施泉壤
既補金甌之缺宜書琬玉之華爾原任大學士
直隸總督一等肅毅伯晉一等侯贈太傅李鴻
章性秉忠純器成遠大昔逾弱歲早擢清班蓋

御製原任大學士直隸總督一等肅毅伯晉一等侯贈太傅李鴻章碑文

李鴻章（1823 ~ 1901），安徽合肥人，本名章桐，字漸甫（一字子黻），號少荃（泉），别號省心，晚年自號儀叟，謚文忠。清朝末期重臣，洋務運動的主要倡導者之一，淮軍創始人和統帥。官至直隸總督兼北洋通商大臣，授文華殿大學士。著有《李文忠公全集》。

是書包括：1. 御製原任大學士直隸總督一等肅毅伯晉一等侯贈太傅李鴻章碑文；2. 御製原任大學士直隸總督一等肅毅伯晉一等侯贈太傅李鴻章祭文；3. 御製原任大學士直隸總督一等肅毅伯晉一等侯贈太傅李鴻章再祭文；4. 御製原任大學士直隸總督一等肅毅伯晉一等侯贈太傅李鴻章入祀賢良祠祭文；5. 御製原任大學士全權大臣便宜行事直隸總督一等肅毅伯晉一等侯贈太傅李鴻章表忠祠碑文。

鈐印有“王貴忱印”。

0018 定盦先生年譜：一卷 /（清）吴昌綬編 . -- 清光緒三十四年 (1908) 仁和吴氏雙照樓刻朱印本 . -- 1 册 . --（《龔禮部集》附録之三）

9 行，22 字，小字雙行同，白口，左右雙邊，無魚尾，匡高 16 厘米，寬 9.3 厘米。

扉頁題名：龔先生年譜；書根題名：龔定盦年譜；書口題名：年譜。前有陳昌坤序、編者自序；末有吴昌綬後記。末刊有“光緒甲辰之冬北海鄭文焯叔問父校過”；扉頁刊有“雙照樓”橢圓印章。

吴昌綬（1868 ~ 1924），清浙江仁和（今杭州）人，字伯宛，一字甘遯，號印臣，晚號松鄰。室名雙照樓。光緒二十三年（1897）舉人，内閣中書，民國後曾任司法部秘書。以藏書刻書著稱。有《松鄰遺集》。

鈐印有“貴忱印章”、“可居室”、“王氏藏本”、“王貴忱印”、“王大文印”等。

《續修四庫全書》第 0557 册著録有“影印民國四年國學扶輪社鈐印龔定盦全集本”。

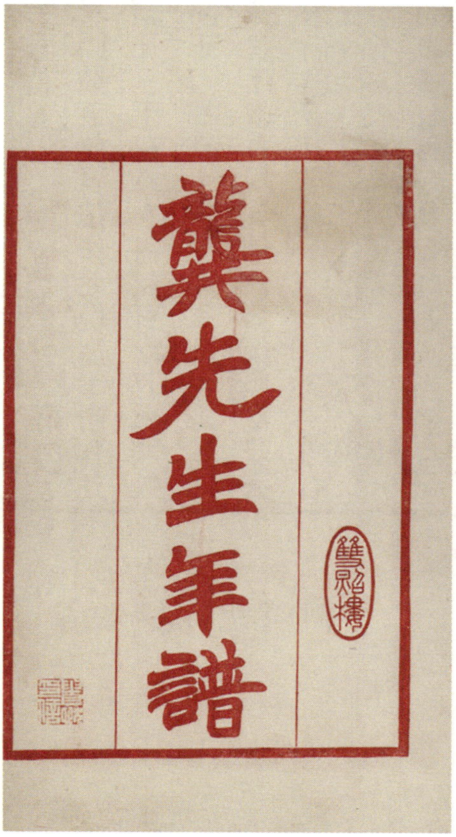

定盦先生年譜（2–1）

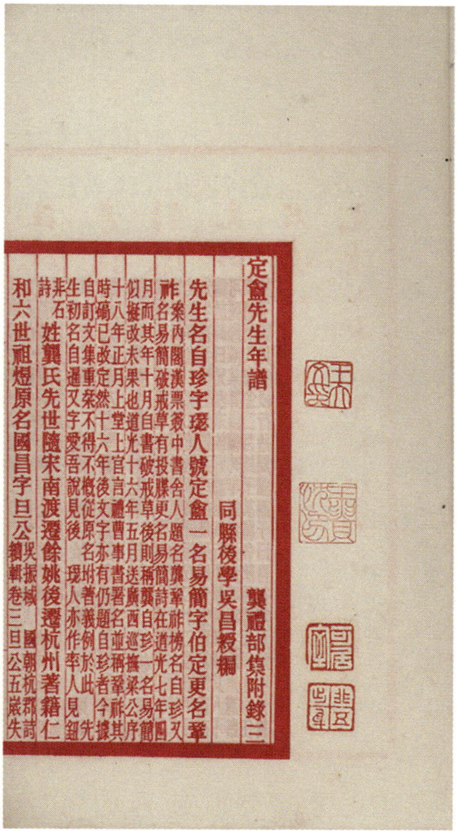

定盦先生年譜（2–2）

0019 江南春詞補傳：一卷，附一卷 /（清）梁廷枏撰．-- 清末 (1851~1911) 刻本．-- 1 册

8 行，18 字，小字雙行同，白口，四周雙邊，雙黑魚尾，匡高 15.6 厘米，寬 11.5 厘米。（附卷匡高 15.9 厘米，寬 11.9 厘米。）

佚名題簽。

附卷爲：江南春詞：一卷 /（明）朱之蕃輯。

梁廷枏（1796 ~ 1861），清廣東順德人，字章冉，號藤花亭主人。道光十四年（1834）副榜貢生。著有《海國四説》、《粤海關志》等及曲本《斷緣夢》、《江梅夢》等。

朱之蕃（？ ~ 1624），原籍山東聊城茌平縣，後附籍南直錦衣衛（今屬江蘇南京），字元升，一作元介，號蘭隅、定覺主人。萬曆二十三年（1595）狀元，官至禮部右侍郎。著有《使朝鮮稿》四卷、《紀勝詩》一卷、《落花詩》一卷、《南還雜著》一卷等。

鈐印有“潘飛聲”、“據梧尋夢室”、“順德黎騷暢九”、“盧子樞”、“王貴忱印”、“貴忱寓目”等。

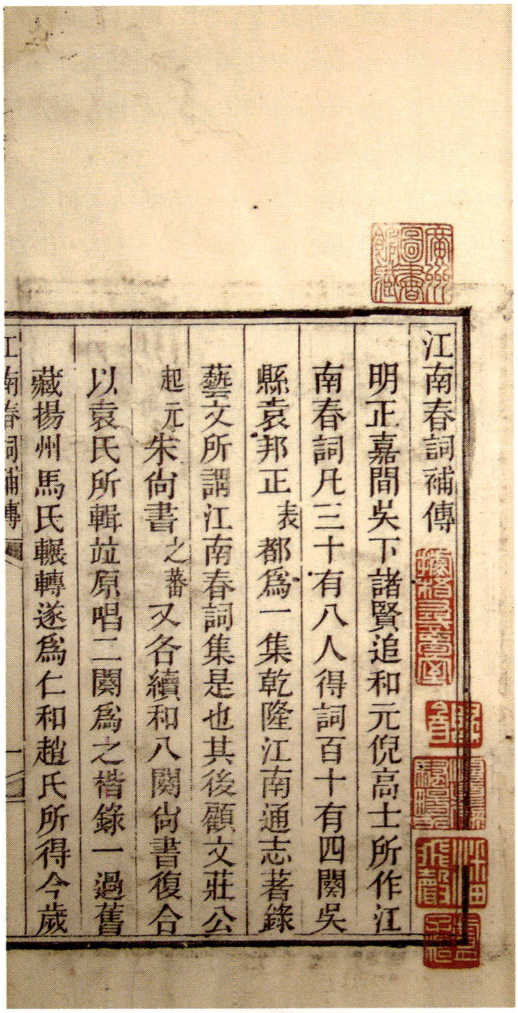
江南春詞補傳
明正嘉間吳下諸賢追和元倪高士所作江
南春詞凡三十有八人得詞百十有四闋吳
縣袁邦正表都爲一集乾隆江南通志著錄
藝文所謂江南春詞集是也其後顧文莊公
起元朱尚書之蕃又各續和八闋尚書復合
以袁氏所輯竝原唱二闋爲之楷錄一過舊
藏揚州馬氏輾轉遂爲仁和趙氏所得今歲
江南春詞補傳

江南春詞補傳（2–1）

江南春三首

汀洲夜雨生蘆筍日出曈曨簾幕静鷩禽蹴破杏花烟陌上東風吹鬢影　遠江搖曙劍光冷轆轤水咽青苔井落花飛燕觸衣巾沉香火微縈緑塵　春風顛春雨急清淚泓泓江竹濕落花辭枝悔何及絲桐哀鳴亂朱碧嗟我胡爲去鄉邑相如家徒四壁立柳花入水化緑萍風波浩蕩心怔營

江南春詞補傳　一

江南春詞補傳（2-2）

0020 漢書地理志：二卷 /（清）汪遠孫校本 . -- 清同治十年 (1871) 永康胡鳳丹退補齋翻刻本 . -- 1 册

10 行，21 字，小字雙行 26 字，白口，左右雙邊，單黑魚尾，匡高 16.6 厘米，寬 12.3 厘米。

佚名墨筆封面題名。佚名墨筆手抄目録。佚名墨筆眉批、夾批、脚批及朱筆點識。扉頁刊“漢書地理志校本 次閑趙之琛題”，“退補齋開錽”。書口下方刊“退補齋藏板”。前有道光二十七年（1847）汪遠孫漢書地理志校本序，末有同治十年胡鳳丹跋。

汪遠孫（1789 ~ 1835），清浙江錢塘人，字久乜，號小米，又號借閑漫士。嘉慶二十一年（1816）舉人，官内閣中書。著有《借閑生詩》三卷，詞一卷，及《三家詩考證》、《世本集證》、《漢書地理志校勘記》等。

鈐印有“古泉齋”、“貴忱印信”、“王貴忱印”等。

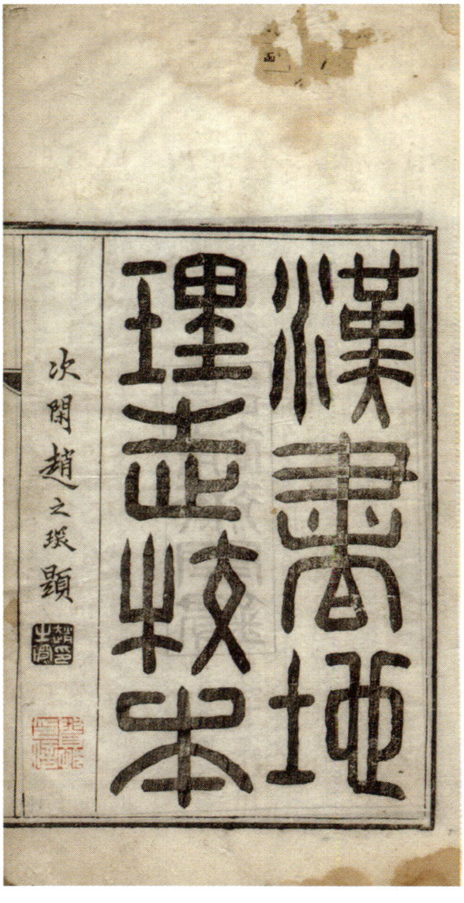

漢書地理志（3-1）

退補齋開雕

漢書地理志（3–2）

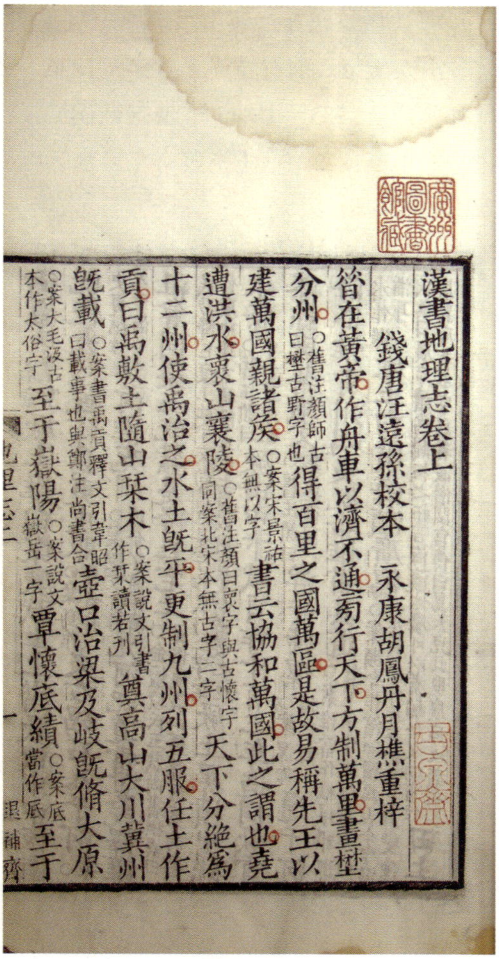

漢書地理志卷上

錢唐汪遠孫校本　永康胡鳳丹月樵重梓

昔在黃帝作舟車以濟不通旁行天下方制萬里畫埜分州○舊注顏師古曰墜古野字也得百里之國萬區是故易稱先王以建萬國親諸侯○案宋景祐本無以字書云協和萬國此之謂也堯遭洪水褱山襄陵○舊注顏曰褱字與古懷字同案北宋本無古字二字天下分絕爲十二州使禹治之水土既平更制九州列五服任土作貢曰禹敷土隨山栞木○案說文引書作栞讀若刊奠高山大川冀州既載○案書禹貢釋文引韋昭曰載事也與鄭注尚書合壺口治梁及岐既脩大原○案大毛汲古本作太俗字至于嶽陽○案說文嶽岳一字覃懷底績○案底當作厎至于

地理志上　一

退補齋

漢書地理志（3–3）

0021 連山綏瑶廳志：[道光]：一卷 /（清）姚柬之編集．-- 清道光十七年(1837)刻本．-- 1 册：圖（“輿圖”4 葉）

12 行，24 字，小字雙行同，黑口，四周單邊，雙黑魚尾，匡高 17.6 厘米，寬 14.3 厘米。

王貴忱墨筆題簽：連山綏瑶廳志 王貴忱檢署。書口上有題名：綏瑶廳志；中有題名：且看山人文集。前有道光十六年（1836）鄧廷楨序，道光十七年祈碩序。

姚柬之（1785 ~ 1847），清安徽桐城人，字佑之，一字伯山，一作檗山，號且看山人。道光二年（1822）進士。著有《漳水圖經》、《綏瑶廳志》、《易録》、《且看山人文集》、《且看山人詩集》等。

鈐印有“可居室印”、“王貴忱印”、“王貴忱”。

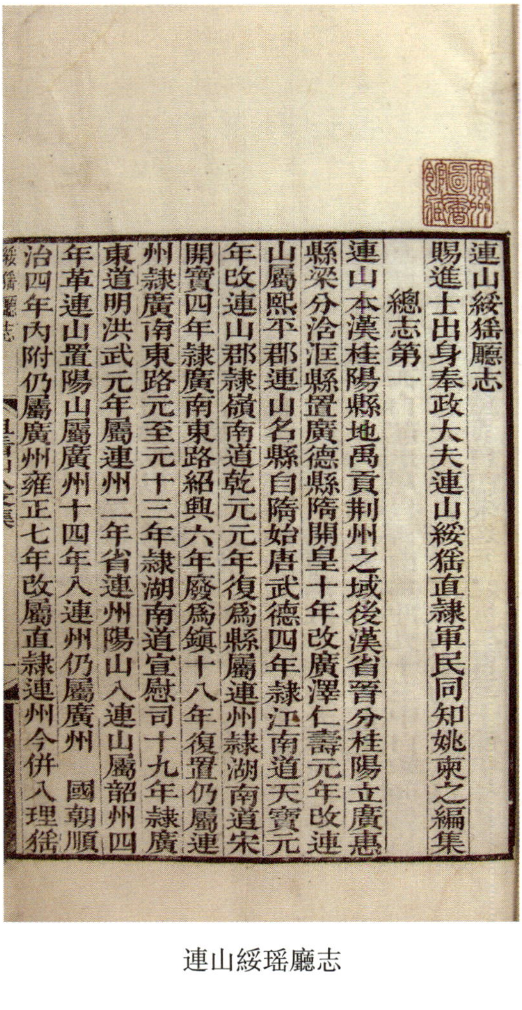
連山綏猺廳志
賜進士出身奉政大夫連山綏猺直隸軍民同知姚柬之編集
總志第一
連山本漢桂陽縣地禹貢荊州之域後漢省晉分桂陽立廣惠縣梁分洽洭縣置廣德縣隋開皇十年改廣澤仁壽元年改連山屬熙平郡連山名縣自隋始唐武德四年隸江南道天寶元年改連山郡隸嶺南道乾元元年復爲縣屬連州隸湖南道宋開寶四年隸廣南東路紹興六年廢爲鎮十八年復置仍屬連州隸廣南東路元至元十三年隸湖南道宣慰司十九年隸廣東道明洪武元年屬連州二年省連州陽山入連山屬韶州四年革連山置陽山屬廣州十四年入連州仍屬廣州　國朝順治四年內附仍屬廣州雍正七年改屬直隸連州今併入理猺

連山綏瑶廳志

0022 番禺縣志藝文略：三卷 /（清）金錫齡分纂 . —— 清同治十年 (1871) 番禺光霽堂刻本 . —— 1 册

12 行，23 字，小字雙行同，白口，四周單邊，雙黑魚尾，匡高 18.7 厘米，寬 14.8 厘米。書簽、書口大題：番禺縣志；小題：藝文。盧子樞墨筆眉批及句讀。

是書爲《番禺縣志》卷二十五至卷二十七。

金錫齡（1811 ~ 1896），清廣東番禺人，字伯年，號芑堂，道光十五年（1835）舉人。輯有《學海堂四集》二十八卷等。

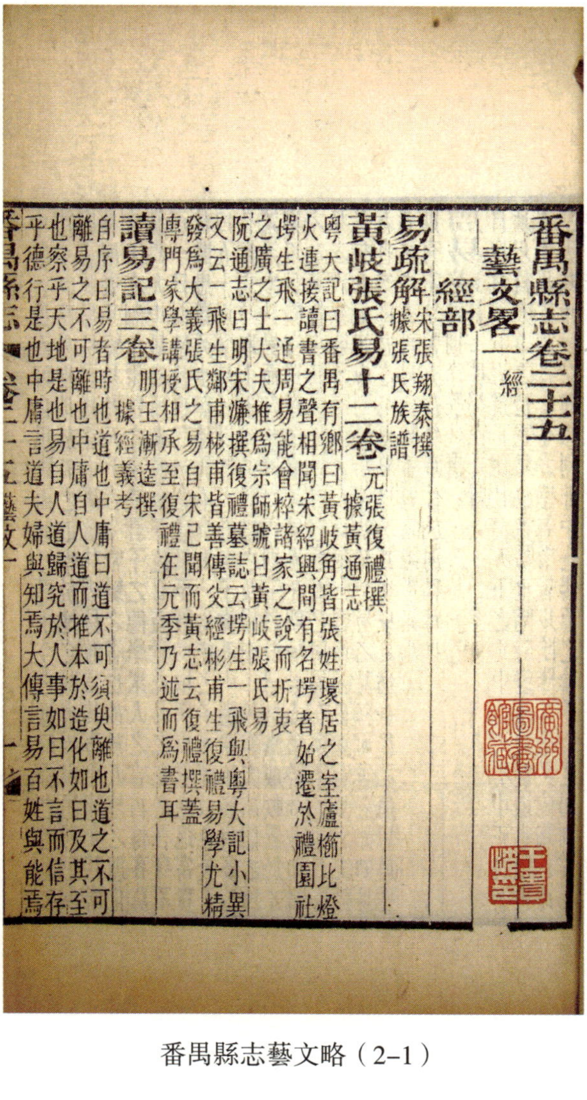
番禺縣志卷二十五
藝文畧一 經
經部
易疏解 宋張翔泰撰 據張氏族譜
黄岐張氏易十二卷 元張復禮撰 據黄通志
粤大記曰番禺有鄉曰黄岐角皆張姓環居之室廬櫛比燈
火連接讀書之聲相聞宋紹興間有名堮者始遷於禮園社
堮生飛一通周易能會粹諸家之說而折衷
之廣之士大夫推爲宗師號曰黄岐張氏易
阮通志曰明宋濂撰復禮墓誌云堮生一飛與粤大記小異
又云一飛生鄉甫彬甫皆善傳父經彬甫生復禮易學尤精
發爲大義張氏之易自宋已聞而黄志云復禮撰蓋
專門家學講授相承至復禮在元季乃述而爲書耳
讀易記三卷 明王漸逵撰 據經義考
自序曰易者時也道也中庸曰道不可須臾離也道之不可
離易之不可離也中庸自人道而推本於造化如日及其至
也察乎天地是也易自人道歸究於人事如日不言而信存
乎德行是也中庸言道夫婦與知焉大傳言易百姓與能焉

番禺縣志藝文略（2–1）

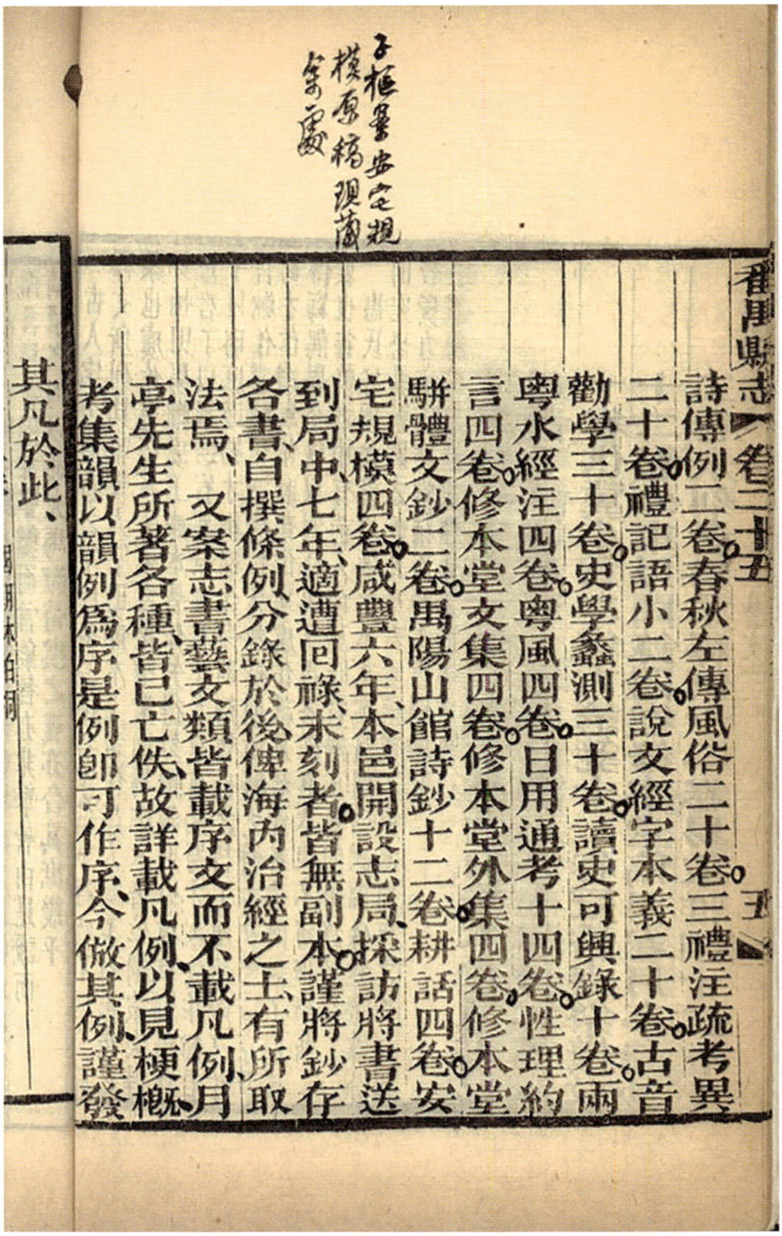
子框墨安宅規模原稿現藏余家

番禺縣志 卷二十五 五

詩傳例二卷春秋左傳風俗二十卷三禮注疏考異二十卷禮記語小二卷說文經字本義二十卷古音勸學三十卷史學蠡測三十卷讀史可興錄十卷兩粵水經注四卷粵風四卷日用通考十四卷性理約言四卷修本堂文集四卷修本堂外集四卷修本堂駢體文鈔二卷禺陽山館詩鈔十二卷耕話四卷安宅規模四卷咸豐六年本邑開設志局採訪將書送到局中七年適遭回祿未刻者皆無副本謹將鈔存各書自撰條例分錄於後俾海內治經之士有所取法焉 又案志書藝文類皆載序文而不載凡例月亭先生所著各種皆已亡佚故詳載凡例以見梗概考集韻以韻例爲序是例卽可作序今倣其例謹發

其凡於此、

番禺縣志藝文略（2–2）

0023 武夷志：四卷 /（明）徐表然纂輯．-- 明 (1368 ~ 1644) 孫世昌刻本．-- 2 册

9 行，20 字，白口，四周單邊，無魚尾，匡高 20 厘米，寬 13.5 厘米。

原書不分卷，分爲文集、行集、忠集、信集。

王貴忱墨筆手書封面題簽：明刻殘本武夷志上下册。册二末有王貴忱墨筆題跋："明季刊本《武夷山志》未見近時公私書目著録，唯長樂鄭氏《西諦書目》載一殘本，蓋舊時志書不爲人見重，流傳古刻故罕耳。歐初同志雅喜圖籍之屬，因以檢出奉贈。甲寅除夕夜晚，鐵嶺王貴忱謹志於廣州正南路宿舍。"

存一卷：卷二行集，存卷卷端下鎸"邑人孫世昌登雲甫剛梓"，版心下端鎸有每葉所刻字字數。

徐表然，明建寧府崇安人，字德望。嘉靖中在武夷第三曲。建漱藝山房。

鈐印有"王貴忱印"、"貴忱印信"、"鐵嶺王氏"、"古泉齋"、"可居室"、"王貴忱審定印"、"忱審定"、"文甫手翰"、"王氏藏本"、"王大泉印"、"文甫吉金"。

《中國古籍善本書目》史部第 11412 條著録有"武夷志略四卷 明徐表然撰 影印明萬曆四十七年孫世昌刻本"。《四庫全書存目叢書・史部》第 230 册著録有"武夷志略五卷（明）徐表然撰 影印明萬曆四十七年孫世昌刻本"。

武夷志（3–1）

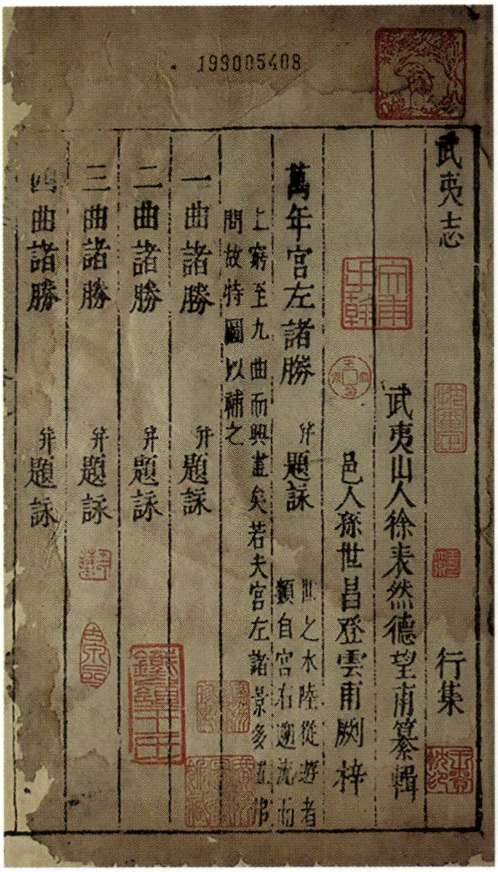

武夷志（3-2）

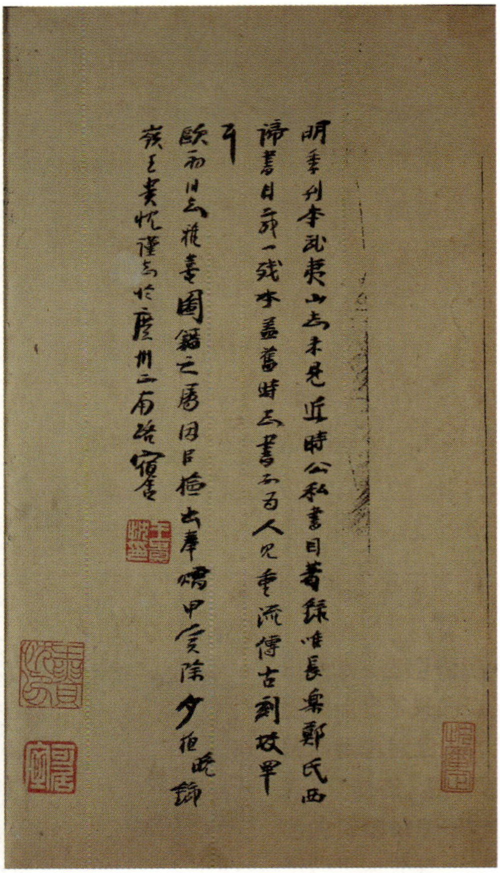

武夷志（3-3）

0024 西樵遊覽記：十四卷 /（清）劉南畬編録．-- 清乾隆五十五年 (1790) 南畬草堂黄嘉圃、譚藥晨寫刻本．-- 清道光十三年 (1833) 補刻．-- 4 册

10 行，21 字，小字雙行同，白口，四周單邊，單魚尾，匡高 18.2 厘米，寬 14.7 厘米。

前有鄧士憲刊補西樵遊覽記叙、乾隆五十五年寫刻本黄虞頓序、馮天禄序、佚名序、参定姓氏、目録。書口下方刊“南畬草堂”。盧子樞題簽。佚名朱墨筆批校、句讀。

末册卷十四第十二葉後殘缺。

劉南畬，即劉子秀，清廣東順德人。

是書包括西樵山圖説、名勝、峰巒、岩洞、溪泉、台石（采石）、院館（亭、宇）、山村（關、坊、梁、表、庵、寺、祠、墓）、古迹（碑刻）、名賢、物産、藝文、雜事等。

鈐印有“東莞南社鄉謝冠千珍藏”、“盧子樞”等。

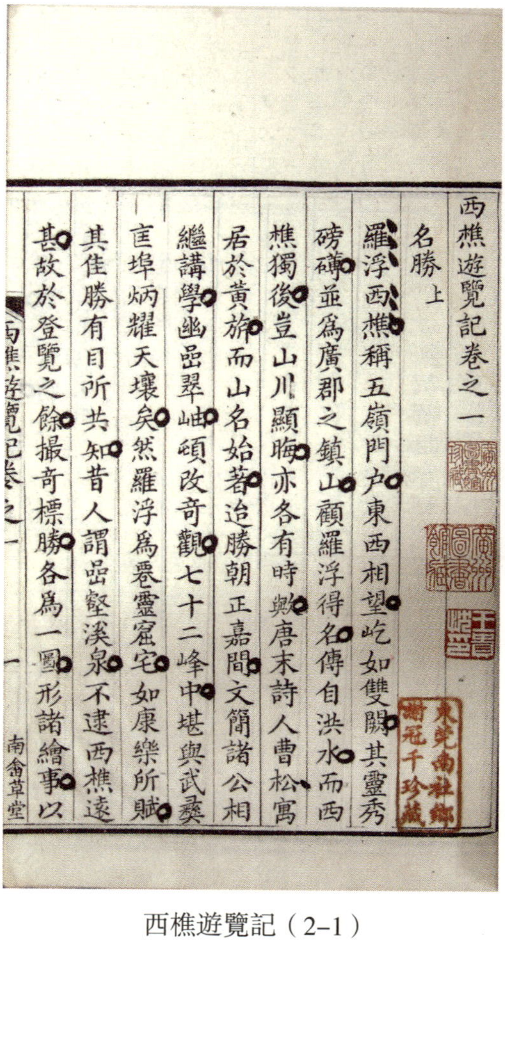

西樵遊覽記（2–1）

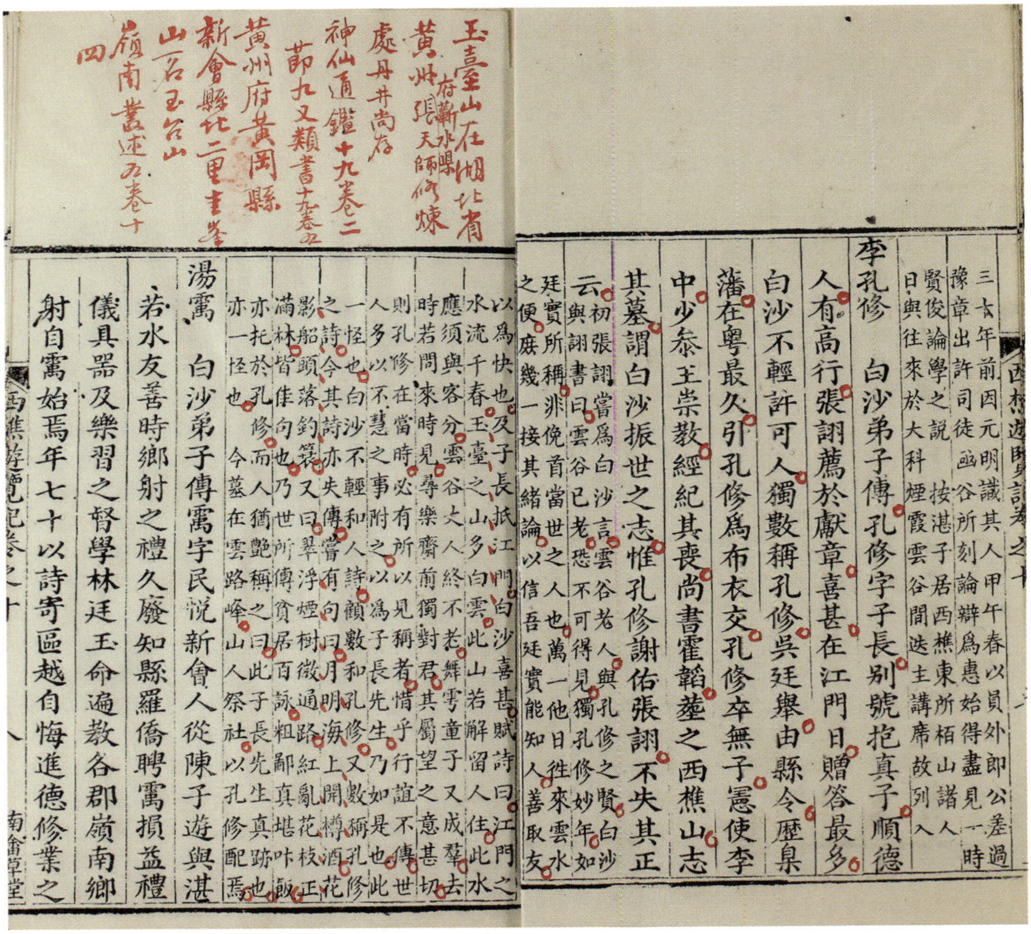

西樵遊覽記卷之十

三十年前因元明識其人甲午春以員外郎公差過豫章出許司徒函谷所刻論辯爲惠始得盡見一時賢俊論學之說 按湛子居西樵東所栢山諸人日與往來於大科煙霞雲谷間迭主講席故列入

李孔修 白沙弟子傳孔修字子長別號抱真子順德人有高行張詡薦於獻章喜甚在江門日贈答最多白沙不輕許可人獨數稱孔修吳廷舉由縣令歷臬藩在粵最久引孔修爲布衣交孔修卒無子憲使李中少參王崇教經紀其喪尚書霍韜葬之西樵山志其墓謂白沙振世之志惟孔修謝佑張詡不失其正云初張詡嘗爲白沙言雲谷老人與孔修之賢白沙與詡書曰雲谷已老恐不可得見獨孔修妙年如廷實所稱非俛首當世之人也萬一他日往來雲水之便庶幾一接其緒論以信吾廷實能知人善取友以爲快也及子長抵江門白沙喜甚賦詩曰江門之水流千春玉臺之山多白雲此山若解留人住此水應須與客分雲谷丈人終不老舞雩童子又成羣去時若問來時見尋樂齋前獨對君其屬望之意甚切則孔修在當時必有所以見稱者惜乎行誼不傳世人多以不慧之事附之以爲子長先生乃如是也此一怪也白沙不輕和人詩顧數和孔修又數稱孔修之詩今其詩亦失傳嘗有句曰月明海上開樽酒花影船頭落釣簑又曰翠浮煙樹微通路紅亂花枝正滿林皆佳句也乃世所傳貧居百詠粗鄙真堪吒飯亦托於孔修而人猶艷稱之曰此子長先生真跡也亦一怪也 今墓在雲路峰山人祭社以孔修配焉

湯鸞 白沙弟子傳鸞字民悅新會人從陳子遊與湛若水友善時鄉射之禮久廢知縣羅僑聘鸞損益禮儀具器及樂習之督學林廷玉命遍教各郡嶺南鄉射自鸞始焉年七十以詩寄區越自悔進德修業之

西樵遊覽記卷之十 南畲草堂

玉臺山在湖北省黃州府蘄水縣張天師修煉處丹井尚存 神仙通鑑十九卷二節九又類書十九卷五 黃州府黃岡縣 新會縣北二里圭峯山名玉台山 嶺南叢述五卷十四

西樵遊覽記（2-2）

0025 入秦紀程：不分卷；榆林赴北京路程：不分卷；赴雲南由西河海道路程：不分卷；丙申由粵赴蘇州復游閩中入都紀程：不分卷 /（清）李宗顥撰 . -- 清光緒 (1875~1908) 稿本 . -- 1 册

9 行，字數不等，小字雙行不等，白口，四周雙邊，無魚尾，匡高 14.2 厘米，寬 10 厘米。

是書爲著者手稿本，稿紙爲淺朱色格，内容有塗改痕迹；末三葉輕度爐毁有缺字。稿本中夾有著者李宗顥手書熊峻運撰《氏族箋釋》一書的目録一葉。卷端題名下有手書小字“己亥十月十四日季巡草述”，末葉天頭有著者手書紀程情况。

著者簡介見第 0001 條《詩輯一卷》。

是書爲著者李宗顥游歷日記。《入秦紀程》記載甲午（1894）七月二十二日至十二月十二日每天的天氣及行程情況等。《丙申由粵赴蘇州復游閩中入都紀程》記丙申（1896）七月十四日至十月九日每天行程情况。《榆林赴北京路程》及《赴雲南由西河海道路程》簡要介紹行程情况。末葉爲著者後記增加的内容，框内正文記載甲辰（1904）正月人日及八日的游歷經過，天頭記載乙巳（1905）十二月廿五日游歷的過程。

鈐印有“煮石”、“憤石生”、“盧子樞”等。

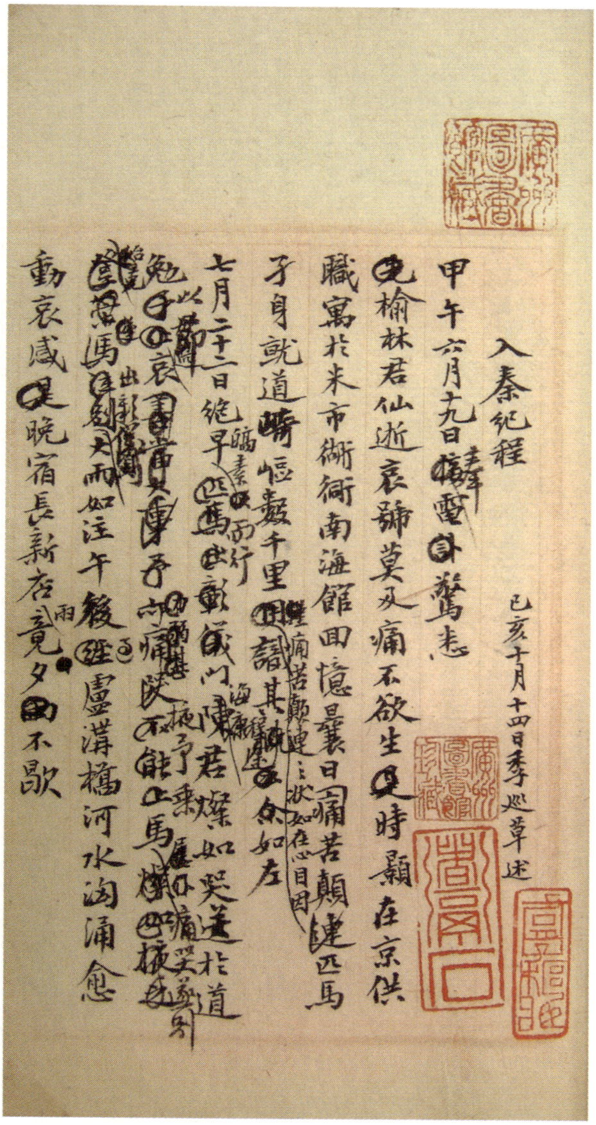
入秦紀程

己亥十月十四日季巡草述

入秦紀程、榆林赴北京路程、赴雲南由西河海道路程、丙申由粵赴蘇州復游閩中入都紀程（2–1）

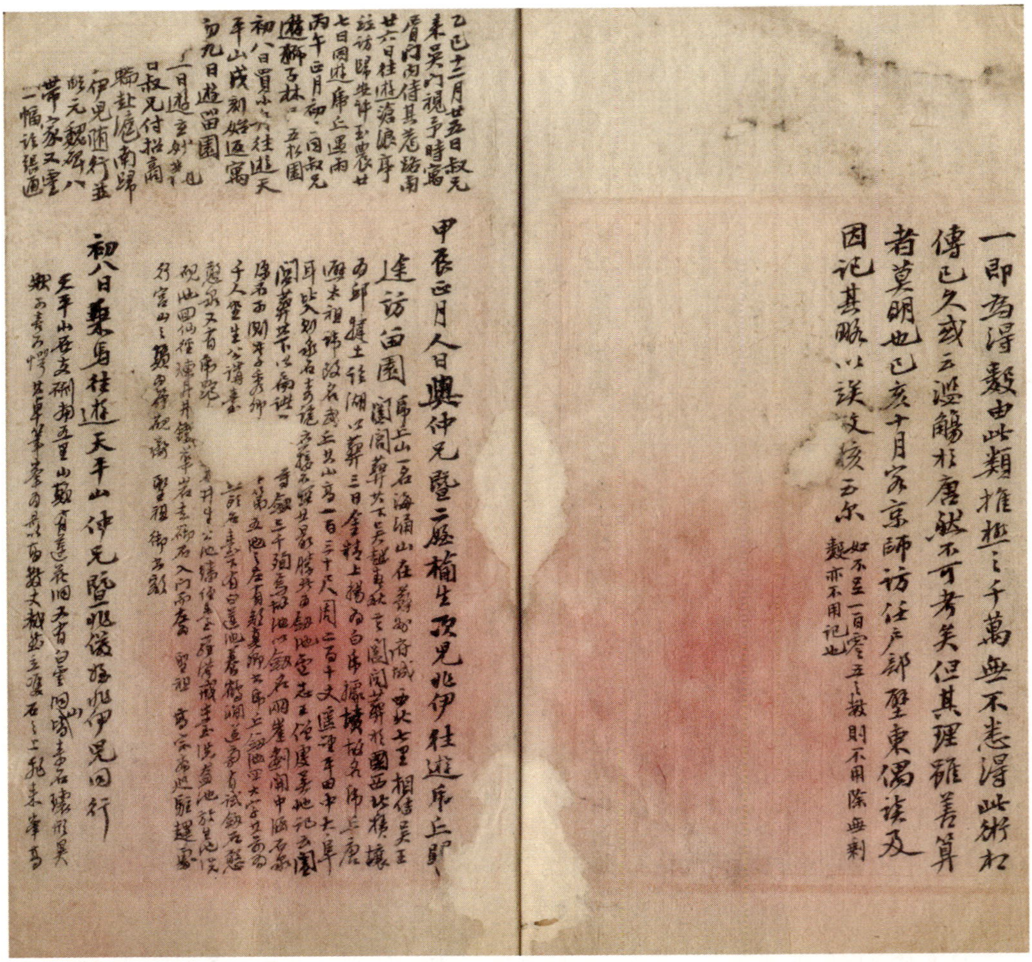
甲辰正月人日與仲兄暨二嫂楡生改兄兆伊往遊虎丘
初八日乘馬往遊天平山仲兄暨兆儀兆伊兒同行

一即為得數由此類推捱三千萬無不悉得此術於
傳已久或云淵源於唐然不可考矣但其理雖善算
者莫明也己亥十月客京師訪任户部壑東偶談及
因記其略以詄文核云爾
如不足一百零五之數則不用除無剩數亦不用記也

入秦紀程、榆林赴北京路程、赴雲南由西河海道路程、丙申由粵赴蘇州復游閩中入都紀程（2–2）

0026 海語：三卷 / (明) 黄衷撰 . -- 清道光(1821~1850)南海伍氏刻本 . -- 1 册 . -- (嶺南叢書 / (清) 吴蘭修輯)

11 行，20 字，小字雙行同，黑口（上細下粗），左右雙邊，雙魚尾，匡高 17.7 厘米，寬 12.2 厘米。

前有黄慈博題記。卷首有“欽定四庫全書提要”，明嘉靖十五年（1536）自序。末有明嘉靖十六年（1537）黄延年跋、道光元年（1821）吴蘭修重刊跋。卷端刊有“甘泉江氏所藏鈔本”。卷末均刊有“嘉應吴蘭修校”。

黄衷（1474 ~ 1553），明廣東南海（今廣州）人，字子和，别號病叟。弘治進士，授南京户部主事，出爲湖州知府，歷福建轉運使、廣西参政、雲南布政使，終兵部侍郎。亦工詩。所作《海語》，詳述海上奇幻之狀。

鈐印有“黄”、“慈博”、“鐵嶺王貴忱章”、“貴忱寓目”等。

《四庫全書總目》入史部二十七地理類四，爲“浙江鄭大節家藏本”。《景印文淵閣四庫全書》第 0594 册著録有“海語三卷（明）黄衷撰（明）黄學準曾注”。

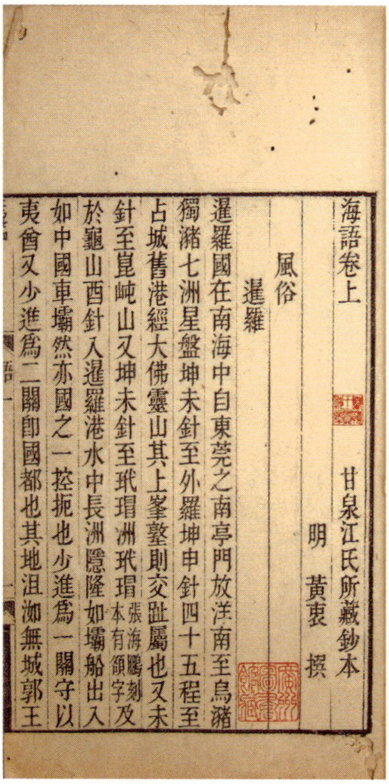

海語卷上　甘泉江氏所藏鈔本
明　黄衷　撰
風俗
暹羅
暹羅國在南海中自東莞之南亭門放洋南至烏豬
獨豬七洲星盤坤未針至外羅坤申針四十五程至
占城舊港經大佛靈山其上峯墪則交趾屬也又未
針至崑崙山又坤未針至玳瑁洲玳瑁張海鵬刻本有頌字及
於龜山酉針入暹羅港水中長洲隱隆如壩船出入
如中國車壩然亦國之一控扼也少進爲一關守以
夷酋又少進爲二關即國都也其地沮洳無城郭王

海語（2-1）

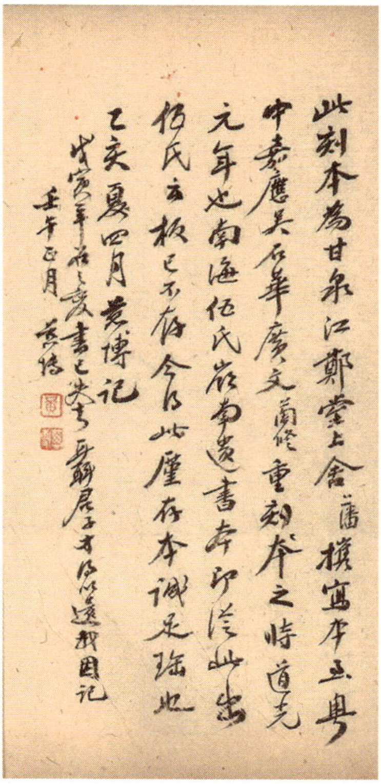

海語（2-2）

0027 紀元總載 : 不分卷 / (清) 佚名撰 . -- 清 (1644~1911) 抄本 . -- 1 册

10行，字數不等，小字雙行不等，白口，無魚尾，無界行邊欄。

卷端有盧子樞墨筆題記 :“此抄本爲宋澤元華庭懺花菴舊藏，一九三六年得自文德路古書店。子樞記。”書中有夾條二張 : 一爲正文内容補充 ; 一爲盧子樞墨筆手抄釋在掺詩一首，詩前有記 :“曾見釋在掺（鼎湖開山祖）既金字面，玆録其詩於後。子樞記。”

鈐印有“盧子樞”。

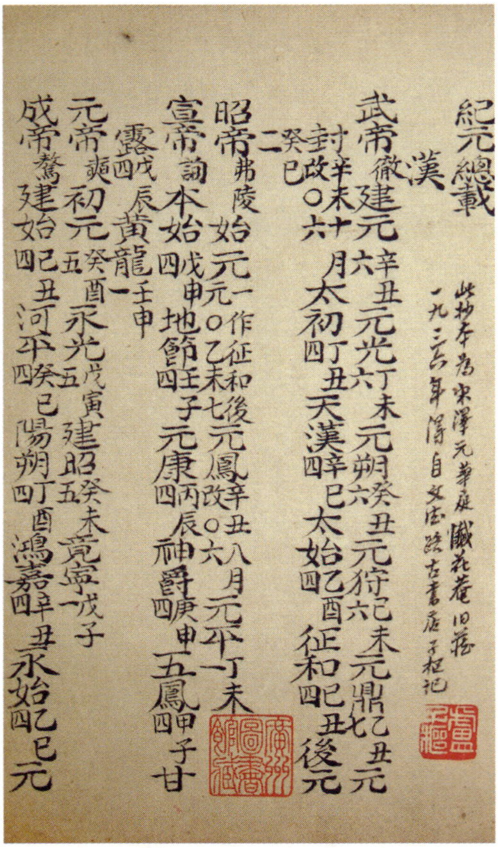

紀元總載（3–1）

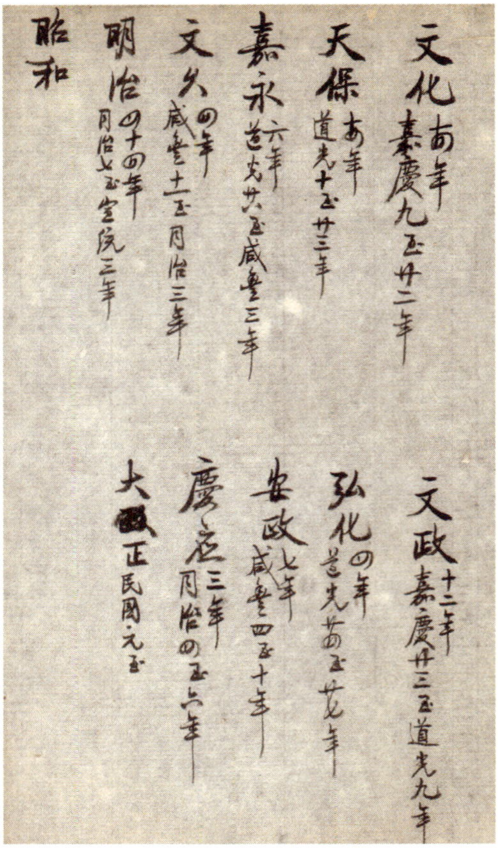

紀元總載（3–2）

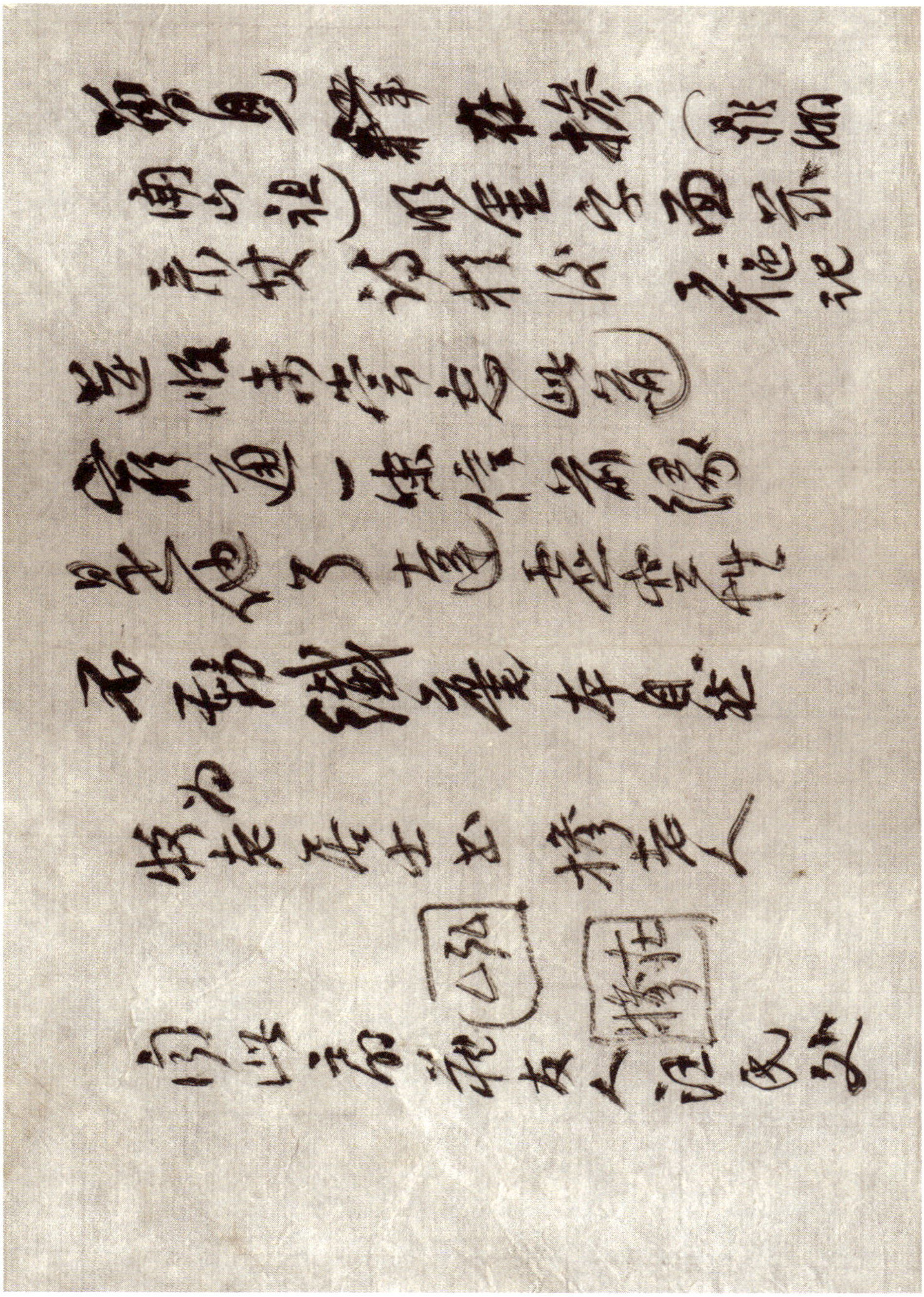

紀元總載（3–3）

0028 紀元編：三卷，韻補一卷 /（清）李兆洛撰；（清）六承如集録．-- 清道光十一年(1831) 武進李兆洛輩學齋刻本．-- 1 册：表

10 行，24 字，小字雙行同，白口，左右雙邊，單黑魚尾，匡高 17.1 厘米，寬 12.3 厘米。

牌記刊“道光辛卯輩學齋刊”。卷中爲“紀元甲子表”，與卷下、卷末同在天頭刊有大小文字標注。

李兆洛（1769 ~ 1841），清陽湖（今江蘇武進）人，字申耆，晚號養一老人。嘉慶十年（1805）進士。著有《養一齋文集》二十卷，輯有《皇朝文典》七十卷，《大清一統輿地全圖》，《鳳臺縣誌》十二卷，《地理韻編》二十一卷，《駢體文鈔》三十一卷等。

是書按時間順序列出了由漢至明的相關帝王名稱及其年號。全書共六卷，卷末附紀元編補韻。

鈐印有“王貴忱印”。

《續修四庫全書》第 0826 册著録有“影印湖北省圖書館藏清道光十一年輩學齋刻本”。

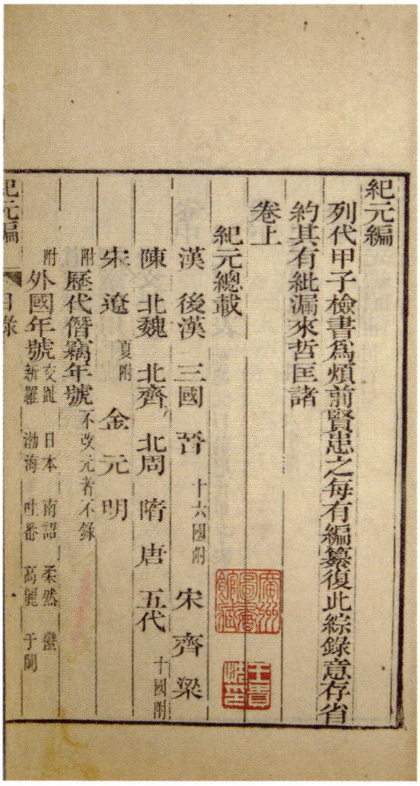
紀元編
列代甲子檢書爲煩前賢患之每有編纂復此綜録意存省
約其有紕漏來哲匡諸
卷上
紀元總載
漢　後漢　三國　晉　十六國附　宋　齊　梁
陳　北魏　北齊　北周　隋　唐　五代　十國附
宋　遼　夏附　金　元　明
附　歷代僭竊年號　不改元者不録
附　外國年號
紀元編　目録

紀元編（2–1）

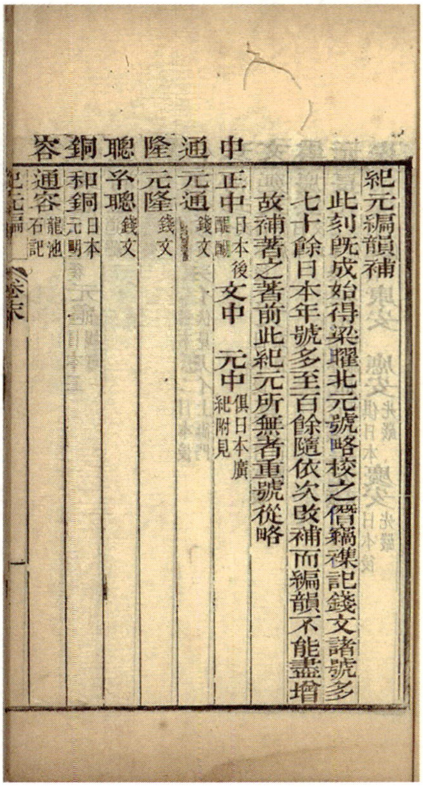
紀元編韻補
此刻既成始得梁曜北元號略校之僭竊稗記錢文諸號多
七十餘日本年號多至百餘隨依次改補而編韻不能盡增
故補著之著前此紀元所無者重號從略

紀元編（2–2）

0029 四禮疑：五卷；喪禮餘言：一卷 /（明）呂坤著 . -- 明萬曆四十二年 (1614) 呂知思刻本 . -- 1 册

8行,20字,白口,四周雙邊,單黑魚尾,匡高 21.9 厘米，寬 14.3 厘米。

護葉王貴忱先生墨筆贈言：“呂坤著作原本傳世絶希，此萬曆原刻明印本《四禮疑》甚罕見，唯印刷較晚，尚屬明棉連紙印本，蓋爲明印者。舊爲文獻學者黄秩南先生所藏，可珍也。檢与伯勤先生存玩可矣。王貴忱贈上。”

前有萬曆甲寅(1614)呂坤“四禮疑序”。

呂坤（1536 ~ 1618），明河南寧陵人，字叔簡，號心吾，一號新吾。萬曆二年（1574）進士。爲襄垣知縣。歷官右僉都御史，巡撫山西。召爲左僉都御史，歷刑部侍郎。二十五年（1597）上疏極言天下安危,不報。稱疾乞休。家居二十年，孫丕揚爲吏郡，以坤與沈鯉、郭正誠爲三大賢，屢次推薦，帝終不納。福王封國河南，賜莊田四萬頃。坤在籍上書諫，又移書執政言之。著作甚富，有《去僞齋文集》、《呻吟語》、《四禮約言》諸書。

鈐印有“南海黄氏秩南任恒”、“王貴忱印”、“貴忱印信”、“鐵嶺王貴忱章”、“保粹堂校學服齋讀信古閣藏述窠摘録”。

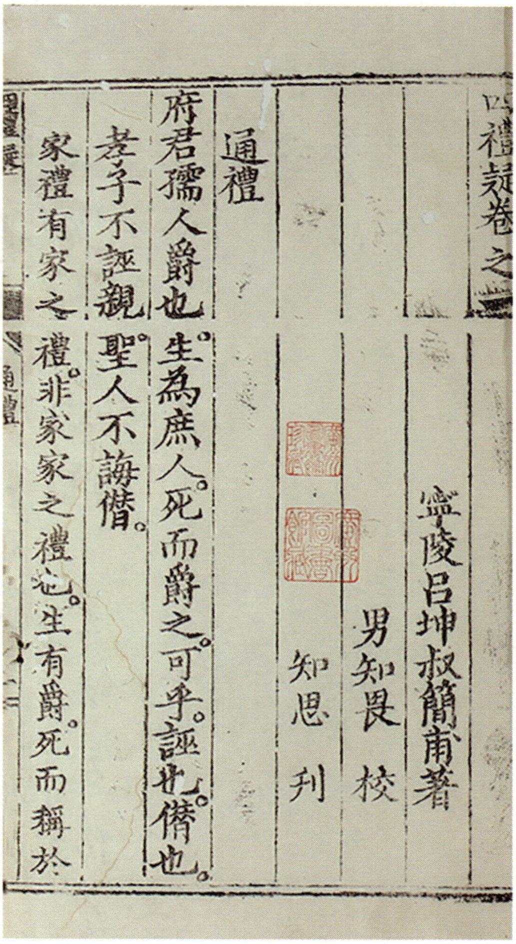
四禮疑卷之一
寧陵呂坤叔簡甫著
男知畏 校
知思 刋
通禮
府君孺人爵也。生為庶人。死而爵之。可乎。誣也。僭也。
孝子不誣親。聖人不誨僭。
家禮有家之禮。非家家之禮也。生有爵。死而稱於

四禮疑（2–1）

《中國叢書綜録》收録是書在“明 呂坤撰 明萬曆中刊清同治光緒間修補印本《呂新吾全集》中。《四庫全書存目叢書·經部》第 115 册著録有“四禮疑五卷喪禮餘言一卷（明）呂坤撰 影印明萬曆間刻清同治光緒間補修呂新吾集本”。

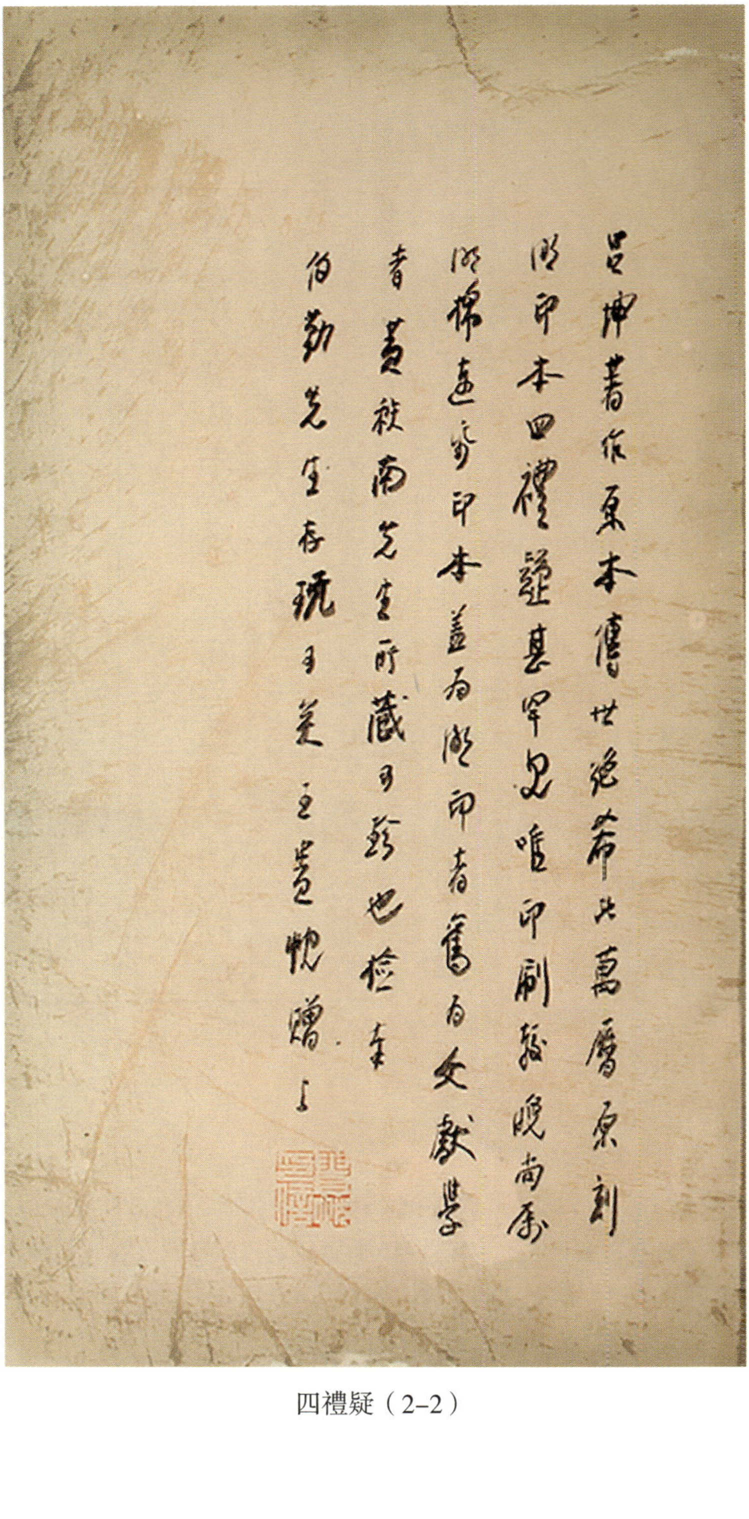

呂坤書係原本傳世絕希此萬曆原刻
明印本四禮疑甚罕見唯印刷較晚尚系
明棉連紙印本蓋為明印者舊有文獻學
者黃蔭南先生所藏可珍也檢奉
伯勤先生存玩[illegible]王貴忱贈之

四禮疑（2–2）

0030 江蘇陸軍二十三混成協司令處内務細則：一卷 . -- 清光緒三十年至宣統(1904~1911) 木活字本 . -- 1 册

9 行，22 字，小字雙行同，白口，四周雙邊，單黑魚尾，匡高 19 厘米，寬 12.7 厘米。書名據書口著録。

鈐印有“貴忱印信”。

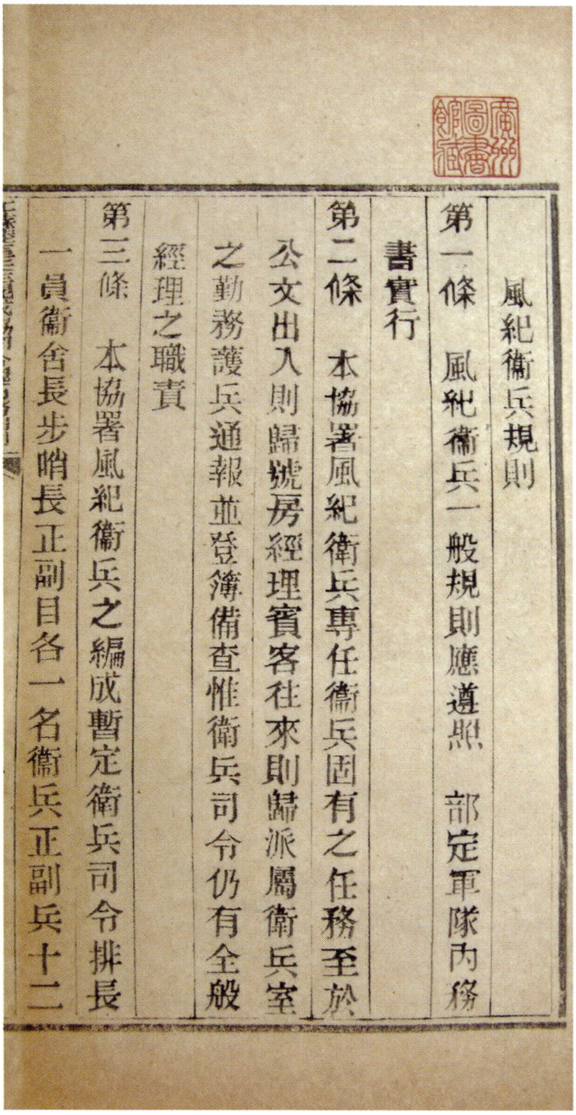

風紀衛兵規則

第一條 風紀衛兵一般規則應遵照 部定軍隊内務書實行

第二條 本協署風紀衛兵專任衛兵固有之任務至於公文出入則歸號房經理賓客往來則歸派屬衛兵室之勤務護兵通報並登簿備查惟衛兵司令仍有全般經理之職責

第三條 本協署風紀衛兵之編成暫定衛兵司令排長一員衛舍長步哨長正副目各一名衛兵正副兵十二

江蘇陸軍二十三混成協司令處内務細則

0031 守岐公牘彙存：一卷 /（清）張兆棟撰．-- 清光緒 (1875~1908) 刻本．-- 1 册

7 行,21 字（序文二則爲 6 行,10 ~ 14 字）,白口,四周雙邊,單黑魚尾,匡高 17.1 厘米,寬 10.9 厘米。

書名據扉頁著。書簽刊有“陳澧題”，扉頁刊“光緒四年十月順德李文田題”。前有光緒四年（1878）長善序、方濬師序。

張兆棟（1821 ~ 1887），清濰縣（今山東濰城區）人，字伯隆，號友山。以進士授刑部主事，累遷郎中。後擢升四川按察使，歷任廣東、安徽、江蘇布政使及擢漕運總督、廣東和福建巡撫等。邑人私謚“文端先生”。

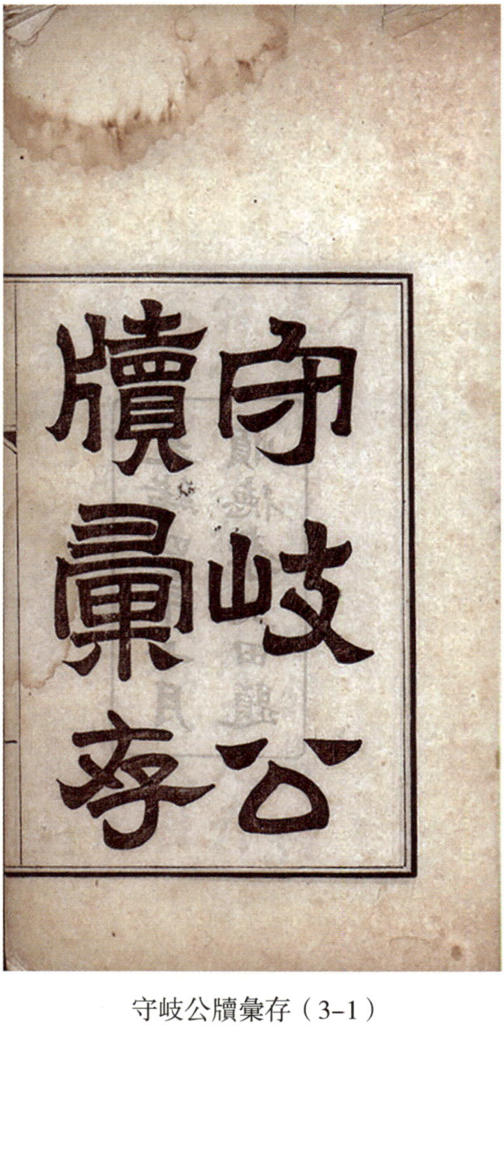

守岐公牘彙存（3–1）

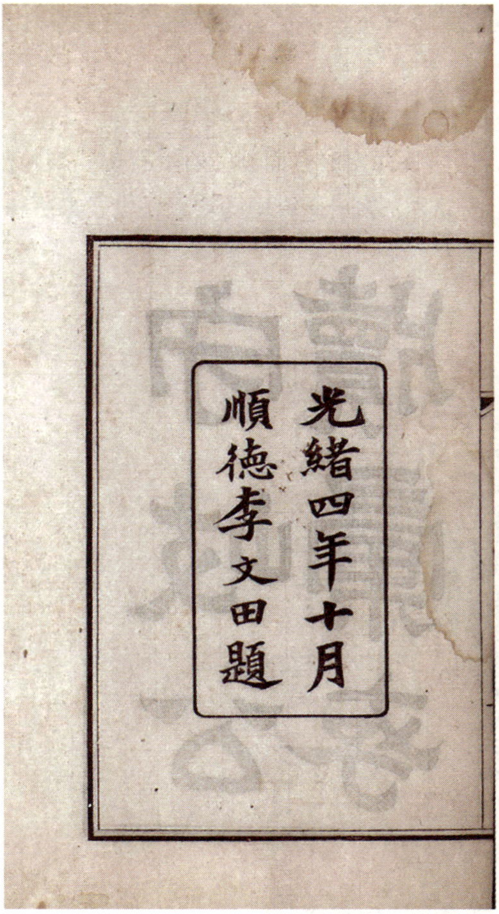

光緒四年十月

順德李文田題

守岐公牘彙存（3–2）

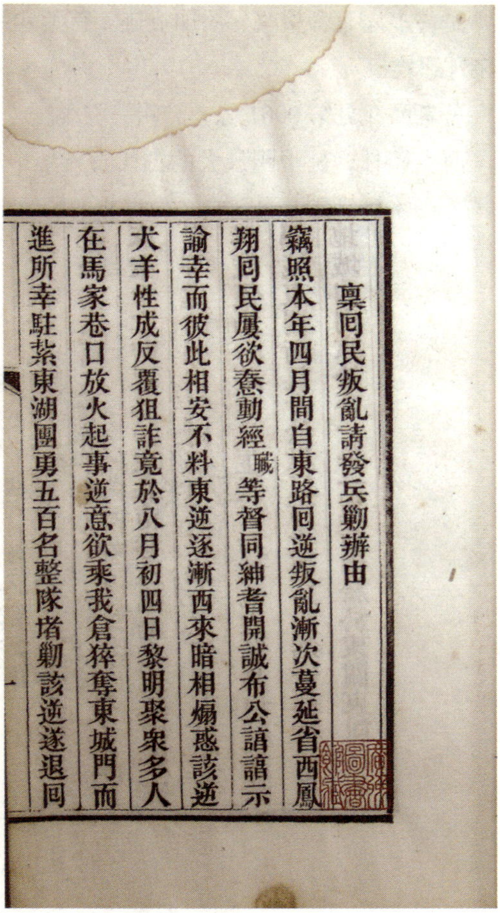

稟回民叛亂請發兵剿辦由

竊照本年四月間自東路回逆叛亂漸次蔓延省西鳳翔回民屢欲蠢動經職等督同紳耆開誠布公諳諳示諭幸而彼此相安不料東逆遂漸西來暗相煽惑該逆犬羊性成反覆狙詐竟於八月初四日黎明聚衆多人在馬家巷口放火起事逆意欲乘我倉猝奪東城門而進所幸駐紮東湖團勇五百名整隊堵剿該逆遂退回

守岐公牘彙存（3–3）

0032 西安府學碑林石刻録目：不分卷 / (清) 李宗顥抄校 . -- 清 (1644~1911) 抄本 . -- 1 册

行數不等，字數不等，小字雙行不等，無界行及邊欄。

是書多處著者塗改、添加痕迹。首葉卷端題名下方有手書小字“此據帖肆鈔本録出内多舛謬誒校”。

著者簡介見第 0001 條《詩輯一卷》。

西安碑林，是中國最大的古代石刻集中地，因臨近西安府學而稱“府學石刻”。西安府學碑林石刻是中國歷史文物寶庫中的重要組成部分，對於研究中國古代歷史、書法和繪畫藝術提供了極爲珍貴的實物資料。

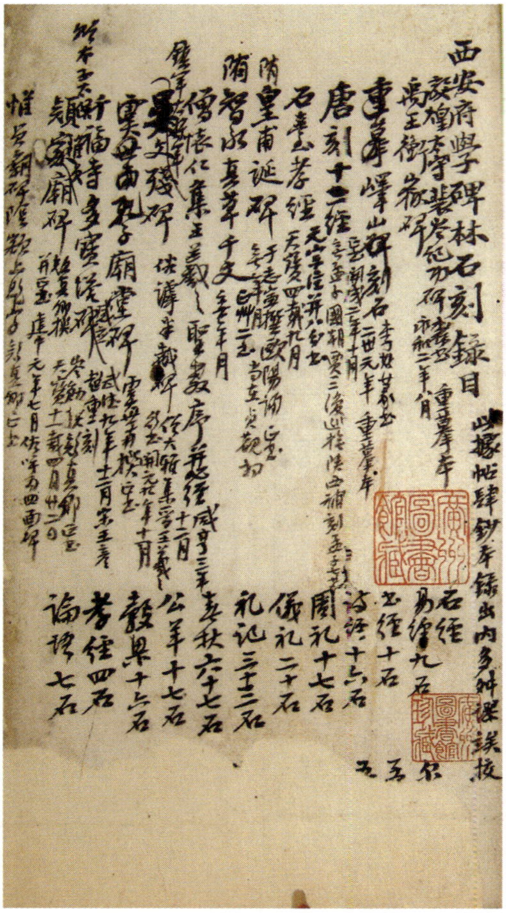
西安府學碑林石刻録目
唐刻十二經
易經九石
書經十石
詩經十六石
周禮十七石
儀禮二十石
禮記三十三石
公羊十七石
穀梁十六石
孝經四石
論語七石

西安府學碑林石刻録目

0033 惜抱軒書録 : 四卷 / (清) 姚鼐撰 . -- 清光緒 (1875~1908) 桐城徐氏刻本 . -- 1 册 . -- (惜抱軒遺書 / (清) 姚鼐撰)

10 行，21 字，黑口，左右雙邊，單黑魚尾，匡高 18.3 厘米，寬 13.2 厘米。

前有道光十二年（1832）毛嶽生“惜抱軒書録序”，後有道光十二年李兆洛識，光緒五年（1879）徐宗亮記。佚名朱筆點讀、點識。

姚鼐（1731 ~ 1815），清安徽桐城人，字姬傳，一字夢穀，室名惜抱軒，世稱惜抱先生。著名散文家，與方苞、劉大櫆并稱爲“桐城三祖”。著有《惜抱軒全集》等，曾編選《古文辭類纂》。

鈐印有“盧子樞”等。

《中國叢書綜録》著録有清姚鼐撰清光緒五年桐城徐宗亮刊本。

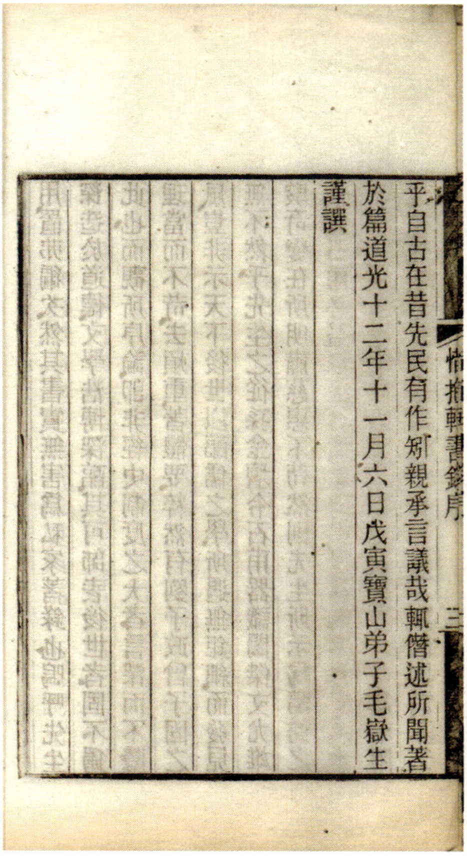
惜抱軒書錄序　二
乎自古在昔先民有作矧親承言議哉輒僭述所聞著
於篇道光十二年十一月六日戊寅寶山弟子毛嶽生
謹譔

惜抱軒書録（2–1）

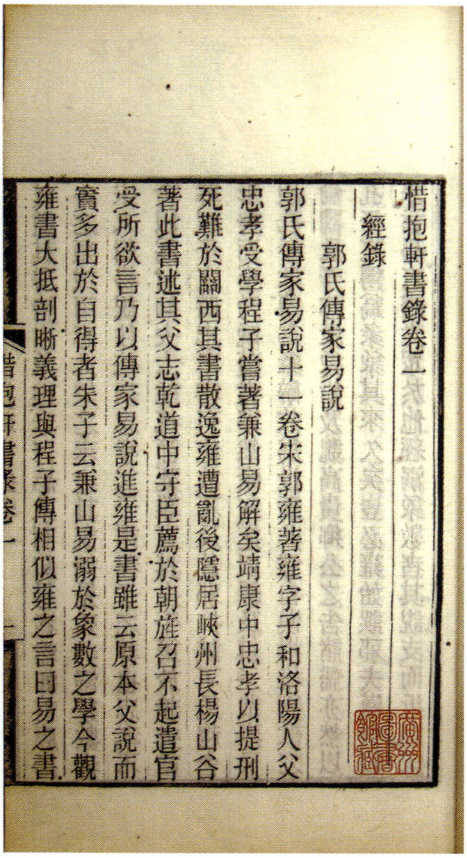
惜抱軒書錄卷一
經錄
郭氏傳家易說
郭氏傳家易說十一卷朱郭雍著雍字子和洛陽人父
忠孝受學程子嘗著兼山易解矣靖康中忠孝以提刑
死難於關西其書散逸雍遭亂後隱居峽州長楊山谷
著此書述其父志乾道中守臣薦於朝旌召不起遣官
受所欲言乃以傳家易說進雍是書雖云原本父說而
實多出於自得者朱子云兼山易溺於象數之學今觀
雍書大抵剖晰義理與程子傳相似雍之言曰易之書
惜抱軒書錄卷一　一

惜抱軒書録（2–2）

0034 樂志堂詩集目録：一卷；樂志堂文集目録：一卷；樂志堂文續集目録：一卷 /（清）佚名抄録．-- 清末 (1851~1911) 朱絲欄抄本．-- 1 册

8 行，20 字，朱口，四周雙邊，單魚尾，匡高 21.3 厘米，寬 12.2 厘米。

書口中刊“紅樹山莊”，下刊“恒裕製”；書根題名：樂志堂集目録。

內含《樂志堂詩集》十二卷目録、《樂志堂文集》十八卷目録、《樂志堂文續集 》二卷目録。

樂志堂詩集目録
卷一
分江夜泊
柳陰一首
殘月一首
石灣
院靜一首
晚晴二首

樂志堂詩集目録

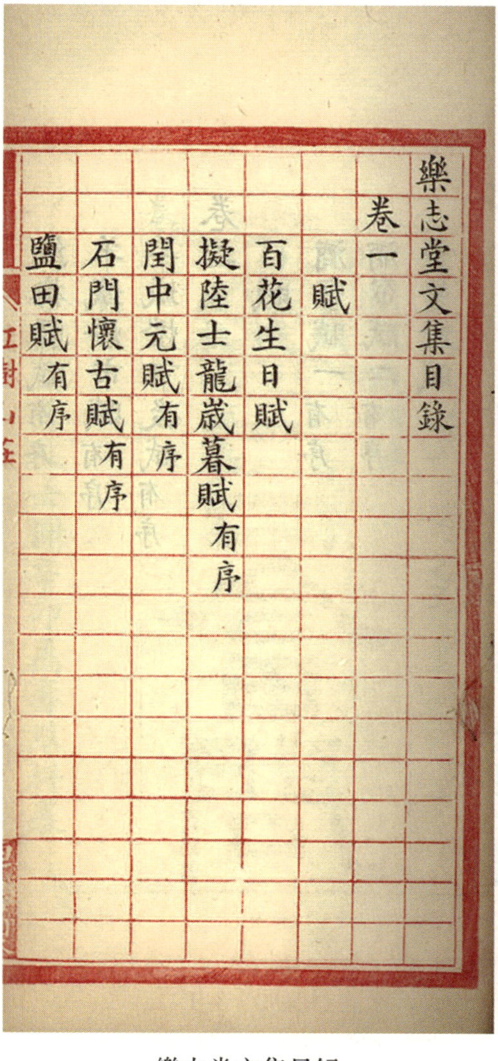

樂志堂文集目録

卷一

賦

百花生日賦

擬陸士龍歲暮賦有序

閏中元賦有序

石門懷古賦有序

鹽田賦有序

紅樹山莊

樂志堂文集目録

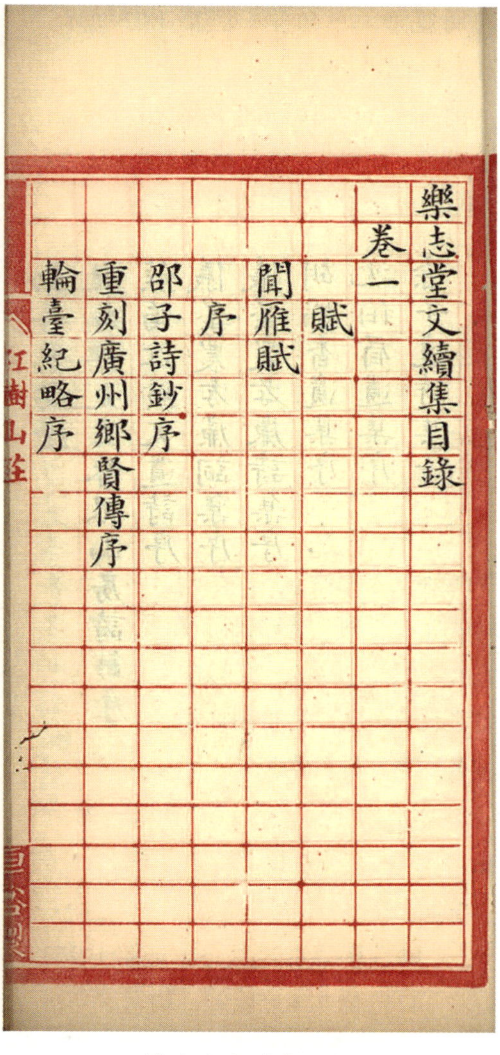

樂志堂文續集目録

卷一

賦

聞雁賦

序

邵子詩鈔序

重刻廣州鄉賢傳序

輪臺紀略序

紅樹山莊

樂志堂文續集目録

0035 書目答問：四卷，别録一卷；古今人著述合刻叢書目：一卷；國朝著述諸家姓名略：一卷 /（清）張之洞撰 . -- 清光緒 (1875~1908) 刻本 . -- 2 册

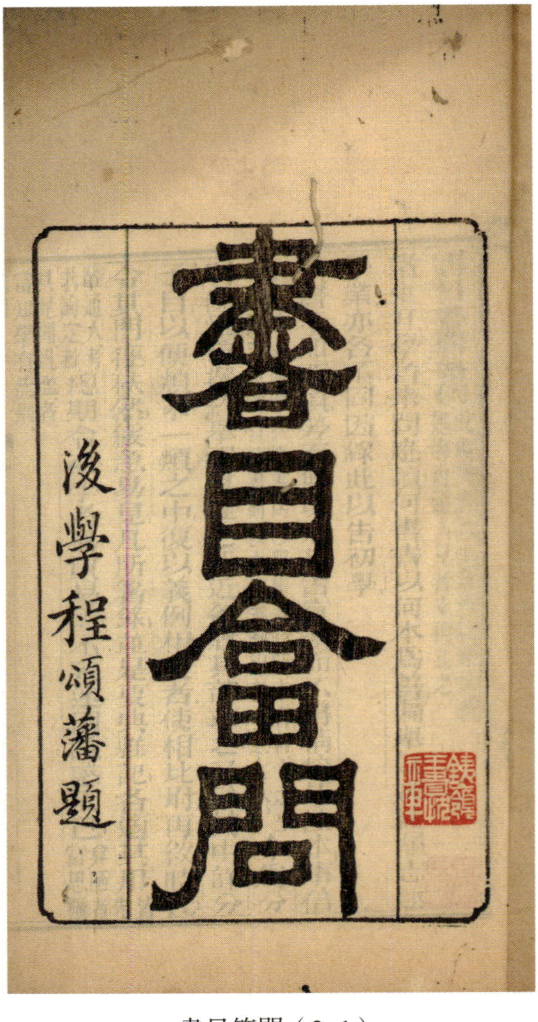

書目答問（3–1）

10 行，25 字，小字雙行同，白口，四周雙邊，單魚尾，匡高 18.2 厘米，寬 13.5 厘米。

前有經部總目，光緒元年（1875）張之洞記“略例”。盧子樞朱筆過録，劉小衡批校。末有盧子樞朱墨筆跋。

著者簡介見第 0015 條《抱冰堂弟子記一卷》。

是書乃作者在同治十三年（1874）任四川學政時，爲指引學生讀書門徑而編撰的。全書共五卷，收書二千二百餘種。注重收録清後期的學術著作和科技圖書。按經、史、子、集、叢書五部分類編排，大類之下再設小類，同類書按時代先後排列。著録書名、作者姓名（當世作者只記“今人”）、版本等。版本以當世習見爲主。書後附《别録》和《清朝著述諸家姓名略》。

鈐印有“小衡齋”、“筱衡”、“家有藏書□”（字被蛀掉）、“盧子樞”、“王貴忱印”等。

《中國古籍善本書目》史部第 14263 條～ 14266 條共 4 條收録，均爲清光緒刻本，分别爲清蔣鳳藻批注并跋、葉德輝批校、葉德輝批校并跋、葉德輝批并跋。《續修四庫全書》第 0921 册著録有“影印復旦大學圖書館藏清光緒間刻本”。

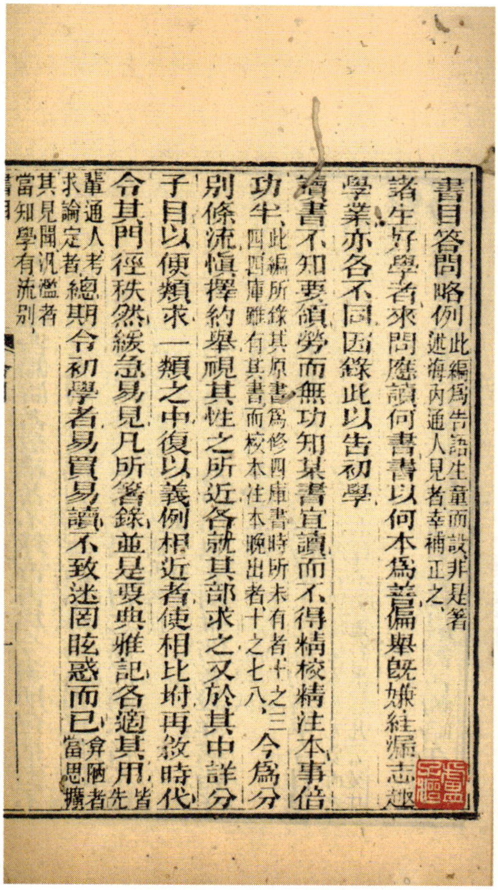
書目答問（3-2）

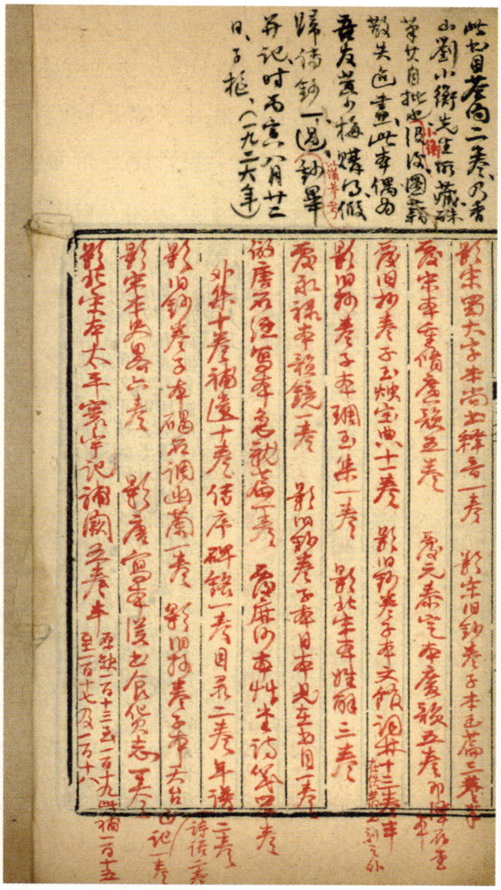
書目答問（3-3）

0036 禁燬書目韻編：五卷，附録一卷 /（清）憒石生編輯 . -- 清 (1644~1911) 稿本 . -- 1 册

8 行，字數不等，小字雙行不等，淺緑口，左右雙邊，無魚尾，匡高 15.3 厘米，寬 9.9 厘米。

是書爲緑格稿紙，書口下方刊“榕連理山齋”。卷首護葉有盧子樞手書著者李宗顥别號、卒年等生平介紹，書中夾有不同時期盧子樞針對是書内容的批注條。卷首有清光緒二十一年（1895）編者手書自序。封面題簽及卷首自序題名：禁燬書目均編。

憒石生，即李宗顥，簡介見第 0001 條《詩輯一卷》。

鈐印有“宗顥”、“仙李煮石”、“蕭堪”、“盧”、“子樞”、“盧子樞藏”、“可居室主”、“王貴忱印”、“貴忱印信”、“可居室印”等。

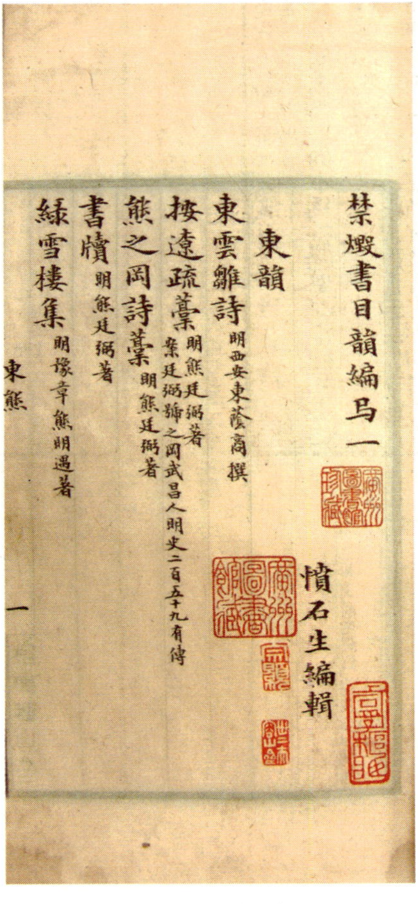
禁燬書目韻編卷一
憒石生編輯
東韻
東雲雛詩 明西安東蔭商撰
按遼疏藁 明熊廷弼著
熊之岡詩藁 明熊廷弼著 案廷弼號芝岡武昌人明史二百五十九有傳
書牘 明熊廷弼著
綠雪樓集 明豫章熊明遇著

禁毀書目韻編

0037 筠清館金石文字：五卷 /（清）吴榮光撰；（清）楊守敬輯．-- 清光緒 (1875~1908) 湖北宜都楊氏刻本．-- 5 册．--（鄰蘇園金石叢書 /（清）楊守敬輯）

9 行，21 字，小字雙行同，白口，四周雙邊，單黑魚尾，匡高 19.6 厘米，寬 13.7 厘米。

扉頁題名：筠清館金文；自序、總目題名：筠清館金石録；書口題名：筠清館金石。前有鄰蘇園金石叢書的扉頁、牌記、書目，以及是書扉頁、原牌記、筠清館金石録自序、凡例、總目。叢書牌記刊“宜都楊氏輯栞”；是書牌記刊“道光壬寅南海吴氏校刊”；是書各卷末均有牌記，刊“道光二十有二年壬寅六月南海吴氏筠清館刊”。各卷卷端刊有“嘉定瞿樹辰校字”，自序間有墨釘。

據南海吴榮光筠清館校刊本翻刻。

吴榮光（1773 ~ 1843），清廣東南海人，字殿垣，一字伯榮，號荷屋、石雲山人，齋名筠清館。嘉慶四年（1799）進士，官至湖廣總督。著有《辛丑銷夏記》、《吾學録初編》、《白雲山人文稿》、《緑伽楠館詩稿》、《筠清館金石録》、《歷代名人年譜》等。

鄰蘇園金石叢書包括：筠清館金文、小篷萊金石、隸篇、楷法溯源、望堂金石初集。

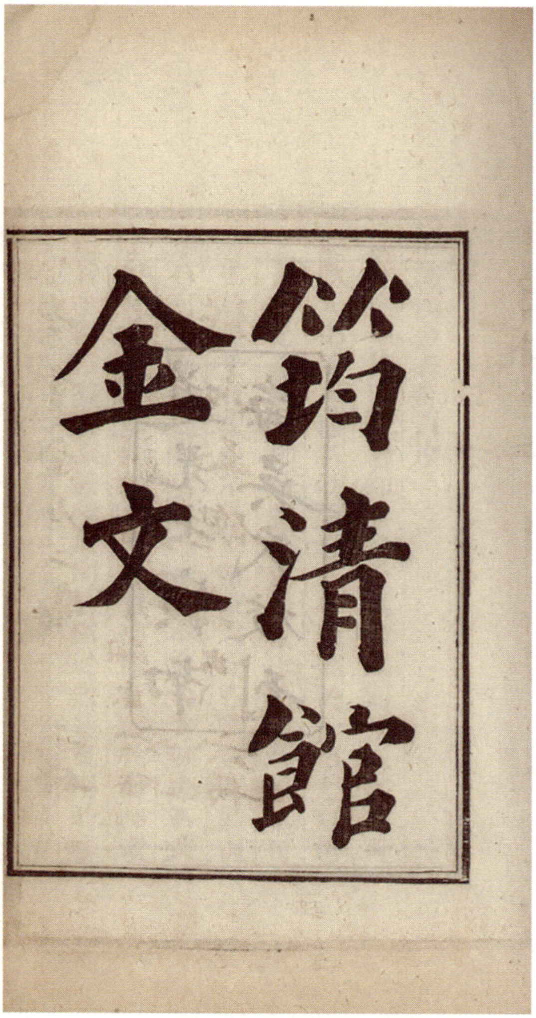

筠清館金石文字（3-1）

《續修四庫全書》第 0902 册著録有“影印上海辭書出版社圖書館藏清道光二十二年吴氏刻本”。

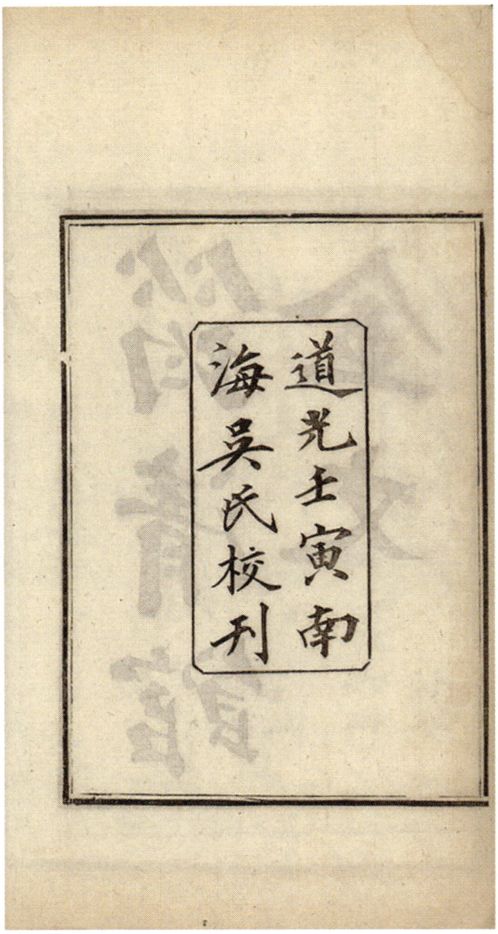
道光壬寅南海吳氏校刊

筠清館金石文字（3-2）

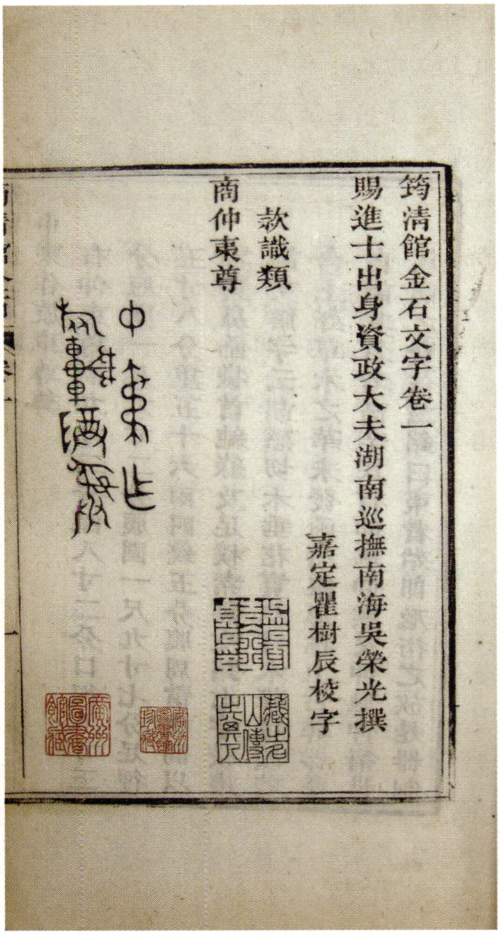
筠清館金石文字卷一
賜進士出身資政大夫湖南巡撫南海吳榮光撰
嘉定瞿樹辰校字
款識類
商仲東尊

筠清館金石文字（3-3）

0038 來齋金石刻考畧：三卷 / (清) 林侗纂輯；(清) 徐渭仁校 . -- 清道光二十一年 (1841) 上海徐渭仁刻本 . -- 1 册 . -- (春暉堂叢書 / (清) 徐渭仁輯)

9 行，22 字，小字雙行同，黑口，四周雙邊，雙黑魚尾，匡高 18.5 厘米，寬 13.2 厘米。

書根題名：來齋金石考。扉頁刊“春暉堂叢書”。林侗自序末葉“己未”旁佚名朱筆注“康熙十八年”。前有朱書“來齋金石刻考畧序”、“春暉堂叢書目録”、林侗己未（1679）自序，末有徐渭仁道光二十一年（1841）跋。

林侗（1627 ~ 1714），清福建侯官（一作閩縣）人，字同人。貢生。康熙中，署尤溪教諭。著有《荔水莊詩草》、《來齋金石考》、《昭陵石蹟考畧》、《李忠定年譜》及《井野識塗》。《清史列傳》有傳。

《四庫全書總目》入史部四十二目録類二，爲“福建巡撫采進本”。《中國古籍善本書目》未收。《景印文淵閣四庫全書》第 0684 册著録。《(文淵閣)四庫全書珍本》第七集第 114 册著録。

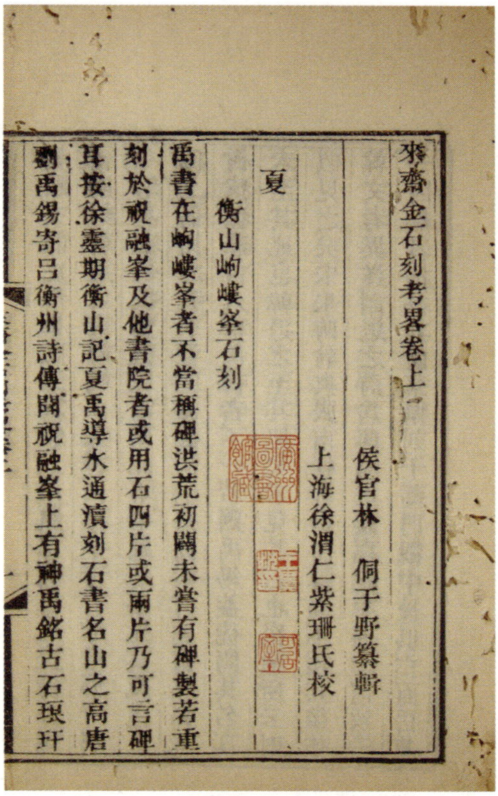
來齋金石刻考畧卷上
侯官林　侗于野纂輯
上海徐渭仁紫珊氏校
夏
衡山峋嶁峯石刻
禹書在峋嶁峯者不當稱碑洪荒初闢未嘗有碑製若重
刻於祝融峯及他書院者或用石四片或兩片乃可言碑
耳按徐靈期衡山記夏禹導水通瀆刻石書名山之高唐
劉禹錫寄呂衡州詩傳聞祝融峯上有神禹銘古石琅玕

來齋金石刻考畧

0039 昭陵碑録：三卷，附録校録劄記一卷 / 羅振玉校録 . -- 清宣統元年 (1909) 番禺沈宗畸刻本 . -- 2 册 . -- (晨風閣叢書：二十三種 / 沈宗畸輯)

11 行，21 字，小字雙行同，黑口，四周單邊，無魚尾，匡高 13.1 厘米，寬 10.2 厘米。書口下方刊有：晨風閣。前有光緒三十四年（1908）羅振玉序并目録。佚名朱筆圈點、句讀并對碑缺字“□”内有朱筆添字；佚名朱筆眉批。

羅振玉（1866 ~ 1940），浙江上虞人，生於江蘇淮安。字叔藴，一字叔言，號雪堂。參與開拓中國現代農學，1896 年在上海創立中國近代最早的農學團體“農學會”；金石學造詣頗深，曾搜集和整理甲骨、銅器、簡牘、明器、佚書等考古資料，均有專集刊行，流傳較廣者有《殷虚書契》等。一生著作達一百八十九種，校刊書籍六百四十二種。

《中國叢書綜録》著録有民國沈宗畸輯清宣統元年（1909）番禺沈氏刊本《晨風閣叢書》。

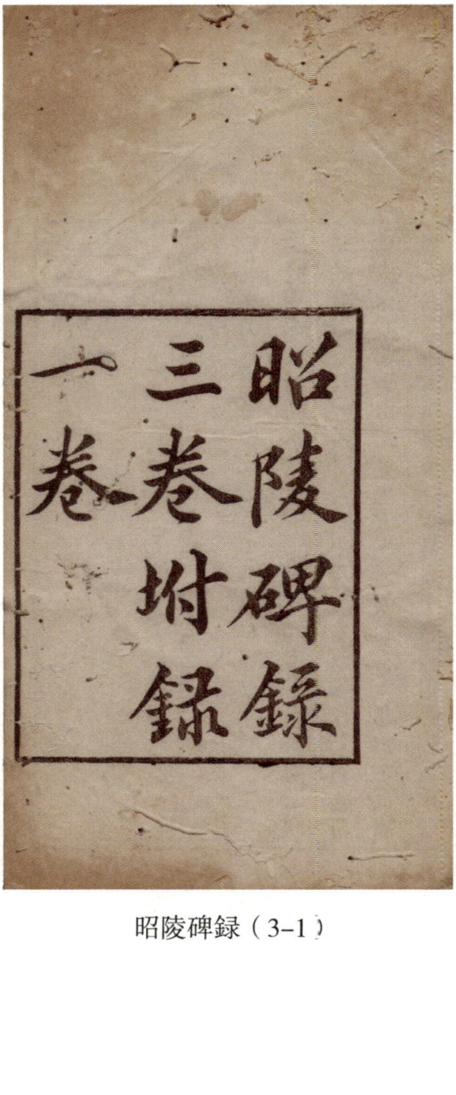

昭陵碑録（3–1）

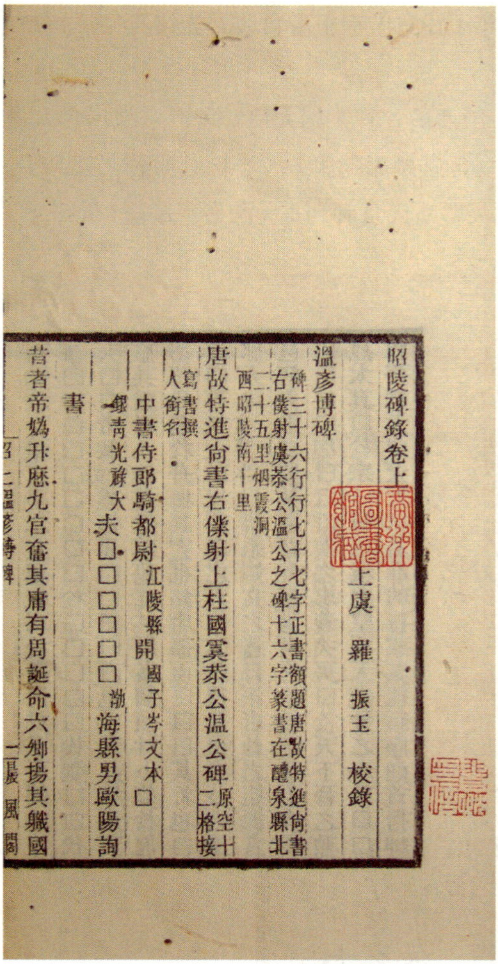
昭陵碑録卷上

上虞 羅 振玉 校録

溫彥博碑

碑三十六行行七十七字正書額題唐故特進尚書右僕射虞恭公溫公之碑十六字篆書在醴泉縣北二十五里烟霞洞西昭陵南十里

唐故特進尚書右僕射上柱國虞恭公溫公碑原空十二格接

寫書撰人銜名

中書侍郎騎都尉江陵縣開國子岑文本□

銀青光祿大夫□□□□□□渤海縣男歐陽詢

書

昔者帝媯升歷九官奮其庸有周誕命六卿揚其職國

昭陵碑録 溫彥博碑

昭陵碑録（3-2）

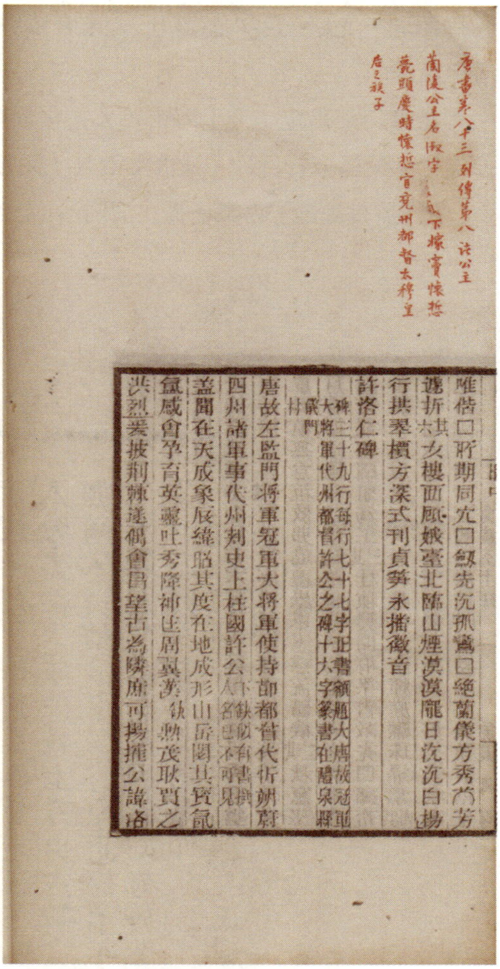

唯偕□府期同尤□紉先沆孤鶱□絕蘭儀方秀芃芳

邁折六其玄樓西顧娥臺北臨山煙漠漠隴日沉沉白楊

行拱翠檟方深式刊貞琬永播徽音

許洛仁碑

碑三十九行每行七十七字正書額題大唐故冠軍大將軍代州都督許公之碑十六字篆書在醴泉縣儀門村

唐故左監門將軍冠軍大將軍使持節都督代忻朔蔚

四州諸軍事代州刺史上柱國許公下缺似有撰書人名已不可見

蓋聞在天成象辰緯昭其度在地成形山岳閟其寳氣

氤感會孕育英靈吐秀降神迭周襃漢缺勲茂耿賈之

洪烈裴披荊棘遂偶會昌望古為疇庶可揚推公諱洛

昭陵碑録（3-3）

0040 吴郡金石目：一卷 /（清）程祖慶撰 . -- 清光緒三年 (1877) 吴縣潘祖蔭八囍齋京師刻本 . -- 1 册 . --（滂喜齋叢書 / 潘祖蔭輯）

12 行，20 字，小字雙行同，白口，左右雙邊，單魚尾，匡高 17.6 厘米，寬 13.3 厘米。

牌記刊"光緒三年八囍齋刊"。末有咸豐元年（1851）程祖慶自跋、光緒元年（1875）潘祖蔭跋。

程祖慶，清嘉定（今上海市）人，字忻有，號西蘅。官鹽場大使。著有《練川名人畫像傳》、《吴郡金石目》、《練水文徵》、《隸通》、《無畦疑庵隨筆》、《小松圓閣詩文集》等。

《中國叢書綜録》收録是書在清同治、光緒間吴縣潘氏京師刊本《滂喜齋叢書》第三函。

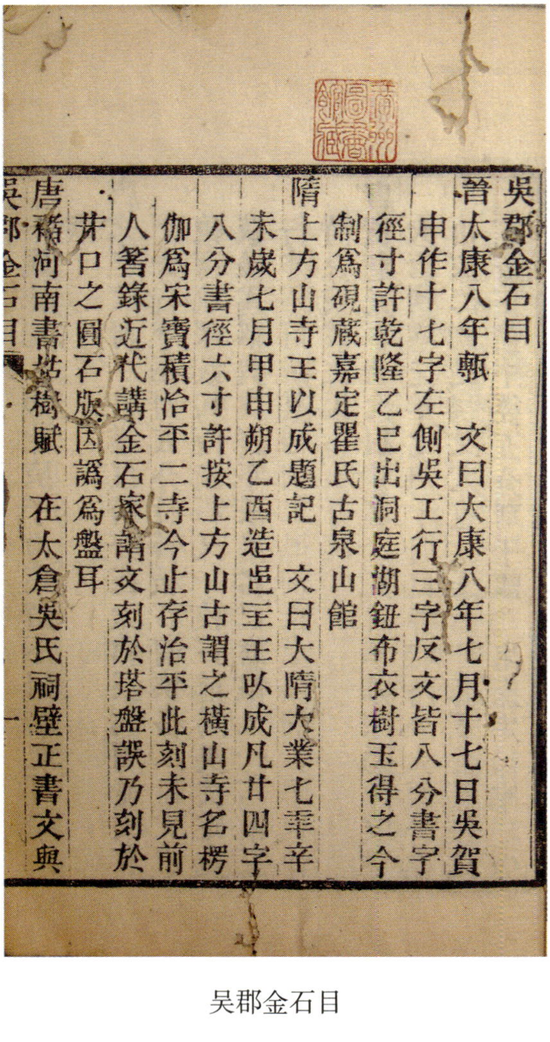

吳郡金石目

晉太康八年甎　文曰大康八年七月十七日吳賀申作十七字左側吳工行三字反文皆八分書字徑寸許乾隆乙巳出洞庭湖鈕布衣樹玉得之今製爲硯藏嘉定瞿氏古泉山館

隋上方山寺王以成題記　文曰大隋大業七年辛未歲七月甲申朔乙酉造邑主王以成凡廿四字八分書徑六寸許按上方山古謂之橫山寺名楞伽爲宋寶積治平二寺今止存治平此刻未見前人著錄近代講金石家謂文刻於塔盤誤乃刻於井口之圓石版因譌爲盤耳

唐褚河南書枯樹賦　在太倉吳氏祠壁正書文與

吳郡金石目　一

吴郡金石目

0041 唐昭陵石蹟考畧：五卷 /（清）林侗著 . -- 清道光四年 (1824) 廣州喜聞過齋刻本 . -- 1 册

10 行，18 字，小字雙行 19 字，白口，左右雙邊，單魚尾，匡高 20 厘米，寬 13 厘米。

前有清康熙三十五年（1696）周在浚序、《謁唐昭陵記》、目録；末有清康熙三十三年（1694）林佶（林侗弟）後序、嘉慶二十年（1815）伊秉綬跋、道光四年葉夢龍跋。卷末跋末牌記刊“道光甲申二月雕于廣州喜聞過齋”；伊秉綬跋末刊“南海葉夢草仿宋本字畫録寫”。

白紙本。缺一葉：卷二第二十八葉。

著者簡介見第 0038 條《來齋金石刻考畧三卷》。

鈐印有“撫松閣藏”、“陶敦復讀”、“玩而老焉”、“坦蕩蕩齋珍藏書畫之章”、“盧子樞”、“古泉齋”。

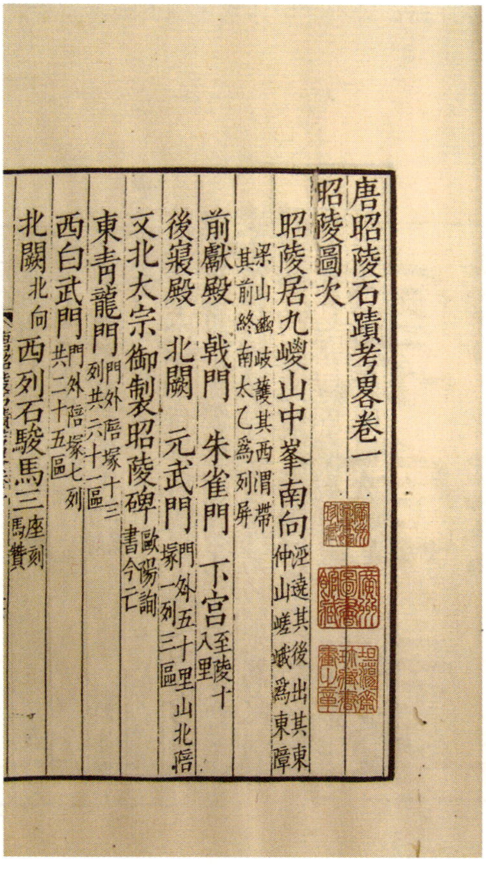
唐昭陵石蹟考畧卷一
昭陵圖次
昭陵居九嵕山中峯南向涇逵其後出其東仲山嵯峨爲東障梁山幽岐護其西渭帶其前終南太乙爲列屏
前獻殿　戟門　朱雀門　下宮至陵十八里
後寢殿　北闕　元武門門外五十里山北陪冢一列三區
又北太宗御製昭陵碑歐陽詢書今亡
東青龍門門外陪冢十三列共六十一區
西白武門門外陪冢七列共二十五區
北闕北向　西列石駿馬三座刻馬贊

唐昭陵石蹟考畧

0042 寰宇訪碑録：十二卷 /（清）孫星衍，（清）邢澍撰．-- 清嘉慶七年 (1802) 蘭陵孫星衍刻本．-- 4 册．--（平津館叢書 /（清）孫星衍輯）

11 行，22 字，小字雙行同，白口，左右雙邊，單黑魚尾，匡高 17.7 厘米，寬 11.9 厘米。卷首序書口題名：訪碑録；正文書口題名：訪碑。扉頁刊“寰宇訪碑録 嘉慶壬戌雕”。

存十卷：卷一至卷十。

孫星衍（1753 ~ 1818），清陽湖（今江蘇常州）人，字伯淵，又字淵如，號季逑。乾隆五十二年（1787）榜眼。家有藏書樓“平津館”。著有《平津館讀碑記》、《寰宇訪碑録》、《續古文苑》等。

邢澍（1759 ~ 1823），清甘肅階州（今武都）人，字雨民，一字自軒，號佺山。著有《關右經籍考》、《金石文字辨異》、《兩漢希姓録》、《金石劄記》、《寰宇訪碑録》等。

《中國叢書綜録》著録有清孫星衍輯清嘉慶中蘭陵孫氏刊本《平津館叢書》。

《續修四庫全書》第 0904 册著録有“影印華東師大圖書館藏清嘉慶七年刻本”。

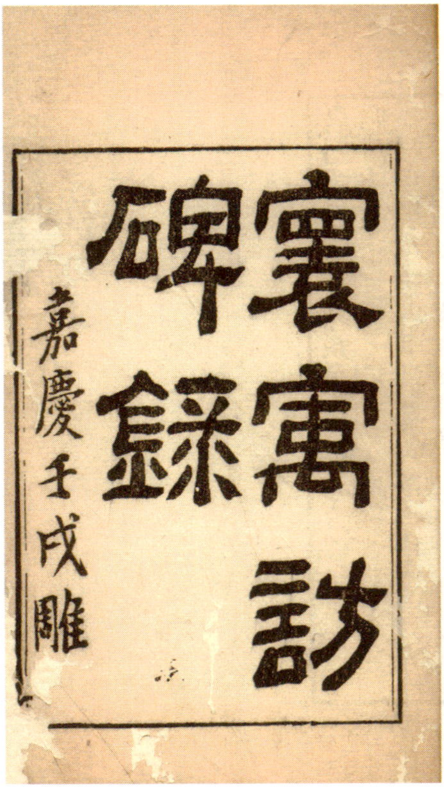
寰宇訪碑録
嘉慶壬戌雕

寰宇訪碑録（2–1）

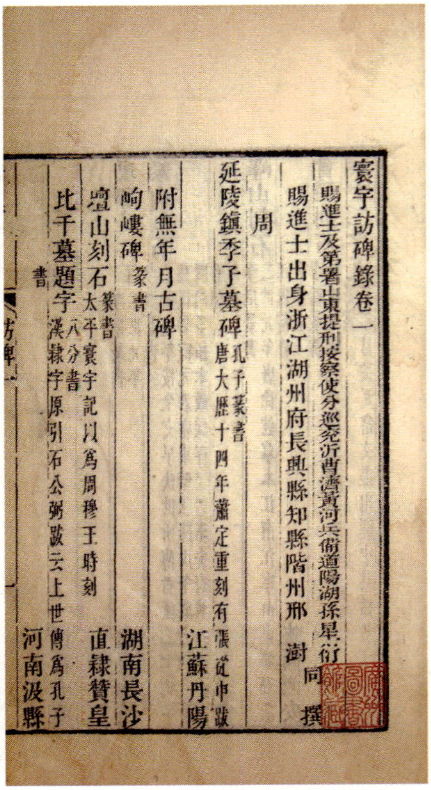
寰宇訪碑録卷一
賜進士及第署山東提刑按察使分巡兖沂曹濟黄河兵備道陽湖孫星衍同撰
賜進士出身浙江湖州府長興縣知縣階州邢澍
周
延陵鎮季子墓碑 孔子篆書 唐大歷十四年蕭定重刻有張從申跋 江蘇丹陽
附無年月古碑
岣嶁碑 篆書 湖南長沙
壇山刻石 篆書 太平寰宇記以爲周穆王時刻 直隸贊皇
比干墓題字 八分書 漢隸字原引石公弼跋云上世傳爲孔子書 河南汲縣

寰宇訪碑録（2–2）

0043 平津讀碑記：八卷，續記一卷 / (清) 洪頤煊撰．-- 清嘉慶二十一年 (1816) 刻本．-- 4 册

11 行，20 字，黑口，左右雙邊，雙黑魚尾，匡高 18.4 厘米，寬 13.5 厘米。

前有嘉慶十八年（1813）翁方綱序，嘉慶十六年（1811）洪頤煊序。《續記》卷首有著者記："余近年搜藏碑刻頗有出於前編所未見者，今并作續記附於後。嘉慶廿一年三月十七日，臨海洪頤煊識於羊城官舍。"

册一卷首缺第二葉。

洪頤煊（1765 ~ 1833），清臨海縣城（今臨海市）人，字旌賢，號筠軒。於舊居築小停雲山館，藏書三萬餘卷，碑版二千餘件，鐘彝、書畫等甚多，皆自撰目録。潛心著述，成書數十種、數百卷，有《尚書洪範五行傳論集本》、《漢志水道疏注證》、《諸史考異》、《台州劄記》、《讀書叢録》等，又輯有《經典集林》三十二卷。

鈐印有"舟生心玩"、"貴忱印信"等。

《續修四庫全書》第 0905 册著録有"平津讀碑記八卷續記一卷再續一卷三續二卷 影印浙江圖書館藏清嘉慶二十一年刻本"。

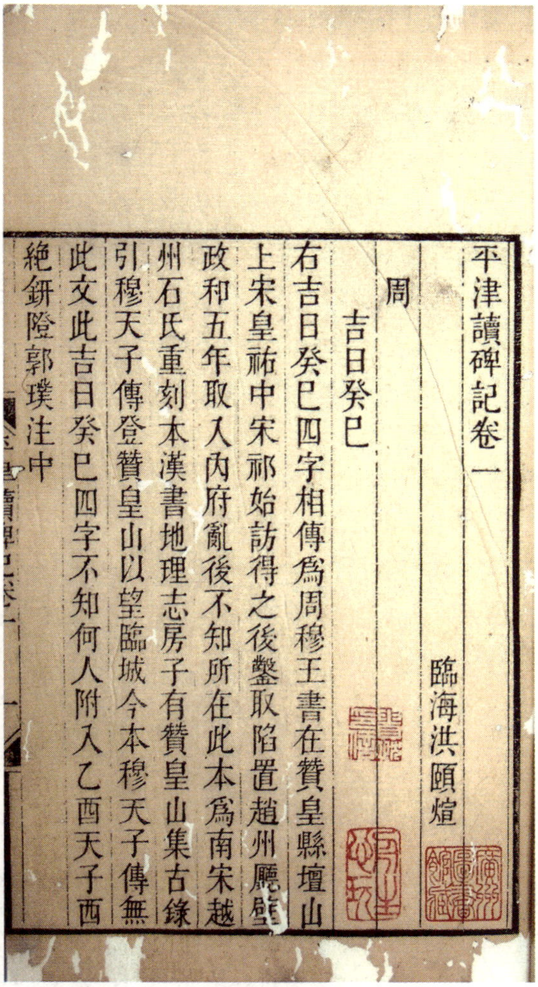
平津讀碑記卷一
臨海洪頤煊
周
吉日癸巳
右吉日癸巳四字相傳爲周穆王書在贊皇縣壇山上宋皇祐中宋祁始訪得之後鑿取陷置趙州廳壁政和五年取入內府亂後不知所在此本爲南宋越州石氏重刻本漢書地理志房子有贊皇山集古錄引穆天子傳登贊皇山以望臨城今本穆天子傳無此文此吉日癸巳四字不知何人附入乙酉天子西絕鈃隥郭璞注中

平津讀碑記

0044 北齊定國寺碑：不分卷 /（北齊）佚名撰 . -- 北齊天保八年 (557)，清中期 (1736~1850) 拓本、裱本 . -- 1 册；20.2 厘米 ×10.2 厘米（25.6 厘米 ×13.8 厘米）

每半葉 4 行，滿行 8 字。

拓本名據扉頁趙之謙題簽，着墨拓葉共三十七張；拓本爲木板夾經折裝。前有趙之謙題簽，末有清光緒三年（1877）三月晦日李慈銘跋、清宣統三年（1911）沈唐跋、清宣統三年冬月俞宗海跋。

北齊定國寺碑刻於天保八年（557）六月十五日，俗稱爲小定國寺碑，碑係爲紀念趙郡王高叡擴修幽居寺而立。其書法藝術價值很高，碑文内容對研究北齊時期的河北歷史也有較高的史料價值。《金石録》、《京畿金石考》、《金石彙目分編》等書均有著録。

拓本鈐印有“無悶”、“禄增私印”、“竇漢樓主”、“白華縣師閣清諫”、“陶定”、“沈唐長壽”、“宗海手書”、“鉄嶺王貴忱印”、“王貴忱印”等。

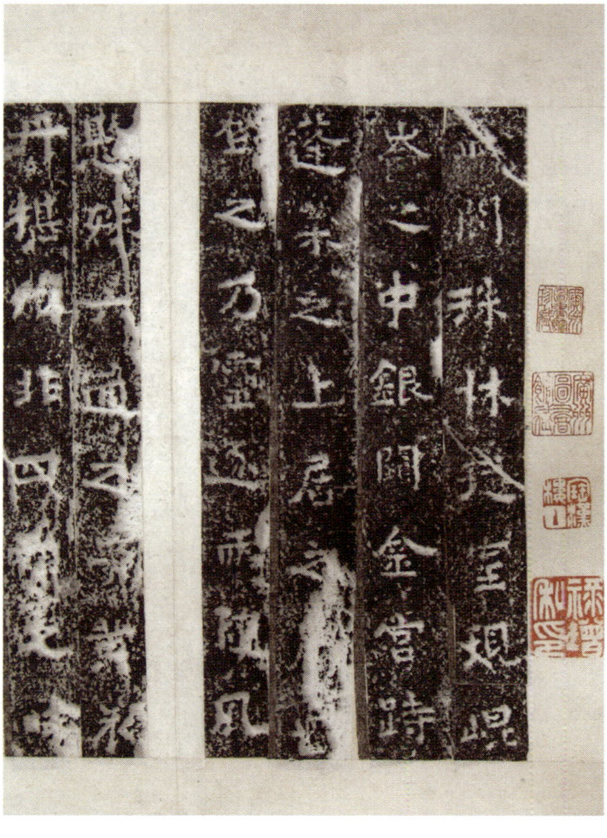

北齊定國寺碑

0045 讀史論略：一卷 /（清）杜詔撰 . -- 清 (1644~1911) 刻本 . -- 1 册

11 行，22 字，小字雙行同，黑口，左右雙邊，雙黑魚尾，匡高 18.7 厘米，寬 14.0 厘米。

佚名墨筆題封：恖齋行笈之一 讀史論略 初刻初印本 玉鴈樓藏；佚名朱墨筆點讀、圈識。

杜詔（1666 ~ 1736），清江蘇無錫人，字紫綸，號雲川，又號蓉湖詞隱，學者稱半樓先生。康熙五十一年（1712）進士，改庶吉士。有《雲川閣集》。

鈐印有“葆厂行笈”、“王貴忱印”。

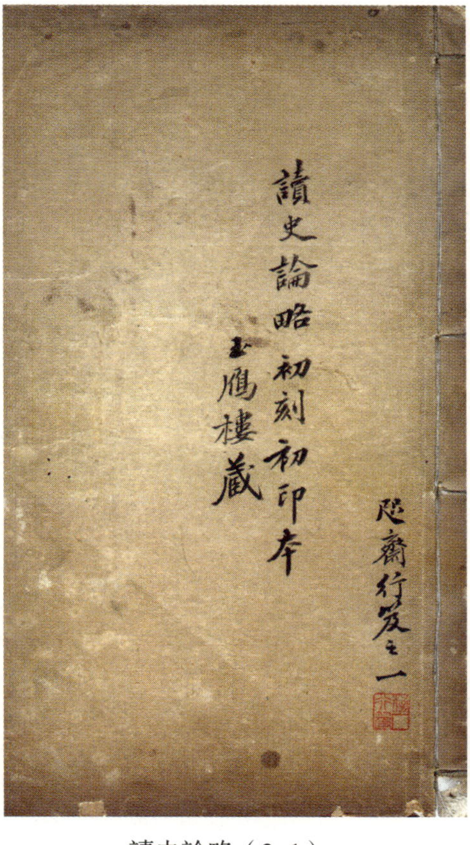

讀史論略（2–1）

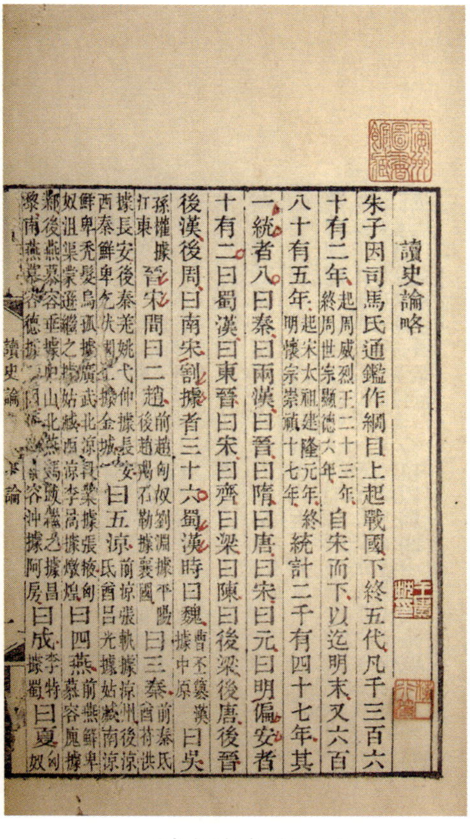

讀史論略（2–2）

明清圖録·子部

0046 明夷待訪録：一卷 /（清）黃宗羲著；（清）黃承乙校梓．-- 清光緒五年 (1879) 京師晋華書局刻本．-- 1 册

10 行，20 字，白口，左右雙邊，單黑魚尾，匡高 15.2 厘米，寬 11.3 厘米。

扉頁刊“明夷待訪録 孫述康題”；牌記刊“明夷待訪録 晋華書局刊於京師”。

前有顧炎武“顧寧人書”，末有光緒五年（1879）黃承乙識跋。

黃宗羲（1610 ~ 1695），明清之際浙江餘姚人，字太冲，號南雷，學者稱梨洲先生。學問極博，對天文、算術、樂律、經史百家以及釋道之書，無不研究。史學上成就尤大。與顧炎武、王夫之并稱明末清初三大思想家。著述大致依史學、經學、地理、律曆、數學、詩文雜著爲類，多至五十餘種，三百多卷，其中最爲重要的有《明儒學案》、《宋元學案》、《明夷待訪録》、《南雷文案》等。後人編有《黃梨洲文集》。

鈐印有“盧政鑑印”、“鐵嶺王貴忱章”、“王貴忱印”。

《續修四庫全書》第 0945 册著録有“影印清道光間刻本”。

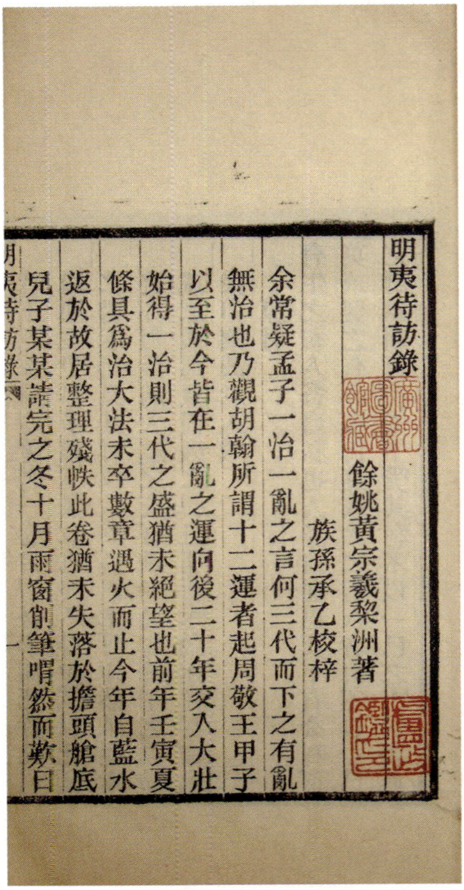
明夷待訪錄
餘姚黃宗羲梨洲著
族孫承乙校梓
余嘗疑孟子一治一亂之言何三代而下之有亂無治也乃觀胡翰所謂十二運者起周敬王甲子以至於今皆在一亂之運向後二十年交入大壯始得一治則三代之盛猶未絕望也前年壬寅夏條具爲治大法未卒數章遇火而止今年自藍水返於故居整理殘帙此卷猶未失落於擔頭艙底兒子某某請完之冬十月雨窗削筆喟然而歎曰
明夷待訪錄 一

明夷待訪録

0047 明夷待訪録：一卷 /（清）黃宗羲著 . -- 清光緒二十四年 (1898) 豐城余氏寶墨齋刻本 . -- 1 册

12 行，22 字，粗黑口，左右雙邊，單黑魚尾，匡高 17.3 厘米，寬 12.3 厘米。

佚名墨筆題封：明夷待訪録。護葉有甲戌年（1994）王貴忱先生墨筆贈言："清季豐城余氏寶墨齋以刊印圖書精審著稱。予先後得數種此本，刻印甚佳，唯底本平平也。所見晚清所刊《明夷待訪録》諸本以正文齋本最善，因并此帙与贈友人伯勤先生惠存。甲戌正月王貴忱贈。"

扉頁刊題名"明夷待訪録"；扉頁背面牌記刊"光緒戊戌豐城余氏寶墨齋據海山仙館叢書本校刊"。前有顧炎武"顧寧人書"，其首行下端刊印有紫色小字"公曆一九五一年四月壹日唐蓂賡家屬捐獻"；卷末鐫"長沙陸鴻第豐城余廷誥 鄢廷煇校"。

著者簡介見 0046 條《明夷待訪録一卷》。

鈐印有"寶墨齋"、"雲南武備學堂藏書"、"王貴忱印"、"貴忱印信"等。

《中國古籍善本書目》叢部第 00275 條"指海一百四十種四百十六卷 清錢熙祚編 清道光十六年至二十二年錢氏守山閣據借月山房彙鈔版重編增刻本"第十二集收録有"明夷待訪録一卷 清黃宗羲撰"；叢部第 00433 條"黃梨洲先生遺書二種二卷 清黃宗羲撰 清抄本 清戴望校并跋 清蕭穆跋"收録有"明夷待訪録一卷"；叢部第 00434 條"黃梨洲先生遺書三種三卷 清黃宗羲撰 清醉竹軒抄本"收録有"明夷待訪録一卷"。《續修四庫全書》第 945 册著録有"明夷待訪録一卷（清）黃宗羲撰 影印清道光間刻本"。

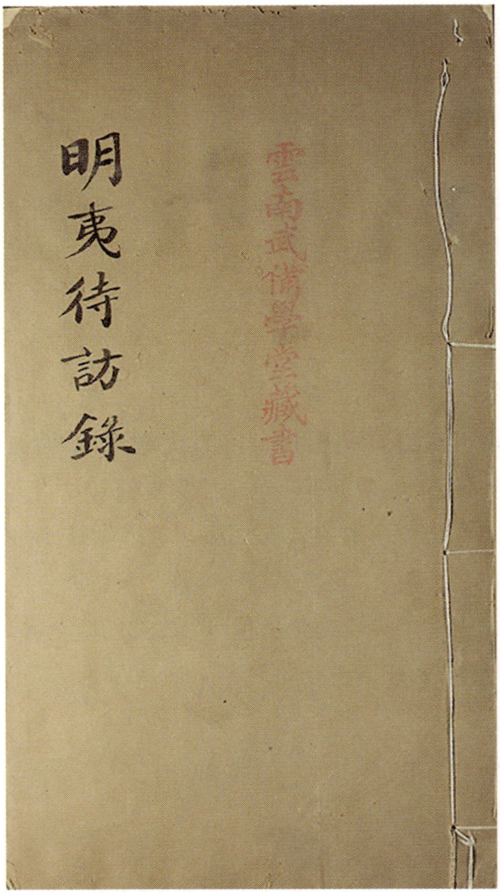

明夷待訪録（6–1）

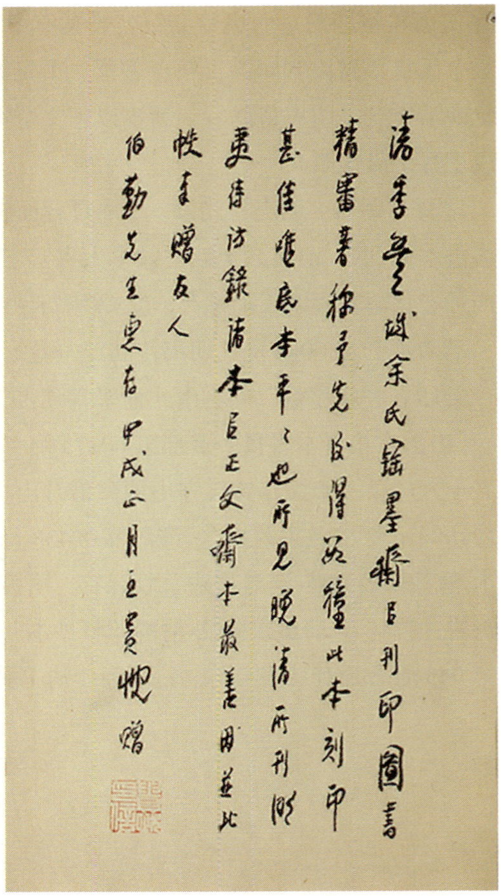

明夷待訪録（6–2）

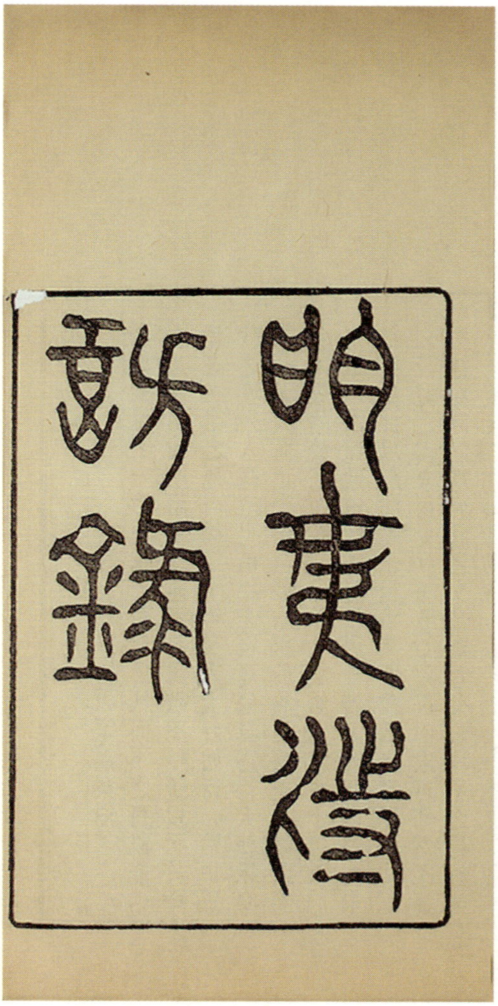

明夷待訪録（6–3）

明夷待訪録（6–4）

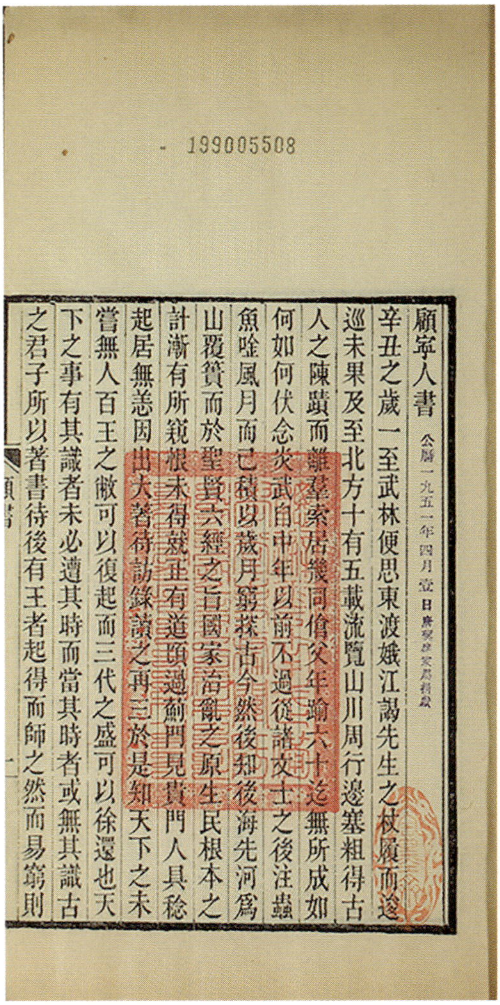

- 199005508

顧寧人書　公曆一九五一年四月壹日

辛丑之歲一至武林便思東渡娥江謁先生之杖履而逡
巡未果及至北方十有五載流覽山川周行邊塞粗得古
人之陳蹟而離群索居幾同傖父年逾六十迄無所成如
何如何伏念炎武自中年以前不過從諸文士之後注蟲
魚吟風月而已積以歲月窮探古今然後知後海先河為
山覆簣而於聖賢六經之旨國家治亂之原生民根本之
計漸有所窺恨未得就正有道頃過薊門見貴門人具稔
起居無恙因出大著待訪錄讀之再三於是知天下之未
嘗無人百王之敝可以復起而三代之盛可以徐還也天
下之事有其識者未必遭其時而當其時者或無其識古
之君子所以著書待後有王者起得而師之然而易窮則

明夷待訪録（6-5）

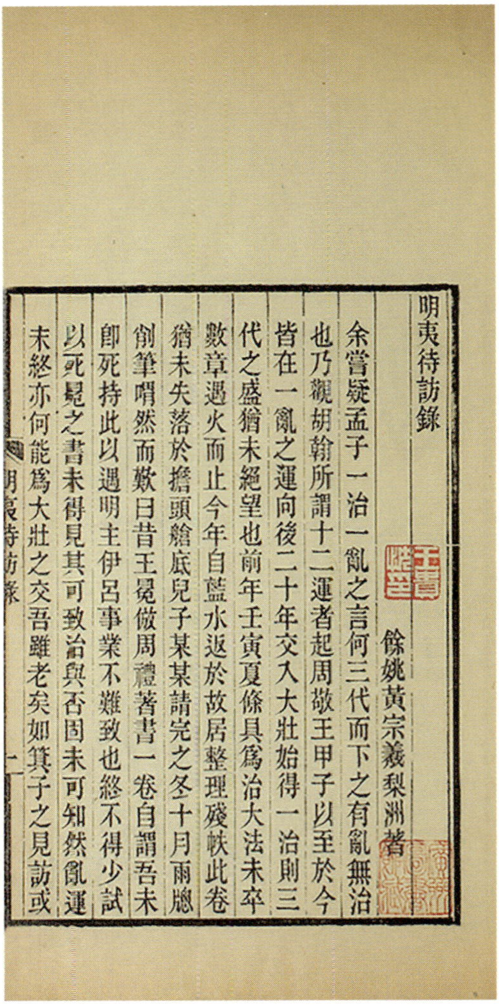

明夷待訪錄

餘姚黃宗羲梨洲著

余嘗疑孟子一治一亂之言何三代而下之有亂無治
也乃觀胡翰所謂十二運者起周敬王甲子以至於今
皆在一亂之運向後二十年交入大壯始得一治則三
代之盛猶未絕望也前年壬寅夏條具為治大法未卒
數章遇火而止今年自藍水返於故居整理殘帙此卷
猶未失落於擔頭艙底兒子某某請完之冬十月雨窗
削筆喟然而歎曰昔王冕倣周禮著書一卷自謂吾未
即死持此以遇明主伊呂事業不難致也終不得少試
以死冕之書未得見其可致治與否固未可知然亂運
未終亦何能為大壯之交吾雖老矣如箕子之見訪或

明夷待訪録（6-6）

0048 明夷待訪録：一卷 /（清）黄宗羲著；（清）黄承乙校梓 . -- 清光緒二十八年 (1902) 正文齋刻本 . -- 1 册

10 行，20 字，白口，左右雙邊，單黑魚尾，匡高 15.1 厘米，寬 11.1 厘米。

封面題簽：明夷待訪録 孫述康題（缺損）。末有王貴忱先生墨筆贈言："所見《明夷待訪録》以斯刻最善，持与伯勤先生惠存。貴忱敬贈。"内容有朱筆圈點句讀。牌記刊"壬寅秋季正文齋刊"。前有顧炎武"顧寧人書"，後有光緒五年（1879）黄承乙跋。

著者簡介見 0046 條《明夷待訪録一卷》。

鈐印有"夢爾廬藏"、"謝住賓印"、"夢樓"、"中國書店（進）"、"王貴忱"、"王貴忱印"。

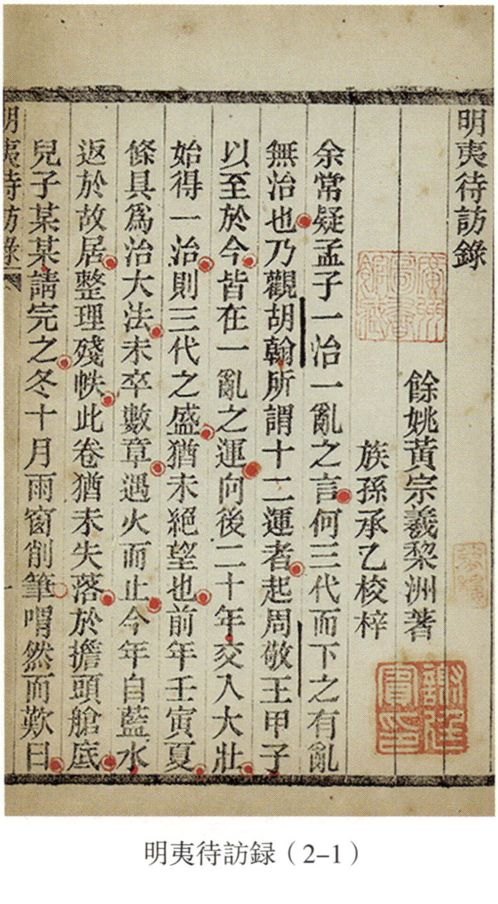
明夷待訪錄
餘姚黃宗羲梨洲著
族孫承乙校梓
余常疑孟子一治一亂之言何三代而下之有亂
無治也乃觀胡翰所謂十二運者起周敬王甲子
以至於今皆在一亂之運向後二十年交入大壯
始得一治則三代之盛猶未絕望也前年壬寅夏
條具為治大法未卒數章遇火而止今年自藍水
返於故居整理殘帙此卷猶未失落於擔頭艙底
兒子某某請完之冬十月雨窗削筆喟然而歎曰

明夷待訪録（2–1）

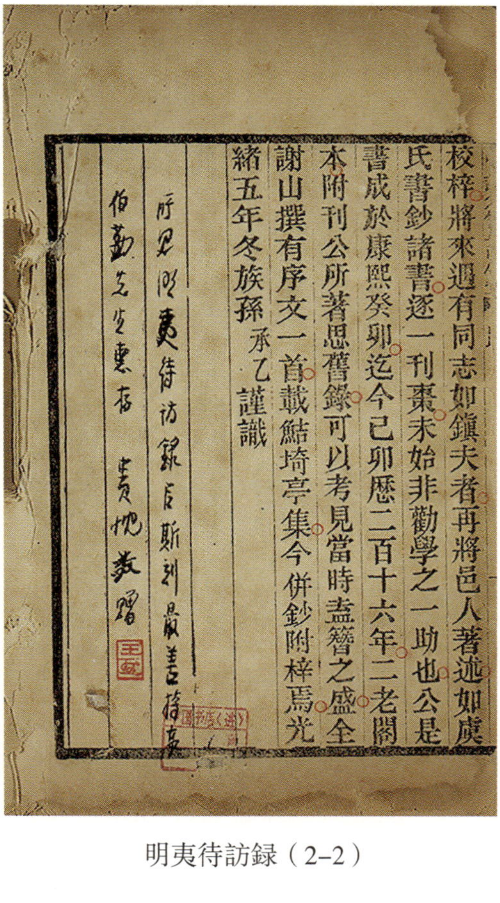
校梓將來遇有同志如鎮夫者再將邑人著述如虞
氏書鈔諸書逐一刊棗未始非勸學之一助也公是
書成於康熙癸卯迄今己卯歷二百十六年二老閣
本附刊公所著思舊錄可以考見當時盍簪之盛全
謝山撰有序文一首載鮚埼亭集今併鈔附梓焉光
緒五年冬族孫承乙謹識

所見明夷待訪錄以斯刻最善持与
伯勤先生惠存 貴忱敬贈

明夷待訪録（2–2）

0049 朱九江先生講學記：一卷 /（清）簡朝亮纂 . -- 清光緒二十三年 (1897) 讀書草堂刻本 . -- 1 册

11 行，24 字，白口，四周雙邊，單黑魚尾，匡高 18.6 厘米，寬 13.6 厘米。

佚名墨筆題簽題名：朱九江先生講學記。扉頁刊題名：朱九江先生講學記；背面牌記刊“光緒二十有三年仲冬朱九江先生集及年譜栞成季冬先生講學記迺編再傳弟子校栞於讀書草堂”。

簡朝亮（1851 ~ 1933），廣東順德人，字季紀，號竹居，嶺南學派朱次琦（朱九江）的傳人。研習經史、性理、詞章之學，是近世有名的鴻儒，但高尚不仕，潛心講學著述。著有《尚書集注述疏》、《讀書堂集》、《讀書草堂明詩》等。

鈐印有“王貴忱印”。

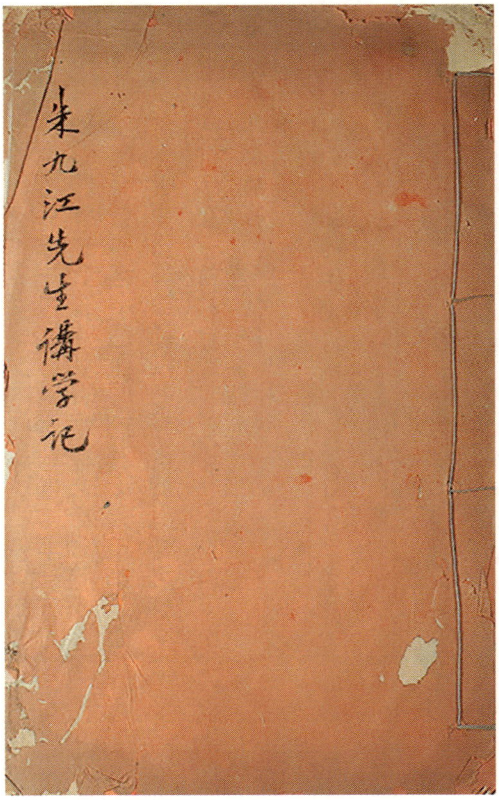

朱九江先生講學記（2–1）

朱九江先生講學記（2–2）

0050 檳榔譜：一卷；龍眼譜：一卷 /（清）趙古農撰．-- 清道光九年 (1829) 刻本．-- 1 册

8行，18字，小字雙行同，白口，左右雙邊，單黑魚尾，匡高13.2厘米，寬10.1厘米。《檳榔譜》前有清道光五年（1825）高廷瑤序、方仰周序、梁上蟠序、趙古農自序，及姚祖恩等“檳榔譜題詞”；末有校刊“檳榔譜跋”。《龍眼譜》前有清道光五年高廷瑤序、方仰周序、趙古農自序及姚祖恩等“龍眼譜題詞”。

墨筆圈點。厂广山房藏板。

是書已經金鑲玉改裝。

趙古農，清嘉慶、道光間人，祖籍廣東番禺，原名鳳宜，字聖伊。以博雅多識著稱，且著書甚豐。阮元任兩廣總督時，曾聘請其修《廣東通志》。

鈐印有“梁汝洪”、“王貴忱印”、“鐵嶺王貴忱之章”、“可居室主”等。

檳榔譜（2–1）

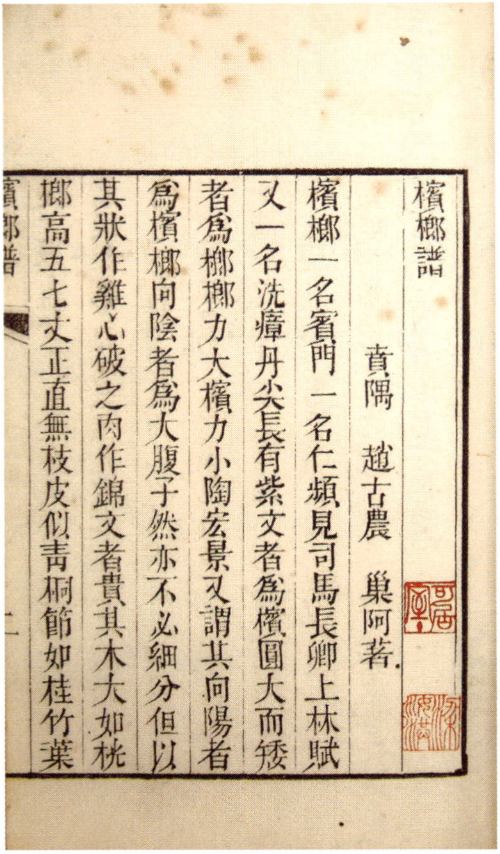
檳榔譜

賁隅 趙古農 巢阿著

檳榔一名賓門一名仁頻見司馬長卿上林賦又一名洗瘴丹尖長有紫文者為檳圓大而矮者為榔榔力大檳力小陶宏景又謂其向陽者為檳榔向陰者為大腹子然亦不必細分但以其狀作雞心破之肉作錦文者貴其木大如桃榔高五七丈正直無枝皮似青桐節如桂竹葉

檳榔譜（2–2）

道光九年己丑春刊

龍眼譜

厂广山房藏板

龍眼譜（2–1）

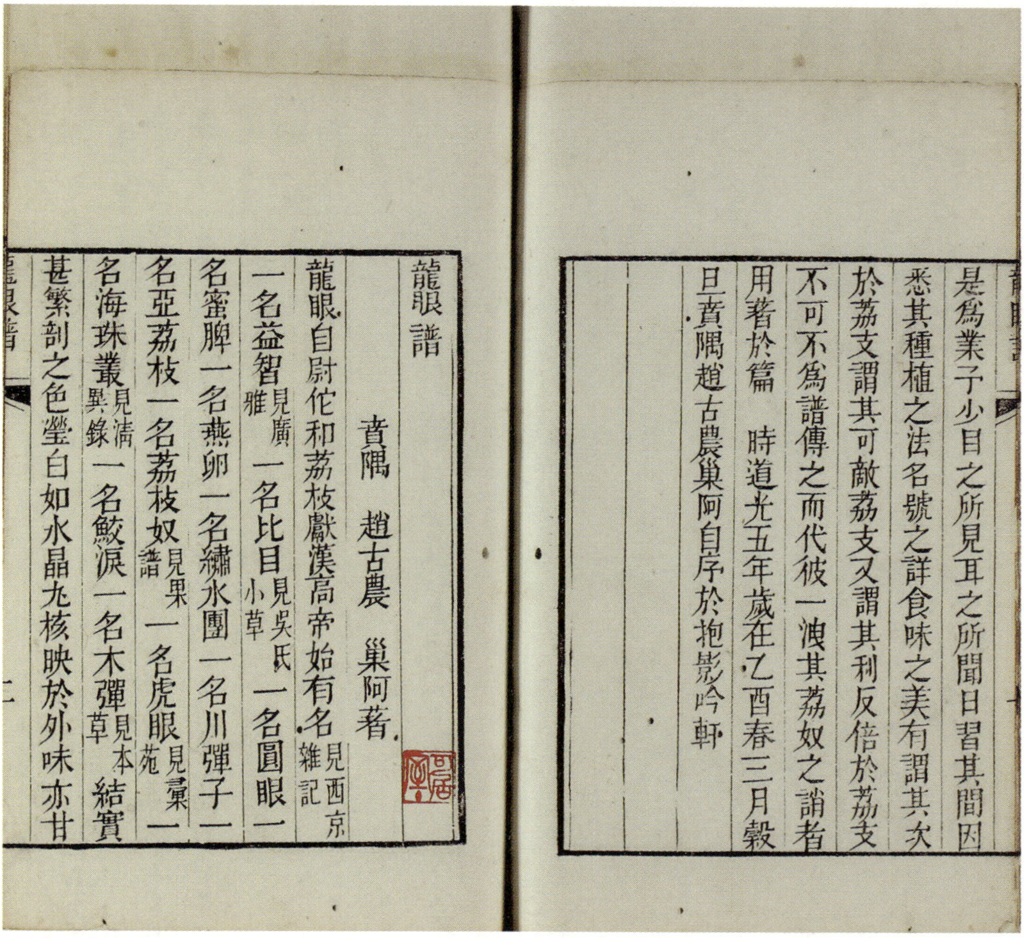
是爲業子少目之所見耳之所聞日習其間因
悉其種植之法名號之詳食味之美有謂其次
於荔支謂其可敵荔支又謂其利反倍於荔支
不可不爲譜傳之而代彼一洩其荔奴之誚者
用著於篇　時道光五年歲在乙酉春三月穀
旦賁隅趙古農巢阿自序於抱影吟軒

龍眼譜
賁隅　趙古農　巢阿著
龍眼自尉佗和荔枝獻漢高帝始有名見西京雜記
一名益智見廣雅　一名比目見吳氏小草　一名圓眼一
名蜜脾一名燕卵一名繡水團一名川彈子一
名亞荔枝一名荔枝奴見果譜　一名虎眼見彙苑　一
名海珠叢見清異錄　一名鮫淚一名木彈見本草　結實
甚繁剖之色瑩白如水晶旡核映於外味亦甘

龍眼譜　二

龍眼譜（2–2）

0051 經驗良方：一卷 / (清) 李宗顯輯 . -- 清 (1644~1911) 稿本 . -- 1 册

9 ~ 11 行，字數不等，小字雙行不等，無界行，無邊欄。

著者簡介見第 0001 條《詩輯一卷》。

是書爲李宗顯輯録的一些中藥治病良方，其中不少一病多方。

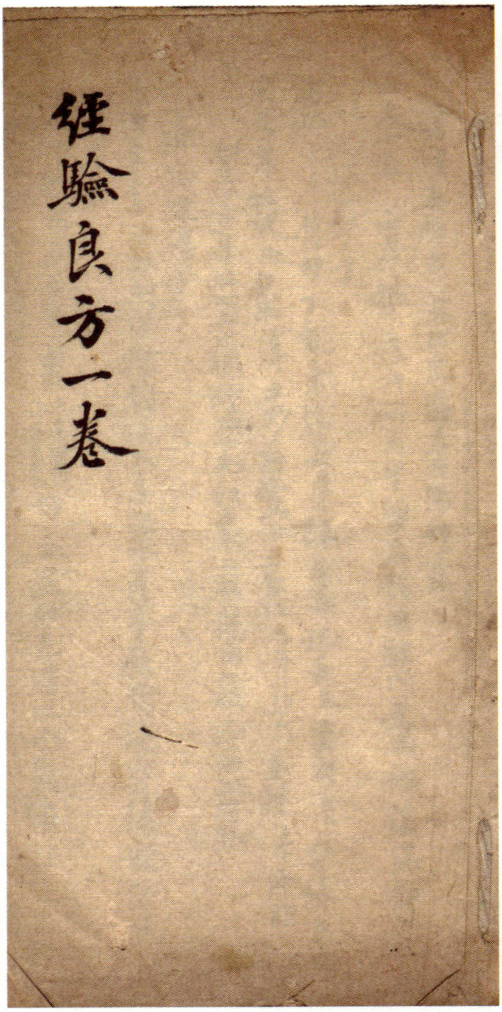
經驗良方一卷

經驗良方（2–1）

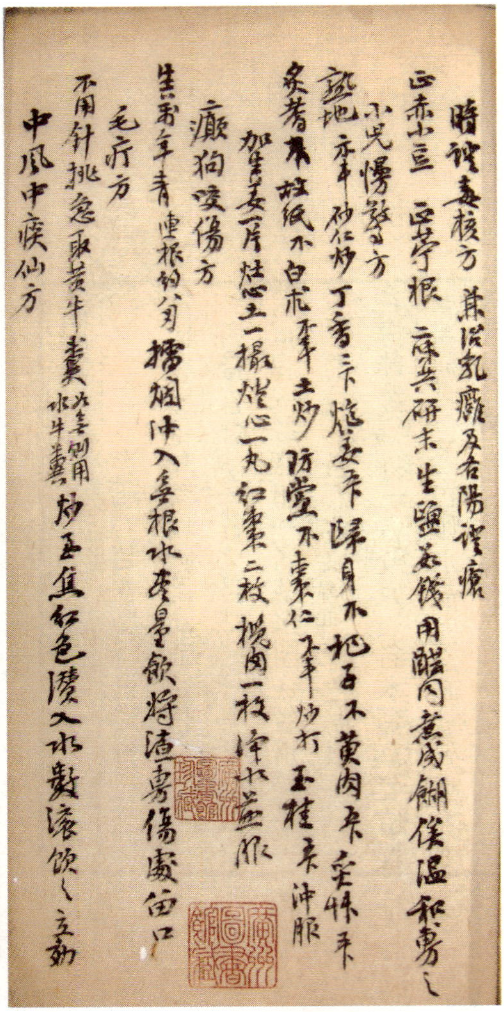
時證毒核方 兼治乳癰及各陽證瘡
西赤小豆 西茅根 各等共研末 生鹽五錢 用醋同煮成糊 候溫敷之
小兒傷驚方
熟地 一錢 砂仁炒 丁香二分 炮姜一錢 歸身一錢 杞子一錢 黄肉一錢 安桂一錢
炙耆一錢 桂紙不 白朮一錢 土炒 防黨一錢 棗仁一錢 炒打 玉桂一錢 沖服
加生姜一片 灶心土一撮 煨心一丸 紅棗二枚 桃肉一枚 沖水蓋服
癲狗咬傷方
生南星 青蓮根 約八分 搗爛沖入無根水 服量飲 將渣敷傷處 留口
毛疔方
不用針挑 急取黄牛糞 如無可用水牛糞 炒至直紅色 瀝入水 數滾 飲之 立效
中風中痰仙方

經驗良方（2–2）

0052 海山仙館藏真三刻：四卷 /（清）潘仕成編；（清）鄧焕平摹 . -- 清咸豐至同治 (1851~1874) 初拓本 . -- 4 册

序言及目録爲刻本，9 行，23 字，小字雙行同，白口，四周雙邊，單黑魚尾，匡高 20.8 厘米，寬 14.2 厘米；拓本全着墨，無邊框界行，行數不一，字數不一。

潘仕成（1804 ~ 1873），清廣東番禺人，字德畬。好藏書。道光間輯刊《海山仙館叢書》，首開於古籍之外兼刻西歐翻譯諸書之例。爲廣州十三行的巨賈。既經商又從政，既好古也學洋，是廣州近代史上的重要人物。他主持修建的私人别墅——海山仙館，成爲嶺南文化史上璀璨的明珠。

潘仕成廣泛搜羅歷代書法名家王羲之、歐陽詢、蔡襄、黄庭堅、蘇軾、米芾、趙孟頫、阮元及清代名人的法帖、手迹，分爲摹古、藏真、遺芬，鎸鑿成千塊石刻，大多鑲嵌在海山仙館回廊曲徑沿壁之中。并將其拓本編成《海山仙館叢帖》六十八卷、稧叙二卷，爲清代著名法帖。包括《藏真初刻》十六卷、《續刻》十六卷、《三刻》十四卷、《四刻》六卷，共五十二卷；《摹古》十二卷；《尺素遺芬》四卷。

鈐印有“南浦”、“可居室印”、“可居室主”、“鉄嶺王貴忱章”、“王貴忱印”、“貴忱印信”等。

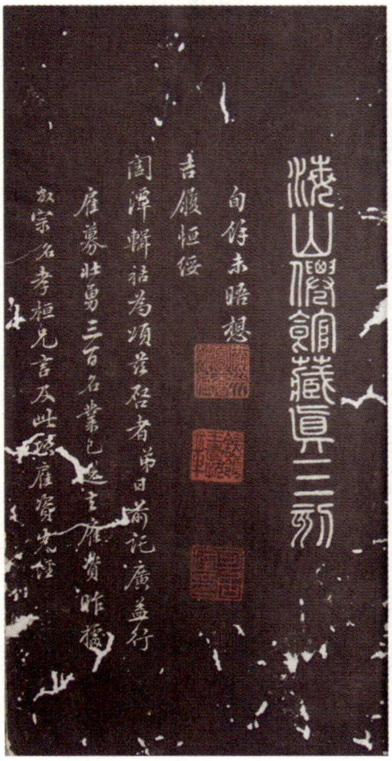

海山仙館藏真三刻（2–1）

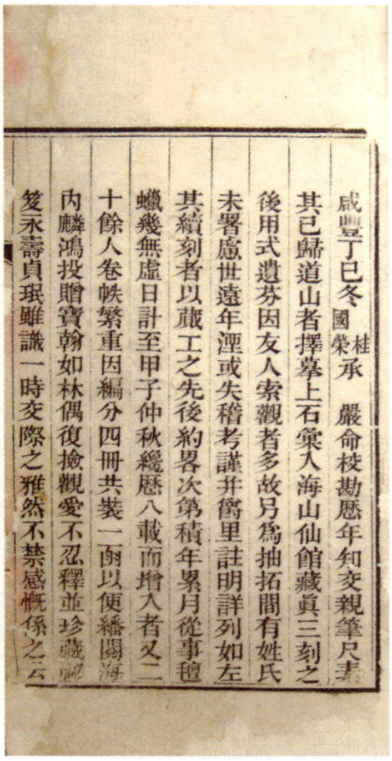

咸豐丁巳冬 國榮桂承 嚴命校勘歷年知交親筆尺書
其已歸道山者擇摹上石彙入海山仙館藏眞三刻之
後用式遺芬因友人索觀者多故另爲抽拓間有姓氏
未署慮世遠年湮或失稽考謹并爵里註明詳列如左
其續刻者以蒇工之先後約畧次第積年累月從事碑
蠟幾無虛日計至甲子仲秋纔歷八載而增入者又二
十餘人卷帙繁重因編分四冊共裝一函以便繙閱海
內麟鴻投贈寶翰如林偶復撿覩愛不忍釋並珍藏[illegible]
芟永壽貞珉雖識一時交際之雅然不禁感慨係之云

海山仙館藏真三刻（2–2）

0053 息柯雜著：六卷 /（清）楊翰撰 . -- 清同治十二年（1873）羊城九曜山房刻本 . -- 1 册 . --（息柯雜著全集 /（清）楊翰撰）

9 行，19 字，白口，四周雙邊，單黑魚尾，匡高 19.7 厘米，寬 13.8 厘米。

佚名墨筆題簽“息柯雜著”，佚名墨筆眉批、圈點和句讀。

存二卷：卷三、卷四。

楊翰（1812 ~ 1879），清直隸新城（今河北新城）人，一作宛平人，字伯飛，一字海琴，號樗盦，别號息柯居士。道光二十五年（1845）進士，官湖南辰沅永靖道。著有《粵西訪碑録》、《抱遺堂詩文集》、《小東題跋》等。

鈐印有“少毅所藏”、“王貴忱印”、“王大文印”等。

《中國叢書綜録》著録有清楊翰撰同治、光緒間刊本《息柯雜著全集》。

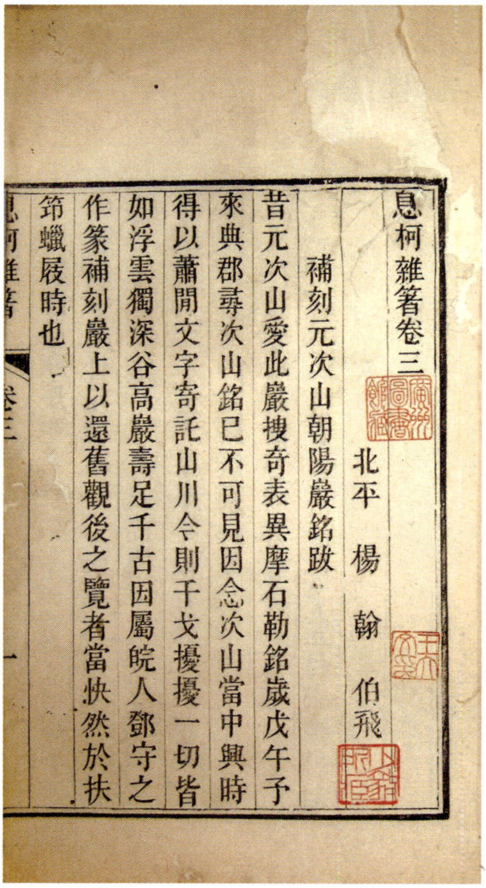
息柯雜著卷三

北平 楊 翰 伯飛

補刻元次山朝陽巖銘跋

昔元次山愛此巖搜奇表異摩石勒銘歲戊午予來典郡尋次山銘已不可見因念次山當中興時得以蕭閒文字寄託山川令則干戈擾擾一切皆如浮雲獨深谷高巖壽足千古因屬皖人鄧守之作篆補刻巖上以還舊觀後之覽者當快然於扶筇蠟屐時也

息柯雜著 卷三 一

息柯雜著

0054 張之洞題詩真迹 / (清) 張之洞撰書 . -- 卷軸 . -- 1 幅 (裱前 : 25.6 厘米 ×40.7 厘米)

12 行，字數不等，匡高 21.6 厘米，寬 37.5 厘米。

題詩後有“薇閣賢壻屬”；題詩用絳紅稿紙。

著者簡介見第 0015 條《抱冰堂弟子記一卷》。

鈐印有“孝達”、“荊門王氏收藏之章”、“王貴忱印”等。

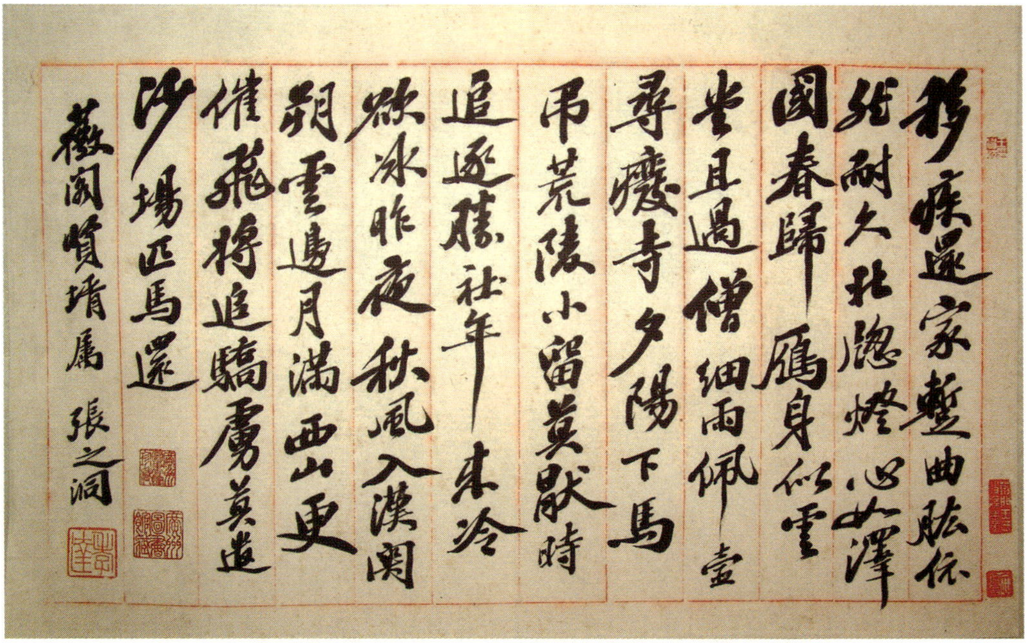

張之洞題詩真迹

0055 張之洞七言行書聯 /（清）張之洞撰書 . -- 卷軸 . -- 2 幅（裱前：127 厘米 ×28 厘米）

上款題識爲：錫侯世仁兄大人雅正。

著者簡介見第 0015 條《抱冰堂弟子記一卷》。

鈐印有“張之洞印”等。

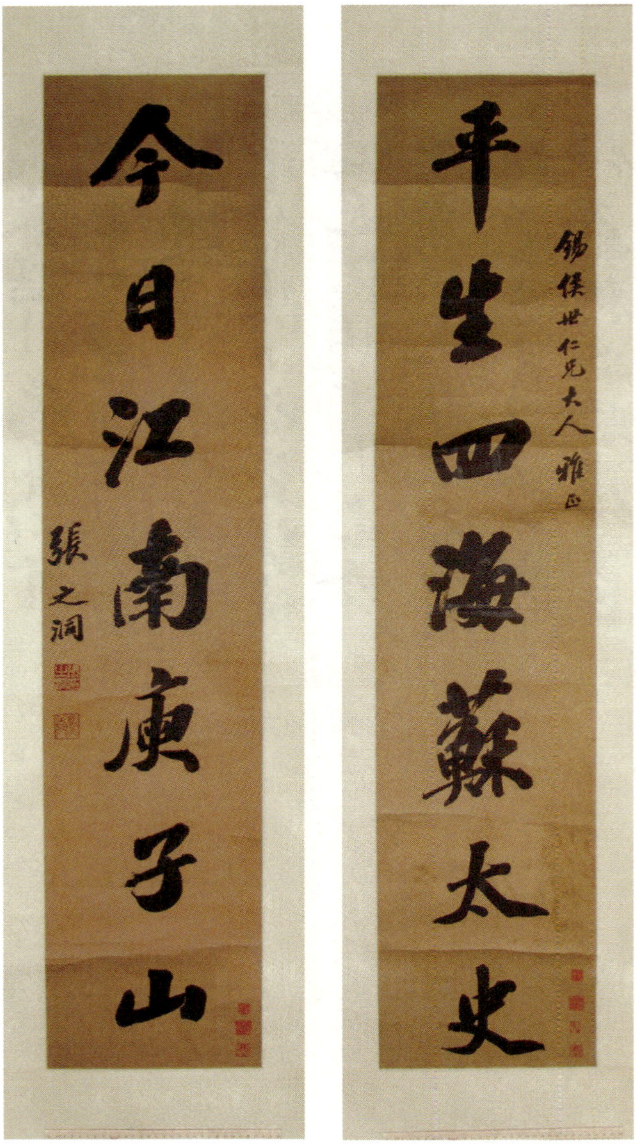

張之洞七言行書聯

0056 酒令叢鈔：四卷 /（清）俞敦培輯．-- 清光緒四年 (1878) 藝雲軒刻本．-- 2 册：圖

9 行，20 字，小字雙行同，黑口，四周雙邊，單黑魚尾，匡高 12.2 厘米，寬 9.1 厘米。

佚名朱筆眉批。

牌記刊“光緒戊寅三月藝雲軒開雕”。

有九射格射侯圖。前有光緒三年（1877）許應鑅“酒令叢鈔序”、周長森“藝雲軒酒令叢鈔序”、凡例、目録；末有錢瑜“酒令重鈔後序”（“重”應爲“叢”）。

俞敦培，金匱（今江蘇無錫）人，字芝帖。官樂平知縣。工詩、畫，尤喜填詞。

是書爲我國古代酒令集大成之作。中國的酒令包括詩歌、謎語、對聯、猜拳、投籌、典故、人名、書名、花名等多方的知識。

鈐印有“可居室印”、“王貴忱印”。

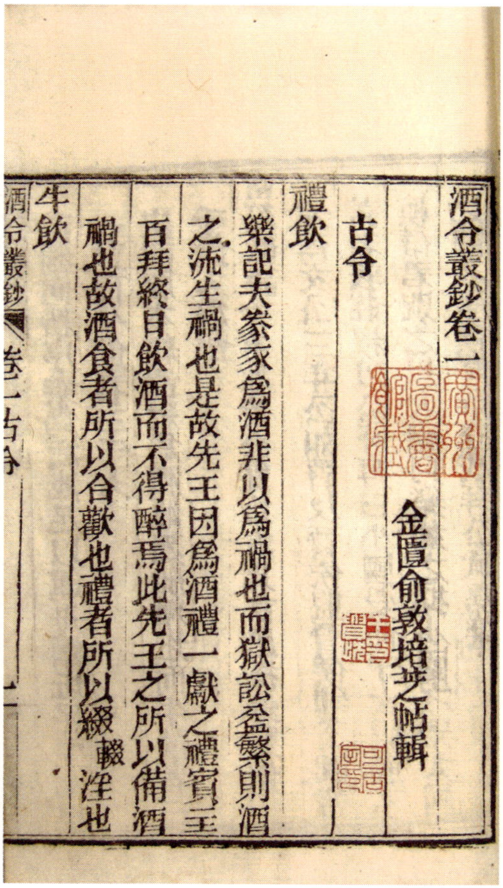
酒令叢鈔卷一
金匱俞敦培芝帖輯
古令
禮飲
樂記夫豢豕爲酒非以爲禍也而獄訟益繁則酒之流生禍也是故先王因爲酒禮一獻之禮賓主百拜終日飲酒而不得醉焉此先王之所以備酒禍也故酒食者所以合歡也禮者所以綴淫也
牛飲
酒令叢鈔　卷一　古令　一

酒令叢鈔

0057 雲林石譜：三卷，附詠石詩一卷 /（宋）杜綰撰；（清）李宗顯輯 . -- 清 (1644~1911) 稿本 . -- 2 册

12 行，字數不等，小字雙行不等，白口，四周單邊，緑色單魚尾，匡高 15.4 厘米，寬 10.5 厘米。

是書稿紙爲緑格，書口下方有緑色字“十二紫芝山館”。封面盧子樞題字：雲林石譜 南海李煮石先生手録本 壬辰夏重裝并題 盧子樞。天頭、地脚及版框左右空白處有著者小字批注。前有手抄孔傳序，末有手抄鮑廷博嘉慶十九年春識於知不足齋的跋文。

是書爲著者手稿本，有塗改痕迹。有墨筆句讀。是書經盧子樞重裝。

杜綰，生卒年不詳，北宋山陰（今浙江紹興）人，字季陽，號雲林居士。

李宗顯簡介見第 0001 條《詩輯一卷》。

《雲林石譜》大約成書於 1118 年至 1133 年，是宋代内容最豐富的石譜，也是我國古代最完整、最豐富的一部石譜，14000 餘字，描述的石頭有 116 種，詳略不等地叙述其産地、采取方法、形狀、顔色、質地優劣、敲擊時發出的聲音、堅硬程度、紋理、光澤、晶形、透明度、吸濕性、用途等。

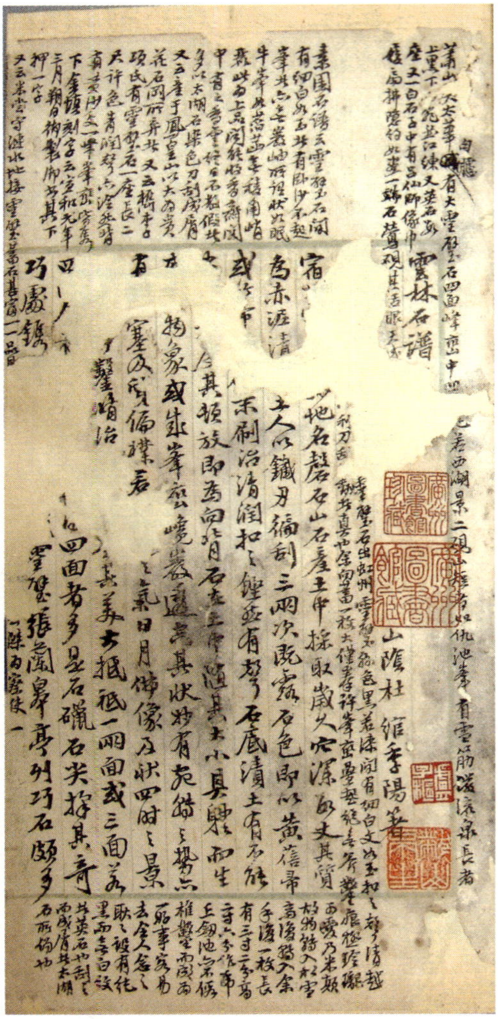
雲林石譜（2–1）

鈐印有“子樞”、“瀫山𥨍生”、“盧子樞”等。

《四庫全書總目》入子部二十五譜録類附録，爲“雲林石譜三卷 浙江巡撫采進本”。《景印文淵閣四庫全書》第 0844 册著録有“雲林石譜三卷”。

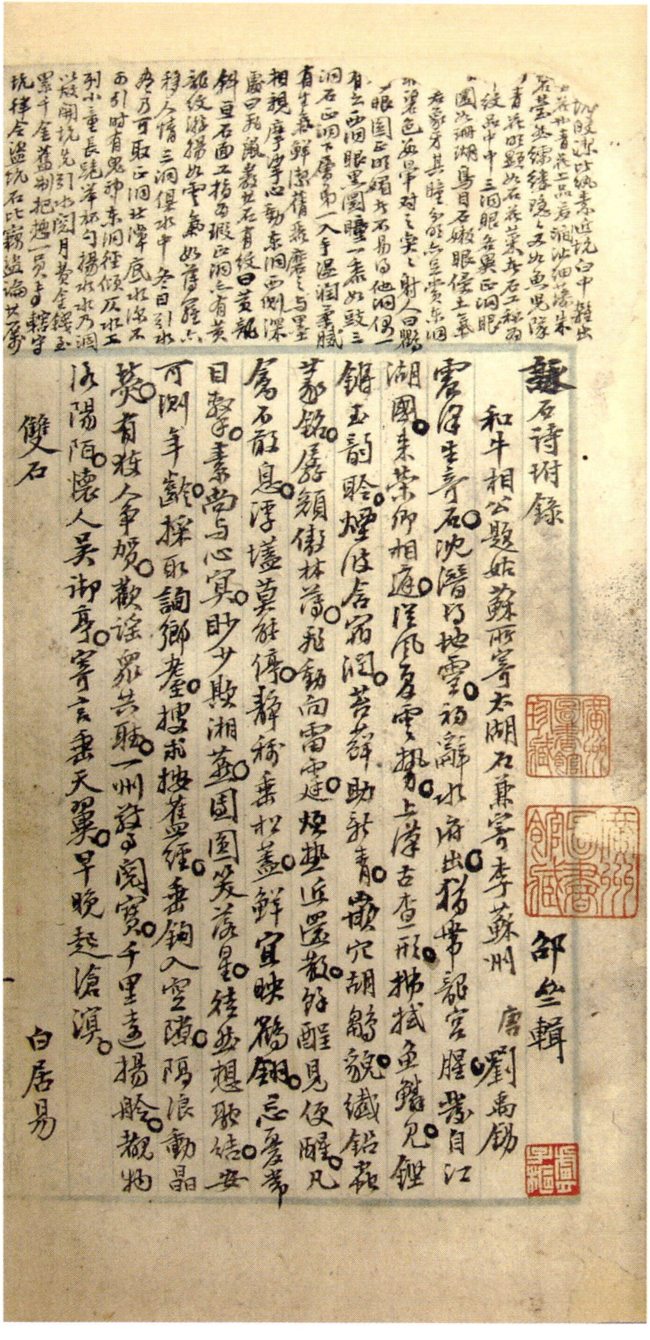

靈石詩附錄　部立輯

和牛相公題姑蘇所寄太湖石兼寄李蘇州　唐　劉禹錫

震澤生奇石。沈潛得地靈。初辭水府出，猶帶龍宮腥。發自江湖國，來榮卿相庭。從風夏雲勢，上漢古查形。拂拭魚鱗見，鏗鏘玉韻聆。煙波含宿潤，苔蘚助新青。嵌穴胡雛貌，纖鋩蟲篆銘。孱顏傲林薄，飛動向雷霆。煙翠近懸敵，分醒見便醒。凡禽不敢息，浮壒莫能停。靜稱垂松蓋，鮮宜映鶴翎。忘憂常目擊，素尚與心冥。眇小欺湘燕，團圓笑落星。徒然想融結，安可測年齡。採取詢鄉老，搜求按舊經。垂鉤入空隙，隔浪動晶熒。有獲人爭賀，歡謠眾共聽。一州驚閱寶，千里遠揚舲。覩物洛陽陌，懷人吳御亭。寄言垂天翼，早晚起滄溟。

雙石　白居易

雲林石譜（2-2）

0058 清波雜志：八卷；清波別志：四卷 /（宋）周煇撰 . -- 清嘉慶至道光 (1796~1850) 抄本 . -- 3 册

9 行，21 字，（卷首叙爲 5 行，12 字）白口，四周單邊，無界行，無魚尾，匡高 17.8 厘米，寬 12.2 厘米。

前有清嘉慶二十三年（1818）葉騰驤叙，宋紹熙三年（1192）自序。

周煇（1126 ~ 1198），宋錢塘人，字昭禮，周邦之子。著有《清波雜志》、《清波別志》、《北轅録》。

鈐印有“磊園”、“仙李煮石”、“蕭堪”、“宗顥”、“貴忱印信”、“王貴忱印”等。

《四庫全書總目》入子部五十一小説家類二，爲“清波雜志十二卷，別志三卷”。《景印文淵閣四庫全書》第 1039 册著録有“清波雜志十二卷，別志三卷”。

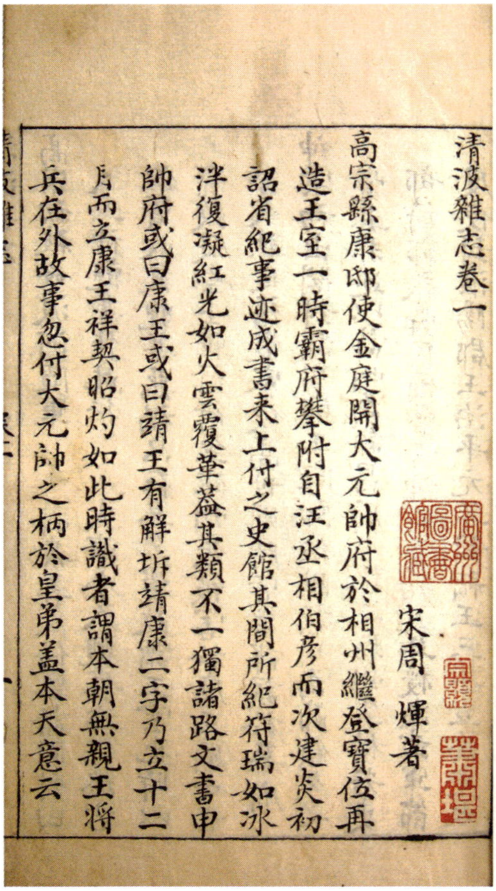
清波雜志卷一
宋周煇著
高宗繇康邸使金庭開大元帥府於相州繼登寶位再造王室一時霸府攀附自汪丞相伯彥而次建炎初詔省紀事迹成書來上付之史館其閒所紀符瑞如冰泮復凝紅光如火雲霞華蓋其類不一獨諸路文書中帥府或曰康王或曰靖王有解坼靖康二字乃立十二月而立康王祥契昭灼如此時識者謂本朝無親王將兵在外故事忽付大元帥之柄於皇弟蓋本天意云

清波雜志

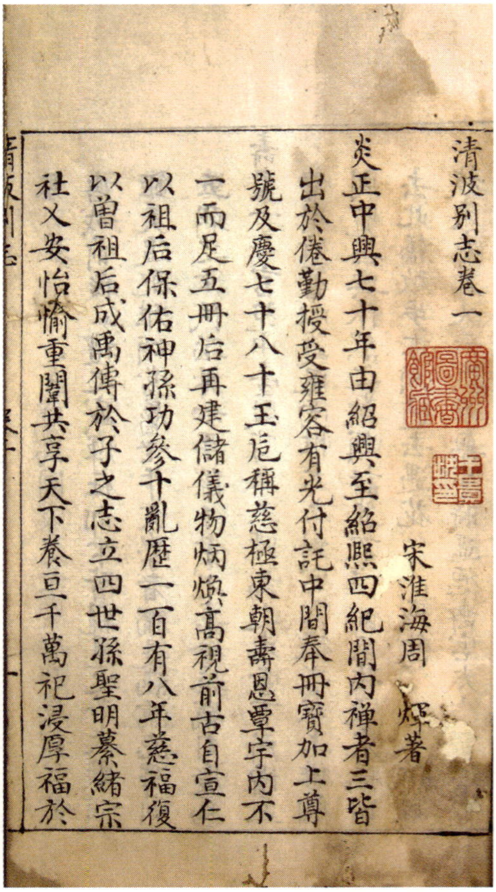
清波別志卷一
宋淮海周煇著
炎正中興七十年由紹興至紹熙四紀閒内禪者三皆出於倦勤授受雍容有光付託中閒奉冊寶加上尊號及慶七十八十玉巵稱慈極東朝壽愚覃宇内不一而足五冊后再建儲儀物炳煥高視前古自宣仁以祖后保佑神孫功參十亂歷一百有八年慈福復以曾祖后成禹傳於子之志立四世孫聖明纂緒宗社乂安怡愉重闈共享天下養豆千萬祀浸厚福於

清波別志

0059 餘菴雜録：三卷 /（明）陳恂著．-- 清道光十一年 (1831) 六安晁氏木活字本．-- 1 册．--（學海類編：[集餘四]，記述 /[（清）曹溶輯，(清）陶越增删]）

9 行，21 字，白口，左右雙邊，單白魚尾，匡高 19.5 厘米，寬 12.3 厘米。

李宗顥題封：子部雜家類 摠目卷百二十八存目 雜說 明陳恂撰 餘庵雜録二卷。

陳恂，明海鹽人，字子木，號餘菴，本姓曹。崇禎十五年（1642）舉人。

是書雜説經義詩文，兼載碎事。其論“禹治水順行”一條，全攘鄭樵之説，不言所自。其引伊世珍《嫏嬛記》一條，以范睢裹足不入秦語，爲女子纏足之證，亦失之不經。

《中國叢書綜録》是書收録在曹溶輯陶越增删清道光十一年六安晁氏木活字排印本集餘四記述。

《四庫全書存目叢書》子第 113 册著録有“影印清初鈔本”。

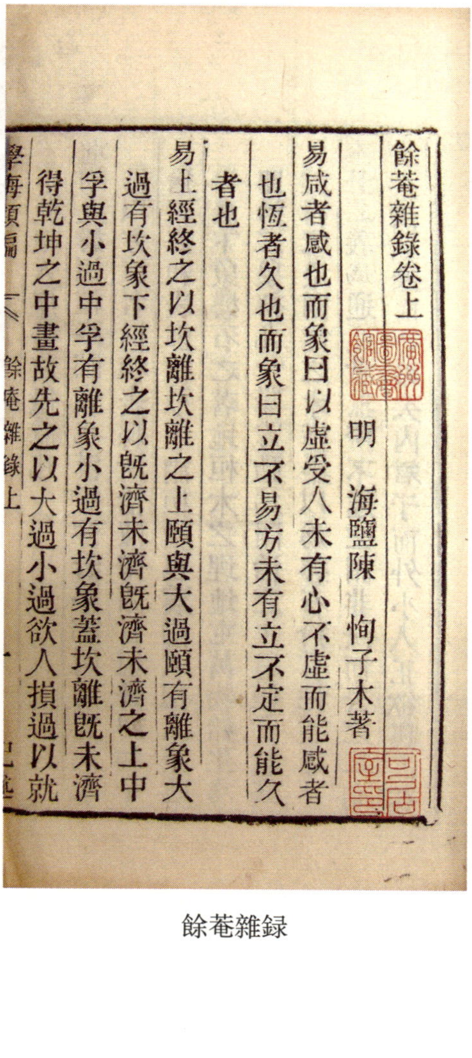
餘菴雜錄卷上
明　海鹽陳　恂子木著
易咸者感也而象曰以虛受人未有心不虛而能感者
也恆者久也而象曰立不易方未有立不定而能久
者也
易上經終之以坎離坎離之上頤與大過頤有離象大
過有坎象下經終之以既濟未濟既濟未濟之上中
孚與小過中孚有離象小過有坎象蓋坎離既未濟
得乾坤之中畫故先之以大過小過欲人損過以就
學海類編　餘菴雜錄上

餘菴雜録

0060 人海記：二卷 /（清）查慎行編輯；（清）張士寬校刊 . -- 清宣統二年 (1910) 掃葉山房石印本 . -- 1 册

人海記（3–1）

14 行，28 字，小字雙行同，白口，四周雙邊，單黑魚尾，匡高 16.9 厘米，寬 12 厘米。

李宗顥題封：人海記二卷 國朝查慎行撰。

扉頁石印“查初白先生著 人海記 澹廬居士陳震題”。

牌記爲：宣統二年石印 掃葉山房。書口下方有：掃葉山房石印。

前有目録和清咸豐元年（1851）張士寬識。

原書爲兩册，現合裝爲一册。

查慎行（1650 ~ 1727），清浙江海寧人，字悔餘，號初白，原名嗣璉，字夏重。康熙時舉人，賜進士出身，官編修。曾從黃宗羲、錢澄之學。詩宗宋人，所作多紀行旅，善用白描手法。《白楊堤晚泊》、《麻陽運船作》等篇，對民間疾苦有所反映。晚年有不少歌功頌德之作。也能詞。有《敬業堂詩集》、《補注東坡編年詩》等。

鈐印有“憤石齋”等。

《續修四庫全書》第 1177 册著録有“影印湖北省圖書館藏清咸豐元年小瑯環山館刻本”。

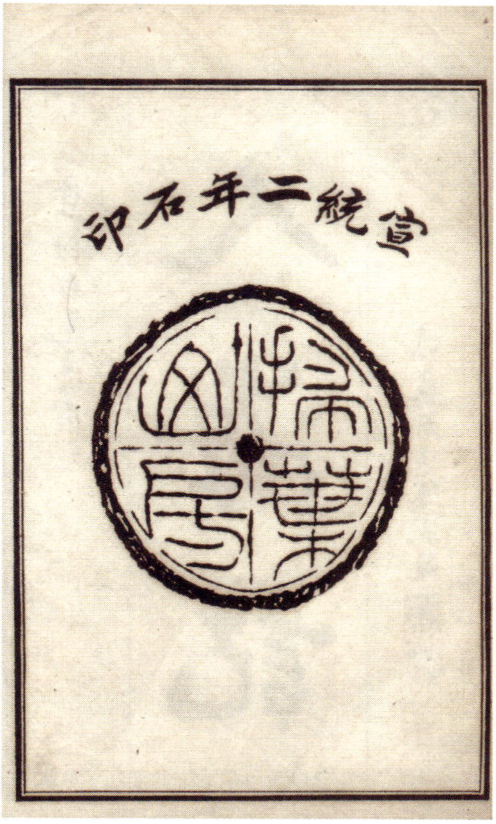
宣統二年石印

掃葉山房

人海記（3–2）

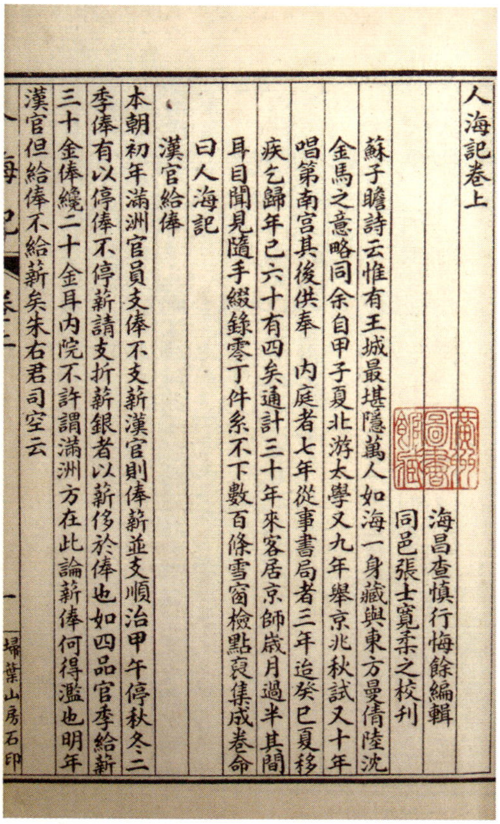
人海記卷上

海昌查慎行悔餘編輯

同邑張士寬柔之校刊

蘇子瞻詩云惟有王城最堪隱萬人如海一身藏與東方曼倩陸沈金馬之意略同余自甲子夏北游太學又九年舉京兆秋試又十年唱第南宮其後供奉 內庭者七年從事書局者三年迨癸巳夏移疾乞歸年已六十有四矣通計三十年來客居京師歲月過半其間耳目聞見隨手綴錄零丁件系不下數百條雪窗檢點裒集成卷命曰人海記

漢官給俸

本朝初年滿洲官員支俸不支薪漢官則俸薪並支順治甲午停秋冬二季俸有以停俸不停薪請支折薪銀者以薪係於俸也如四品官季給薪三十金俸纔二十金耳內院不許謂滿洲方在此論薪俸何得濫也明年漢官但給俸不給薪矣朱右君司空云

人海記 卷上 一 掃葉山房石印

人海記（3–3）

0061 無事爲福齋隨筆：二卷 /（清）韓泰華撰 . -- 清光緒(1875~1908)刻本 .-- 1 册 . -- 功順堂叢書 /（清）潘祖蔭輯

9 行，22 字，小字雙行同，黑口，左右雙邊，單黑魚尾，匡高 18.2 厘米，寬 13.2 厘米。

前有 1985 年王貴忱跋一則。

書口題名：隨筆。

韓泰華，清浙江仁和人，字小亭。道光間官陝西潼關道。晚年僑居南京。喜藏書，尤好蓄古人法書名畫，精鑒賞。家有藏書室“玉雨堂”，有元人集百餘種，皆傳鈔精本。有《無事爲福齋隨筆》、《玉雨堂書畫記》等。

鈐印有“可居室主”。

《中國叢書綜録》著録有清潘祖蔭輯清光緒中吴縣潘氏刊本《功順堂叢書》。

《續修四庫全書》第 1181 册著録有“影印清光緒間内府鉛活字印本”。

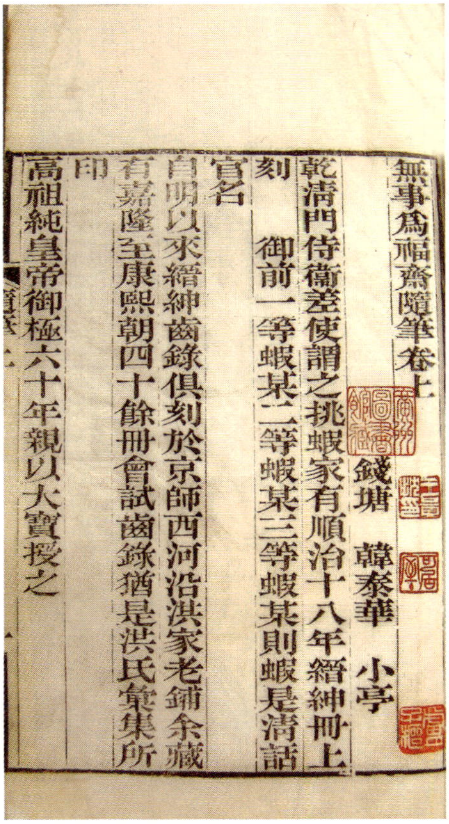
無事爲福齋隨筆卷上
錢塘 韓泰華 小亭
乾清門侍衛差使謂之挑蝦家有順治十八年縉紳冊上
刻 御前一等蝦某二等蝦某三等蝦某則蝦是清話
官名
自明以來縉紳齒錄俱刻於京師西河沿洪家老鋪余藏
有嘉隆至康熙朝四十餘冊會試齒錄猶是洪氏蒐集所
印
高祖純皇帝御極六十年親以大寶授之

無事爲福齋隨筆（3–1）

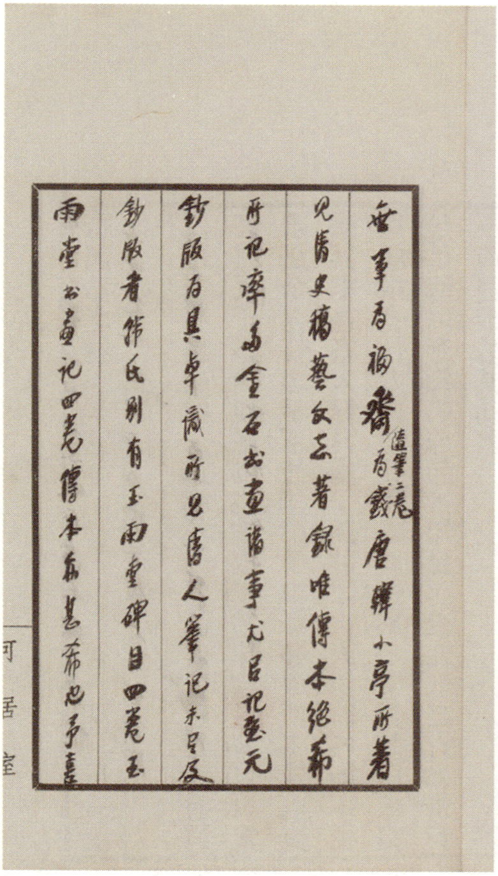
無事爲福齋隨筆二卷爲錢唐韓小亭所著
見清史稿藝文志著錄唯傳本絕希
所記率爲金石書畫諸事尤以記宋元
鈔版尤具卓識所見唐人筆記未足及
鈔版者韓氏別有玉雨堂碑目四卷玉
雨堂書畫記四卷傳本亦甚希也予喜
可居室

無事爲福齋隨筆（3–2）

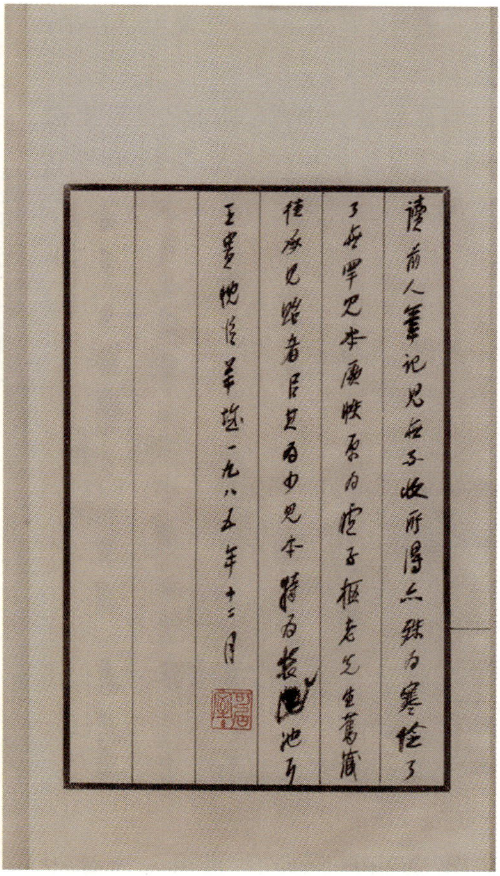
讀前人筆記見每不收所得亦殊爲寒儉了
了無甚罕見本康熙原爲虞子樞老先生舊藏
往歲見贈者昌其爲未見本特爲裝池子
王貴忱記于羊城一九八五年十二月

無事爲福齋隨筆（3–3）

0062 寄龕雜著：四種 /（清）宛委山民撰．-- 清光緒 (1875~1908) 會稽孫氏刻本．-- 3 册

9 行，21 字，小字雙行同，白口，左右雙邊，單黑魚尾，匡高 16.3 厘米，寬 11.8 厘米。

封面題簽分别爲：寄龕乙志，寄龕丙志，寄龕丁志；《寄龕乙志》扉頁刊“寄龕襍著四種之二 乙志 楊家駆敬題”；《寄龕丙志》扉頁刊“寄龕襍箸弟四種之三 丙志 楊家駆敬署檢”；《寄龕丁志》扉頁刊“寄龕襍箸弟四種之四 丁志 楊家駆敬題”。

《乙志》前有光緒九年（1883）著者自記；《丙志》前有光緒二十年（1894）著者自叙；《丁志》前有光緒二十二年（1896）著者自叙。

《乙志》每卷卷終均刊有“男仁述謹校”；《丙志》每卷卷終均刊有“男仁述繕寫從孫家鶴校字”；《丁志》每卷卷終均刊有“男仁述校字”。

缺：《寄龕甲志》四卷。

宛委山民，即孫德祖。孫德祖（1840 ~ 1905），清浙江德清人，字彦清。同治六年（1867）舉人，官長興教諭。有《寄龕志》、《寄龕詩質》、《寄龕文存》等。

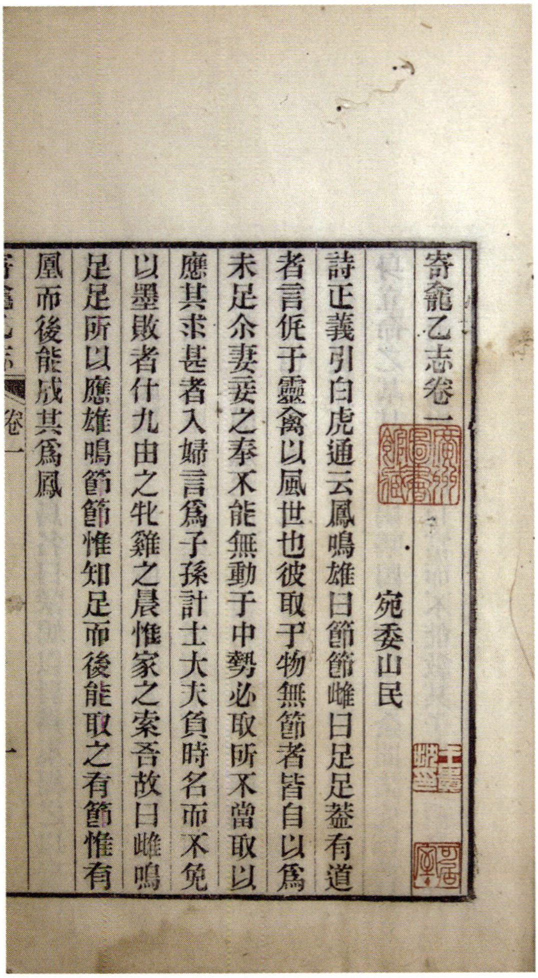

寄龕乙志卷一

宛委山民

詩正義引白虎通云鳳鳴雄曰節節雌曰足足葢有道者言俔于靈禽以風世也彼取于物無節者皆自以爲未足尒妻妾之奉不能無動于中勢必取所不當取以應其求甚者入婦言爲子孫計士大夫負時名而不免以墨敗者什九由之牝雞之晨惟家之索吾故曰雌鳴足足所以應雄鳴節節惟知足而後能取之有節惟有凰而後能成其爲鳳

寄龕雜著（3-1）

是書包括：1. 寄龕甲志四卷；2. 寄龕乙志四卷；3. 寄龕丙志四卷；4. 寄龕丁志四卷。

書中有佚名墨筆手抄“孫德祖小傳”夾條一張，尺寸爲：23.6 厘米 ×10.9 厘米。

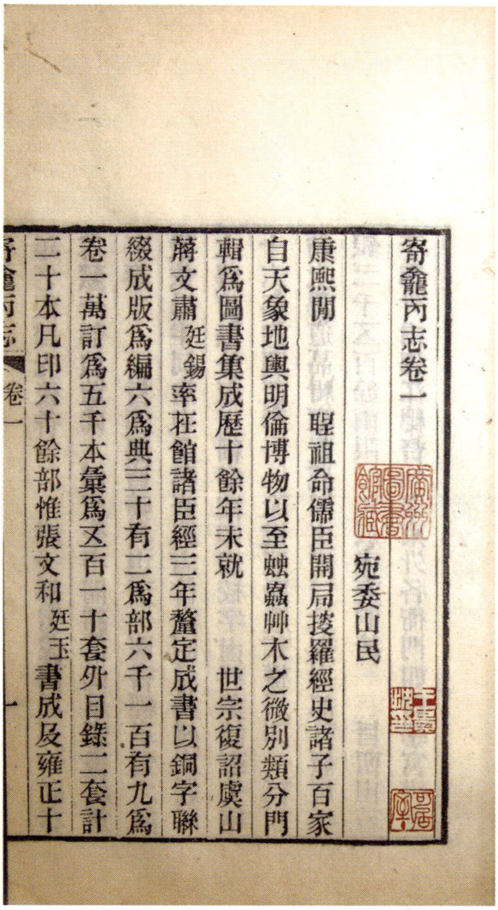

寄龕丙志卷一

宛委山民

康熙閒　聖祖命儒臣開局捜羅經史諸子百家
自天象地輿明倫博物以至蝕蟲艸木之微別類分門
輯爲圖書集成歷十餘年未就　世宗復詔虞山
蔣文肅廷錫率在館諸臣經三年釐定成書以銅字聯
綴成版爲編六爲典三十有二爲部六千一百有九爲
卷一萬訂爲五千本彙爲五百一十套外目錄二套計
二十本凡印六十餘部惟張文和廷玉書成及雍正十

寄龕丙志　卷一　一

寄龕雜著（3–2）

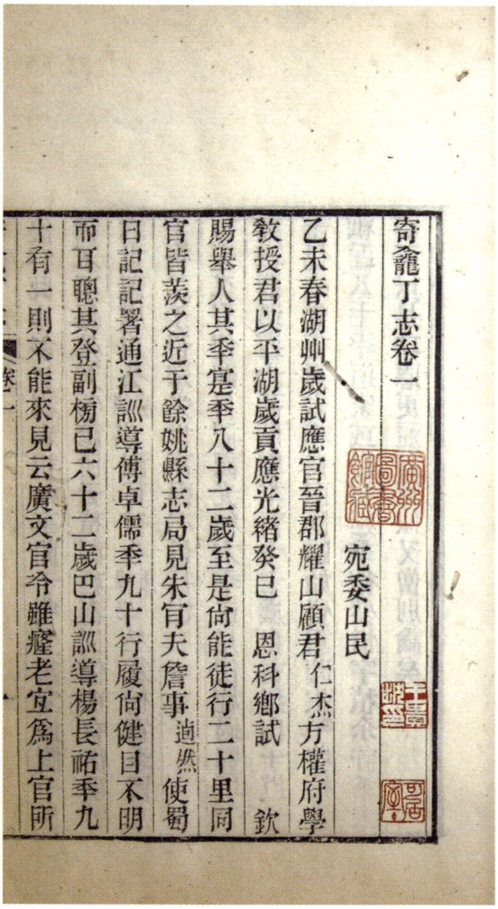

寄龕丁志卷一

宛委山民

乙未春湖州歲試應官晉郡耀山顧君仁杰方權府學
教授君以平湖歲貢應光緒癸巳　恩科鄉試　欽
賜舉人其年寔年八十二歲至是尙能徒行二十里同
官皆羨之近于餘姚縣志局見朱肎夫詹事逌然使蜀
日記記著通江訓導傅卓儒年九十行履尙健目不明
而耳聰其登副榜已六十二歲巴山訓導楊長祐年九
十有一則不能來見云廣文官冷雖癯老宜爲上官所

寄龕雜著（3–3）

0063 日知録：三十二卷 /（清）顧炎武撰 . -- 清康熙三十四年 (1695) 刻本 . -- 1 册

11 行，22 字，小字雙行同，白口，左右雙邊，單魚尾，匡高 19.8 厘米，寬 15.2 厘米。

佚名墨筆題封：日知録卷八至十；佚名朱墨筆批校及句讀。

殘本，現存三卷：卷八至卷十。

顧炎武（1613 ~ 1682），明清之際江蘇昆山人，初名絳，字寧人，曾自署蔣山傭，學者稱亭林先生。與黄宗羲、王夫之并稱爲明末清初三大儒。著有《日知録》、《音學五書》、《軍制論》、《天下郡國利病書》等。

鈐印有“章國棠印”等。

《四庫全書總目》入子部二十九雜家類三，爲“内府藏本”。《景印文淵閣四庫全書》第 0858 册著録有“日知録三十二卷目録一卷”。

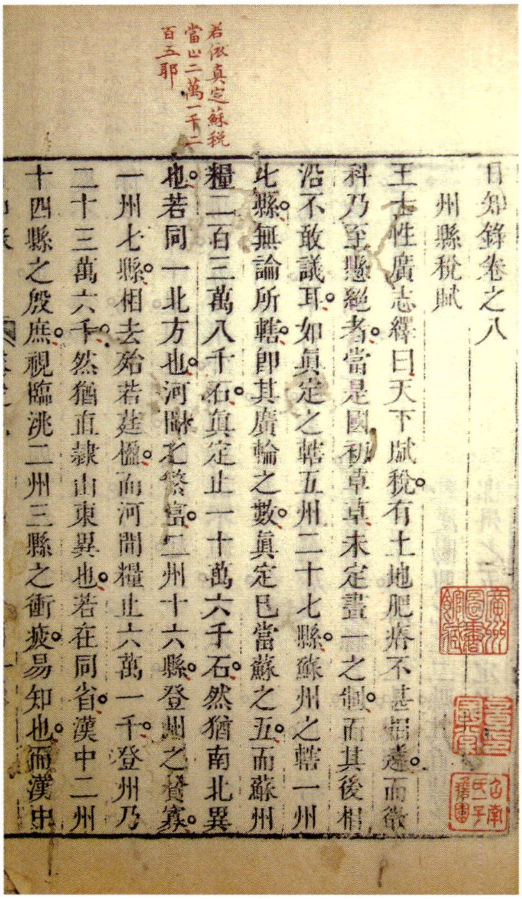
若依眞定蘇稅當止二萬一千二百五耶
日知録卷之八
州縣稅賦
王士性廣志繹曰天下賦稅有土地肥瘠不甚相遠而徵
科乃至懸絶者當是國初草草未定畫一之制而其後相
沿不敢議耳如眞定之轄五州二十七縣蘇州之轄一州
七縣無論所轄即其廣輪之數眞定已當蘇之五而蘇州
糧二百三萬八千石眞定止一十萬六千石然猶南北異
也若同一北方也河間之繁富二州十六縣登州之貧寡
一州七縣相去殆若莛楹而河間糧止六萬一千登州乃
二十三萬六千然猶直隸山東異也若在同省漢中二州
十四縣之殷庶視臨洮二州三縣之衝疲易知也而漢中

日知録

0064 抄南窑筆記：不分卷 /（清）佚名撰；（清）圖書淵主人手録．-- 清乾隆(1736~1795) 張九鉞稿抄本．-- 1 册

8 ~ 9 行，21 ~ 23 字，金鑲玉改裝後，内金高 28 厘米，寬 15.7 厘米。

是書用朱砂印稿纸（絳紅格紙），已經金鑲玉改裝，配有緞面木盒一個。

張九鉞（1721 ~ 1830），清湖南湘潭人，字度西，號紫峴、陶園。乾隆二十八年（1763）進士。歷任江西南豐、峽江、南昌，廣東始興、保昌、海陽等地知縣，所至有政聲。晚年回湖南，先後主講澧陽書院、昭譚書院。早負才名，詩學李白。善行草書，於湘中孚盛名，是清代中葉一位頗負盛名的詩人與戲曲作家。著有《陶園詩文集》、《晋南隨筆》等。

是書成書於乾隆四十二年（1777）。内容涉及柴窑、汝窑、觀窑、哥窑、定窑、龍泉窑、均窑、永樂窑、宣窑、成弘窑、正德窑、嘉萬窑、廠官窑、釉爐、彩色、黄緑、金銀、法藍、不子、高嶺、合泥、釉、灰、配釉、坯胎、圓器、琢器、雕削、印器、鑲、畫作、匣缽、窑、料等共三十四條。書中對古窑及景德鎮窑仿作瓷器特點、製作方法進行了細緻堪比，對瓷器製作工藝有詳細記載，是研究我國陶瓷發展史的重要史料。

鈐印有“岸華亭長”、“九戉”、“陶園”、“鐵嶺王貴忱印”、“貴”、“鐵嶺王貴忱之章”等。

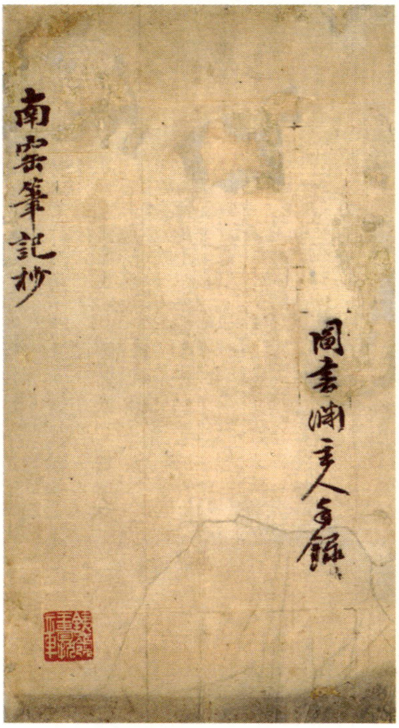

抄南窑筆記（2-1）

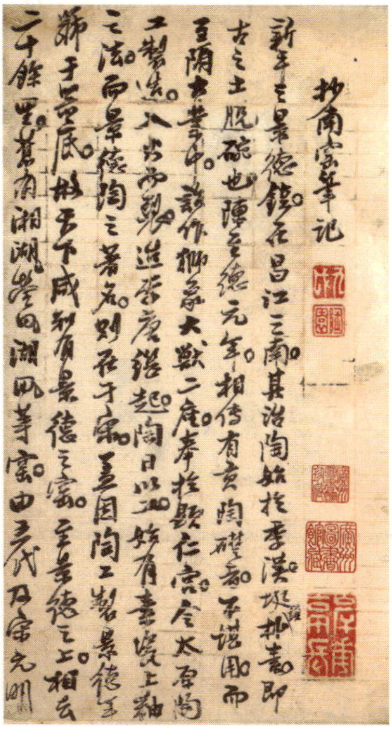

抄南窑筆記（2-2）

0065 潘瀾筆記：二卷 /（清）彭兆蓀撰 . -- 清同治十三年 (1874) 虞山顧氏補刻本 . -- 1 册 . -- 小石山房叢書：十四册四十種 /（清）顧湘輯

11 行，22 字，小字雙行同，黑口，左右雙邊，雙黑魚尾，匡高 17.8 厘米，寬 13.3 厘米。

佚名題封，朱筆句讀。

彭兆蓀（1768 ~ 1821），清江蘇鎮洋（今太倉）人，字湘涵，一字甘亭，晚號懺摩居士。道光舉人。精校勘。能詩，又能駢文。著有《文選考異》、《小謨觴館全集》等。

鈐印有“樹林圖書”、“何文廣藏書”、“何文廣印”等。

《中國叢書綜録》著録有清同治十三年虞山顧氏刊本《小石山房叢書》。

潘瀾筆記（2–1）

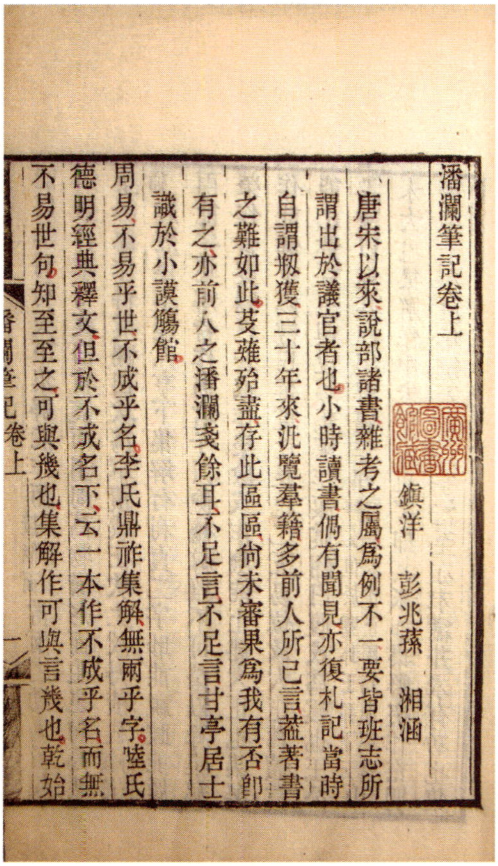

潘瀾筆記（2–2）

0066 禮耕堂叢說：一卷；史論五答：一卷；吉貝居暇唱：一卷 / (清) 施國祁撰 . -- 清光緒 (1875~1908) 湖城義塾刻本 . -- 1 册 . -- 湖州叢書 / (清) 陸心源輯

10 行，20 字，小字雙行同，黑口，四周雙邊，單黑魚尾，匡高 17.2 厘米，寬 12.1 厘米。《吉貝居暇唱》卷首有著者自序。

施國祁（約 1808 年前後在世），清浙江歸安人，字非熊，號北硯，諸生。著有《禮耕館詩文集》、《外集》、《叢說》及《金源札記》三卷，《元遺山集箋注》十四卷。

鈐印有“王貴忱印”、“貴忱印信”。

《中國叢書綜録》著録有清陸心源輯清光緒中湖城義塾刊本《湖州叢書》。

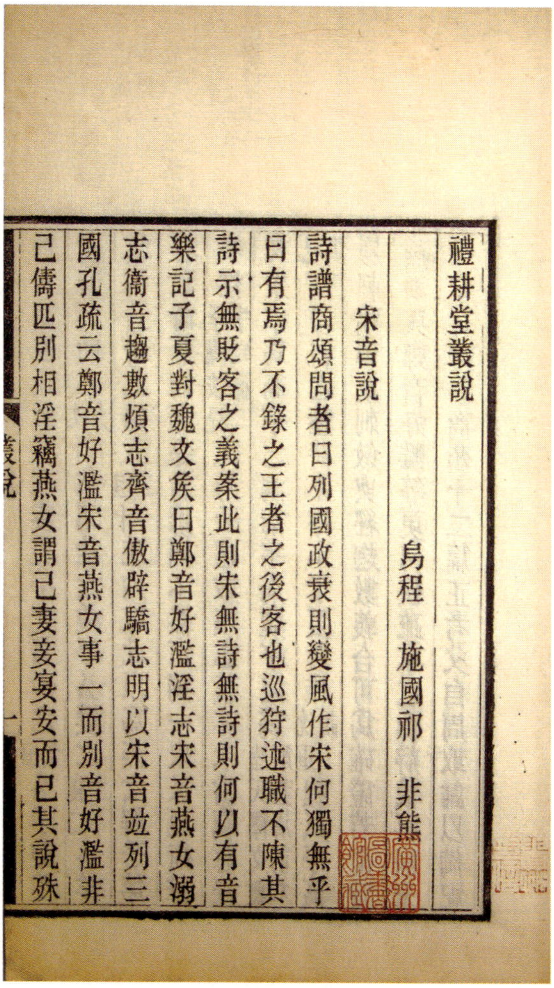
禮耕堂叢說
烏程 施國祁 非熊
宋音說
詩譜商頌問者曰列國政衰則變風作宋何獨無乎
曰有焉乃不錄之王者之後客也巡狩述職不陳其
詩示無貶客之義案此則宋無詩無詩則何以有音
樂記子夏對魏文侯曰鄭音好濫淫志宋音燕女溺
志衛音趨數煩志齊音傲辟驕志明以宋音竝列三
國孔疏云鄭音好濫宋音燕女事一而别音好濫非
已儔匹別相淫竊燕女謂已妻妾宴安而已其說殊

禮耕堂叢說

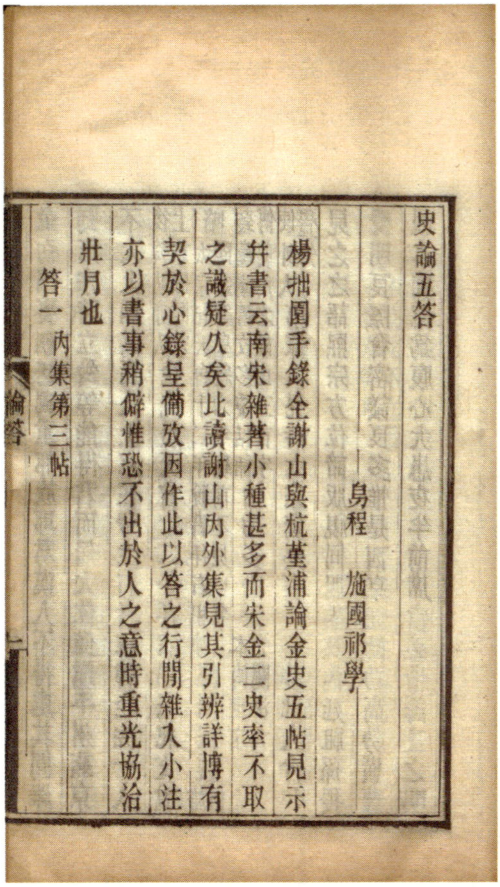

史論五答

身程　施國祁學

楊拙園手錄全謝山與杭堇浦論金史五帖見示并書云南宋雜著小種甚多而宋金二史率不取之識疑久矣比讀謝山內外集見其引辨詳博有契於心錄呈備攷因作此以答之行間雜入小注亦以書事稍僻惟恐不出於人之意時重光協洽壯月也

答一 內集第三帖

史論五答

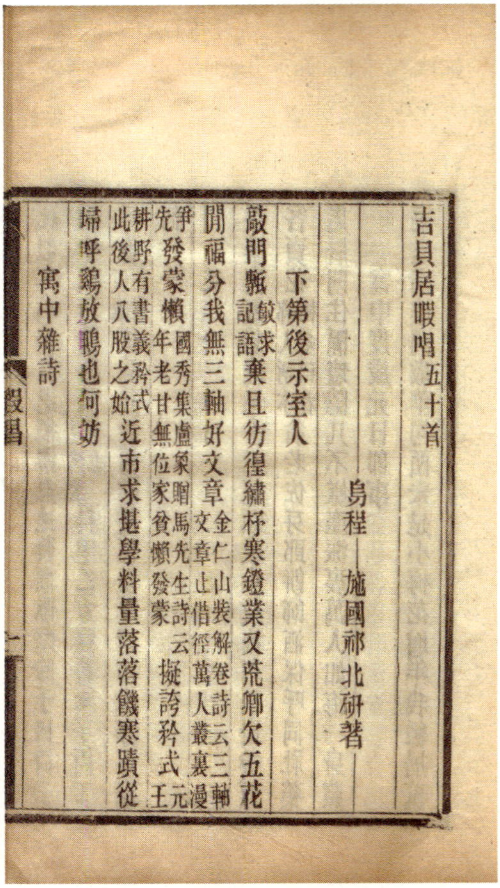

吉貝居暇唱 五十首

身程　施國祁北研著

下第後示室人

蔵門甎敏求記語棄且彷徨繡杼寒鐙業又荒卿欠五花開福分我無三軸好文章金仁山裝解卷詩云三軸文章止借徑萬人叢裏漫爭發蒙懶國秀集盧象贈馬先生詩云年老甘無位家貧懶發蒙擬誇矜式元王耕野有書義矜式此後人八股之始近市求堪學料量落落饑寒蹟從婦呼鷄放鴨也何妨

寓中雜詩

吉貝居暇唱

0067 邵齋漫録：一卷 /（清）李宗顥輯．-- 清末 (1851~1911) 稿本．-- 1 册

9 行，字數不等，小字雙行不等，白口，四周單邊，無魚尾，匡高 14.2 厘米，寬 10.1 厘米。

是書稿紙爲朱格。有墨筆圈點、句讀。

著者簡介見第 0001 條《詩輯一卷》。

邵齋爲李宗顥的名號，《邵齋漫録》即爲李宗顥摘自《水經注》等書籍對山川、水澤、劍石等事物的介紹及一些工藝的製作方法，對研究這些事物的起源及一些工藝的加工過程等方面有一定的參考價值。

書中夾有簽條四張，散葉一張。

鈐印有“仙李煮石”等。

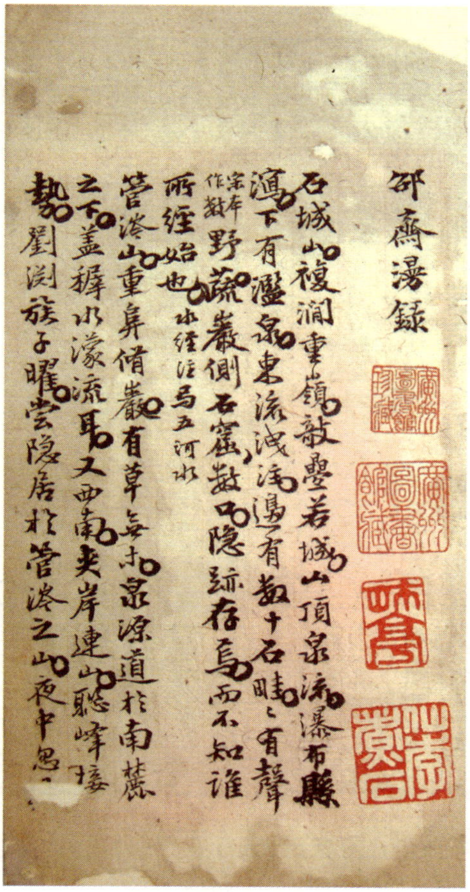
邵齋漫録
石城山複澗重嶺敧疊若城山頂泉流瀑布懸
瀉下有滙泉東流淺深湯有數十石畦畦有聲
宋本作數 野疏巖側石窟數區隱跡存焉而不知誰
所經始也 水經注為五河水
管涔山重阜脩巖有草無木泉源導於南麓
之下蓋稚水濛流焉又西南夾岸連山聯峰接
勢 劉淵族子曜嘗隱居於管涔之山夜中忽

邵齋漫録

0068 涇林續記 : 一卷 / (明) 周元暐撰 . -- 清光緒十年 (1884) 吴縣潘氏刻本 . -- 1 册 . -- 功順堂叢書 / (清) 潘祖蔭輯

9 行，22 字，黑口，左右雙邊，單黑魚尾，匡高 18.1 厘米，寬 13.1 厘米。

末有光緒甲申（1884）潘祖蔭跋。

是書雜記明代史事及社會情况。

鈐印有“王貴忱印”等。

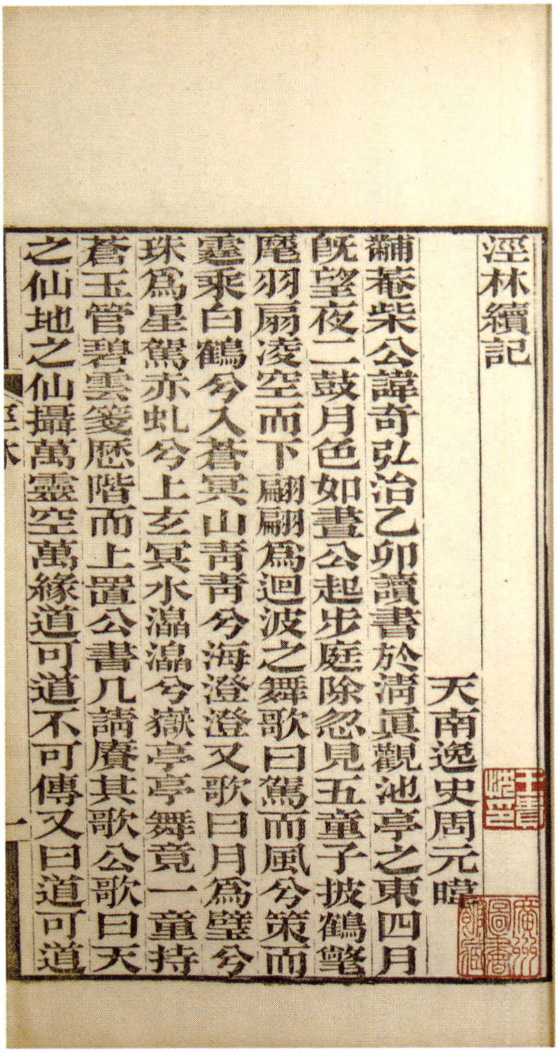
涇林續記
天南逸史周元暐
蒲菴柴公諱奇弘治乙卯讀書於清眞觀池亭之東四月
既望夜二鼓月色如晝公起步庭除忽見五童子披鶴氅
麾羽扇淩空而下翩翩爲迴波之舞歌曰駕而風兮策而
靈乘白鶴兮入蒼冥山青青兮海澄澄又歌曰月爲璧兮
珠爲星駕赤虬兮上玄冥水灝灝兮嶽亭亭舞竟一童持
蒼玉管碧雲箋歷階而上置公書几請賡其歌公歌曰天
之仙地之仙攝萬靈空萬緣道可道不可傳又曰道可道

涇林續記

0069 山海經：十八卷，圖讚一卷，訂譌一卷，叙録一卷 /(晋) 郭璞傳；(清) 郝懿行箋疏 . -- 清嘉慶十四年 (1809) 阮氏琅嬛僊館刻本 . -- 4 册

10 行，24 字，小字雙行同，白口，左右雙邊，匡高 18.9 厘米，寬 14.5 厘米。

末有王貴忱墨筆題跋："郝氏爲池北知名學者，其在乾嘉一代曾稱譽一時，今人已少有知之矣。余在童蒙之年於私塾中曾選讀幾篇，數年前曾用排印本粗讀一過，甚盍頗有心得，因之總想得一佳本而不果，歲前見一明末初印本，刻印均佳，唯鈔補書品不行，故未收之，今見古笈書店此郝箋疏阮刻原本，雖少有蟲口，亦復購之，蓋因板存世未久即毀，故其印本不多，今所見皆是景印本耳。鐵嶺王貴忱。"

扉頁正面爲總目録，背面刊"山海經箋疏十八卷圖讚一卷 阮氏琅嬛僊館開雕"。前有清嘉慶十四年阮元"刻山海經箋疏序"，清嘉慶九年（1804）郝懿行"山海經箋疏叙"。

郭璞（276 ~ 324），河東聞喜縣（今山西省聞喜縣）人，字景純，西晋建平太守郭瑗之子。東晋著名學者，既是文學家和訓詁學家，又是道學術數大師和游仙詩的祖師。

郝懿行（1755 ~ 1823），清山東棲霞人，字恂九，號蘭皋。嘉慶四年（1799）進士，官户部主事。居郎署二十一年，身爲窮官，惟潛心學問，尤長於名物訓詁考據之學。所著以《爾雅義疏》爲最著，另有《山海經箋疏》、《竹書紀年校正》、《晋宋書故》、《曬書堂集》等。

《山海經》爲先秦古籍，是一部富於神話傳説的最古老的地理書。包括：南山經、西山經、北山經、東山經、中山經、海外經、海内經、大荒經，主要記述古代地理、物産、神話、巫術、宗教等，也包括古史、醫藥、民俗、民族等方面的内容。同時它還以流水賬方式記載了一些奇怪的事件，對這些事件至今仍然存在較大的争論。最有代表性的神話寓言故事有夸父逐日、女媧補天、精衛填海、鯀禹治水等。

鈐印有"梧桐庭院藏本"、"據梧尋夢室"、"潘飛聲印"、"飛聲"、"蘭史審定"、"潘蘭史家珍藏"、"葉氏承蔭堂印"、"葉夢記印"、"梧桐庭院詞客平生收覩之章"、"貴忱藏本"、"戴裔煊印"。

《中國叢書綜録》收録是書在"（清）郝懿行撰 清嘉慶至光緒間刊本《郝氏遺書》"中。《中國古籍善本書目》子部第 08570 條著録有"山海經箋疏十八卷圖讚一卷訂譌一卷叙録一卷 清 郝懿行撰 清嘉慶十四年阮氏瑯嬛仙館刻本 清王筠、朱次琦批"。《續修四庫全書》第 1264 册著録有"山海經箋疏十八卷圖贊一卷訂譌一卷叙録一卷（清）郝懿行撰 影印清嘉慶十四年阮氏瑯環仙館刻本"。

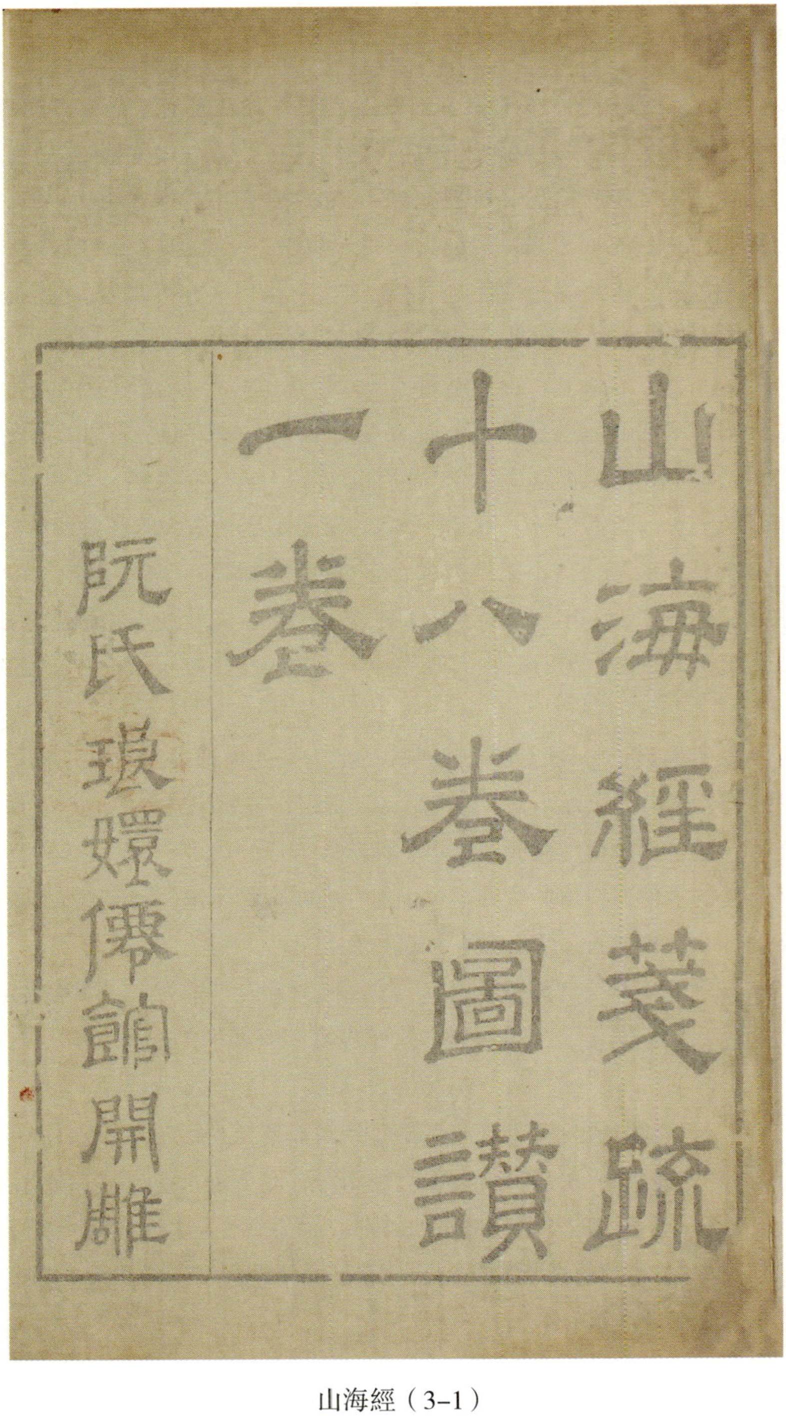
山海經箋疏
十八卷圖讚
一卷
阮氏瑯嬛僊館開雕

山海經（3–1）

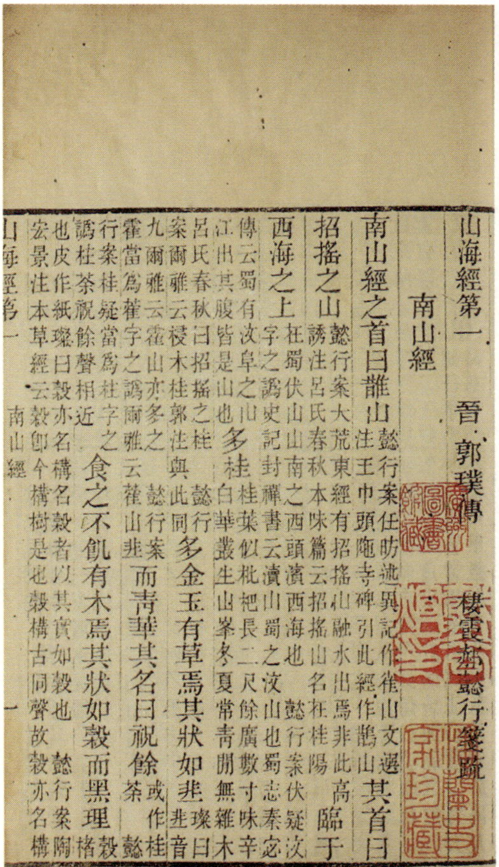

山海經第一　晉　郭璞傳　棲霞郝懿行箋疏

南山經

南山經之首曰䧿山懿行案任昉述異記作雀山文選注王巾頭陁寺碑引此經作鵲山其首曰

招搖之山懿行案大荒東經有招搖山融水出焉非此高誘注呂氏春秋本味篇云招搖山名在桂陽臨于

西海之上在蜀伏山山南之西頭濱西海也懿行案伏疑汶字之譌史記封禪書云瀆山蜀之汶山也蜀志秦宓傳云蜀有汶阜之山江出其腹皆是山也多桂桂葉似枇杷長二尺餘廣數寸味辛白華叢生山峯冬夏常青閒無雜木呂氏春秋曰招搖之桂懿行案爾雅云梫木桂郭注與此同多金玉有草焉其狀如韭璨曰韭音九爾雅云雈山亦多之懿行案雈當為萑字之譌爾雅云萑山韭而青華其名曰祝餘或作桂茶懿行案桂疑當為柱字之譌柱茶祝餘聲相近食之不飢有木焉其狀如穀而黑理穀楮也皮作紙璨曰穀亦名構名穀者以其實如穀也懿行案陶宏景注本草經云穀即今構樹是也穀構古同聲故穀亦名構

山海經第一　南山經　一

山海經（3–2）

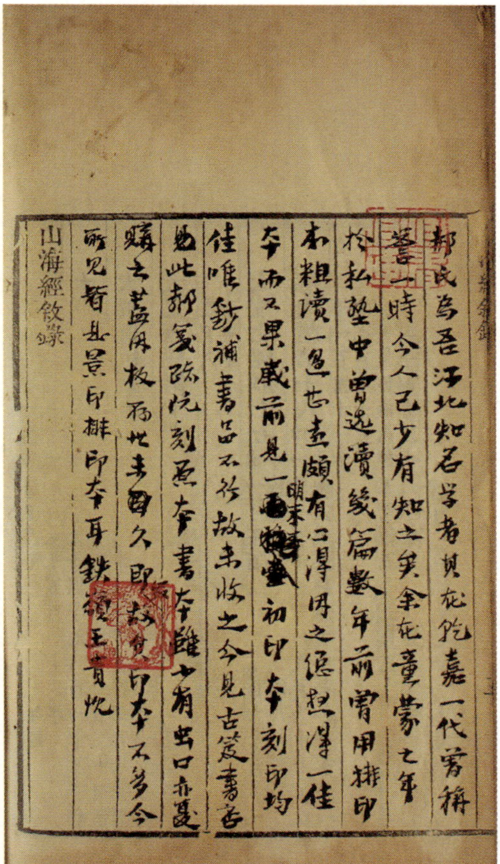

郝氏為吾江北知名学者，負於乾嘉一代，著稱一時，今人已少有知之矣。余在童蒙七年於私塾中曾選讀幾篇，數年前嘗用排印本粗讀一過，也甚頗有以得用之。倔起得一佳本而不果。歲前見一函明末[illegible]初印本，刻印均佳，唯缺補書品不符，故未收之。今見古笈書店由此郝氏疏阮刻原本書，本雖少有出口亦蔑購去，蓋用校所世未國久，即校貴印本不多，今所見皆是景印排印本耳。鐵[illegible]玉貴忱

山海經敘録

山海經（3–3）

0070 多識集類編：六卷 /（清）朱桓編輯 . -- 清嘉慶六年 (1801) 刻本 . -- 5 册

9 行，17 字，白口，四周雙邊，單黑魚尾，匡高 17.1 厘米，寬 11.4 厘米。

佚名朱筆句讀。

前有扉頁，刊“嘉慶辛酉 多識集類編 蔚齋藏板”。

前有清乾隆二十年（1755）朱桓序。

缺一卷：卷六。

朱桓（1697 ~ 1763），清江蘇宜興人，字勖爲。雍正十一年（1733）進士。工詩、古文辭。著有《多識集類編》、《行遠類編》、《毛詩名物略》、《歷代名臣言行録》等。

嘉慶辛酉

多識集類編

蔚齋藏板

多識集類編（2–1）

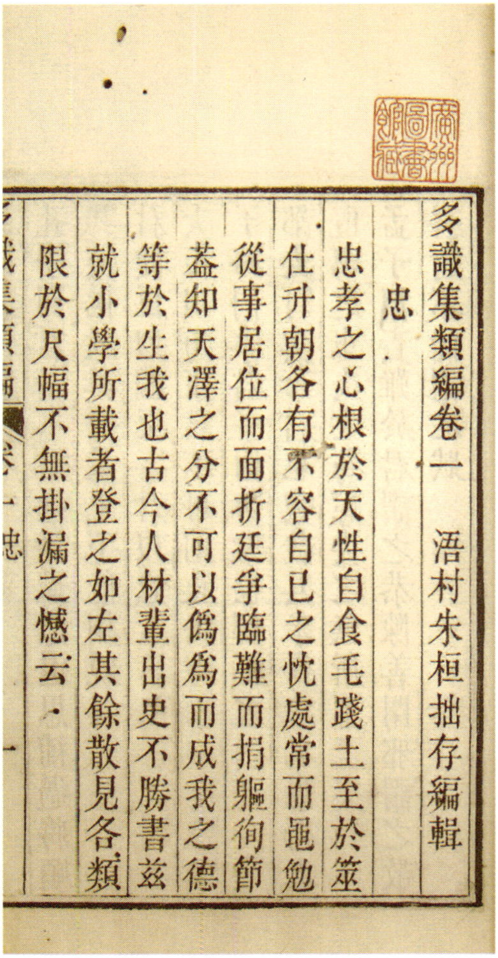

多識集類編卷一　浯村朱桓拙存編輯

忠

忠孝之心根於天性自食毛踐土至於筮仕升朝各有不容自已之忱處常而黽勉從事居位而面折廷爭臨難而捐軀徇節蓋知天澤之分不可以僞爲而成我之德等於生我也古今人材輩出史不勝書茲就小學所載者登之如左其餘散見各類限於尺幅不無掛漏之憾云

多識集類編（2–2）

0071 水經注拾唾：一卷 / (清) 李宗顥輯 . -- 清 (1644~1911) 稿本 . -- 1 册

12 行，字數不等，小字雙行不等，白口，四周單邊，緑色單魚尾，匡高 15.9 厘米，寬 10 厘米。

是書爲著者手稿本，内容有塗改。墨筆圈點、句讀。稿紙爲緑格，版心下方有"十二紫芝山館"緑色字樣。

著者簡介見第 0001 條《詩輯一卷》。

是書分類輯録了《水經注》中德治、納諫、飲饌、宫苑等四十二方面的内容。大字爲分類内容，小字雙行注明出自《水經注》卷次，對《水經注》涉及内容作了詳細的分類介紹，對後人解讀原著《水經注》有一定的幫助。

鈐印有"十二紫支山館"等。

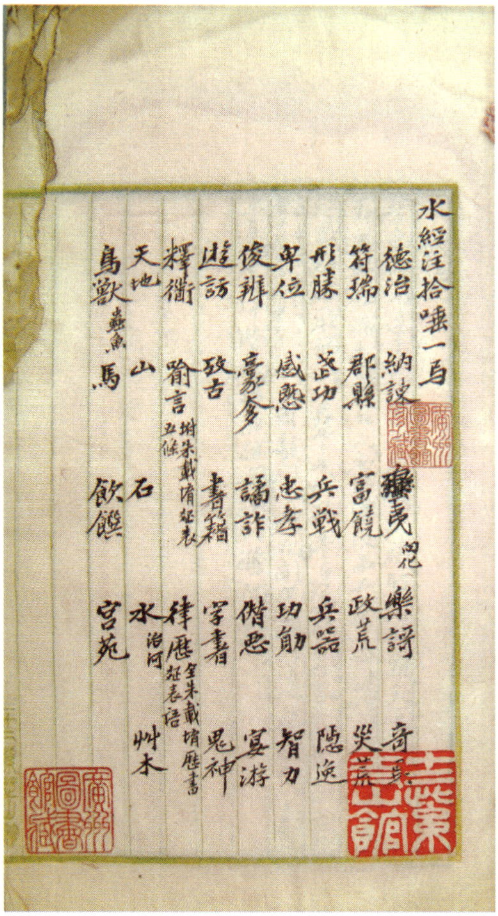

水經注拾唾（2–1）

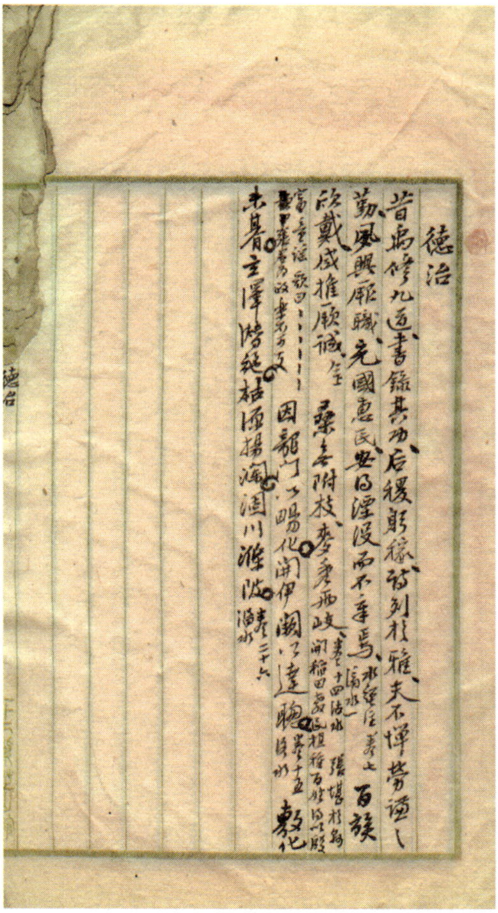

水經注拾唾（2–2）

0072 六祖壇經節録：一卷 / (明) 袁宏道輯 . -- 明末 (1621~1644) 寫刻本 . -- 1 册

8 行，18 字，白口，四周單邊，無魚尾，匡高 20 厘米，寬 13 厘米。

前有袁宏道“壇經節録引”，嚴調御“袁中郎壇經節録序”。

是書經王貴忱金鑲玉改裝。

袁宏道（1568 ~ 1610），明湖廣公安（今湖北）人，字中郎，號石公。萬曆進士，官吏部郎中，與兄宗道、弟中道，并稱“三袁”，爲公安派的創始者。其中宏道成就最大。其思想受李贄影響較深，重視小説、戲曲和民歌在文學中的地位；於詩文不滿李攀龍等的擬古主張，强調抒寫“性靈”，企圖在一定程度上突破傳統思想的束縛。有《袁中郎全集》。

鈐印有“吴宫華印”、“王貴忱印”等。

《中國古籍善本書目》子部第 11106 條有收録。《續修四庫全書》第 1281 册著録有“六祖壇經一卷（唐）釋慧能撰 影印英國國家圖書館藏敦煌寫本”。

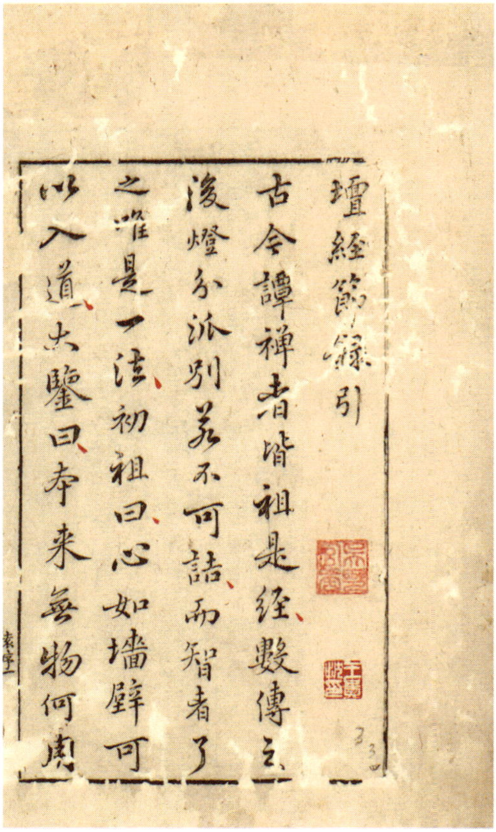

壇經節録引

古今譚禪者皆祖是經數傳之

後燈分派别若不可詰而智者了

之惟是一法初祖曰心如墻壁可

以入道六鑒曰本来無物何處

六祖壇經節録（2–1）

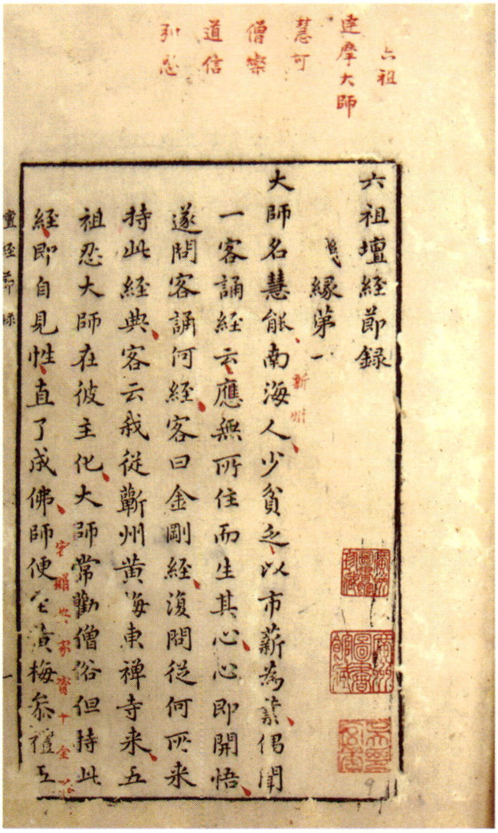

六祖壇經節録

悟緣第一

大師名慧能南海人少貧乏以市薪爲養偶聞

一客誦經云應無所住而生其心心即開悟

遂問客誦何經客曰金剛經復問從何所来

持此經典客云我從蘄州黄梅東禪寺来五

祖忍大師在彼主化大師常勸僧俗但持此

經即自見性直了成佛師便至黄梅参禮五

六祖壇經節録（2–2）

0073 莊子故：八卷 /（清）馬其昶撰．-- 清光緒二十七年 (1901) 蕭山陳氏遺精樓刻本．-- 1 册

11 行，21 字，小字雙行同，黑口，四周雙邊，單魚尾，匡高 17.5 厘米，寬 12.8 厘米。

是書有清伍銓萃眉批及書口朱筆小題、朱墨筆句讀。書衣封面有光緒三十一年（1905）伍銓萃題記，卷末有光緒三十二年（1906）伍銓萃讀畢題記、王貴忱題跋。

前有清光緒二十年（1894）馬其昶序及目録，末有清光緒二十七年陳光淞跋。牌記刊“光緒二十七年孟夏秋月蕭山陳氏遺經樓刊”；書口下方刊“遺經樓校本”。卷末刊“胡俊章、廉泉仝校”，“丹陽嚴子雲督刻”。

馬其昶（1855 ~ 1930），安徽桐城人，字通伯，晚號抱潤翁。光緒間曾任學部主事，後任京師大學堂教習。辛亥革命後，爲清史館總纂，曾參修《清史稿》。爲桐城派末期代表作家。著有《抱潤軒文集》、《毛詩學》等。

鈐印有“玉雁樓”、“叔賓”、“鐵嶺王貴忱章”、“王貴忱印”、“可居室主”等。

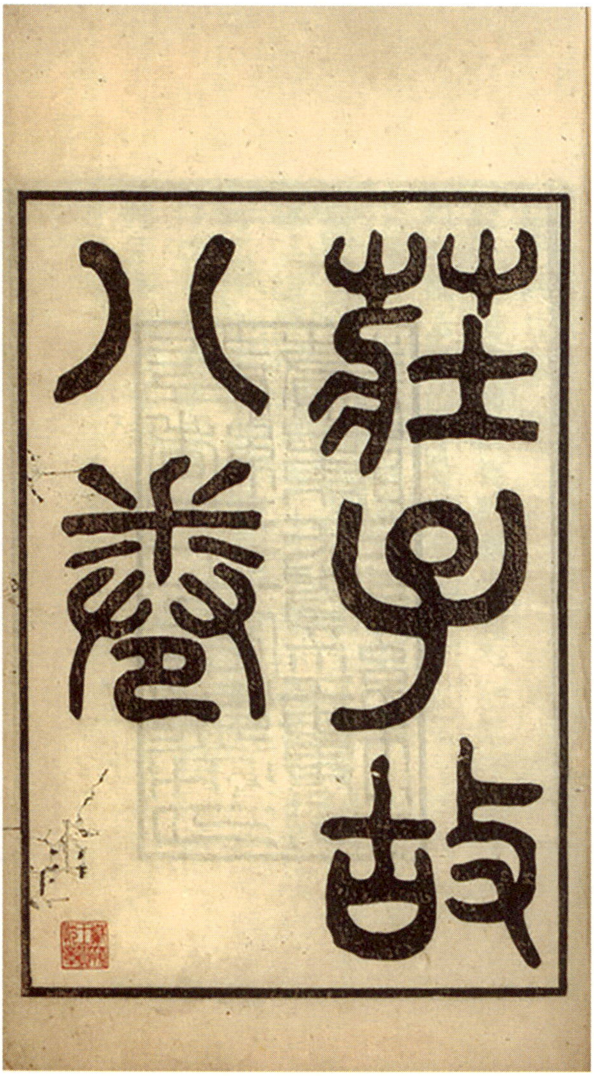

莊子故（3–1）

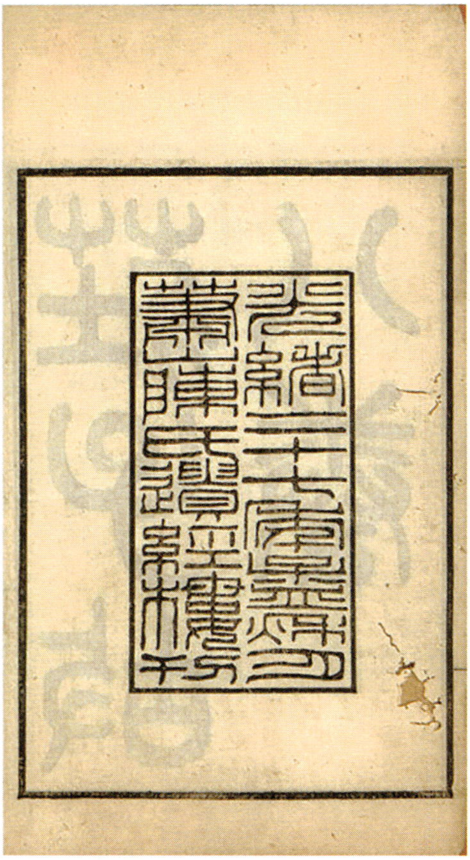

莊子故（3–2）

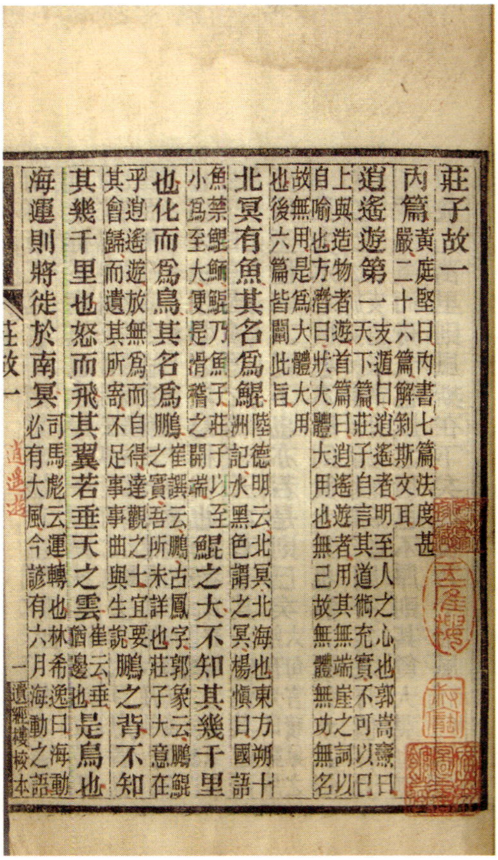

莊子故（3–3）

明清圖録·集部

0074 王無功集：三卷，補遺二卷 /（唐）王績撰．-- 清嘉慶三年 (1798) 沇州蘭陵孫氏刻本．-- 2 册．--（岱南閣叢書 /（清）孫星衍輯）

9 行，16 字，白口，左右雙邊，單黑魚尾，匡高 10.2 厘米，寬 8.4 厘米。

佚名朱墨兩色批校，與《全唐文》、唐寫本、《唐文粹》、《唐詩紀事》、《全唐詩補遺》、明抄本等六種書籍進行比對，自題目到内容無不涉及。批校由蠅頭小楷寫就，清秀工整。

前有唐吕才撰“東皋子集序”，唐陸淳“删東皋子集序”，清孫星衍“東皋子集序”。卷末補抄《元正賦》。

經金鑲玉改裝。

序題名：東皋子集。

王績（約 589 ~ 644），唐絳州龍門（今山西河津）人，字無功。王通之弟。嘗居東皋，號東皋子。一生歷隋唐兩朝，三仕三隱，才高位下。詩人，亦能文，有《王無功文集》。

《中國叢書綜録》著録有清孫星衍輯清嘉慶三年（1798）蘭陵孫氏沇州刊本《岱南閣叢書》。《續修四庫全書》第 1304 册著録有“王無功文集五卷 影印上海圖書館藏清鈔本”。

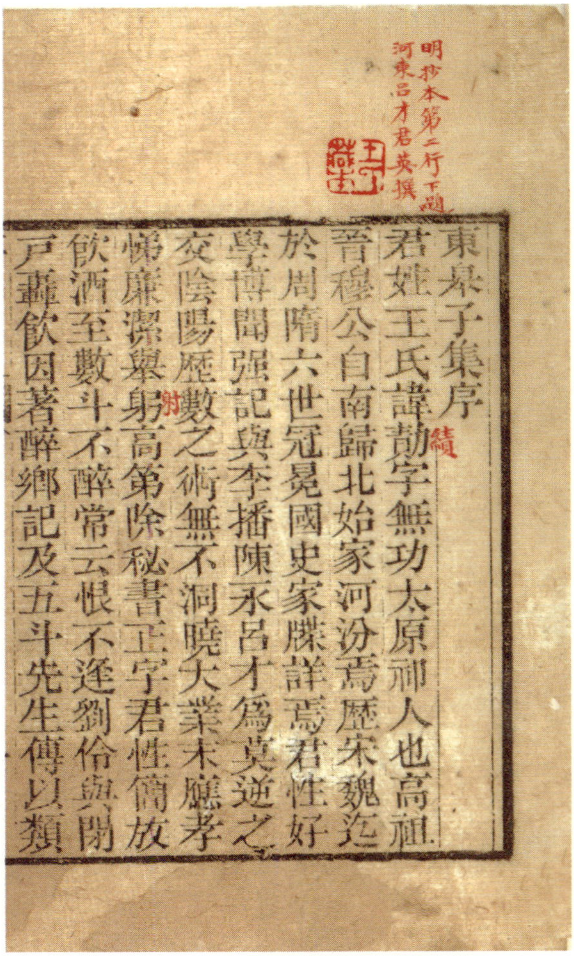
明抄本第二行下題
河東呂才君英撰
東皋子集序 續
君姓王氏諱勣字無功太原祁人也高祖
晉穆公自南歸北始家河汾焉歷宋魏迄
於周隋六世冠冕國史家牒詳焉君性好
學博聞強記與李播陳永呂才爲莫逆之
交陰陽曆數之術無不洞曉大業末應孝
悌廉潔舉躬 射 高第除秘書正字君性簡放
飲酒至數斗不醉常云恨不逢劉伶與閉
戶轟飲因著醉鄉記及五斗先生傳以類

王無功集（3–1）

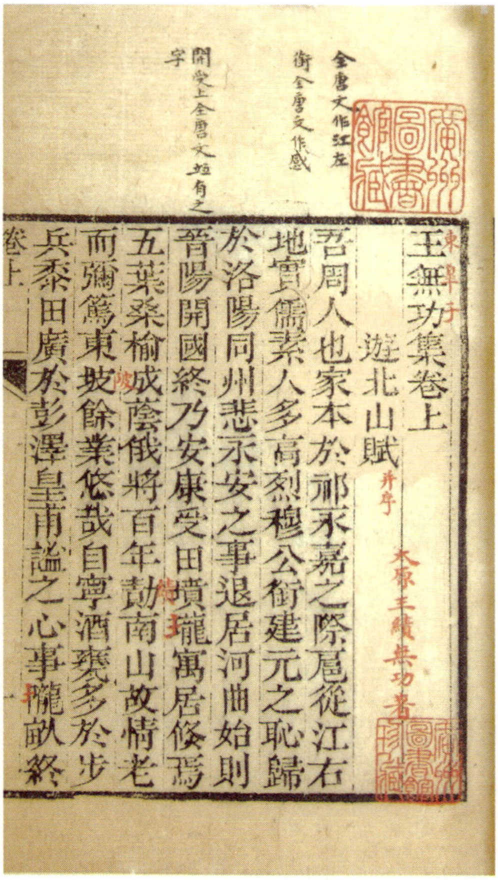

王無功集（3–2）

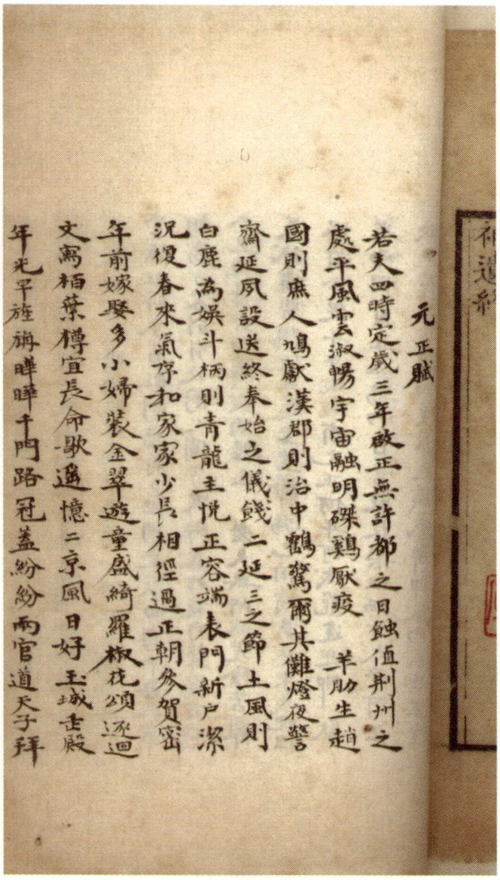

王無功集（3–3）

0075 張燕公集：二十五卷 /（唐）張説撰．-- 清乾隆 (1736~1795) 武英殿木活字本．-- 4 册．--（武英殿聚珍版書）

19 行，21 字，白口，四周雙邊，單黑魚尾，匡高 19.3 厘米，寬 13 厘米（補配葉匡高 18.8 厘米，寬 12.6 厘米）。

孫星衍批校；卷末有曾釗跋："此書乃金陵孫忠愍祠藏書。簡端行間墨筆所校，淵如先生手書也。前賢讀書精審如此。庚子除日，曾釗題於欽州學舍。"

前有提要、目録。第一册（卷一至卷五）爲翻刻補配。各卷末均刊有校對官姓名，補配本則無。

張説（667 ~ 731），唐洛陽（今河南）人，字道濟，一字説之。自武后時起歷仕四朝，玄宗時任中書令，封燕國公。曾三度爲相，掌文學之任凡三十年，被譽爲盛唐名相和開元文士領袖。其文辭俊麗，用思精密，掌朝廷制誥著作，尤長於碑文墓志，與蘇頲（封許國公）齊名，人稱"燕許大手筆"。有《張燕公集》（一作《張説之集》）三十卷。

鈐印有"孫星衍印"、"伯淵"、"曾釗之印"、"南州書樓藏書"等。

《四庫全書總目》入集部二別集類二，爲"兩淮馬裕家藏本"。《中國古籍善本書目》集部第 00577 條、叢部第 00203 條著録。《景印文淵閣四庫全書》第 1065 册著録。

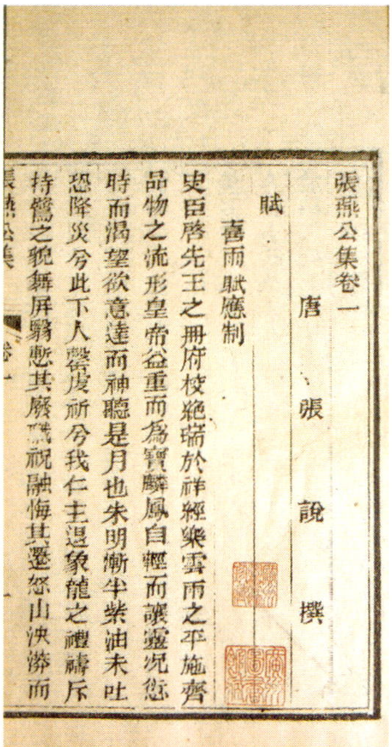
張燕公集卷一
唐 張說 撰
賦
喜雨賦應制
史臣曆先王之冊府枝絶瑞於祥經樂雲雨之平施齊
品物之流形皇帝益重而爲寶麟鳳自輕而讓靈况愆
時而渴望欲意達而神聽是月也朱明漸半柴油未吐
恐降災兮此下人罄虔祈兮我仁主退象龍之禮禱斥
持鶩之貌舞屏翳懋其㦸祝融悔其遷怒山泱漭而
張燕公集 卷一

張燕公集（3–1）

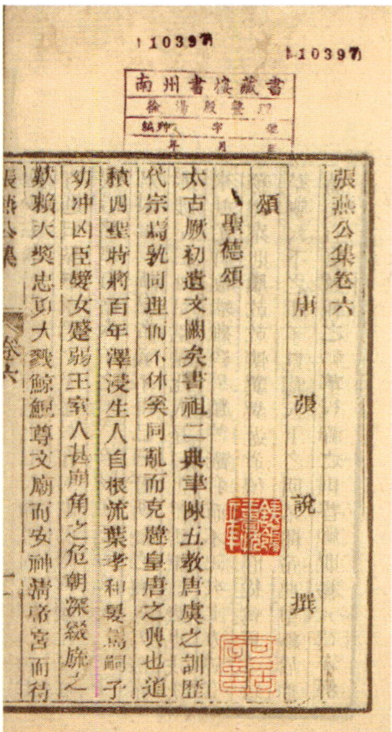
110397
110397
南州書樓藏書
張燕公集卷六
唐 張說 撰
頌
聖德頌
太古厥初遺文闕矣書祖二典聿陳五教唐虞之訓歷
代宗崇執同理而不休矣同亂而克聽皇唐之興也道
積四聖時將百年澤浸生人自根流葉孝和嬰禍嗣子
幼冲凶臣孽女蠱弱王室人甚崩角之危朝深綴旒之
歎賴天獎忠更大戮鯨鯢尊文廟而安神淸帝宫而徇
張燕公集 卷六

張燕公集（3–2）

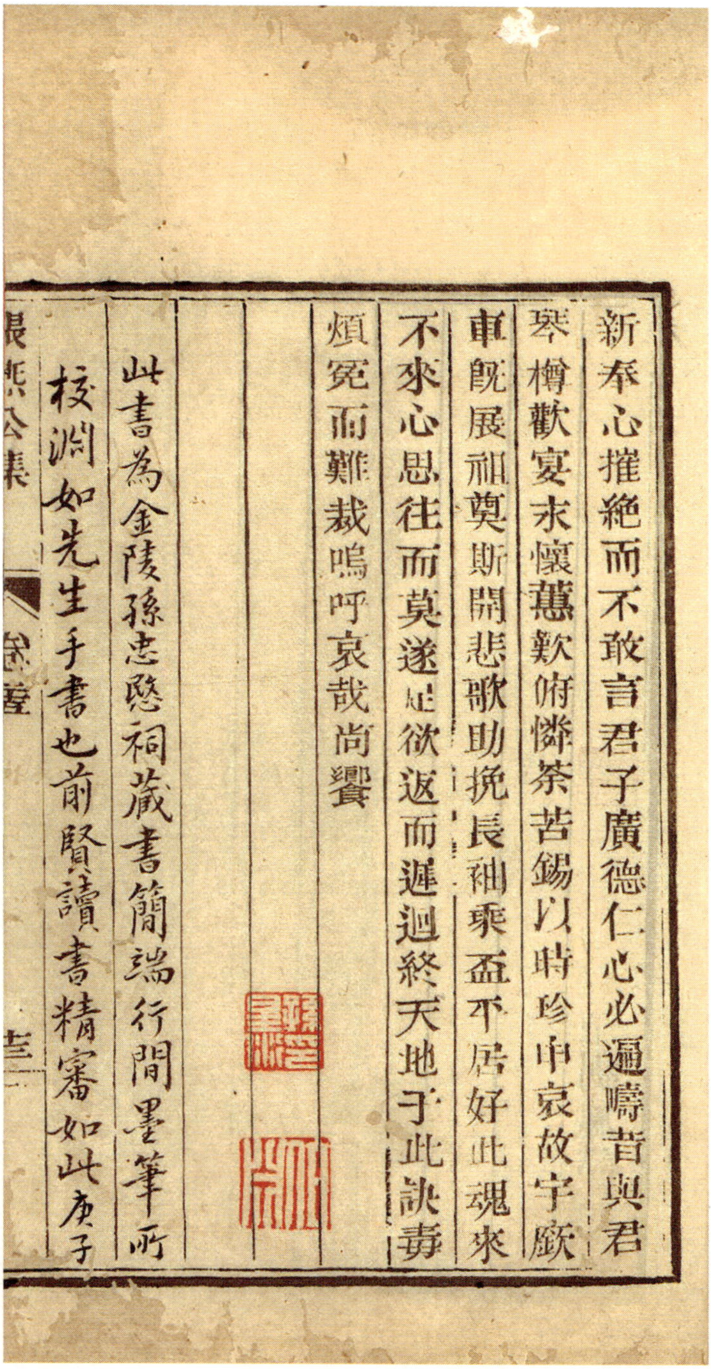
新奉心摧絶而不敢言君子廣德仁心必遍疇昔與君琴樽歡宴求懷蕙歎俯憐荼苦錫以時珍巾哀故宇厥車旣展祖奠斯開悲歌助挽長袖乘盃平居好此魂來不來心思往而莫遂足欲返而遲迴終天地于此訣壽煩冤而難裁嗚呼哀哉尚饗

此書為金陵孫忠愍祠藏書簡端行間墨筆所校淵如先生手書也前賢讀書精審如此庚子

張燕公集　卷壹　卌三

張燕公集（3–3）

0076 變雅堂遺集 / (清) 杜濬撰 . -- 清光緒二十年 (1894) 鄂三佛閣陶子麟刻本 . -- 4 册 : 像

10 行，21 字，黑口，左右雙邊，單黑魚尾，匡高 16.5 厘米，寬 13.1 厘米。

文集、詩集及附録扉頁背面牌記刊“光緒甲午炑仲黄岡沈氏藏板”。文集目録末刊有“鄂省三佛閣 陶子麟局刻”。各卷末刊校者有：潛江甘鵬雲、黄岡陶壎、黄岡陶炯照、黄岡沈自申。

文集前有“茶村先生四十小照 張風寫”，“小照”後有屈復題、殷雯識；文集目録、詩集目録後有清光緒甲午甘鵬雲識，附録卷末有光緒甲午沈自申跋。

杜濬（1611 ~ 1687），明末清初湖北黄岡人，原名詔先，字于皇，號茶村。明崇禎時太學生。有《變雅堂集》。

是書包括：1. 文集八卷；2. 詩集十卷；3. 附録二卷。

鈐印有“可居室印”、“鐵嶺王貴忱章”、“王貴忱印”、“可居室主”。

變雅堂遺集（3–1）

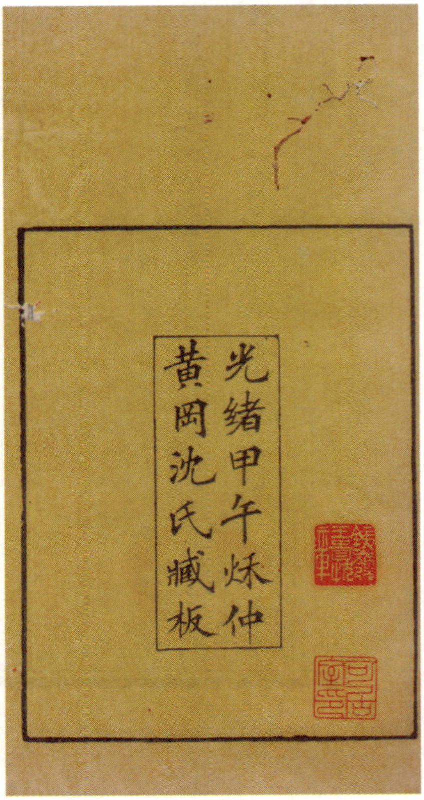

變雅堂遺集（3–2）

變雅堂遺集　文一

黄岡杜濬

奚蘇嶺詩序

吾邑出郭里許過濂溪書院得異境焉望之蔚然陰森杳藹即之華表屹立有松櫪數百株皆偃蓋合抱中峙大邱左右列翁仲石馬豐碑穹窿高二丈餘深刻諭祭文一道是爲嘉靖中以丁未進士守延平州殉倭難贈光祿卿奚公默齋之藏今吾友蘇嶺則公之曾孫也家旁有草堂三楹蘇嶺自幼時侍其尊大人讀書其中其地又與外王父陳公之廬相接近余與蘇嶺皆陳公外

變雅堂遺集（3-3）

0077 亭林文集：六卷，餘集一卷 /（清）顧炎武撰．-- 清末 (1851~1911) 刻本．-- 4 册

9 行，20 字，黑口，左右雙邊，匡高 12.7 厘米，寬 9.5 厘米。

翁同龢題簽并落款、朱墨筆批校、圈點句讀，并於卷末朱筆題跋。餘集扉頁後翁同龢書："此餘集初刻本所無，初刻本大字本，不知刻於何時。文集六卷、詩集五卷、昌平山水記二卷、九經誤字一卷、石經考一卷、韻補正一卷。"餘集卷末有翁同龢朱筆手書："讀亭林文而氣爲之一肅焉，是天下之至文也。本朝惟方先生文足以追配，其餘皆文人之文耳。光緒辛丑秋八月後學翁同龢識。"文集卷末有王貴忱題跋："翁松禪於此書幾經朱墨筆圈點批校，可知用力特勤。先生爲多代帝師，晚年淪爲朝廷命犯，猶能如此批閲書本，至可敬佩，至可寶貴也。王貴忱謹識於廣州。"

書口下方刊有"山隱居校本"。

作者簡介見第 0063 條《日知録三十二卷》。

鈐印有"叔平所藏"、"松禪過眼"、"譚觀成印"等。

是書爲清乾隆年間禁毁"違礙"之書。《亭林遺書》名列《軍機處奏准抽毁書目》,《亭林詩集》、《亭林文集》因"有偏謬詞句"，被定作"應行銷毁"。是書卷六收有《讀隋書》一篇，錢大昕《十駕齋養新録》卷一六《顧寧人》條特地記述此事："顧寧人文集，初印本有《讀隋書》一篇，本馬貴與之説，載在《文獻通考》，寧人手抄之，意欲采入《日知録》。潘次耕誤認作顧作，乃以《讀隋書》爲題，收入集中。今本無此篇，以它文易之，則次耕已覺其謬矣。"錢大昕乃乾隆間人，其云"今本無此篇"，説明是書初印本在乾隆年間即已難得一見。是書應是以初印本爲底本。

《續修四庫全書》第 1402 册著録有"亭林詩集五卷文集六卷 影印湖北省圖書館藏清刻本"。

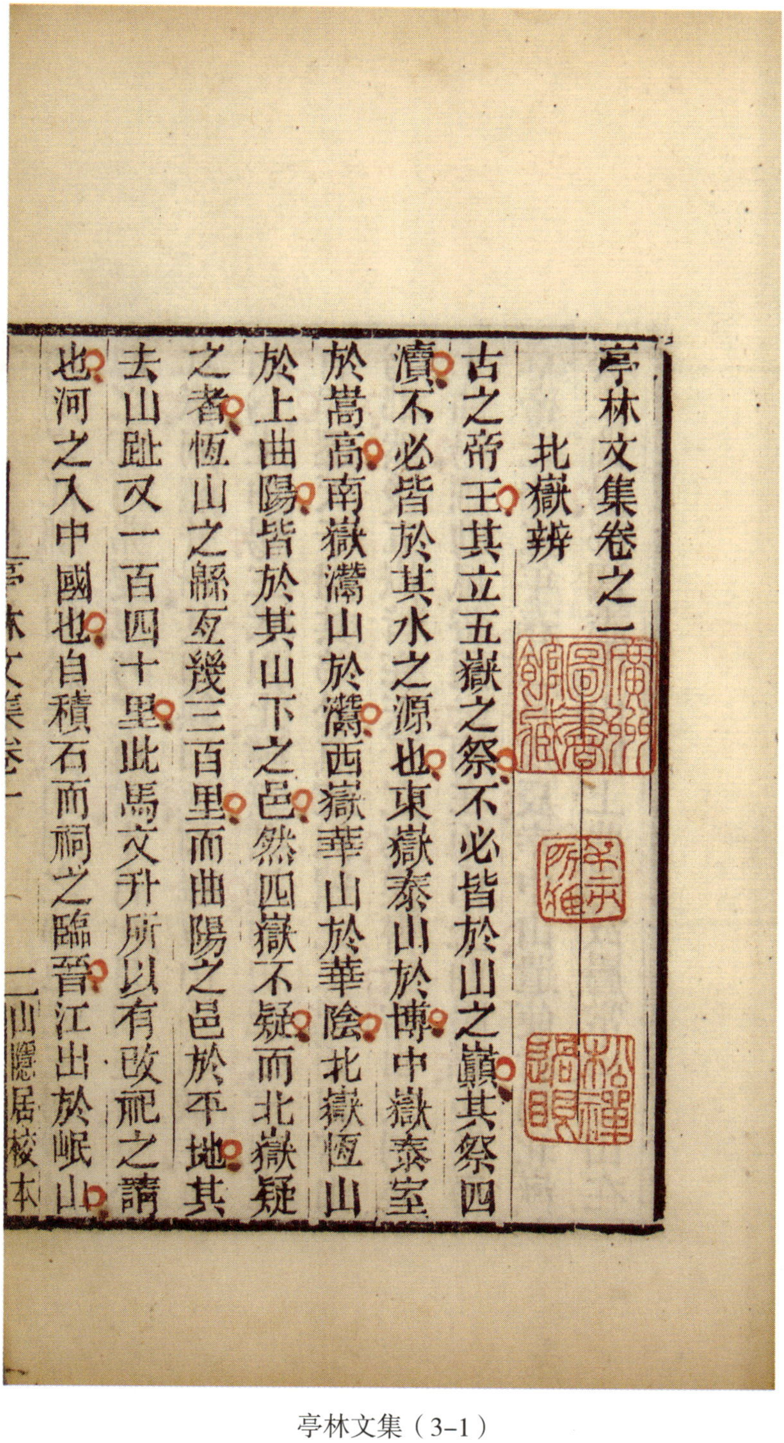

亭林文集卷之一

北嶽辨

古之帝王其立五嶽之祭不必皆於山之巔其祭四瀆不必皆於其水之源也東嶽泰山於博中嶽泰室於嵩高南嶽灊山於灊西嶽華山於華陰北嶽恆山於上曲陽皆於其山下之邑然四嶽不疑而北嶽疑之者恆山之縣亙幾三百里而曲陽之邑於平地其去山趾又一百四十里此馬文升所以有改祀之請也河之入中國也自積石而祠之臨晉江出於岷山

亭林文集卷一　二　山隱居校本

亭林文集（3-1）

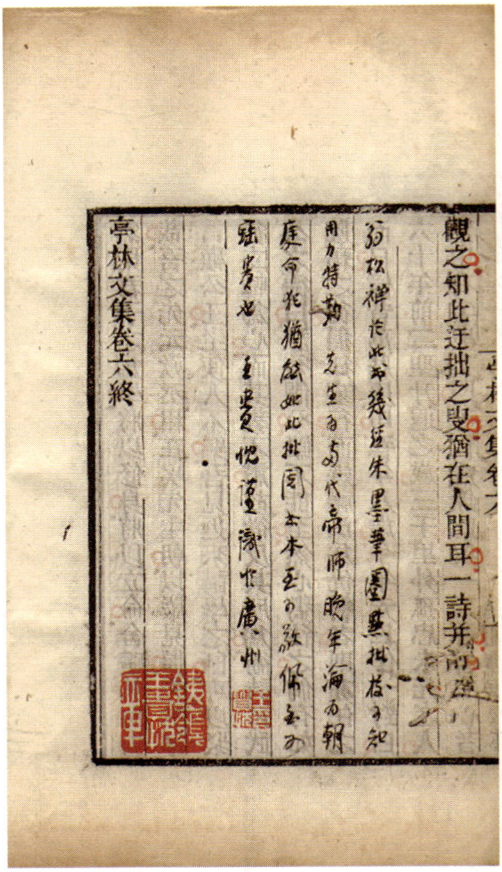
觀之知此迂拙之叟猶在人間耳一詩并簡

翁松禪居此本錢遵朱墨筆圈點批校可知用力特勤先生爲一代帝師晚年海而朝廷命罷猶然如此批閱本本至可敬佩至可寶也　王貴忱謹識於廣州

亭林文集卷六終

亭林文集（3-2）

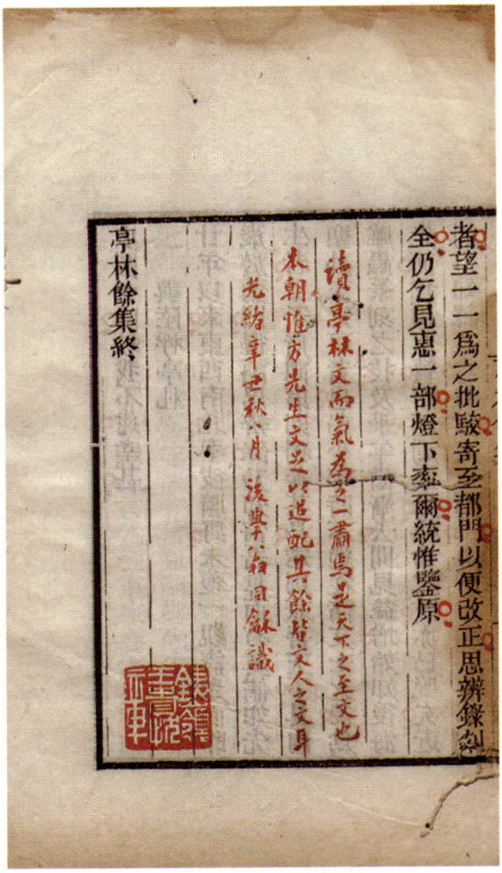
者望一一爲之批駁寄至都門以便改正思辨錄劍全仍乞見惠一部燈下率爾統惟鑒原

讀亭林文而氣爲之一肅焉是天下之至文也本朝惟方先生文足以追配其餘皆文人之文耳

光緒辛丑秋八月　後學翁同龢識

亭林餘集終

亭林文集（3-3）

0078 蠶尾文：八卷 / (清) 王士禛撰；(清) 程哲校編 . -- 清康熙(1662~1722)寫刻本 . -- 1 册 . -- (帶經堂集；第六編卷六十五 ~ 六十七 . 蠶尾文集)

10 行，19 字，白口，左右雙邊，單黑魚尾，匡高 18.5 厘米，寬 14.1 厘米。

前有康熙三十五年（1696）宋犖“原序”，程哲序。

存三卷：卷一至卷三。

王士禛（1634 ~ 1711），清山東新城（今桓台）人，字子真，一字貽上，號阮亭，又號漁洋山人。死後因避雍正（胤禛）諱，改稱士正，乾隆時，詔命改稱士禎。順治進士，官至刑部尚書，謚文簡。著作有《帶經堂集》等，詩選有《漁洋精華録》，詩話有《漁洋詩話》，筆記有《池北偶談》、《古夫于亭雜録》、《香祖筆記》等。

程哲，清江南歙縣（今安徽歙縣）人，字聖跂。監生，清朝著名的散文大家、石刻家。雍正二年至六年（1724 ~ 1728）任崖州（今三亚崖縣）知府。雍正七年（1729）改任廣東鹽運司運同。著《蓉槎蠡説》，王士禛爲序。

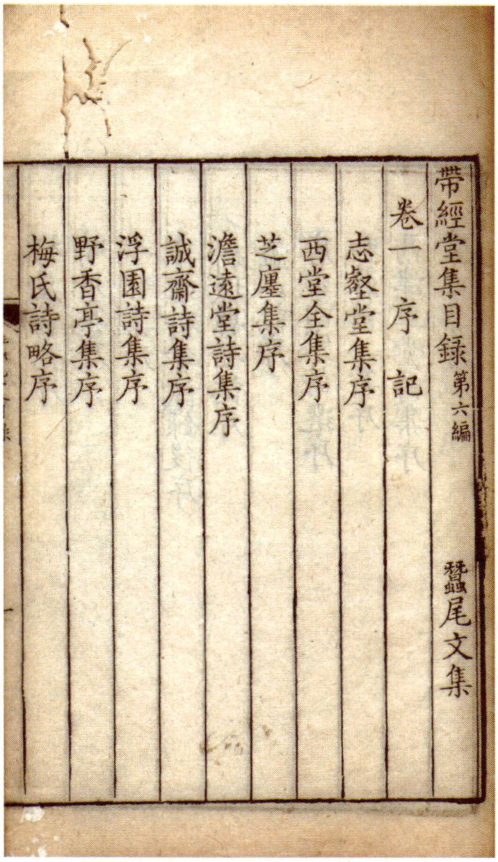

帶經堂集目録 第六編 蠶尾文集

卷一 序 記

志壑堂集序

西堂全集序

芝廛集序

澹遠堂詩集序

誠齋詩集序

浮園詩集序

野香亭集序

梅氏詩略序

蠶尾文（2–1）

《四庫全書存目叢書》集部第 227 册著録有“蠶尾集十卷續集二卷後集二卷 影印清康熙間刻王漁洋遺書本”。

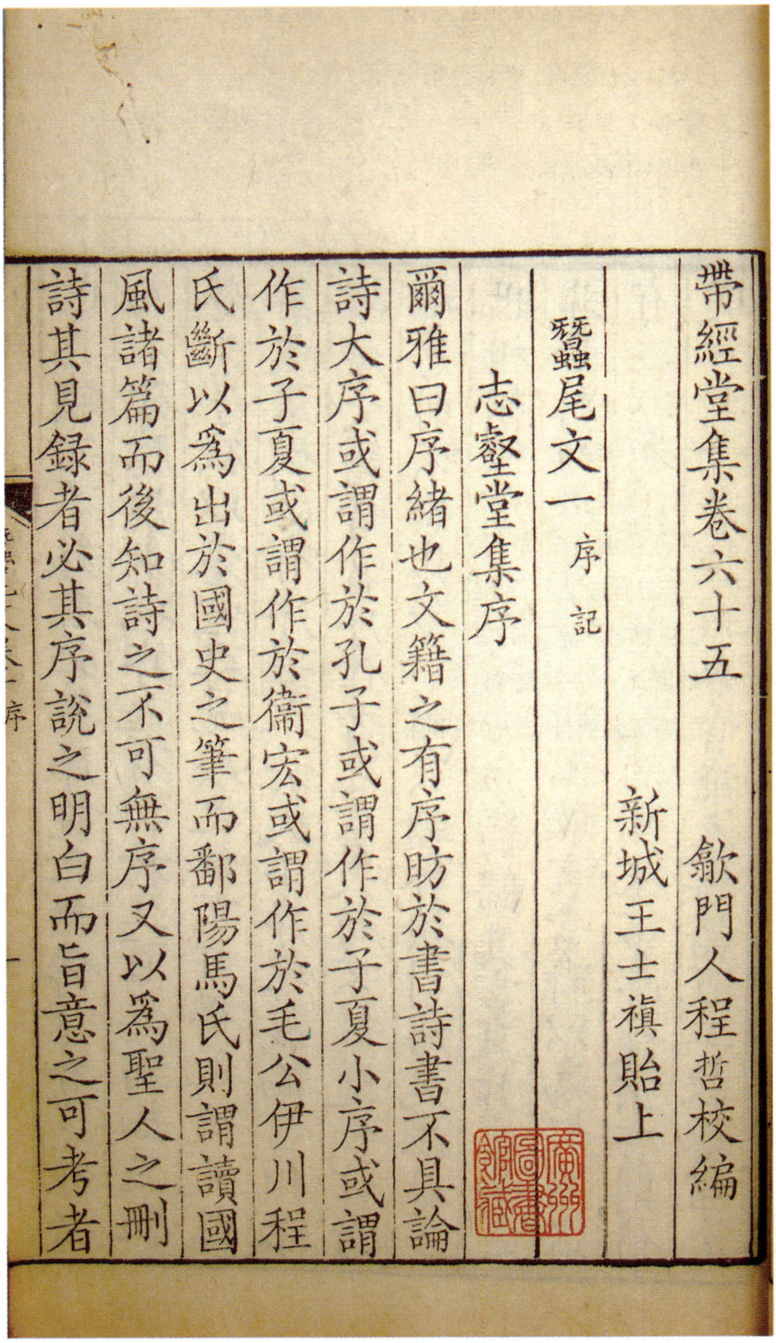
帶經堂集卷六十五　　歙門人程哲校編

新城王士禛貽上

蠶尾文一　序記

志壑堂集序

爾雅曰序緒也文籍之有序昉於書詩書不具論詩大序或謂作於孔子或謂作於子夏小序或謂作於子夏或謂作於衛宏或謂作於毛公伊川程氏斷以爲出於國史之筆而鄱陽馬氏則謂讀國風諸篇而後知詩之不可無序又以爲聖人之删詩其見録者必其序說之明白而旨意之可考者

蠶尾文（2–2）

0079 寒村見黃稿：二卷；寒村安庸集：二卷 /（清）鄭梁撰．-- 清康熙 (1662~1722) 山陽戴氏刻本．-- 4 册

9 行，20 字，小字雙行同，黑口，左右雙邊，雙花魚尾，匡高 19.9 厘米，寬 14.5 厘米（《安庸集》匡高 19.6 厘米，寬 14.8 厘米）。

《見黃稿》各卷卷端刊“山陽戴曾 戴晟較刻”，《安庸集》卷一卷端刊“山陽戴晟 鄞張錫琨較刻”。

書口題名：見黃稿。

鄭梁（1637 ~ 1713），清浙江慈溪人，字禹梅，初號香眉，繼號踽庵，後號寒村。康熙二十七年（1688）進士，累官廣東高州知府。黃宗羲弟子。善書畫，工詩文，嘗作《曉行》詩，人呼爲“鄭曉行”。家富藏書，與天一閣相埒。兼善畫。

鈐印有“可居室”、“王貴忱印”。

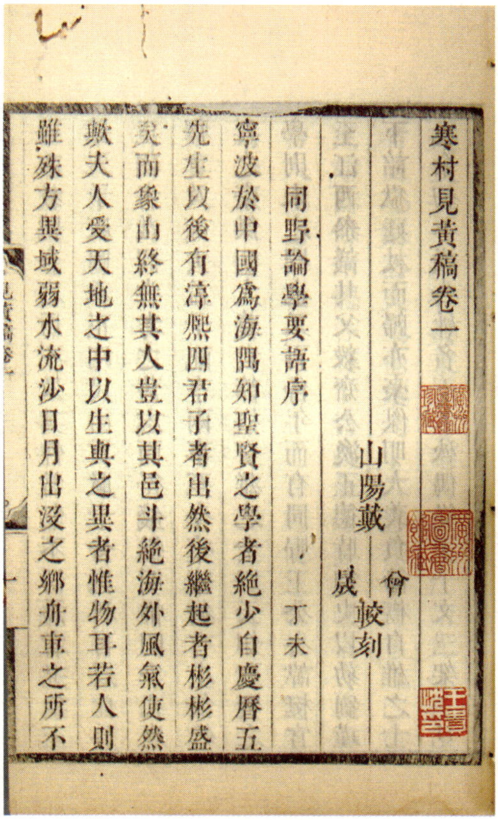

寒村見黃稿卷一
山陽戴 曾 晟 較刻
同野論學要語序 丁未
寧波於中國爲海陬知聖賢之學者絕少自慶曆五
先生以後有淳熙四君子者出然後繼起者彬彬盛
矣而象山終無其人豈以其邑斗絕海外風氣使然
歟夫人受天地之中以生與之異者惟物耳若人則
雖殊方異域弱水流沙日月出沒之鄉舟車之所不

寒村見黃稿

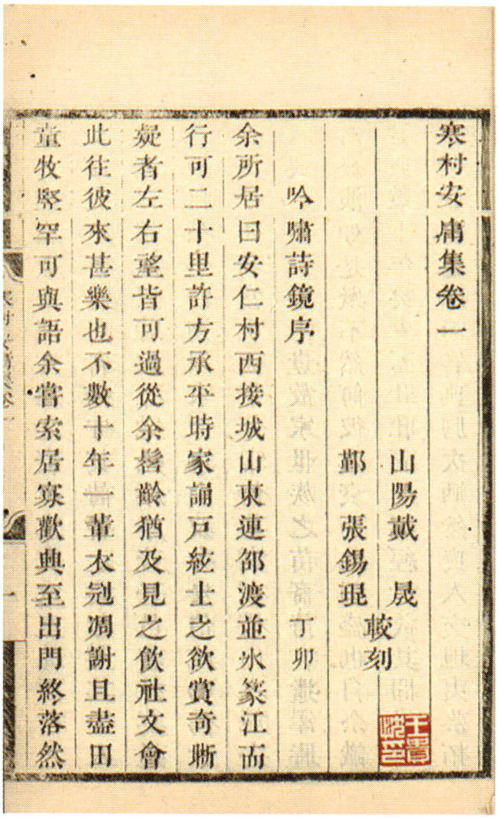

寒村安庸集卷一
山陽戴 晟
鄞 張錫琨 較刻
吟嘯詩鏡序 丁卯
余所居曰安仁村西接城山東連部渡並氷篆江而
行可二十里許方承平時家誦戶絃士之欲賞奇晰
疑者左右鄰皆可過從余髫齡猶及見之飲社文會
此往彼來甚樂也不數十年一輩衣冠凋謝且盡田
壺牧豎罕可與語余嘗索居寡歡與至出門終落然

寒村安庸集

0080 馮舍人遺詩：六卷 / (清) 馮廷櫆撰 . -- 清雍正十一年 (1733) 德州馮氏刻本 . -- 2 册

10 行，19 字，小字雙行同，黑口，四周單邊，單黑魚尾，匡高 17.2 厘米，寬 13.3 厘米。

黄紙本。佚名墨筆批注、圈點句讀。

前有清雍正九年（1731）趙執信序，末有雍正十一年著者之孫馮德培跋。

馮廷櫆（1649 ~ 1700），清山東德州人，字大木。康熙二十一年（1682）進士，官内閣中書。有《馮舍人遺詩》。

鈐印有“鐵嶺王貴忱章”、“可居室”、“貴忱印信”、“貴忱寓目”、“王貴忱印”。

《四庫全書存目叢書》集部第 252 册著録有“影印清雍正十一年刻本”。

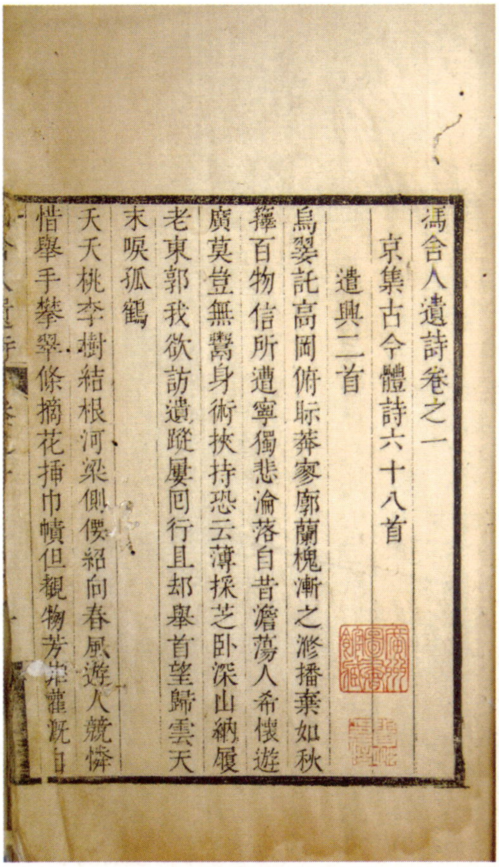

馮舍人遺詩卷之一

京集古今體詩六十八首

遺興二首

烏嫪託高岡俯睞莽寥廓蘭槐漸之滫播棄如秋蘀百物信所遺寧獨悲淪落自昔澹蕩人希懷遊廣莫豈無騖身術挾持恐云薄採芝卧深山納履老東郭我欲訪遺蹤屢回行且却舉首望歸雲天末唳孤鶴

夭夭桃李樹結根河梁側偎紹向春風遊人競憐惜舉手攀翠條摘花插巾幘但覩物芳菲詎既白

馮舍人遺詩（2–1）

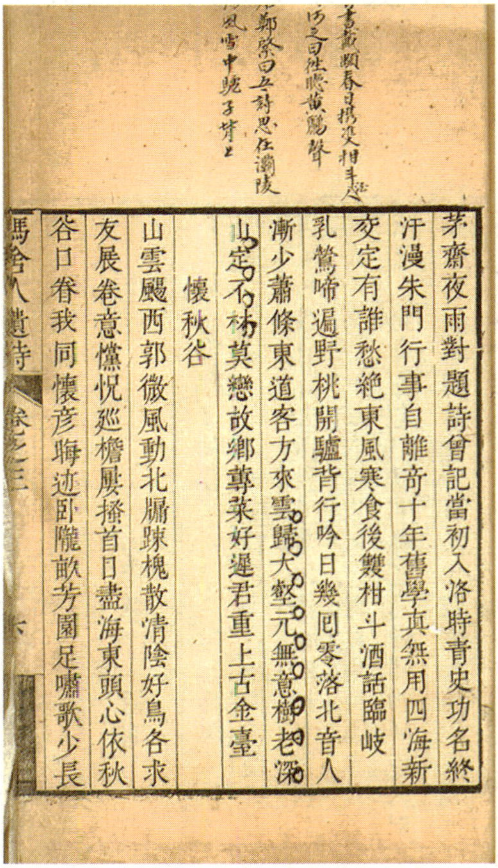

茅齋夜雨對題詩曾記當初入洛時青史功名終汗漫朱門行事自離奇十年舊學真無用四海新交定有誰愁絕東風寒食後雙柑斗酒話臨岐

乳鶯啼遍野桃開驢背行吟日幾回零落北音人漸少蕭條東道客方來雲歸大壑元無意樹老深山定不材莫戀故鄉蓴菜好遲君重上古金臺

懷秋谷

山雲颺西郭微風動北牖踈槐散清陰好鳥各求友展卷意憮悅廵檐屢搔首日盡海東頭心依秋谷口眷我同懷彥晦迹卧隴畝芳園足嘯歌少長

馮舍人遺詩（2–2）

0081 鴻桷堂詩集：五卷，附一卷，文鈔一卷，附録一卷 / (清) 胡方撰. -- 清同治三年 (1864) 刻本. -- 4 册：畫像

9行，19字，小字雙行同，白口，左右雙邊，單黑魚尾，匡高 17.4 厘米，寬 13 厘米。

扉頁刊“同治甲子重鐫 鴻桷堂詩文集 李瓘輝敬題”。牌記刊“劬學齋藏書版之二”。前“金竹先生胡方傳”末刊有“羊城西湖街效文堂承刻印刷”。

前有咸豐六年（1856）陳澧序、李文藻撰“金竹先生胡方傳”（書口題名爲“鴻桷堂附録”）；末有乾隆四年（1739）麥在田“刻金竹胡先生詩文跋”、譚錫朋跋。

胡方（1654 ~ 1727），廣東新會人，字大靈，學人稱金竹先生。康熙貢生。講求理學，教人以力行爲主。有《周易本義注》、《四子書注》、《莊子注》、《鴻桷堂詩文集》等。

是書包括：1. 鴻桷堂詩集：五卷；2. 梅花四體詩：一卷；3. 鴻桷堂文鈔：一卷附家訓；4. 鴻桷堂附録（惠學使題本告示、崇祀鄉賢録、文介胡先生墓誌銘）：一卷。

鈐印有“經古緯今齋藏”、“鐵嶺王貴忱印”。

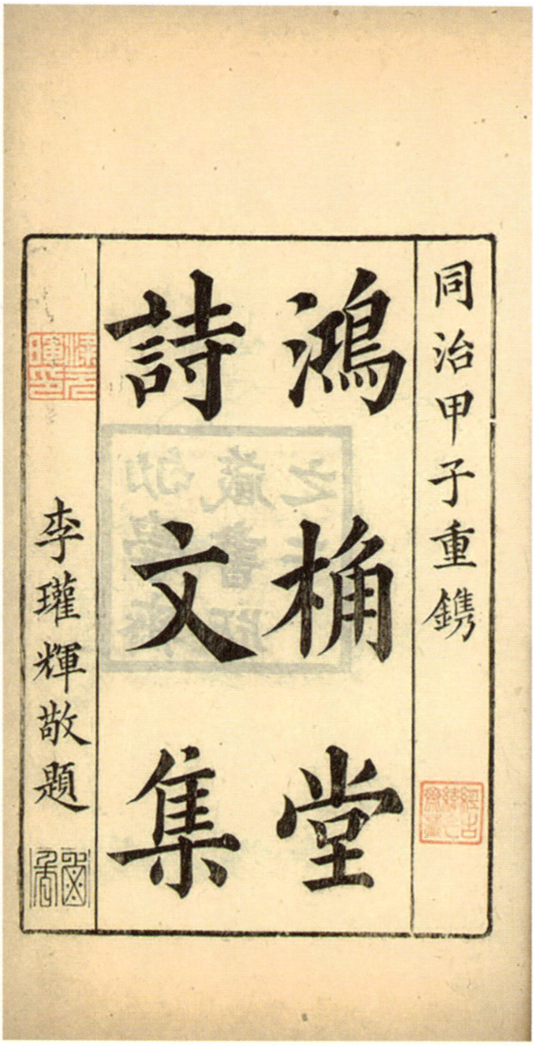
同治甲子重鐫
鴻桷堂詩文集
李瓘輝敬題

鴻桷堂詩集（3–1）

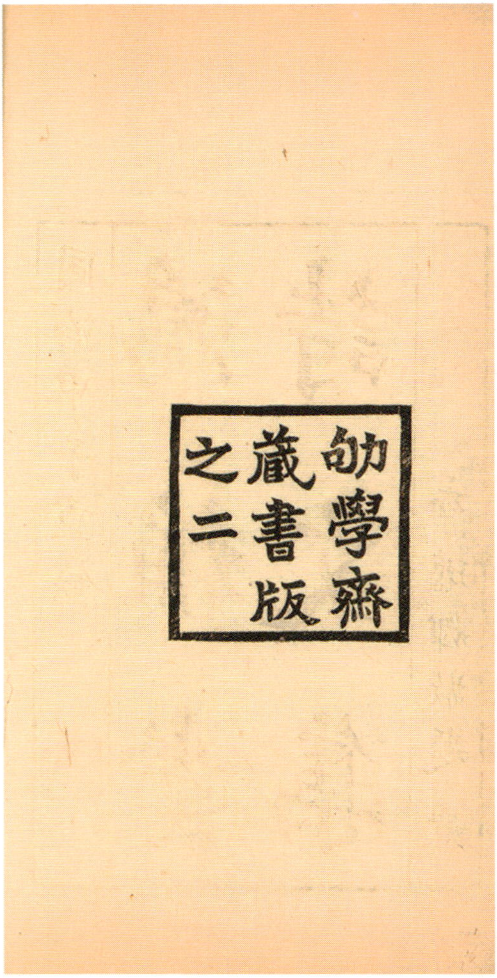

鴻桷堂詩集（3-2）

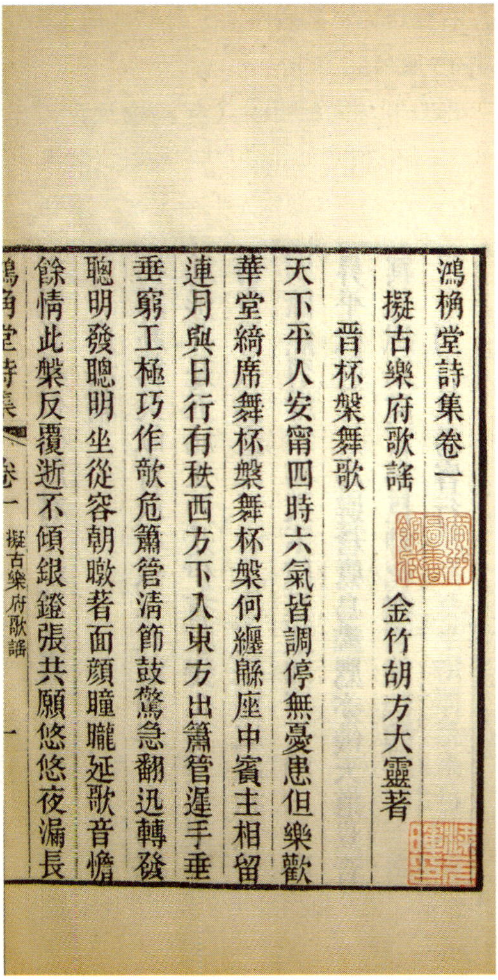

鴻桷堂詩集（3-3）

0082 緯蕭草堂詩：一卷 /（清）宋至撰 . -- 清康熙 (1662~1722) 精刻本 . -- 2 册

10 行，19 字，小字雙行同，白口，四周單邊，雙黑魚尾，匡高 18.8 厘米，寬 13.6 厘米。

觀古堂墨筆封面題簽：緯蕭草堂詩 上（下）册 王貴忱舊藏精刻本。

前有清康熙戊辰（1688）汪琬序，劉榛序。

宋至（1656 ~ 1726），清河南商丘人，字山言，晚號方庵。宋犖子。康熙四十二年（1703）進士，官編修。曾主貴州鄉試，提督浙江學政。工詩。有《緯蕭草堂詩》、《牂牁集》。

鈐印有“熙州舒詠芝書畫藏印”、“貴忱印信”、“王貴忱印”、“觀古堂”、“廣購書業觀古堂珍”。

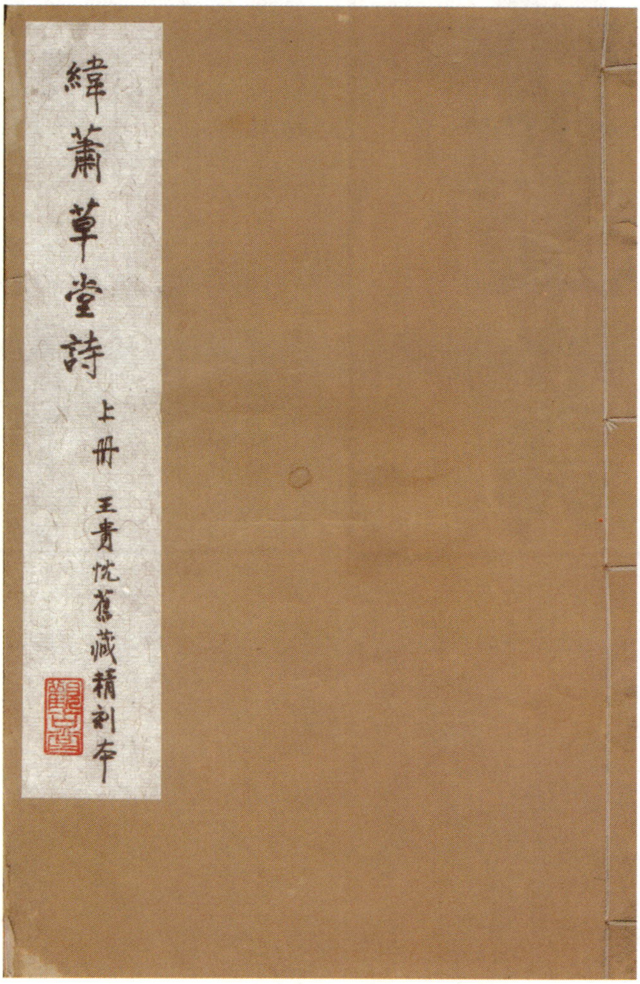

緯蕭草堂詩（3–1）

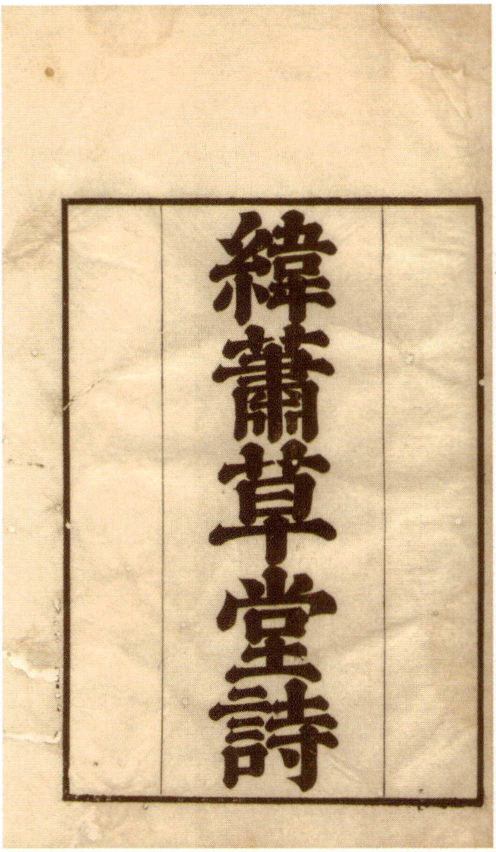
緯蕭草堂詩

緯蕭草堂詩（3-2）

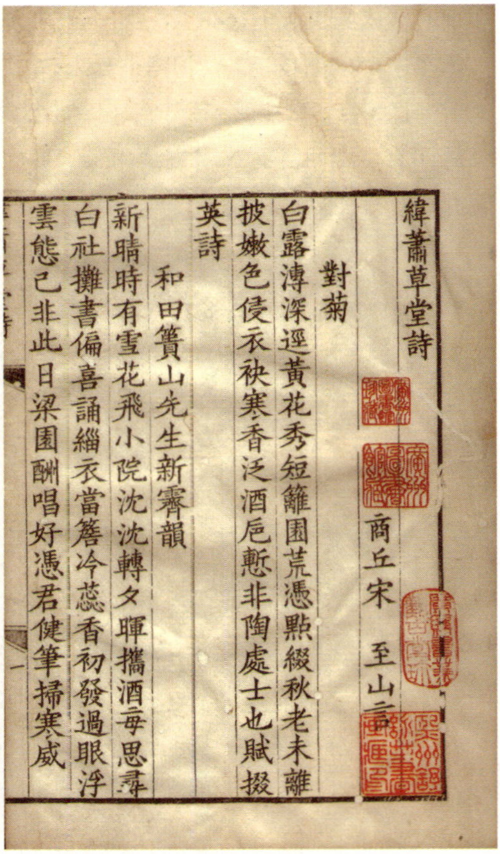
緯蕭草堂詩

商丘宋　至山言

對菊

白露溥深逕黃花秀短籬園荒憑點綴秋老未離披嫩色侵衣袂寒香泛酒卮慙非陶處士也賦掇英詩

和田簀山先生新霽韻

新晴時有雪花飛小院沈沈轉夕暉攜酒每思尋白社攤書偏喜誦緇衣當簷冷蕊香初發過眼浮雲態已非此日梁園酬唱好憑君健筆掃寒威

緯蕭草堂詩（3-3）

0083 涉需堂詩集：一卷 /（清）陳遇夫撰；（清）林伯桐編；迂言百則：一卷 /（清）陳遇夫撰．-- 清光緒 (1875~1908) 刻本．-- 1 册

9 行，21 字，小字雙行同，上白口下黑口，左右單邊，單黑魚尾，匡高 18.2 厘米，寬 13.3 厘米。

《涉需堂詩集》卷末有己亥（1959）陳應時墨筆補輯《拾遺一首》;《迂言百則》卷末有乙未（1955）陳應時墨筆《鄉賢公集歸來記》。

《涉需堂詩集》卷首有清康熙四十九年（1710）張恒“原序”,《廣東通志・列傳》，校刊姓氏，卷末有道光二十三年（1843）陳葆常“後跋”,光緒六年（1880）陳莒“後跋”;《迂言百則》卷首有康熙四十九年陳遇夫序，卷末有道光二十三年陳葆常後跋。

陳遇夫（1658 ~ 1727），清廣東新寧人，字交甫，又字廷際。康熙二十九年（1690）舉人，著有《史見》、《白沙陳子年譜》、《迂言百則》、《涉需堂文詩集》等十種。

林伯桐（1778 ~ 1847），清廣東番禺人，字桐君，號月亭。嘉慶六年（1801）舉人。工詩文，好爲考據之學。著有《修本堂稿》四卷，詩文集二十四卷，《粤風》四卷，《兩粤水經注》四卷等十六種。

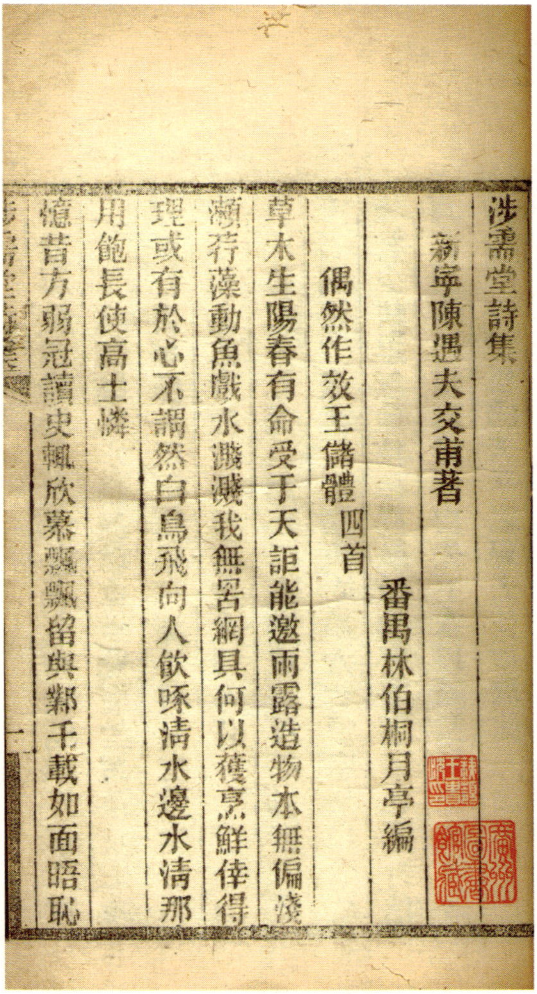
涉需堂詩集（2–1）

鈐印有“槎洲書報社章”、“陳應時印”、“應時”、“貴忱寓目”、“王貴忱印”、“鐵嶺王貴忱印”。

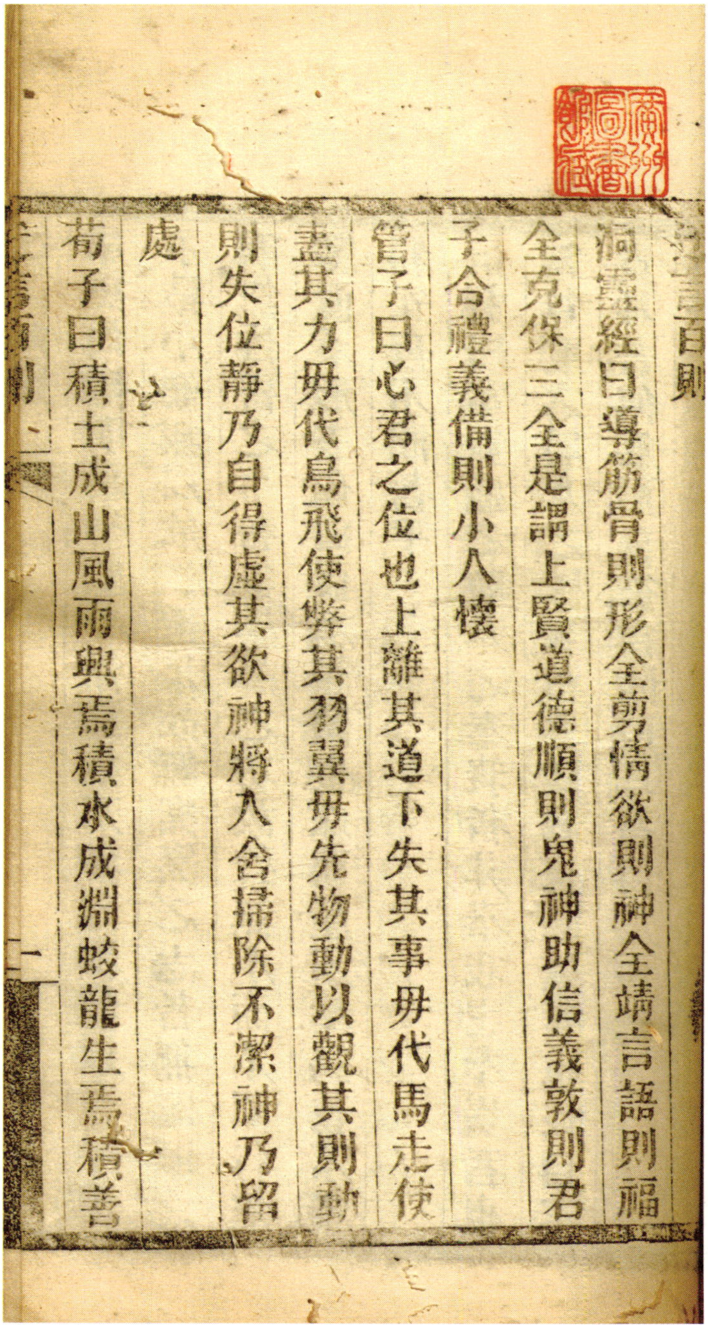
涉言百則

洞靈經曰導筋骨則形全剪情欲則神全靖言語則福
全克保三全是謂上賢道德順則鬼神助信義敦則君
子合禮義備則小人懷
管子曰心君之位也上離其道下失其事毋代馬走使
盡其力毋代鳥飛使弊其羽翼毋先物動以觀其則動
則失位靜乃自得虛其欲神將入舍掃除不潔神乃留
處
荀子曰積土成山風雨興焉積水成淵蛟龍生焉積善

涉言百則 一

涉需堂詩集（2–2）

0084 道榮堂文集：六卷，卷首一卷 / (清) 陳鵬年撰 . -- 清乾隆二十七年 (1762) 刻本 . -- 1 册

10行，19字，小字雙行同，白口，左右雙邊，單黑魚尾，匡高16.2厘米，寬13厘米。

殘卷，原書八册，現存一册：卷一第二十九葉至第五十九葉。

陳鵬年（1663 ～ 1723），清湖南湘潭人，字北溟，又字滄洲。康熙三十年（1691）進士，官至河道總督。著有《道榮堂文集》、《喝月詞》、《歷仕政略》、《河工條約》等。

《四庫全書存目叢書》集部第259 ～ 260册著録有“影印清乾隆二十七年刻本”。

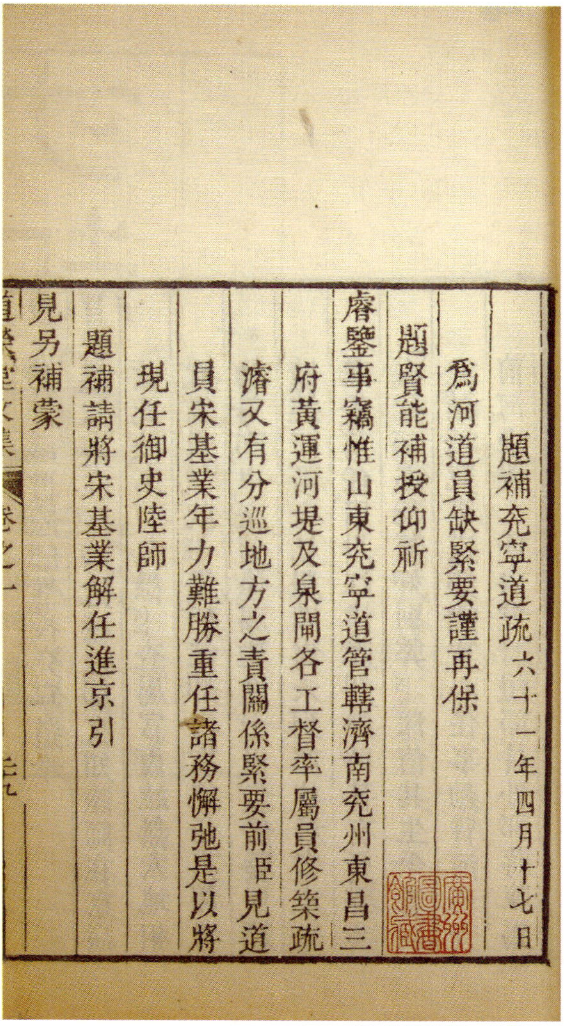
題補兗寧道疏 六十一年四月十七日
爲河道員缺緊要謹再保
題賢能補授仰祈
睿鑒事竊惟山東兗寧道管轄濟南兗州東昌三
府黃運河堤及泉閘各工督率屬員修築疏
濬又有分巡地方之責關係緊要前臣見道
員宋基業年力難勝重任諸務懈弛是以將
現任御史陸師
題補請將宋基業解任進京引
見另補蒙

道榮堂文集

0085 寸知堂遺草：一卷 / (清) 梁翰著；(清) 梁九圖編．-- 清道光二十六年 (1846) 佛山梁氏十二石山齋寫刻本．-- 1 冊

6 行，16 字，白口，四周雙邊，無魚尾，匡高 19 厘米，寬 10.8 厘米。

扉頁刊“道光丙午仲冬刊 寸知堂遺草 十二石山齋藏板”。

前有清道光二十五年（1845）吴彌光（著者外孫）序，末有梁九圖付梓跋。有書工吴彌光，刻工端州劉遇亨。

梁翰（清雍正至乾隆），清廣東順德人，字遇屏，又字少周，號戢庵。乾隆十三（1748）進士，官至邵武府同知。勤政愛民，有政聲。能畫，能詩。著有《循陽前草》、《後草》、《旅燕草》、《宦游草》、《教養紀實》。

梁九圖（1816 ~ 1882），清廣東佛山人，字芳明，號福草，因建“十二石山齋”自號“十二石山人”；又建有大型園林“汾江草廬”，被時人稱爲“汾江先生”。曾任刑部司獄。著作有《十二石齋詩集》、《嶺表詩傳》、《紫藤館文存》、《汾江隨筆》、《佛山志餘》、《嶺南瑣記》等傳世。

鈐印有“恩平聶崇一藏”、“恩平聶氏崇一藏書畫印”、“鐵嶺王貴忱章”、“貴忱印信”、“貴忱寓目”。

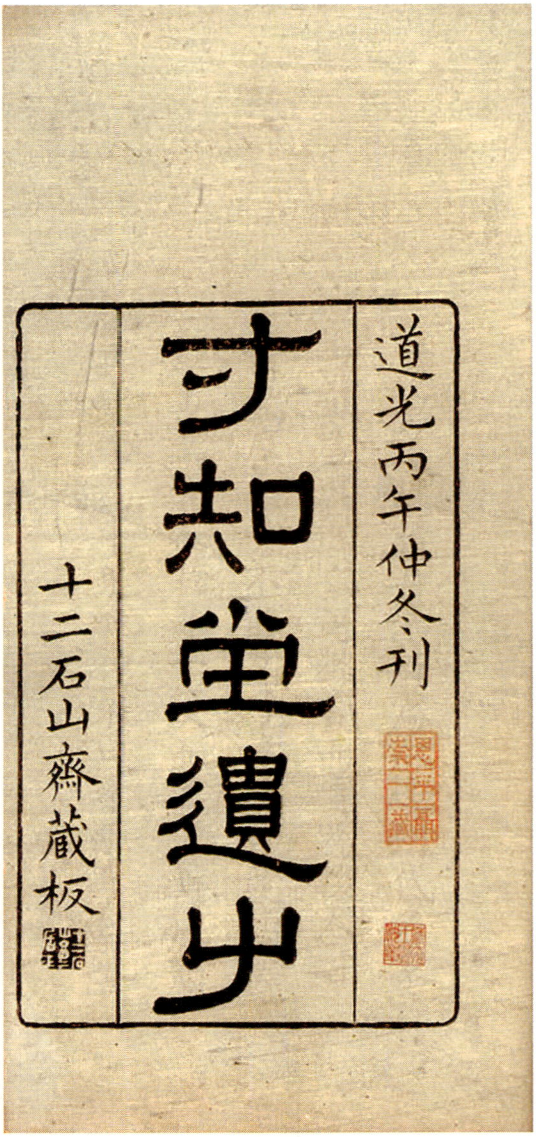

寸知堂遺草（2-1）

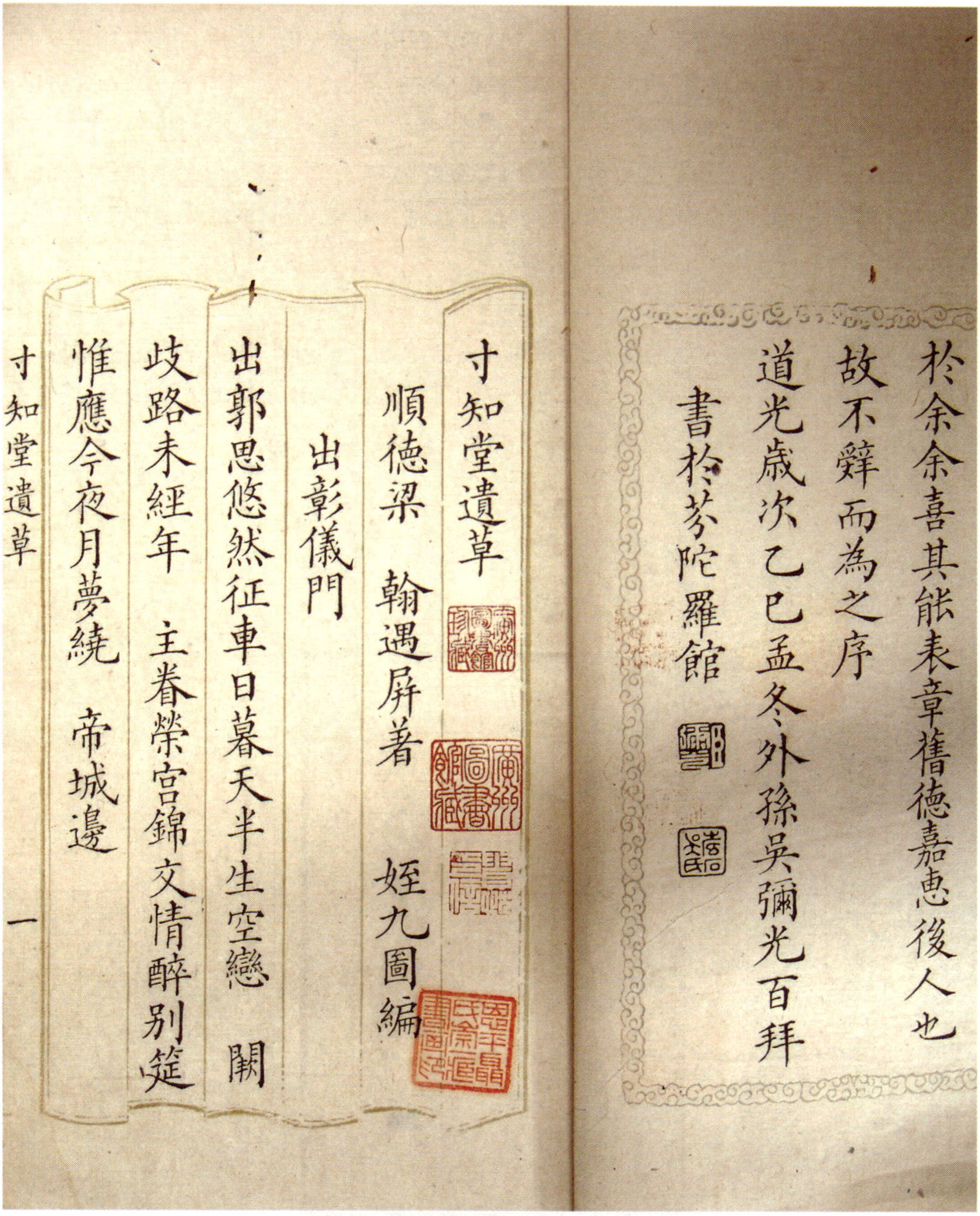

於余余喜其能表章舊德嘉惠後人也
故不辭而為之序
道光歲次乙巳孟冬外孫吳彌光百拜
書於芬陀羅館

寸知堂遺草
順德梁　翰遇屏著　姪九圖編
出彰儀門
出郭思悠然征車日暮天半生空戀　闕
歧路未經年　主眷榮宮錦文情醉別筵
惟應今夜月夢繞　帝城邊

寸知堂遺草　一

寸知堂遺草（2–2）

0086 庚甲類鈔：六卷；景德鎮陶歌一卷 /（清）龔鉽撰．-- 清 (1644~1911) 刻本．-- 1 册

《庚甲類鈔》8 行，20 字，小字雙行同，白口，四周雙邊，單黑魚尾，匡高 18.3 厘米，寬 12.5 厘米；《景德鎮陶歌》10 行，22 字，小字雙行同，白口，四周雙邊，單黑魚尾，匡高 18.3 厘米，寬 12.5 厘米。

《庚甲類鈔》卷五前有清嘉慶七年（1802）舒夢蘭記，末有受業戈秉煩識；《景德鎮陶歌》末有道光四年（1824）楊振綱跋。《庚甲類鈔》卷五卷端下刊“劉懋敬簡堂 朱身章絅文校梓”，卷六卷端下刊“舒晋康侯 李聯㸐才叔校梓”。

《庚甲類鈔》存二卷：卷五、卷六。

龔鉽，生卒年不詳，清江西南昌人，字歐可（一説適甫）。以貢生援例爲訓導，歷任廬陵、宜黄、永寧等縣教職。著作有《六如集》、《龔歐可文鈔》、《龔歐可詩鈔》、《南昌年俗考》、《樂府詩鈔》、《景德鎮陶歌》、《懷舊詩》等傳世。

鈐印有“王貴忱印”。

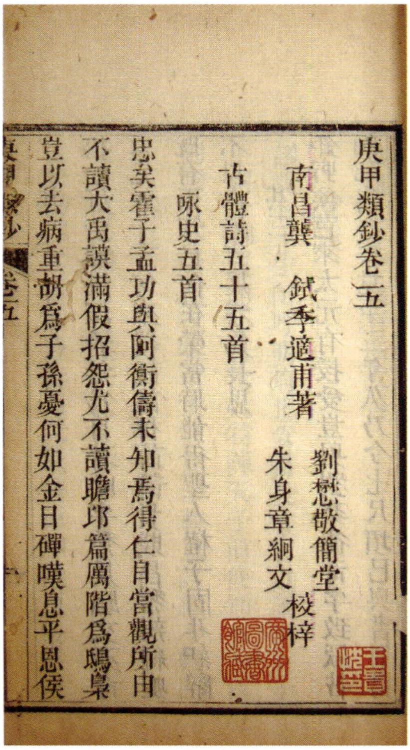
庚甲類鈔卷五
南昌龔　鉽季適甫著　劉懋敬簡堂　朱身章絅文　校梓
古體詩五十五首
咏史五首
忠矣霍子孟功與阿衡儔未知爲得仁自嘗觀所由
不讀大禹謨滿假招怨尤不讀瞻卬篇厲階爲鴟梟
豈以去病重勍爲子孫憂何如金日磾嘆息平恩侯

庚甲類鈔（2-1）

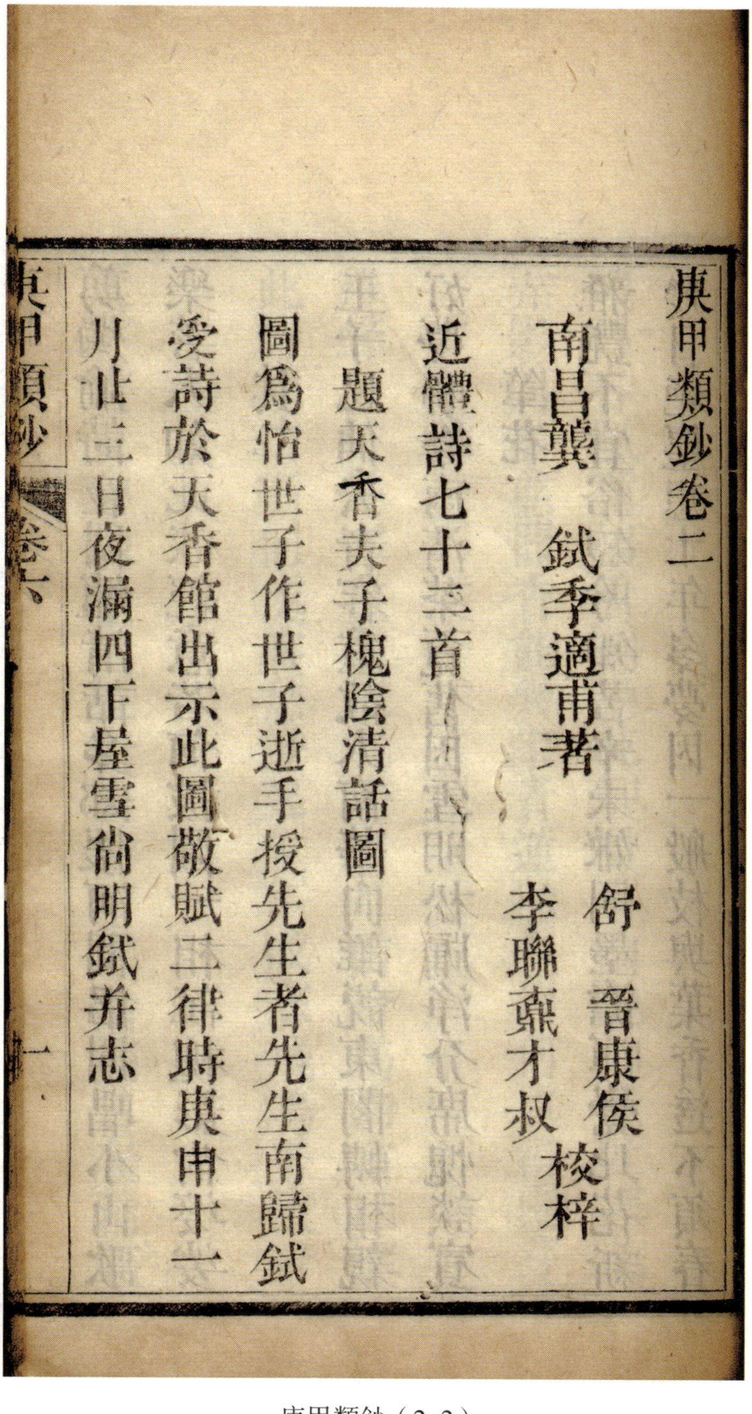

庚甲類鈔卷二

南昌龔　鉽季適甫著

舒　晉康侯
李聯亮才叔　校梓

近體詩七十三首

題天香夫子槐陰清話圖

圖爲怡世子作世子逝手授先生者先生南歸鉽受詩於天香館出示此圖敬賦二律時庚申十一月廿三日夜漏四下屋雪尚明鉽并志

庚甲類鈔　卷二　一

庚甲類鈔（2-2）

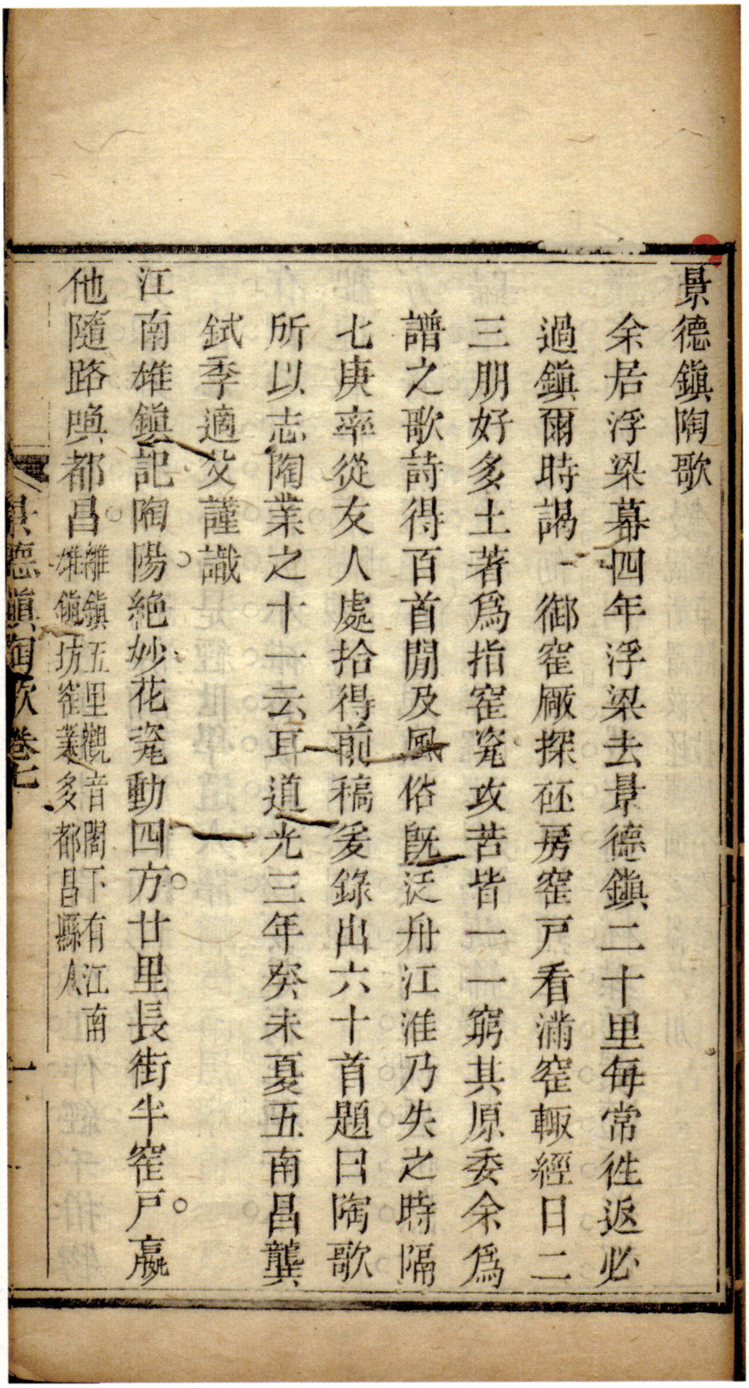
景德鎮陶歌

余居浮梁幕四年浮梁去景德鎮二十里每常往返必過鎮爾時謁　御窑廠探坯房窑戸看滿窑輙經日二三朋好多土著爲指窑瓷攻苦皆一一窮其原委余爲譜之歌詩得百首閒及風俗旣泛舟江淮乃失之時隔七庚率從友人處拾得前稿爰録出六十首題曰陶歌所以志陶業之十一云耳道光三年癸未夏五南昌龔鉽季適父謹識

江南雄鎮記陶陽絶妙花瓷動四方廿里長街半窑戸贏他隨路喚都昌雄鎮五里觀音閣下有江南雄鎮坊窑業多都昌縣人

景德鎮陶歌　卷一　一

景德鎮陶歌

0087 兩當軒詩鈔：十四卷，悔存詞鈔二卷 /（清）黃景仁著；（清）趙希璜校 . -- 清嘉慶二十二年 (1817) 長寧趙希璜刻本 . -- 6 册

11 行，23 字，小字雙行同，白口，左右雙邊，單黑魚尾，匡高 18 或 17 厘米，寬 14.2 厘米。

前有潘飛聲墨筆題記。詩鈔卷末有張錦芳等墨筆題記二則、王貴忱墨筆題附記一篇。另有潘飛聲墨筆眉批，佚名朱筆圈點、句讀。

前有清乾隆四十年（1739）自叙、洪亮吉撰《行狀》、趙希璜“校仲則詩付梓”、鄭大漠“題兩當軒集”；詩卷末有清嘉慶二十二年鄭炳文“兩當軒詩鈔後跋”。

黃景仁（1749 ~ 1783），清江蘇武進人，字漢鏞，一字仲則，號鹿菲子。詩負盛名，爲“毗陵七子”之一。著有《兩當軒全集》。

鈐印有“王貴忱”等。

《中國古籍善本書目》集部 15003 條著録有“清嘉慶二十二年南河高堰廳署刻本 清王運批校 清何紹基、徐廷華跋”。《續修四庫全書》第 1474 册著録有“兩當軒全集二十卷附異二卷附録六卷（清）黃景仁撰 考異附録（清）黃志述撰 影印上海圖書館藏清咸豐八年黃氏家塾刻本”。

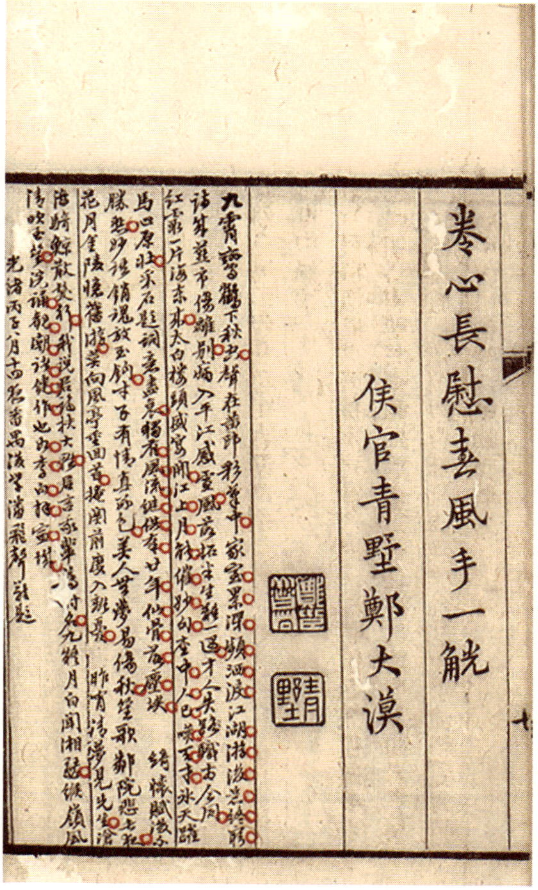
卷心長慰春風手一觥
侯官青墅鄭大漠

兩當軒詩鈔（3–1）

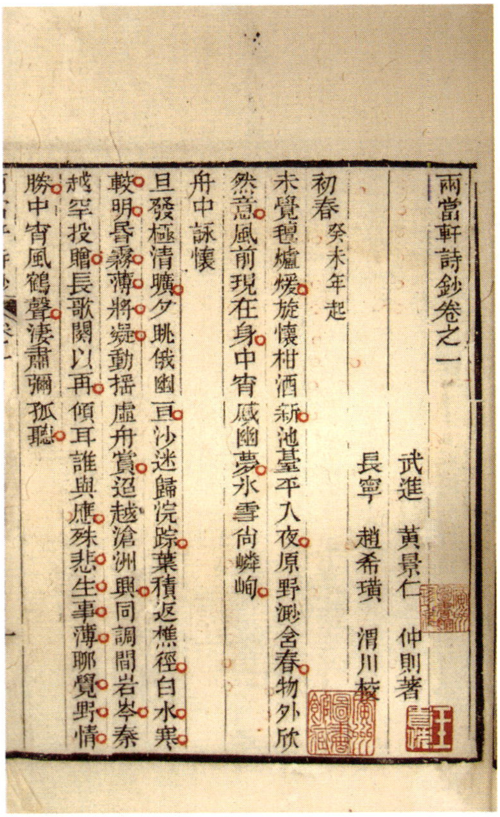

兩當軒詩鈔卷之一

武進 黃景仁 仲則著

長寧 趙希璜 渭川校

初春 癸未年起

未覺氈爐煖旋懷柑酒新池臺平入夜原野渺含春物外欣然意風前現在身中宵感幽夢氷雪尚嶙峋

舟中詠懷

旦發極清曠夕眺俄幽夐沙迷歸浣蹤葉積返樵徑白水寒較明昏霧薄將凝動揺虛舟賞迢越滄洲興同調間岩岑泰越罕投贈長歌闋以再傾耳誰與應殊悲生事薄聊覺野情勝中宵風鶴聲淒肅彌孤聽

兩當軒詩鈔（3-2）

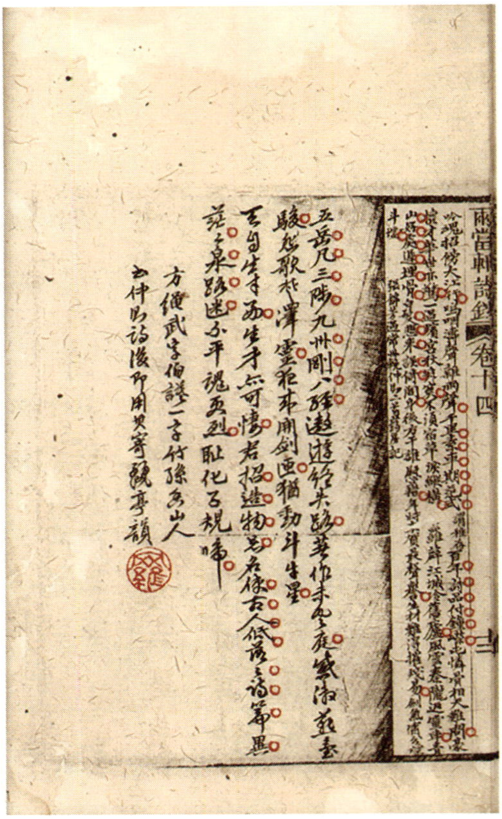

兩當軒詩鈔（3-3）

0088 兩當軒詩鈔：十四卷，竹眠詞鈔二卷 /（清）黄景仁著；（清）黎兆棠校刊 . -- 清道光十三至十四年 (1833~1834) 順德黎氏廣州重刻本 . -- 2 册

11 行，24 字，小字雙行同，黑口，四周單邊，雙黑魚尾，匡高 18.7 厘米，寬 14.5 厘米。

佚名墨筆題封：兩當軒詩鈔 竹眠詞附。佚名藍黄墨三色圈點、句讀。

扉頁刊“黄氏仲則兩當軒詩鈔十四卷竹眠詞鈔二卷”。牌記刊“道光十三年廣州重栞版本”。前有嘉慶四年(1799)吴蔚光“原叙”，乾隆四十年（1775）著者“自叙”，趙希璜、鄭大漠“題辭”，洪亮吉“行狀”，吴蘭修“小傳”，鄭炳文“原跋”，道光十四年（1834）許玉彬“後跋”。

黄景仁簡介見第 0087 條《兩當軒詩鈔十四卷悔存詞鈔二卷》。

黎兆棠（1827 ~ 1894），清廣東順德人，字召民。

鈐印有“萬卷書廬珍藏”、“萬卷書室”、“二分明月樓”、“鐵嶺王貴忱印”、“鐵嶺王貴忱章”、“可居室印”、“可居室主”。

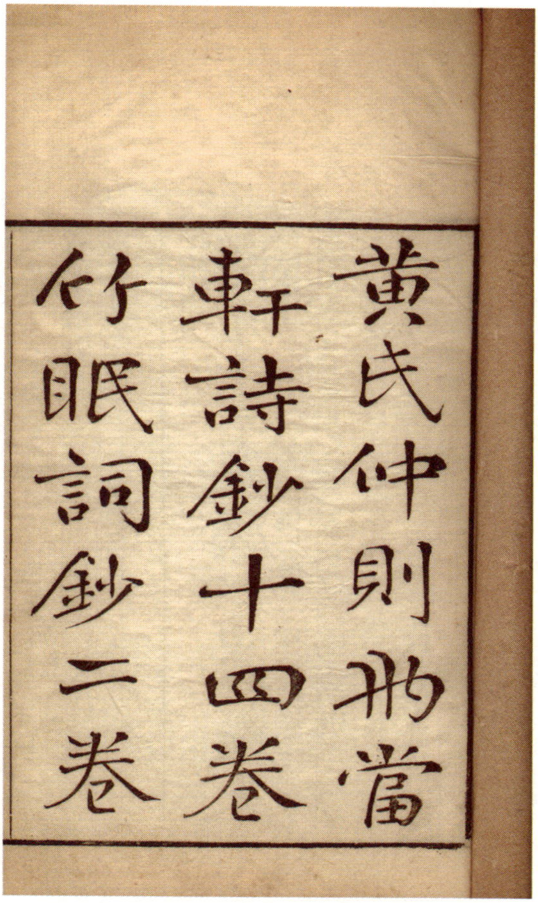

兩當軒詩鈔、竹眠詞鈔（3-1）

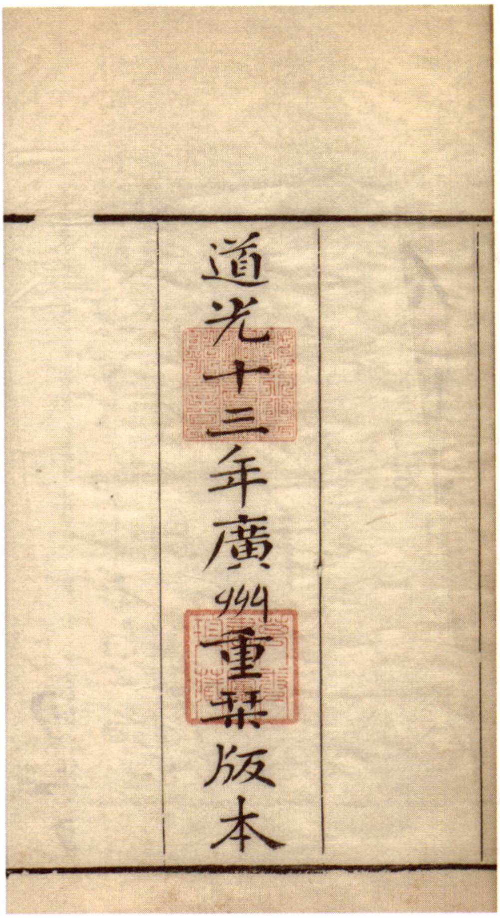

兩當軒詩鈔、竹眠詞鈔（3–2）

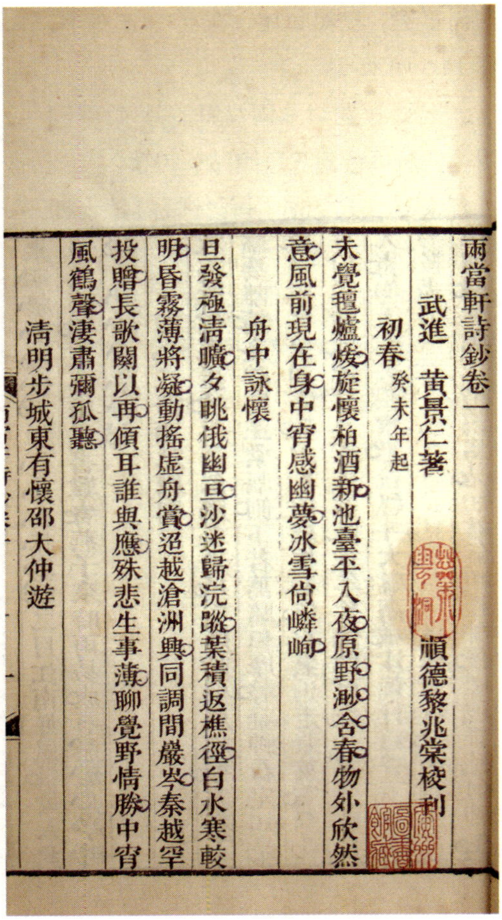

兩當軒詩鈔、竹眠詞鈔（3–3）

0089 校經廎文稿：十八卷 /（清）李富孫撰．-- 清道光元年 (1821) 刻本．-- 4 册

10 行，23 字，小字雙行同，粗黑口，左右雙邊，單黑魚尾，匡高 17.8 厘米，寬 12.4 厘米。

扉頁刊“校經廎文稿 讀書臺家藏”。

前有清道光元年張鑑“校經廎文稿叙”，嘉慶二十五年（1820）李富孫自識。

李富孫（1764 ~ 1843），清浙江嘉興人，字既汸，一字薌沚。嘉慶六年（1801）拔貢生。著有《校經廎文稿》十八卷，《梅里志》十六卷，《曝書亭詞注》七卷，《鶴徵録》八卷，後録十二卷，《李氏易解剩義》三卷，校異一卷，《七經異文釋》五十卷，《説文辨字正俗》八卷等。

鈐印有“貴忱印信”、“王貴忱印”、“可居室主”、“鐵嶺王貴忱章”。

《續修四庫全書》第 1489 册著録有“影印華東師大圖書館藏清道光間刻本”。

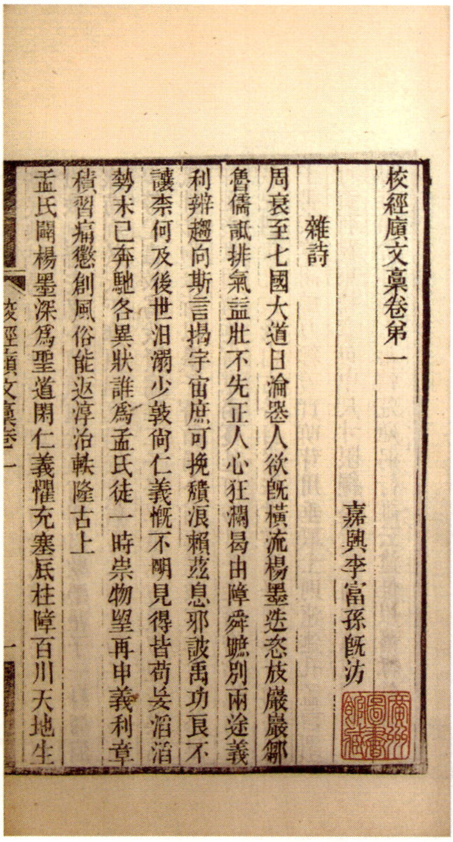
校經廎文稾卷弟一
嘉興李富孫既汸
雜詩
周衰至七國大道日淪喪人欲既横流楊墨迭恣放巖巖鄒
魯儒誠排氣益壯不先正人心狂瀾曷由障舜蹠别兩途義
利辨趨向斯言揭宇宙庶可挽頹浪賴茲息邪詖禹功良不
讓柰何及後世汨溺少兢尚仁義慨不明見得皆苟妄滔滔
勢未已奔馳各異狀誰爲孟氏徒一時崇物望再申義利章
積習痛懲創風俗能返淳治軼隆古上
孟氏闢楊墨深爲聖道閑仁義懼充塞辰柱障百川天地生
校經廎文稾卷一　一

校經廎文稿

0090 韻山堂詩集：七卷，補遺一卷 /（清）王文誥撰．-- 清光緒十四年 (1888) 浙江書局刻本．-- 1 册

11 行，30 字，小字雙行同，白口，左右雙邊，單黑魚尾，匡高 19.2 厘米，寬 15 厘米。卷末有王貴忱題跋。

牌記刊“光緒十四年瀏江書局刊”。《補遺》文末刊“浙江書局刊”、“孫瑛初校 許祐身覆校 張大昌彙校”。前有嘉慶三年（1798）“韻山堂詩集自序”、“小傳”。

王文誥（1764 ～？），清浙江仁和（今杭州）人，字純生，號見大。嘗獨游皋亭諸山探梅，愛二松奇古，因號二松居士。工畫山水，能詩，尤深於史學。客粵三十年，著有《韻山堂集》、《二松庵游草》等。

鈐印有“盧子樞藏”、“王貴忱印”、“可居室主”。

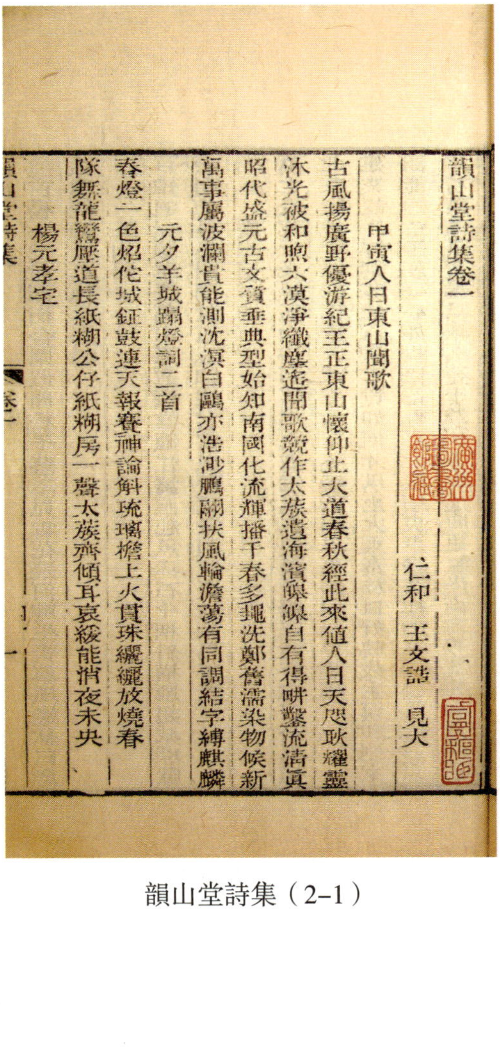

韻山堂詩集（2–1）

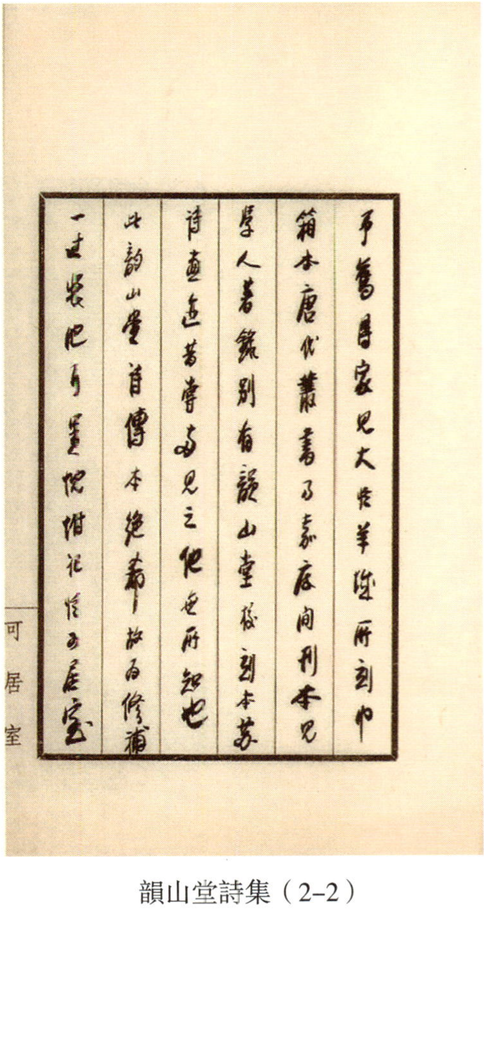

韻山堂詩集（2–2）

0091 無怠懈齋詩稿：一卷 /（清）梁藹如著；（清）梁邦俊編 . -- 清道光三十年 (1850) 順德梁氏寫刻本 . -- 1 册

6 行，16 字，白口，四周雙邊，無魚尾，匡高 18 厘米，寬 11 厘米。

扉頁刊“道光庚戌六月 無怠懈齋詩稾 南山張維屏題”。

前有清道光二十二年（1842）凌揚藻序；末有清道光二十八年（1848）陳官蘭書跋、吴炳南跋、梁邦俊付梓跋。梁植榮、梁植桐校刊。

梁藹如（1769 ~ 1840），清廣東順德人，字遠文，號青崖。嘉慶十九年（1814）進士，官内閣中書。好吟詠，善書畫。

梁邦俊，字伯明，號小崖，藹如子。官太常寺典簿。工詩、畫。

鈐印有“古泉齋”、“鐵嶺王貴忱之章”。

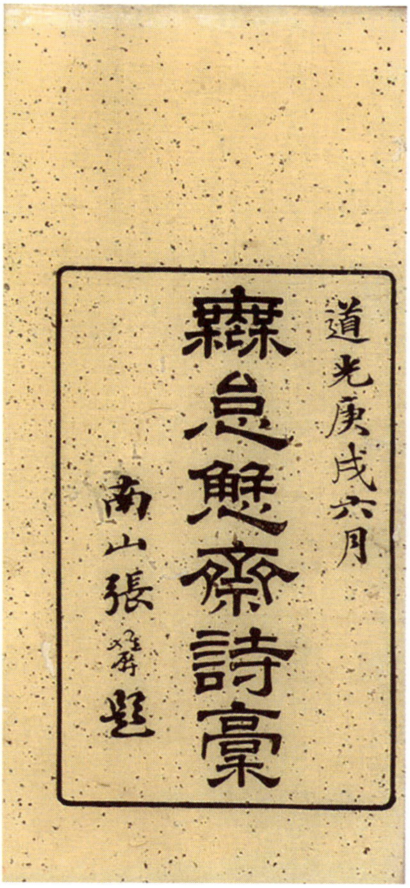

無怠懈齋詩稿（2–1）

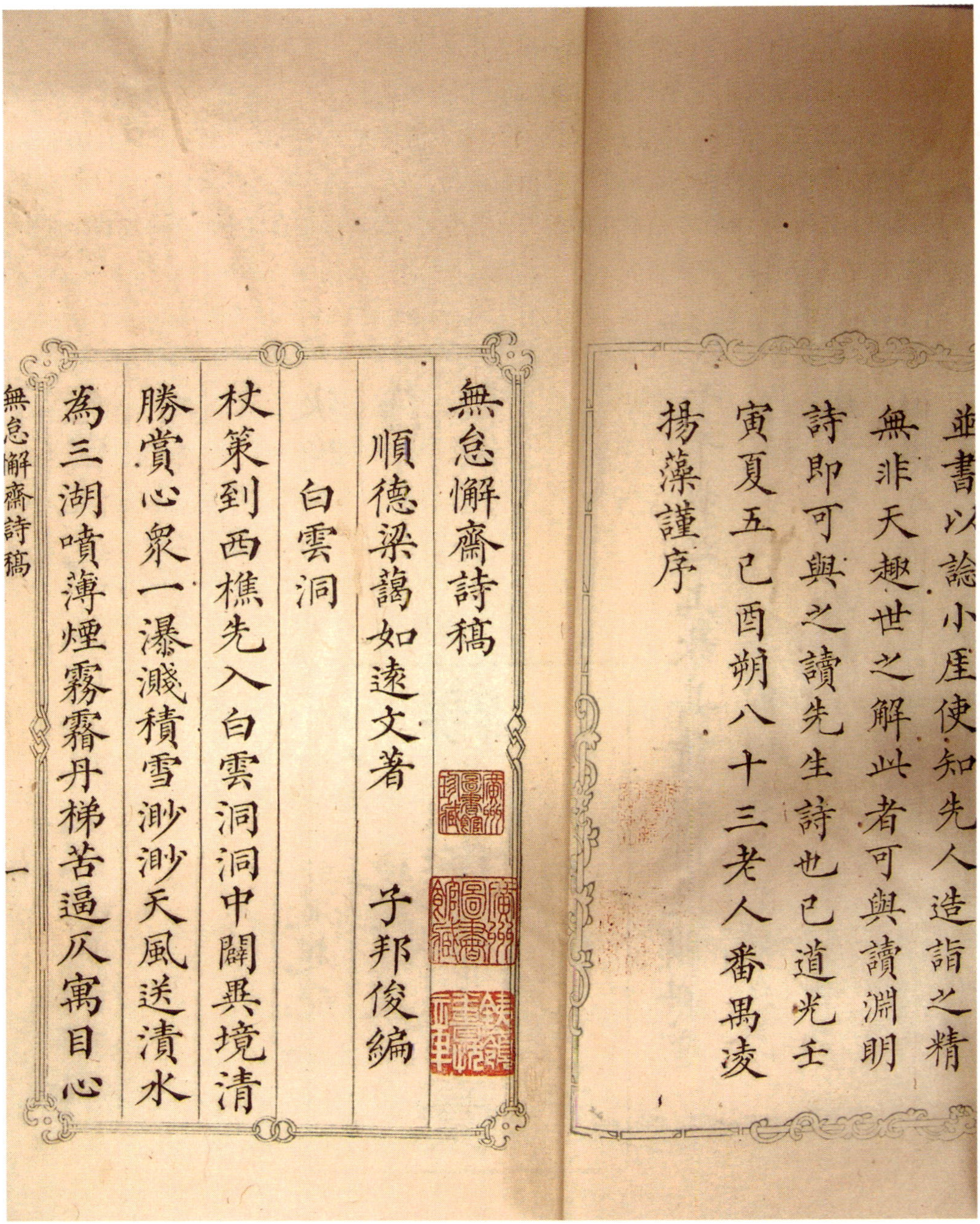

並書以諗小厓使知先人造詣之精
無非天趣世之解此者可與讀淵明
詩即可與之讀先生詩也已道光壬
寅夏五己酉朔八十三老人番禺凌
揚藻謹序

無怠懈齋詩稿
順德梁藹如遠文著　子邦俊編
白雲洞
杖策到西樵先入白雲洞洞中闢異境清
勝賞心衆一瀑濺積雪渺渺天風送潰水
為三湖噴薄煙霧霾丹梯苦逼仄寓目心

無怠懈齋詩稿　一

無怠懈齋詩稿（2-2）

0092 融谷詩草：二卷，補遺一卷 /（清）文守元撰．-- 清 (1644~1911) 廣州學院前傳經堂刻本．-- 1 册

9 行，21 字，小字雙行同，白口，左右雙邊，雙黑魚尾（“補遺”爲四周雙邊，單黑魚尾），匡高 19 厘米，寬 13.3 厘米。

卷上末牌記刊“省城學院前第七間傳經堂承刻刷印”，卷下及補遺卷末均刊有“男烜鵠爔晟爔鴻騫鸞校字”。前有姜城“文融谷先生墓誌銘”。

文守元，清江西萍鄉人，字定斯，號融谷。爲文廷式（1856 ~ 1904）曾祖父。附貢生。著有《清業録》等。

鈐印有“鐵嶺王貴忱印”等。

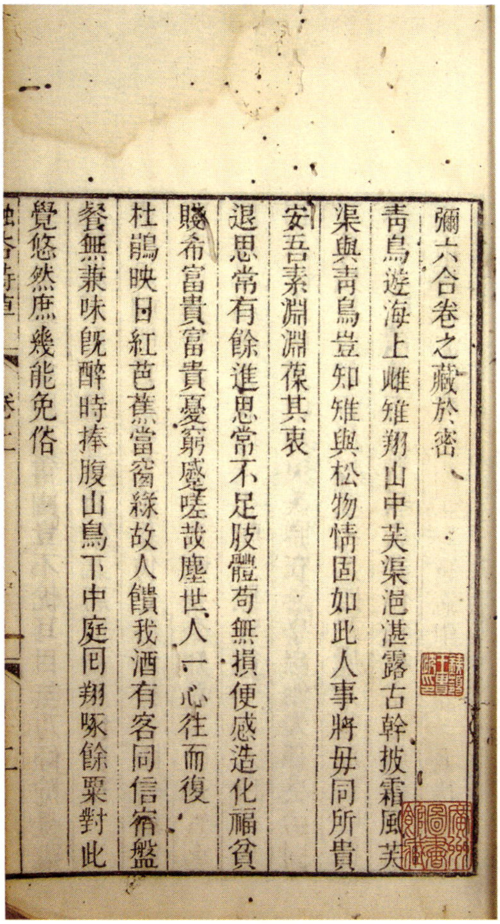
彌六合卷之藏於密
青鳥遊海上雌雄翔山中芙渠浥湛露古幹披霜風芙
渠與青鳥豈知雄與松物情固如此人事將毋同所貴
安吾素淵淵葆其衷
退思常有餘進思常不足肢體苟無損便感造化福貧
賤希富貴富貴憂窮蹙嗟哉塵世人一心往而復
杜鵑映日紅芭蕉當窗綠故人饋我酒有客同信宿盤
餐無兼味既醉時捧腹山鳥下中庭回翔啄餘粟對此
覺悠然庶幾能免俗

融谷詩草（2-1）

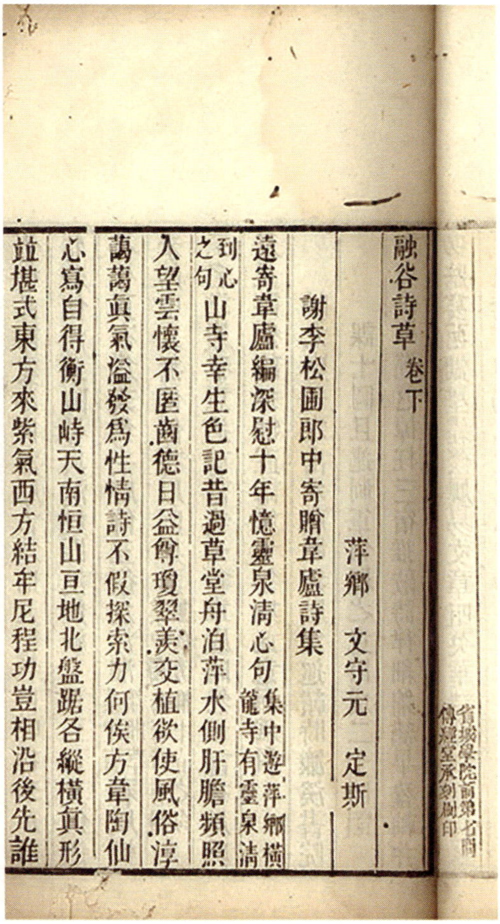
融谷詩草卷下
萍鄉 文守元 定斯
謝李松圃郎中寄贈韋廬詩集
遠寄韋廬編深慰十年憶靈泉清心句集中遊萍鄉横龍寺有靈泉清
到心之句山寺幸生色記昔過草堂舟泊萍水側肝膽頻照
入望雲懷不匱齒德日益尊瓊翠羨交植欲使風俗淳
藹藹真氣溢發爲性情詩不假探索力何侯方韋陶仙
心寫自得衡山峙天南恒山亘地北盤踞各縱横真形
竝堪式東方來紫氣西方結牟尼程功豈相沿後先誰
省城學院前第七間傳經堂承刻刷印

融谷詩草（2-2）

0093 著花庵集：八卷 / (清) 李黼平著 . -- 清嘉慶十二年 (1807) 廣州以文堂刻本 . -- 2 册

10行，21字，白口，左右雙邊，單黑魚尾，匡高17.5厘米，寬13.5厘米。

佚名朱墨筆批校、題跋（跋於目録末）。朱筆句讀。

前有清嘉慶著花居士（即李黼平）自序；末有牌記，刊“羊城西湖街以文堂手刻”。

李黼平（1770 ~ 1832），清廣東嘉應州人，字繡子，又字貞甫。嘉慶三年（1798）舉人、十年（1805）進士。著有《著花庵集》八卷，《吴門集》二卷，《南歸集》四卷，續集四卷，《讀杜韓筆記》二卷，《文選異義》二卷，《易刊誤》二卷。

鈐印有“過客”等。

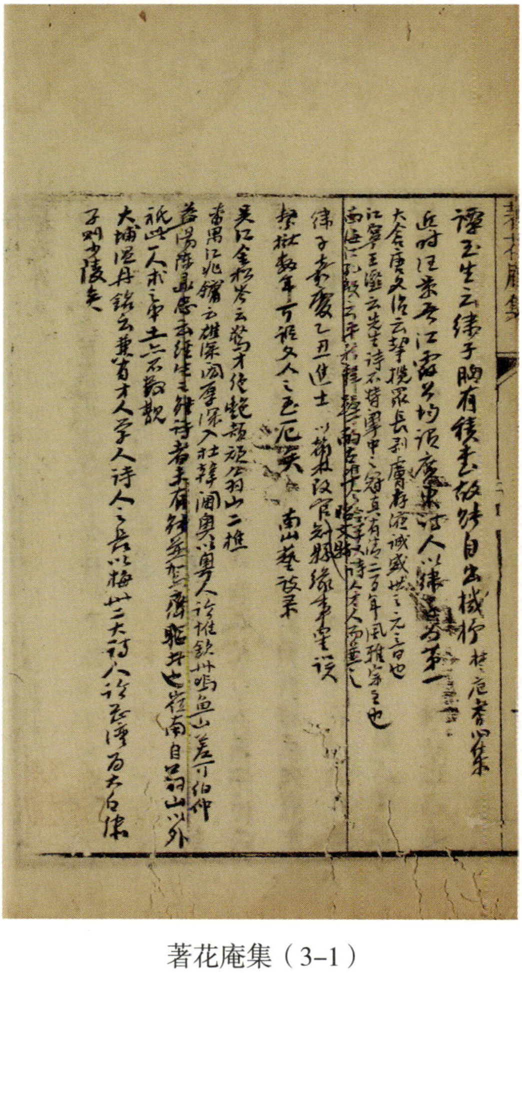

著花庵集（3-1）

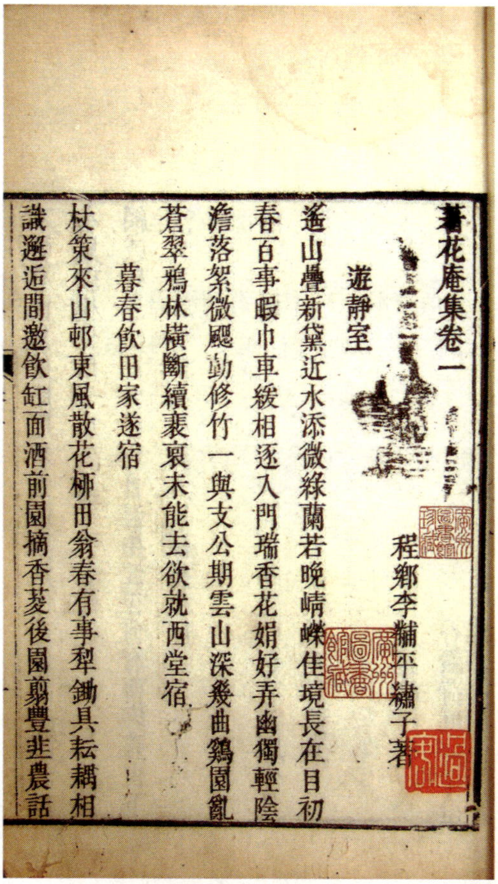

著花庵集（3-2）

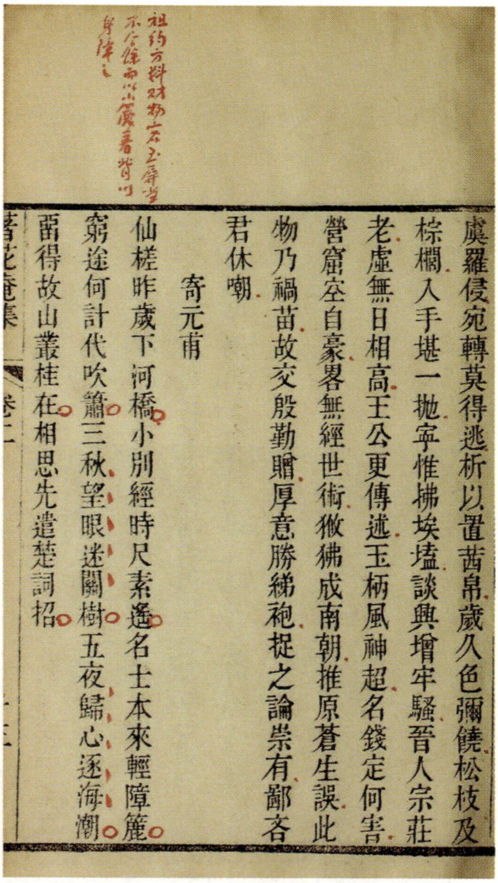

著花庵集（3-3）

0094 脩本堂稿：四卷 /（清）林伯桐撰．-- 清道光二十四年 (1844) 番禺林世懋刻本．-- 2 册

10 行，20 字，小字雙行同，白口，左右雙邊，單黑魚尾，匡高 18.1 厘米，寬 14 厘米。

書名據目録、版心題。佚名墨筆封面題字：此爲陳蘭浦批點本；内容有陳蘭浦朱筆批點。

扉頁刊題名“脩本堂稾”；背面牌記刊“道光甲辰春二月栞”。

有清道光二十四年（1844）林伯桐自叙。目録首葉下刊有“及門諸子仝校 男世懋校刊”字様。

著者簡介見第 0083 條《涉需堂詩集一卷》。

鈐印有“陳澧”、“番禺陳氏東塾藏書印”、“徐信符藏”、“南州書樓藏書 徐湯殷整理編列 字 號”、“徐氏南州書樓寄托”、“香港圖書館管理”、“王貴忱印”、“貴忱寓目”、“鐵嶺王貴忱章”。

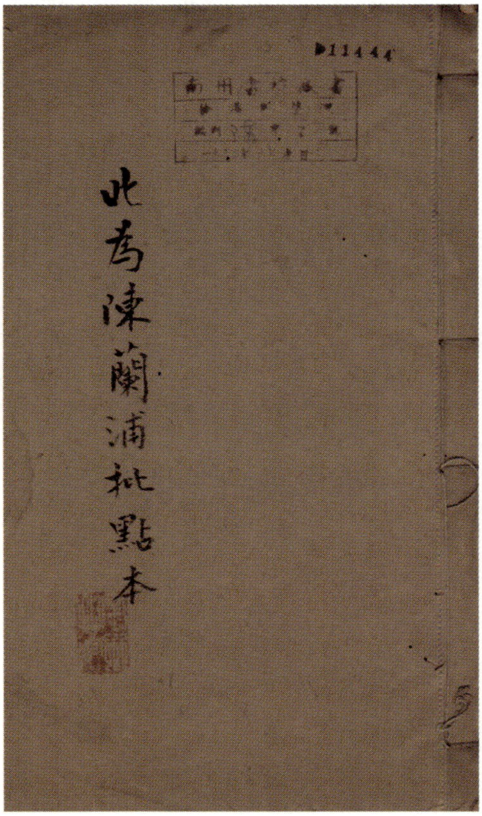

脩本堂稿（4–1）

脩本堂稿（4–2）

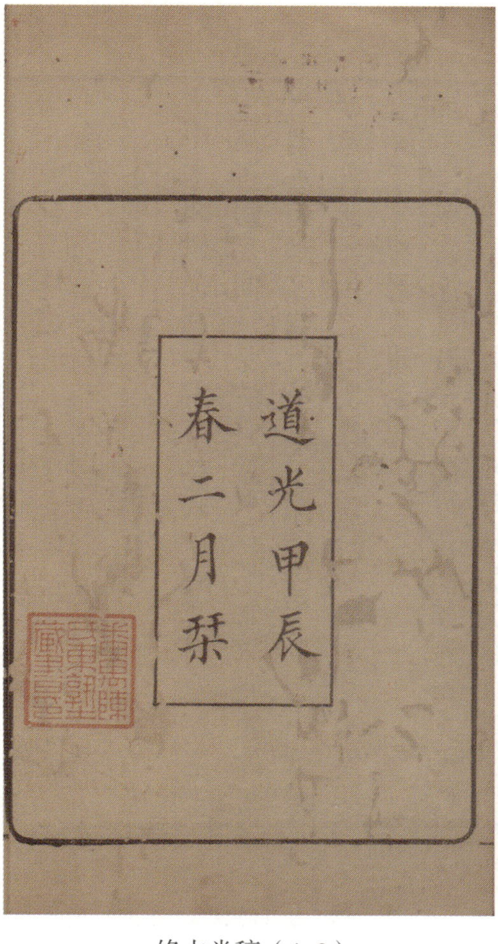

道光甲辰
春二月栞

脩本堂稿（4–3）

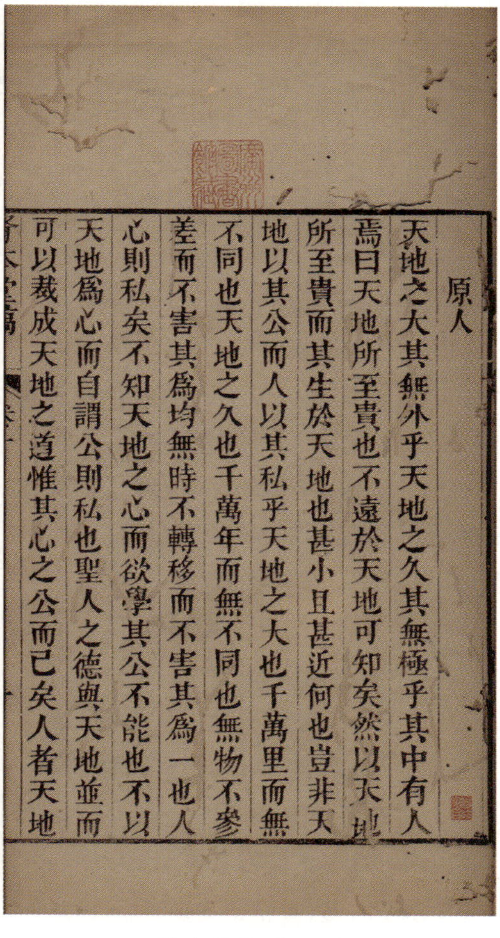

原人

天地之大其無外乎天地之久其無極乎其中有人焉曰天地所至貴也不遠於天地可知矣然以天地所至貴而其生於天地也甚小且甚近何也豈非天地以其公而人以其私乎天地之大也千萬里而無不同也天地之久也千萬年而無不同也無物不參差而不害其為均無時不轉移而不害其為一也人心則私矣不知天地之心而欲學其公不能也不以天地為心而自謂公則私也聖人之德與天地並而可以裁成天地之道惟其心之公而已矣人者天地

脩本堂稿（4–4）

0095 憶山堂詩録：八卷 /（清）宋翔鳳撰．-- 清嘉慶至道光 (1796~1850) 宋氏浮溪草堂刻本．-- 2 册

10 行，20 字，小字雙行同，白口，左右雙邊，單黑魚尾，匡高 16 厘米，寬 11.2 厘米。

前有宋翔鳳清嘉慶二十五年（1820）記，清道光五年（1825）附記。

宋翔鳳（1779 ~ 1860），清江蘇長洲（今蘇州）人，字虞庭，一字于庭。嘉慶五年（1800）舉人，官湖南新甯縣知縣。清代經學家，常州學派代表人物之一。他通過舅父莊述祖的傳授，獲知今文經學的要義，并加以發揚光大，對龔自珍、康有爲等人的思想產生了一定的影響。著有《論語説義》、《過庭録》、《憶山堂詩録》、《洞簫樓詩紀》等。

鈐印有“王貴忱印”、“古泉齋”、“王大文印”等。

《中國叢書綜録》著録有清宋翔鳳撰清嘉慶二十五年（1820）書業刊本《浮谿精舍叢書》。

《中國古籍善本書目》集部 15172 條著録，爲“六卷”，清嘉慶刻本。《續修四庫全書》第 1504 册著録有“影印湖北省圖書館藏清嘉慶二十三年刻道光五年增修本”。

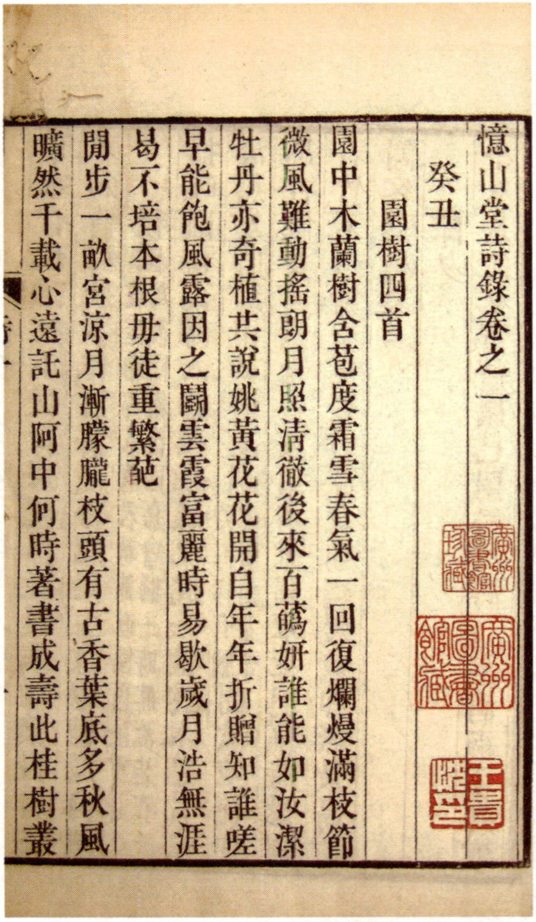
憶山堂詩錄卷之一
癸丑
園樹四首
園中木蘭樹含苞度霜雪春氣一回復爛熳滿枝節
微風難動搖朗月照清徹後來百蘤妍誰能如汝潔
牡丹亦奇植共說姚黃花花開自年年折贈知誰嗟
早能飽風露因之鬬雲霞富麗時易歇歲月浩無涯
曷不培本根毋徒重繁葩
閒步一畝宮涼月漸朦朧枝頭有古香葉底多秋風
曠然千載心遠託山阿中何時著書成壽此桂樹叢

憶山堂詩録

0096 洞簫樓詩紀：十三卷 /（清）宋翔鳳撰 . -- 清道光十年 (1830) 劉文楷家刻本 . -- 1 册

11 行，21 字，小字雙行同，白口，左右雙邊，雙黑魚尾，匡高 15.4 厘米，寬 11.5 厘米。

據目録卷十三爲續録。

前有清道光十年（1830）李兆洛序、目録。序文末刊“江寧劉文楷家鋟”；目録卷十二末有宋翔鳳自記。

存六卷：卷一至卷六。

著者簡介見第 0095 條《憶山堂詩録八卷》。

鈐印有“古泉齋”、“王貴忱印”。

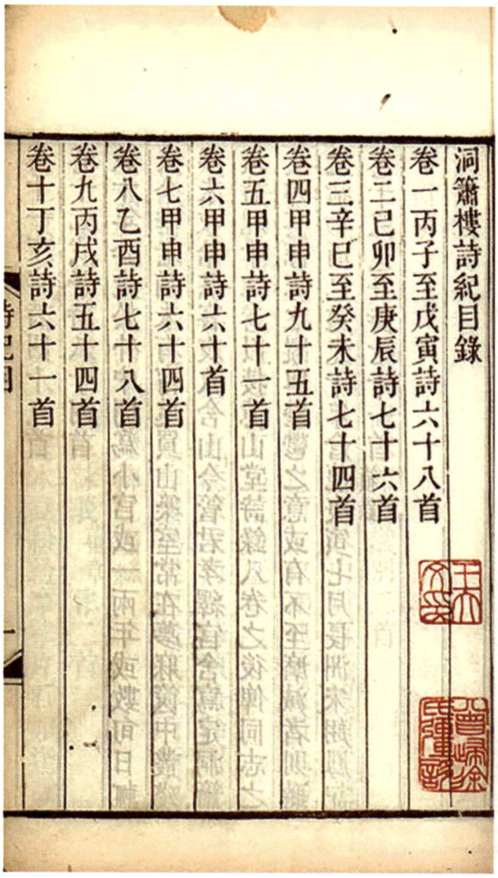
洞簫樓詩紀目錄
卷一丙子至戊寅詩六十八首
卷二己卯至庚辰詩七十六首
卷三辛巳至癸未詩七十四首
卷四甲申詩九十五首
卷五甲申詩七十一首
卷六甲申詩六十首
卷七甲申詩六十四首
卷八乙酉詩七十八首
卷九丙戌詩五十四首
卷十丁亥詩六十一首

洞簫樓詩紀（2–1）

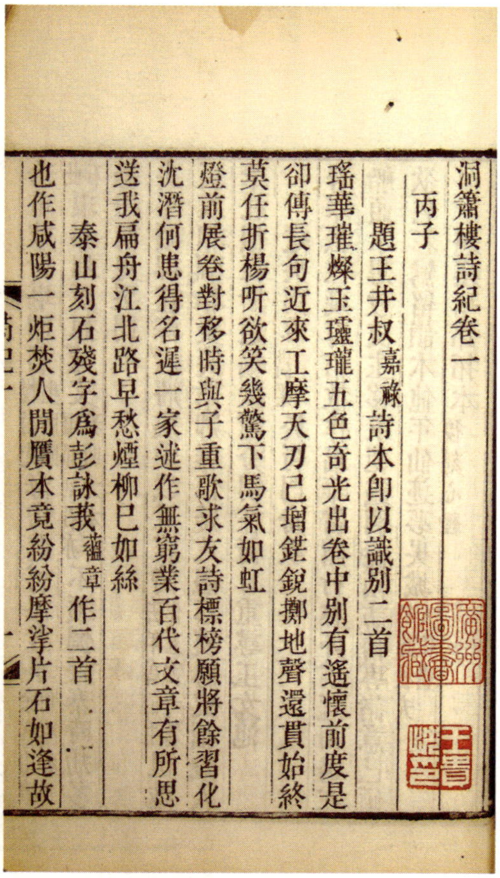
洞簫樓詩紀卷一
丙子
題王井叔嘉祿詩本卽以識別二首
瑤華璀燦玉瓏璁五色奇光出卷中別有遙懷前度是
御傳長句近來工摩天刃已增鋩鋭擲地聲還貫始終
莫任折楊听欲笑幾驚下馬氣如虹
燈前展卷對移時與子重歌求友詩標榜願將餘習化
沈潛何患得名遲一家述作無窮業百代文章有所思
送我扁舟江北路早愁煙柳已如絲
泰山刻石殘字爲彭詠莪蘊章作二首
也作咸陽一炬焚人間贋本竟紛紛摩挲片石如逢故

洞簫樓詩紀（2–2）

0097 松心雜詩 : 不分卷 / (清) 張維屏撰 . -- 清 (1644~1911) 刻本 . -- 1 册

10 行, 21 字, 小字雙行同, 粗黑口, 四周雙邊, 雙黑魚尾, 匡高 17.2 厘米, 寬 12.5 厘米。

封面題簽 : 松心樂府詩。

張維屏（1780 ～ 1859）,清廣東番禺人,字子樹,一字南山,號松心子。嘉慶九年（1804）舉人，道光二年（1822）進士。歷任知縣、知府。善詩文，工書法，通醫學。輯有《國朝詩人徵略》，著有《松心草堂詩》。

是書包括 : 松心樂府詩、松心讌集詩、松心詠物詩、松心懷古詩、松心感事詩、松心珠江詩（卷端題 : 珠江雜詠）、松心游覽詩、松心倫紀詩、松心古歌謠、松心詠懷詩（缺首兩葉）。

鈐印有“盧子樞”、“貴忱印信”、“王貴忱印”等。

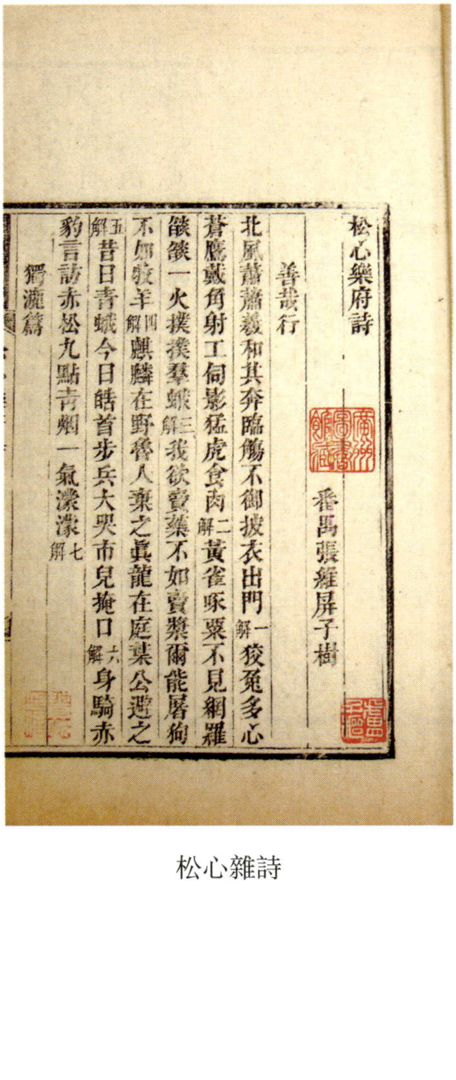
松心樂府詩
番禺張維屏子樹
善哉行
北風蕭蕭毅和其奔臨觴不御披衣出門解一狡兔多心
蒼鷹戴角射工伺影猛虎食肉解二黃雀啄粟不見網羅
餤餤一火撲撲翠蛾解三我欲賣藥不如賣漿爾能屠狗
不如殺羊解四麒麟在野魯人棄之眞龍在庭葉公避之
解五昔日青蠅今日皓首步兵大哭市兒掩口解六身騎赤
豹言訪赤松九點青煙一氣濛濛解七
獨漉篇

松心雜詩

0098 松心詩録：十卷 / (清) 張維屏撰 . -- 清咸豐四年 (1854) 羊城刻本 . -- 1 册

11 行，24 字，小字雙行同，粗黑口，左右雙邊，雙黑魚尾，匡高 18.7 厘米，寬 14.5 厘米。

扉頁刊“咸豐甲寅三月 松心詩録 陳澧篆”。

牌記刊“咸豐甲寅仲春雕版于羊城古羊石之東春藥州之西”。總目末刊有“南海門人李長榮編校 番禺門人沈世良編校 南豐門人趙惟濂校刊”。

前有張維屏自序，清咸豐四年李長榮、沈世良識文各一篇。

著者簡介見第 0097 條《松心雜詩不分卷》。

鈐印有“盧子樞”、“貴忱印信”、“王貴忱印”等。

《續修四庫全書》第 1496 册著録有“影印中國科學院圖書館藏清咸豐四年趙惟濂羊城鉛印本”。

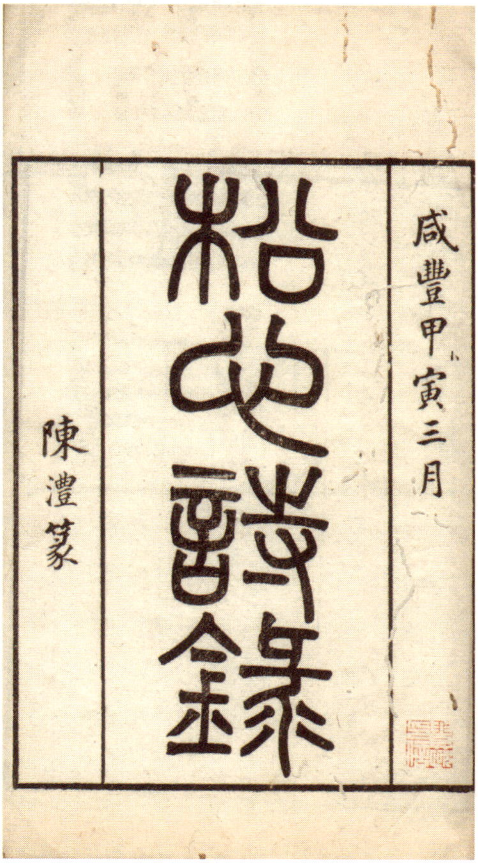
咸豐甲寅三月

松心詩録

陳澧篆

松心詩録（2–1）

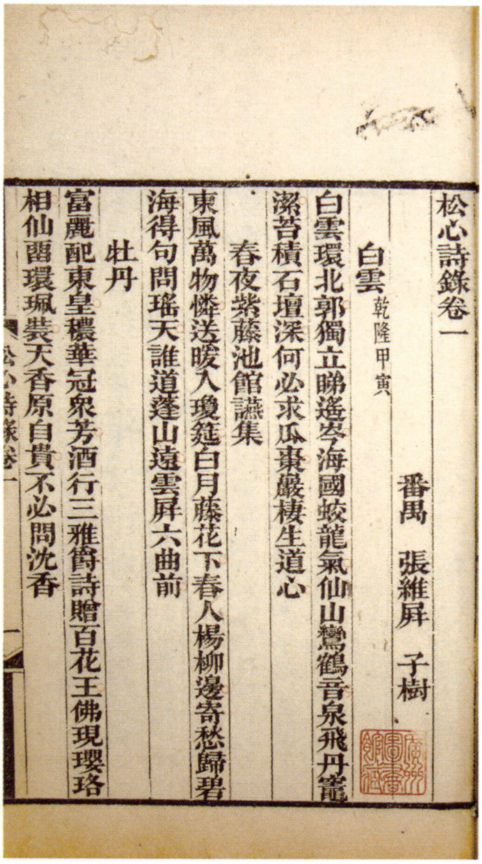
松心詩録卷一

番禺 張維屏 子樹

白雲 乾隆甲寅

白雲環北郭獨立睇遙岑海國蛟龍氣仙山鸞鶴音泉飛丹竈潔苔積石壇深何必求瓜棗巖棲生道心

春夜紫藤池館讌集

東風萬物憐送暖入瓊筵白月藤花下春人楊柳邊寄愁歸碧海得句問瑤天誰道蓬山遠雲屏六曲前

牡丹

富麗配東皇穠華冠衆芳酒行三雅爵詩贈百花王佛現瓔珞相仙留環珮裴天香原自貴不必問沈香

松心詩録（2–2）

0099 借閒生詩：三卷，借閒生詞一卷 /（清）汪遠孫撰 . -- 清道光二十年 (1840) 錢塘汪氏振綺堂刻本 . -- 1 冊 . --（振綺堂遺書 /（清）汪遠孫撰）

11 行，19 字，小字雙行同，白口，左右雙邊，單黑魚尾，匡高 17.2 厘米，寬 12.1 厘米。

扉頁刊“借閒生詩詞 道光庚子夏五月朔 弟趙之琛拜題”。牌記刊“道光庚子春三月錢塘振綺堂開雕”。前有仁和胡敬撰“内閣中書小米汪君傳”。書脚題名：汪小米集。

汪遠孫（1789 ~ 1835），清浙江錢塘人，字久也，號小米，又號借閒漫士。嘉慶二十一年（1816）舉人，官内閣中書。著有《借閒生詩》三卷，詞一卷，及《三家詩考證》、《世本集證》、《漢書地理志校勘記》等。

鈐印有“梧桐庭院藏本”、“潘蘭史藏”。

《中國叢書綜録》著録有清汪遠孫撰清道光中刊民國十一年（1922）錢塘汪氏彙印本《振綺堂遺書》。《續修四庫全書》第 1519 册著録有“影印華東師大圖書館藏清道光二十年錢塘汪氏振綺堂刻本”。

借閒生詩（3–1）

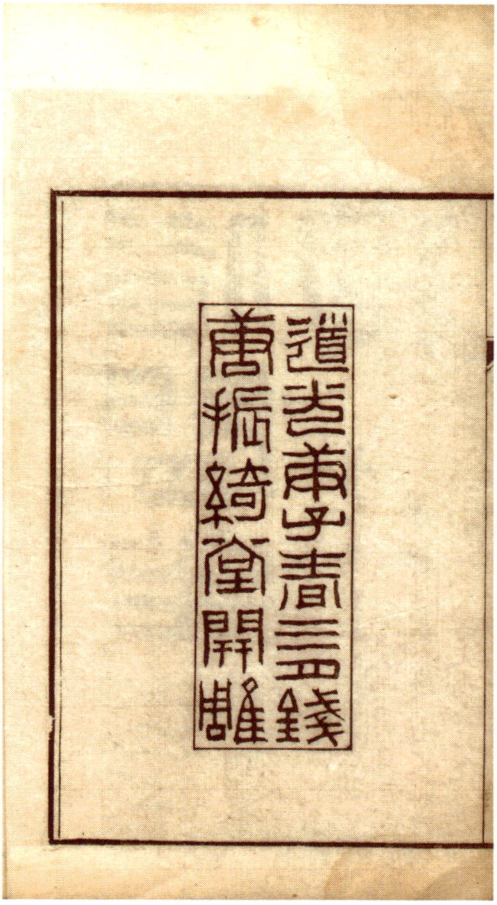
道光庚子春三月錢
唐振綺堂開雕

借閒生詩（3–2）

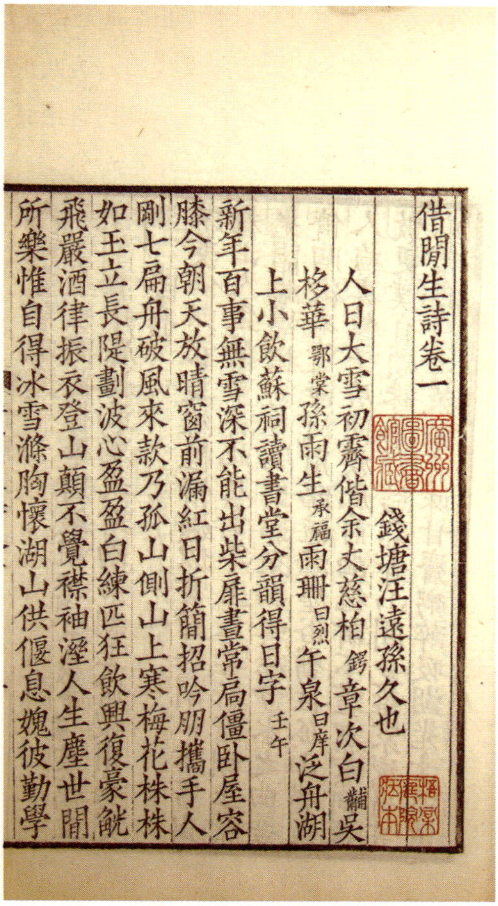
借閒生詩卷一
錢塘汪遠孫久也
人日大雪初霽偕余丈慈柏鍔章次白黼吴
移華鄂棠孫雨生承福雨珊日烈午泉日庠泛舟湖
上小飲蘇祠讀書堂分韻得日字壬午
新年百事無雪深不能出柴扉晝常扃僵卧屋容
膝今朝天放晴窗前漏紅日折簡招吟朋攜手人
剛七扁舟破風來款乃孤山側山上寒梅花株株
如玉立長隄劃波心盈盈白練匹狂飲興復豪飫
飛嚴酒律振衣登山顛不覺襟袖溼人生塵世間
所樂惟自得冰雪滌胸懷湖山供偃息媿彼勤學

借閒生詩（3–3）

0100 定盦文集：三卷，餘集一卷 /（清）龔自珍撰 . -- 清道光三年 (1823) 浙江仁和龔自珍自刻本 . -- 3 册

12 行，24 字，小字雙行同，白口，四周雙邊，單黑魚尾，匡高 20.1 厘米，寬 14.7 厘米。

書口上方刊書名“定盦文集”或“定盦餘集”，中間刊卷次，下刊“初集”。王貴忱墨筆過録清陳澧批校，定盦文集目録天頭王貴忱題：“以下眉批文録自中山大學圖書館所藏番禺陳澧先生手自批注本。陳氏所用底本，亦係道光三年原刊，唯爲後印竹紙本也。戊寅年夏，王貴忱録後附記於羊城。”

文集目録末有“以上都四十六篇大都九十又八篇”字樣，實則在五十三篇下注明有“未刻”字樣。

是書已經金鑲玉改裝。

龔自珍（1792 ~ 1841），清浙江仁和人，字璱人，號定庵（盦），更名鞏祚。龔麗正子。道光九年（1829）進士，授内閣中書，官禮部主事。尋告歸。博學負才氣，究心經世之學并接受經今文學派觀點，後受佛教天台宗影響。詩文均自成一體，以奇才名天下。主張革除弊政、抵制外侵，爲晚清思想家、文學家及改良主義的先驅者。有《定庵集》。

鈐印有“吴氏珍藏”、“毓華”、“濟如”、“葆曾”、“好句皆堪仙骨”、“鐵嶺王貴忱章”、“可居室印”、“貴忱寓目”等。

《中國古籍善本書目》集部 15548 ~ 15549 條著録。《續修四庫全書》第 1520 册著録有“龔定盦全集二十卷 影印上海圖書館藏清光緒二十三年萬本書堂刻本”。

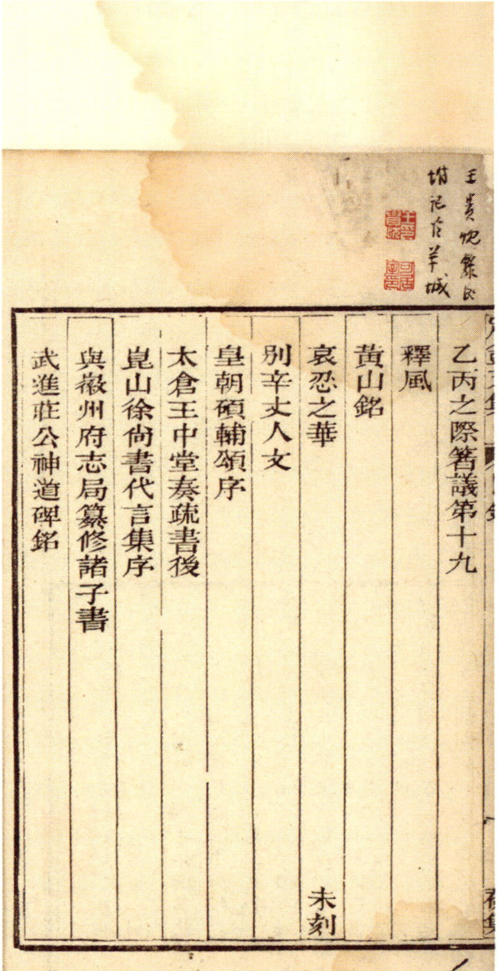

乙丙之際箸議第十九

釋風

黄山銘

哀忍之華　未刻

別辛丈人文

皇朝碩輔頌序

太倉王中堂奏疏書後

崑山徐尙書代言集序

與歙州府志局纂修諸子書

武進莊公神道碑銘

定盦文集（2-1）

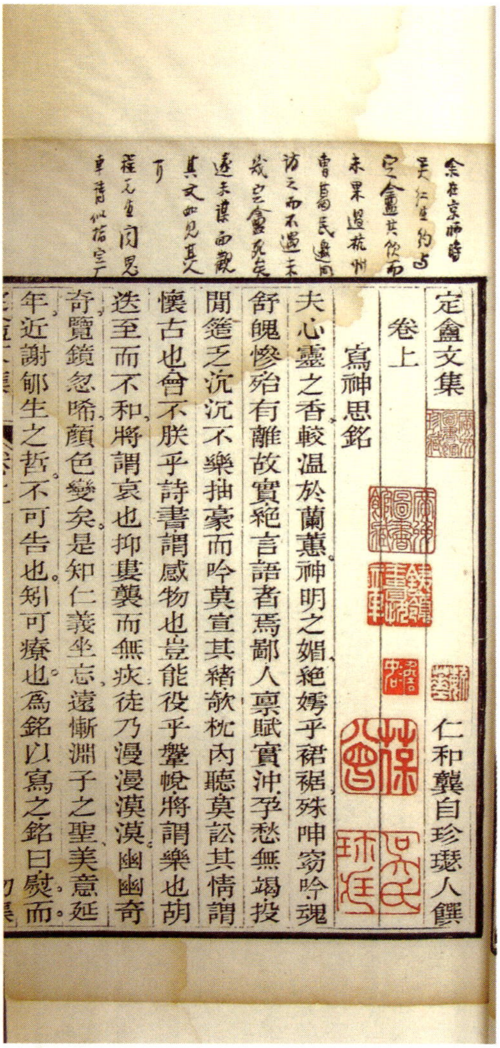

定盦文集

卷上

仁和龔自珍璱人譔

寫神思銘

夫心靈之香較温於蘭蕙神明之媚絶嫮乎裙裾殊呻窈吟魂舒魄慘殆有離故實絶言語者焉鄙人稟賦實沖孕愁無竭投閒簉乏沉沉不樂抽豪而吟莫宣其緒歆枕內聽莫訟其情謂懷古也會不朕乎詩書謂感物也豈能役乎鞶帨將謂樂也胡迭至而不和將謂哀也抑婁襲而無疢徒乃漫漫漠漠幽幽奇奇覽鏡忽晞顏色變矣是知仁義坐忘遠慚淵子之聖美意延年近謝郇生之哲不可告也矧可療也爲銘以寫之銘曰駛而

定盦文集（2-2）

0101 定盦文集：一卷，餘集一卷 /（清）龔自珍撰．-- 清道光七年 (1827) 刻本．-- 1 册

12 行，24 字，小字雙行同，白口，左右雙邊，單黑魚尾，匡高 18.3 厘米，寬 14.2 厘米。末有道光七年自跋。書口及卷端記卷數處有墨釘。

是書已經金鑲玉改裝。

著者簡介見第 0100 條《定盦文集三卷餘集一卷》。

鈐印有“秩卿”、“餘事作辭人”、“鐵嶺王貴忱章”、“可居室印”、“王大文印”等。《中國古籍善本書目》集部第 15547 條著録。

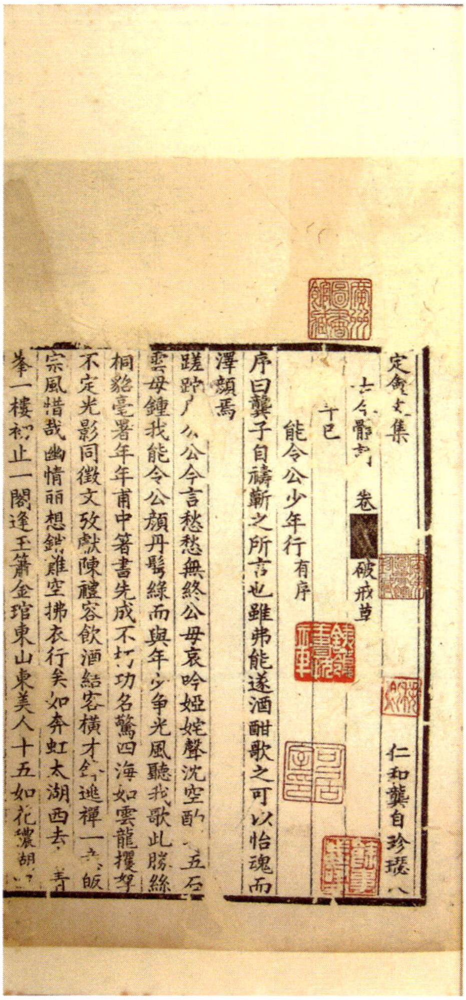

定盦文集（2–1）

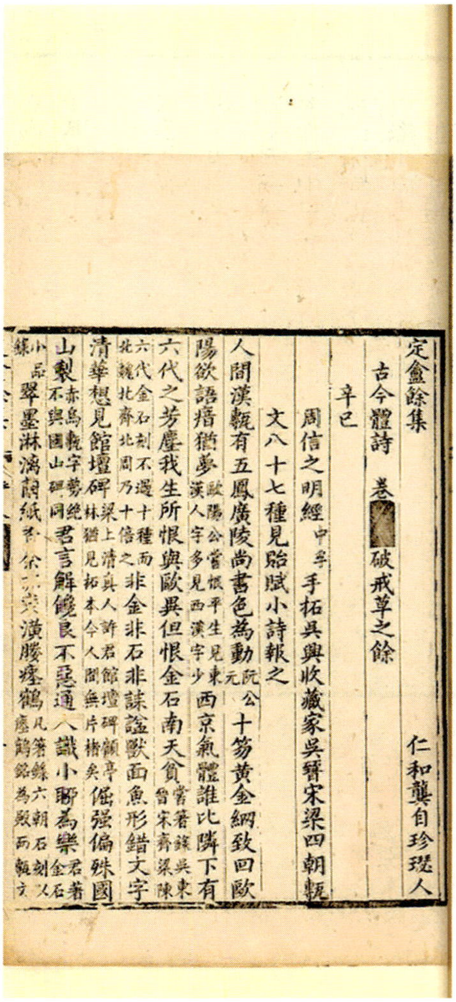

定盦文集（2–2）

0102 定盦初集：十二卷 /（清）龔自珍撰 . -- 清同治七年 (1868) 錢塘吴氏刻本 . -- 3 册

12 行，24 字，小字雙行同，白口，左右雙邊，單黑魚尾，匡高 18.7 厘米，寬 14.2 厘米。

曾天宇朱墨及鉛筆三色批校；《定盦文集》目録卷末有曾天宇抄“魏默深先生古微堂集定盦文録叙”。扉頁刊“同治七年夏五雕 定盦初集 仁和曹籀書檢”。

前有清同治七年曹籀“定盦文集題辭”、吴煦“刻定盦文集緣起”。有墨釘。

著者簡介見第 0100 條《定盦文集三卷餘集一卷》。

是書包括：1. 定盦文集三卷；2. 定盦續集四卷；3. 定盦文集補續録一卷；4. 定盦文集補古今體詩二卷；5. 定盦文集補雜詩一卷；6. 定盦文集補詞選一卷。

鈐印有“天宇私印”、“曾天宇圖籍印”、“曾天宇讀”、“曾天宇印”、“華陽曾天宇藏書之印”、“曾魯經籍”、“庚辰曾魯”、“宗聖公第六十八世孫”、“鐵嶺王貴忱章”、“可居室”、“王貴忱印”等。

定盦初集（3–1）

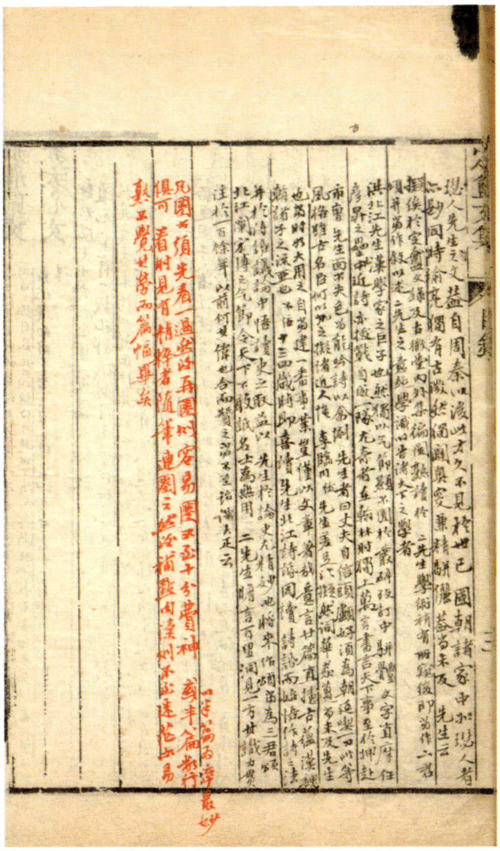

定盦初集（3–2）

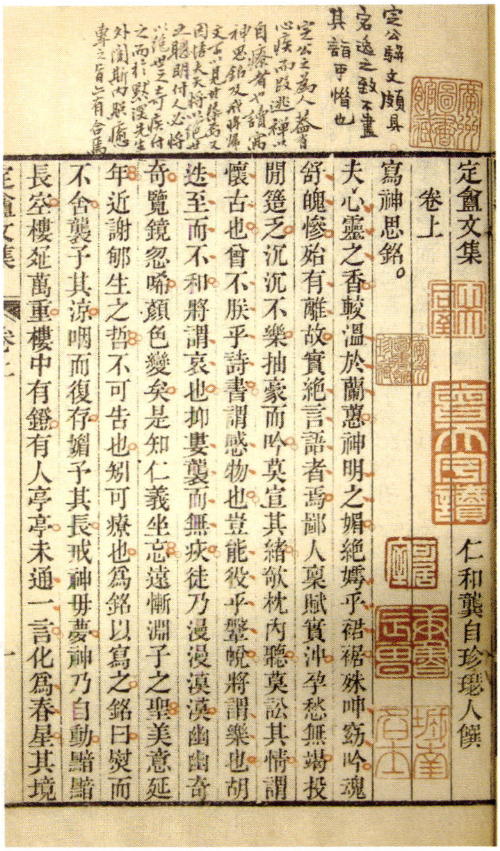

定盦初集（3–3）

0103 定盦文集：三卷，定盦文集補五卷 / (清) 龔自珍撰 . -- 清同治七年至八年 (1868~1869) 吴煦刻本 . -- 2 册

12 行，24 字，小字雙行同，白口，左右雙邊，單黑魚尾，匡高 18.7 厘米，寬 14.2 厘米。

王存善朱筆圈點句讀、批校、題跋；文集補雜詩卷末有王貴忱墨筆題記。扉頁刊“同治七年夏五雕 定盦初集 仁和曹籀書檢”。

前有清同治七年（1868）曹籀“定盦文集題辭”、吴煦“刻定盦文集緣起”；古今體詩卷末有道光七年（1827）作者自跋；末有清同治八年（1869）吴煦補刊記。

雜詩卷卷端題名：定盦續集；詞選卷卷端題名：定盦别集。

著者簡介見第 0100 條《定盦文集三卷餘集一卷》。

是書包括：1. 定盦文集三卷；2. 定盦文集補續録一卷；3. 定盦文集補古今體詩二卷；4. 定盦文集補雜詩一卷；5. 定盦文集補詞選一卷。

鈐印有“存善”、“子展”、“善印”等。

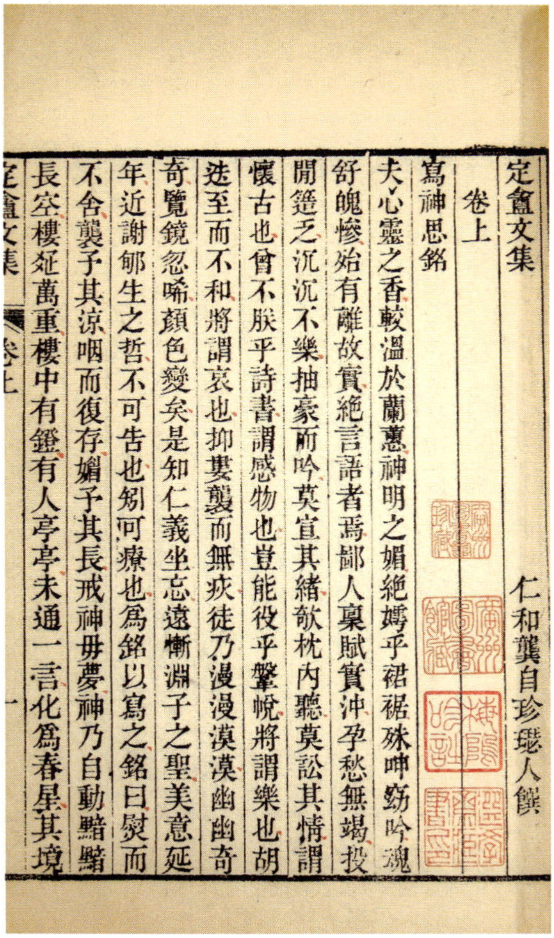
定盦文集

卷上　　仁和龔自珍璱人譔

寫神思銘

夫心靈之香較溫於蘭蕙神明之媚絕嫮乎裙裾殊呻窈吟魂舒魄慘始有離故實絕言語者焉鄙人稟賦實沖孕愁無竭投閒篋乏沉沉不樂抽豪而吟莫宜其緒欹枕內聽莫訟其情謂懷古也曾不朕乎詩書謂感物也豈能役乎聲悅將謂樂也胡迭至而不和將謂哀也抑婁襲而無疢徒乃漫漫漠漠幽幽奇奇覽鏡忽唏顏色變矣是知仁義坐忘遠慚淵子之聖美意延年近謝郁生之哲不可告也矧可療也爲銘以寫之銘曰熨而不舍襲予其涼咽而復存媚予其長戒神毋夢神乃自動黯黯長空樓延萬重樓中有鐙有人亭亭未通一言化爲春星其境

定盦文集　卷上　一

定盦文集（3–1）

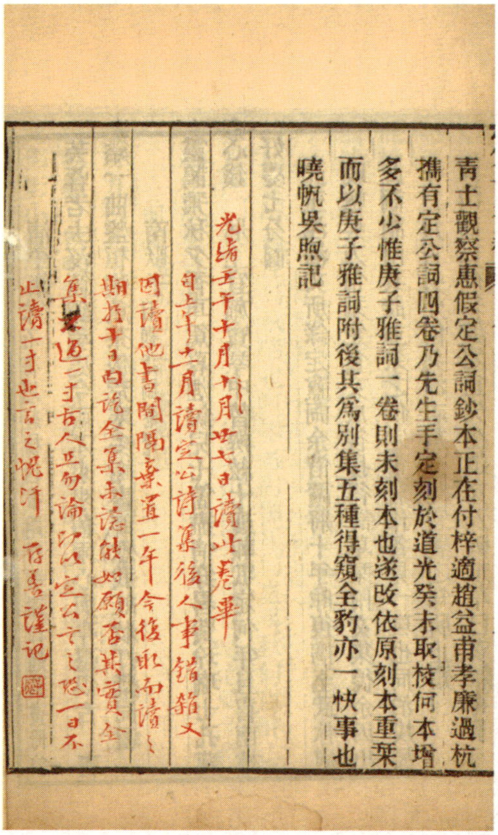

定盦文集（3-2）

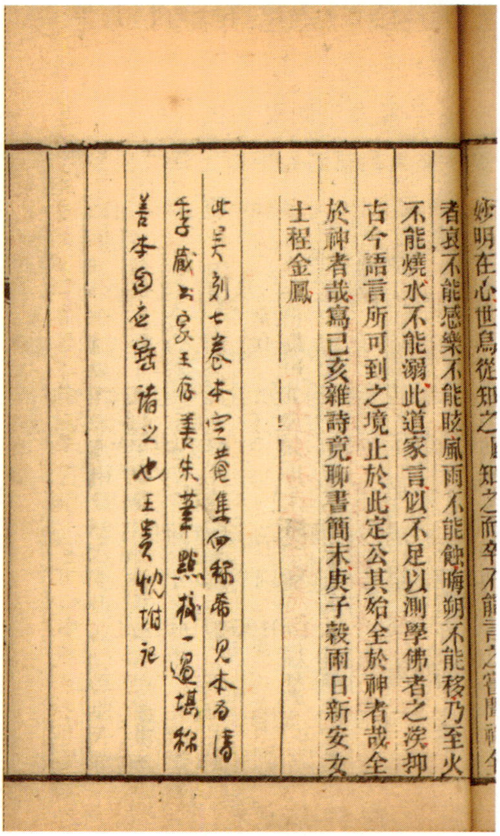

定盦文集（3-3）

0104 龔定盦集：十四卷 / (清) 龔自珍撰 . -- 清光緒二十三年 (1897) 豐城余氏寶墨齋刻本 . -- 5 册

12行，22字，黑口，左右雙邊，單黑魚尾，匡高18.7厘米，寬12.4厘米。

牌記刊“光緒廿三年丁酉冬十月豐城余氏寶墨齋版栞”。前有清同治七年（1868）曹籀“定盦文集題辭”。每卷末均刊有校者名：長沙黄晋彝族、陸鴻第，豐城鄢煇、余廷誥。

著者簡介見第0100條《定盦文集三卷餘集一卷》。

是書包括：1. 定盦文集三卷；2. 定盦續集四卷；3. 定盦文集補續録一卷；4. 定盦文集補古今體詩二；5. 定盦文集補雜詩一卷；6. 定盦文集補詞選一卷；7. 定盦文集又補編一卷；8. 定盦文集三補編一卷。

鈐印有“南寧鐘子年所得本”、“桴堂藏書”、“鐘剛中印”、“可居室”、“鐵嶺王貴忱之章”、“王貴忱印”、“可居室主”等。

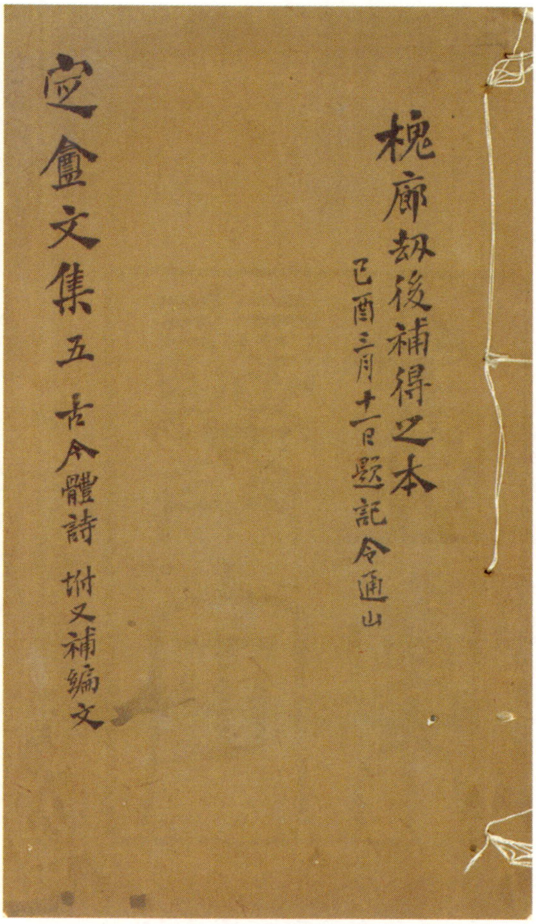

龔定盦集（3–1）

龔定盦集（3-2）

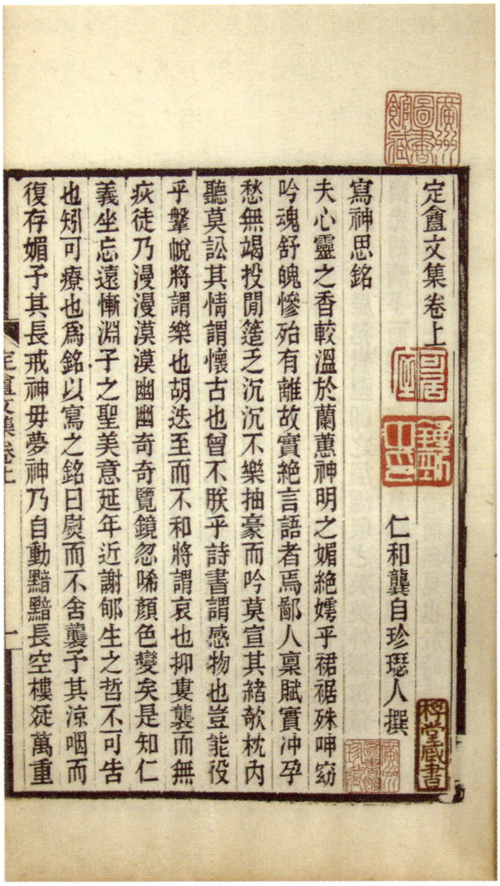

定盦文集卷上

仁和龔自珍瑟人撰

寫神思銘

夫心靈之香較温於蘭蕙神明之媚絕嫮乎裾裾殊呻窈吟魂舒魄慘殆有離故實絕言語者焉鄙人稟賦實冲孕愁無竭投閒簉乏沉沉不樂抽豪而吟莫宣其緒敧枕內聽莫訟其情謂懷古也曾不朕乎詩書謂感物也豈能役乎聲帨將謂樂也胡迭至而不和將謂哀也抑喪襲而無疢徒乃漫漫漠漠幽幽奇奇覽鏡忽唏顏色變矣是知仁義坐忘遠慚淵子之聖美意延年近謝郇生之哲不可告也矧可療也爲銘以寫之銘曰熨而不舍襲子其涼咽而復存媚子其長戒神毋夢神乃自動黯黯長空樓疑萬重

龔定盦集（3-3）

0105 定盦續集己亥雜詩 : 一卷 / (清) 龔自珍撰 . -- 清光緒二十三年 (1897) 江標翻刻 . -- 民國 (1912~1949) 潘景鄭朱印本 . -- 1 册

9 行, 21 字, 小字雙行 32 字, 白口, 左右雙邊, 單紅魚尾, 匡高 16.7 厘米, 寬 14 厘米。是書共三十八葉, 卷末跋一葉。

王佩諍朱墨筆批校并題跋。扉頁刊“龔禮部己亥褉詩一卷 楊鍾麟題”。

牌記刊“道光庚子夏鎸 板藏羽琌别墅”, 牌記左側刊“龔定盦先生己亥雜詩自加圈識刻於庚子印本罕傳, 爰重影刊以嚮耆龔學者。光緒丁酉秋, 元和江標記”。

著者簡介見第 0100 條《定盦文集三卷餘集一卷》。

鈐印有“景鄭所贈”、“景鄭祕笈”、“王貴忱印”、“鐵嶺王貴忱章”等。

定盦續集己亥雜詩（3–1）

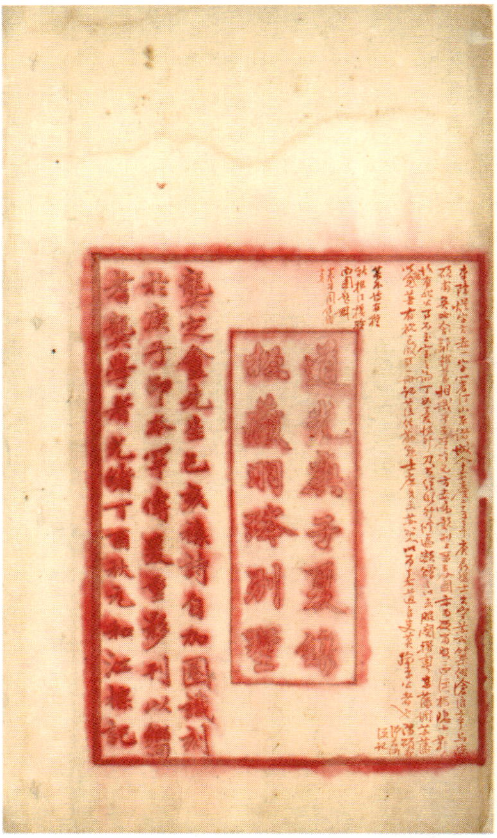

定盦續集己亥雜詩（3–2）

定盦續集己亥雜詩（3–3）

0106 定盦文集：三卷，續集四卷，文集補五卷 / (清) 龔自珍撰 . -- 清同治七年 (1868) 刻本 . -- [後印本] . -- 5 册

12 行，24 字，小字雙行同，白口，左右雙邊，單黑魚尾，匡高 18.7 厘米，寬 14.2 厘米。

佚名朱筆句讀和描字。扉頁刊“同治七年夏五雕 定盦初集 仁和曹籀書檢”。

前有吴煦“刻定盦文集緣起”、清同治七年曹籀“定盦文集題辭”；文集補詞選卷末有同治三年（1864）校畢記，詞録末有清同治八年（1869）吴煦補刊記。間有墨釘。

著者簡介見第 0100 條《定盦文集三卷餘集一卷》。

是書包括：1. 定盦文集三卷；2. 定盦續集四卷；3. 定盦文集補續録一卷；4. 定盦文集補古今體詩二卷；5. 定盦文集補雜詩（定盦續集己亥雜詩）一卷；6. 定盦文集補詞選詞録（定盦別集）一卷。

鈐印有“鐵嶺王貴忱之章”、“王大文印”。

定盦文集（3–1）

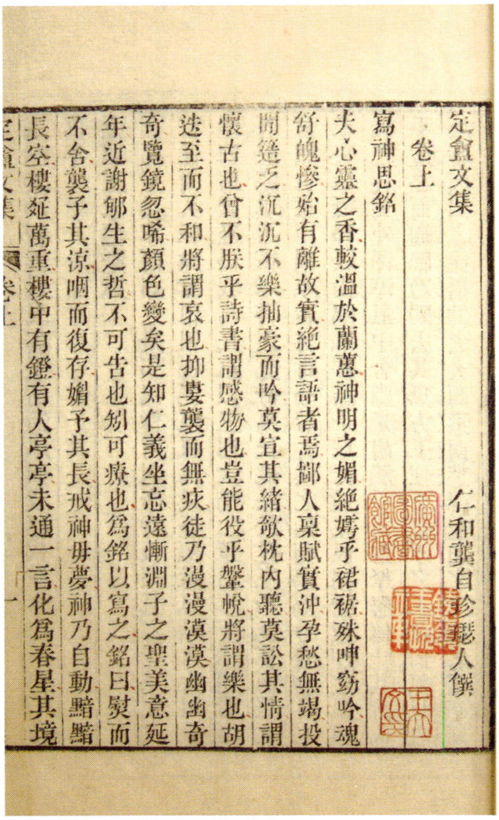
定盦文集
卷上
仁和龔自珍璱人撰
寫神思銘
夫心靈之香較溫於蘭蕙神明之媚絕嫮乎裙裾殊呻窈吟魂舒魄慘始有離故實絕言語者焉鄙人稟賦實沖孕愁無竭投閒鐙之沉沉不樂拊衾而吟莫宣其緒欹枕內聽莫訟其情謂懷古也曾不朕乎詩書謂感物也豈能役乎鞶帨將謂樂也胡迭至而不和將謂哀也抑褻而無疚徒乃漫漫漠漠幽幽奇奇覽鏡忽唏顏色變矣是知仁義坐忘遠慚淵子之聖美意延年近謝郁生之哲不可告也匆可療也爲銘以寫之銘曰㝠而不舍褻予其涼咽而復存媚予其長戒神毋夢神乃自動黯黯長空樓延萬重樓中有鐙有人亭亭未通一言化爲春星其境
定盦文集　卷上　一

定盦文集（3-2）

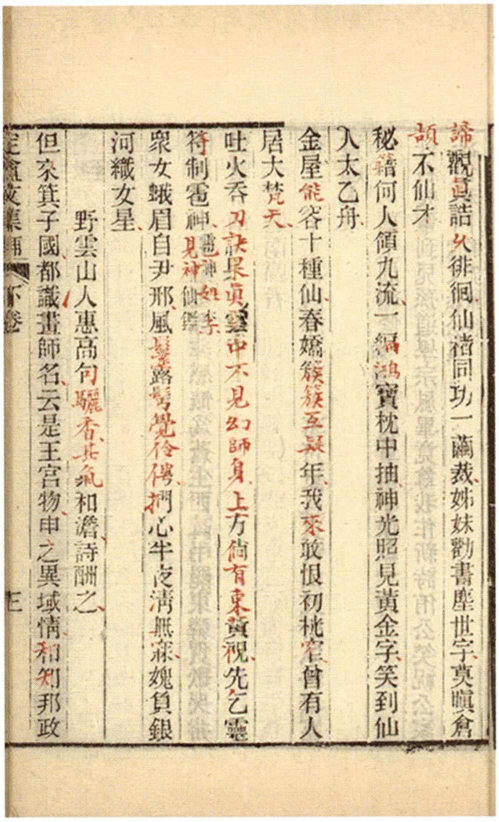
謫觀真誥久徘徊仙籍同功一繭我姊妹勸書塵世字莫嗔倉頡不仙才
秘籍何人領九流一編鴻寶枕中抽神光照見黃金字笑到仙人太乙舟
金屋能容十種仙春嬌簇簇互疑年我來敢恨初桃窄曾有人居大梵天
吐火吞刀訣果真靈中不見幻師身上方尚有東黃視先乞靈符制雹神
衆女蛾眉自尹邢風鬟露髻覺伶俜捫心半夜清無寐媿負銀河織女星
野雲山人惠高句驪香共氣和潛詩酬之
但來箕子國都識畫師名云是王宮物申之異域情和知邦政
定盦文集補　下卷　七

定盦文集（3-3）

0107 定盦文集補編：四卷 / (清) 龔自珍撰．-- 清光緒十二年 (1886) 平湖朱之榛刻本．-- 1 册

10 行，22 字，白口，四周雙邊，單黑魚尾，匡高 17.3 厘米，寬 13.3 厘米。

黄紙本。佚名墨筆眉批。

牌記刊“光緒丙戌正月平湖朱氏槧本”。末有清光緒十二年朱之榛題後。

著者簡介見第 0100 條《定盦文集三卷餘集一卷》。

鈐印有“貴忱印信”、“王貴忱印”、“可居室主”、“王大文印”。

定盦文集補編（3–1）

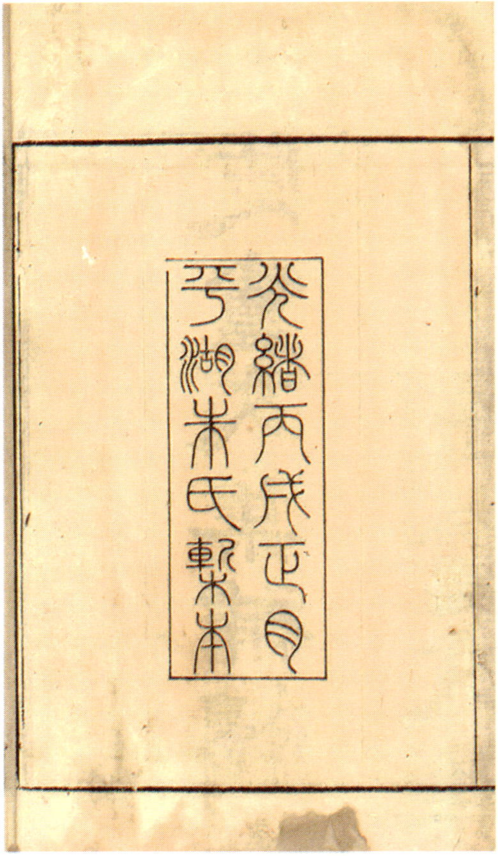

光緒丙戌正月
平湖朱氏槧本

定盦文集補編（3-2）

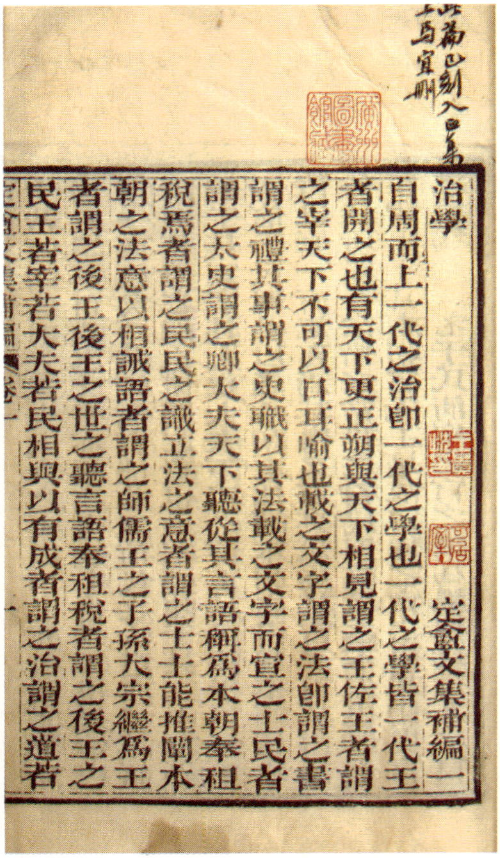

治學　　定盦文集補編一

自周而上一代之治卽一代之學也一代之學皆一代王者開之也有天下更正朔與天下相見謂之王佐王者謂之宰天下不可以口耳喻也載之文字謂之法卽謂之書謂之禮其事謂之史職以其法載之文字而宣之士民者謂之太史謂之卿大夫天下聽從其言語稱爲本朝奉租稅焉者謂之民民之識立法之意者謂之士士能推闡本朝之法意以相誡語者謂之師儒王之子孫大宗繼爲王者謂之後王後王之世之聽言語奉租稅者謂之後王之民王若宰若大夫若民相與以有成者謂之治謂之道若

定盦文集補編　卷一　一

定盦文集補編（3-3）

0108 定盦文集補編：四卷 / (清) 龔自珍撰 . -- 清光緒十二年 (1886) 平湖朱之榛刻本 . -- 1 册

10 行，22 字，白口，四周雙邊，單黑魚尾，匡高 17 厘米，寬 13.5 厘米。

有梁基永墨筆題跋。

末有清光緒十二年（1886）朱之榛題後。

著者簡介見第 0100 條《定盦文集三卷餘集一卷》。

鈐印有“鐵嶺王貴忱之章”、“禮堂”。

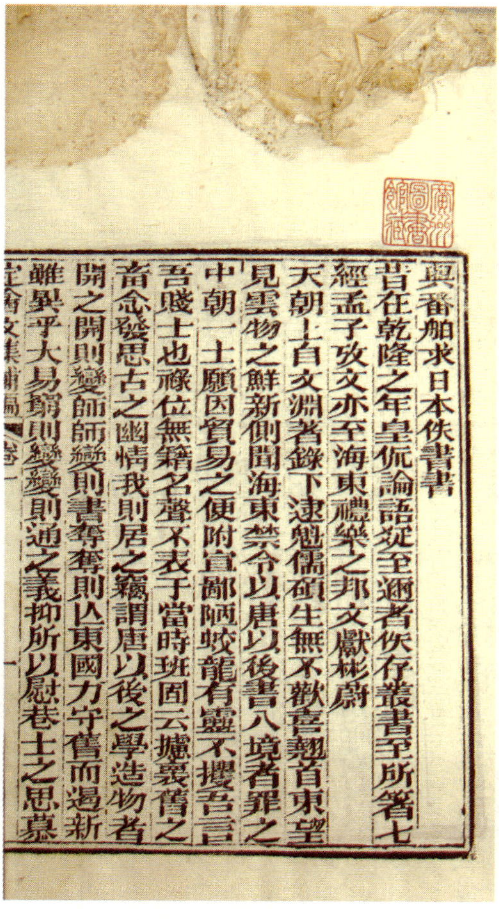

定盦文集補編（2–1）

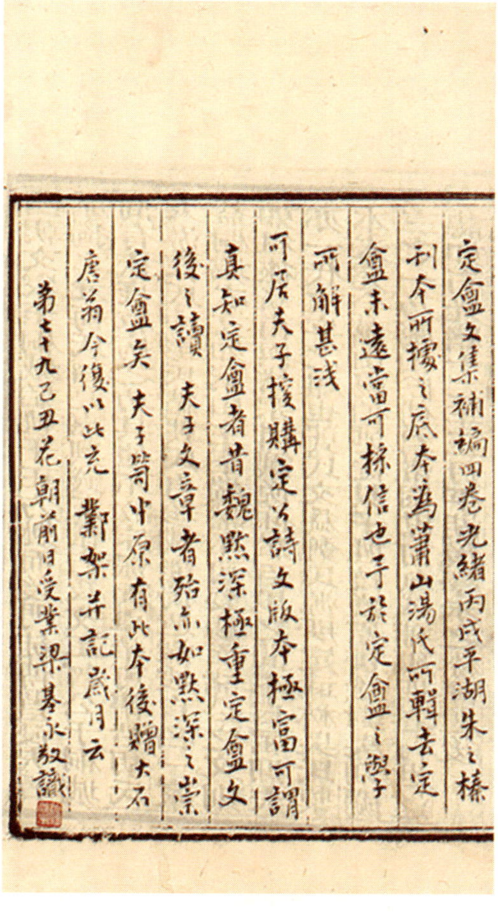

定盦文集補編（2–2）

0109 定盦文集：三卷，續集四卷，補五卷，補編四卷 /（清）龔自珍撰．-- 清光緒二十三年 (1897) 萬本書堂刻本．-- 6 册

12 行，24 字（補編爲 10 行，22 字），小字雙行同，白口，左右雙邊（補編爲四周單邊），單黑魚尾，匡高 18.4 厘米，寬 14.3 厘米（補編爲匡高 17.5 厘米，寬 13.2 厘米）。

扉頁刊“龔定盦全集 粵東全經閣藏版”。牌記刊“光緒丁酉年正月萬本書堂精校刊”。

前有吴煦“刻定盦文集緣起”、清同治七年（1868）曹籀“定盦文集題辭”。每卷末均刊有校者名：長沙黄晋彝族、陸鴻第，豐城鄢煇、余廷誥。

著者簡介見第 0100 條《定盦文集三卷餘集一卷》。

是書包括：1. 定盦文集三卷；2. 定盦續集四卷；3. 定盦文集補續録一卷；4. 定盦文集補古今體詩二卷；5. 定盦文集補雜詩一卷；6. 定盦文集補詞選（含詞録）一卷；7. 定盦文集補編四卷。

鈐印有“鐵嶺王貴忱之章”、“王貴忱印”、“王大文印”。

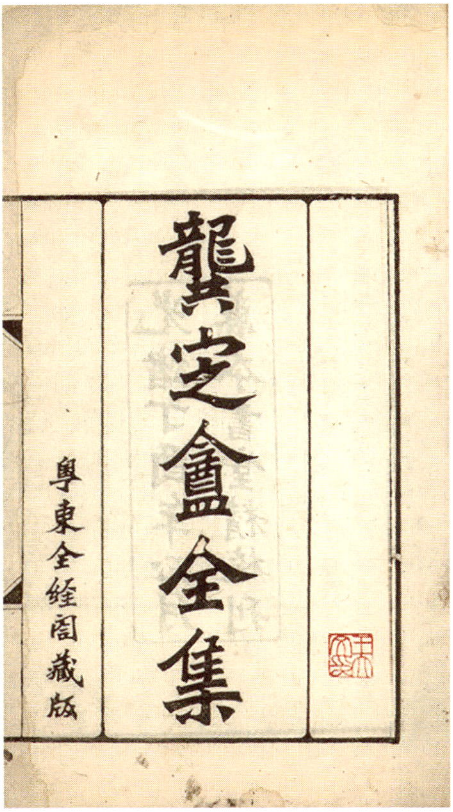
龔定盦全集
粵東全經閣藏版

定盦文集（2-1）

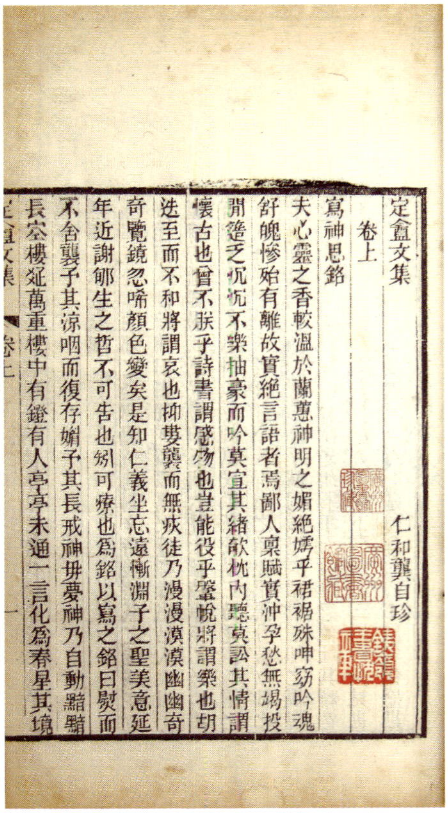
定盦文集
卷上　　仁和龔自珍
寫神思銘
夫心靈之香較溫於蘭蕙神明之媚絕嫮乎裙裾殊呻窈吟魂
舒魄慘殆有離故實絕言語者焉鄙人稟賦實沖孕愁無竭投
閒簉乏沉沉不樂抽豪而吟莫宜其緒欹枕內聽莫訟其情謂
懷古也曾不朕乎詩書謂感物也豈能役乎鞶帨將謂樂也胡
迭至而不和將謂哀也抑婁襲而無疢徒乃漫漫漠漠幽幽奇
奇覽鏡忽唏顏色變矣是知仁義坐忘遠慚淵子之聖美意延
年近謝郇生之哲不可告也殆可療也爲銘以寫之銘曰嫛而
不舍襲予其涼咽而復存媚予其長戒神毋夢神乃自動黯黮
長空樓冠萬重樓中有鐙有人亭亭未通一言化爲春星其境
定盦文集　卷上　一

定盦文集（2-2）

0110 定盦文集：三卷，續集四卷，補編四卷，補一卷， 餘集一卷 /（清）龔自珍撰．-- 清光緒二十八年 (1902) 浙江文彙書局鉛活字本．-- 巾箱本．-- 3 册

15 行，32 字，白口，四周雙邊，單黑魚尾，匡高 16.1 厘米，寬 11.5 厘米。

牌記刊“光緒壬寅浙省文彙書局開印”。文集目録後有吴煦“刻定盦文集緣起”、清同治七年（1868）曹籀“定盦文集題辭”及道光二十二年（1842）魏源“定盦文録叙”；文集補編卷末有光緒十二年（1886）朱之榛題後；餘集卷端有龔自珍自序。

扉頁題名：定盦全集。

著者簡介見第 0100 條《定盦文集三卷餘集一卷》。

是書包括：1. 定盦文集三卷；2. 定盦續集四卷；3. 定盦文集補編四卷；4. 定盦文集補一卷（續録）；5. 定盦餘集一卷（附少作一卷）。

鈐印有“王貴忱印”、“可居室”、“鐵嶺王貴忱之章”、“貴忱寓目”、“王貴忱印”、“鐵嶺王貴忱章”、“王大文印”。

定盦全集

定盦文集（2–1）

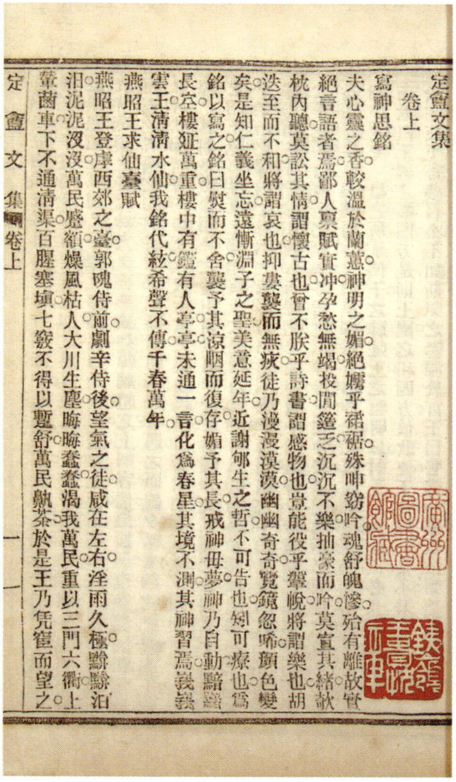
定盦文集

卷上

寫神思銘

夫心靈之香。較溫於蘭蕙。神明之媚。絕嫵乎裙裾。殊呻窈吟。魂舒魄慘。殆有離故實絕言語者焉。鄙人稟賦實沖。孕愁無竭。投閒簉乏。沉沉不樂。抽豪而吟。莫宣其緒。欲枕內聽。莫訟其情。謂懷古也。曾不朕乎詩書。謂感物也。豈能役乎聲睨。將謂樂也。胡迭至而不和。將謂哀也。抑婁襲而無疢。徒乃漫漫漠漠。幽幽奇奇。覽鏡忽晞。顏色變矣。是知仁義坐忘。遠慚淵子之聖。美意延年。近謝郇生之哲。不可告也。矧可療也。爲銘以寫之。銘曰。毀而不舍。襲予其涼。咽而復存。媚予其長。戒神毋夢。神乃自動。黯黯長空。樓延萬重。樓中有鐙。有人亭亭。未通一言。化爲春星。其境不測。其神習焉。巍巍雲王。清清水仙。我銘代紘。希聲不傳。千春萬年。

燕昭王求仙臺賦

燕昭王登庳西郊之臺。郭隗侍前。劇辛侍後。望氣之徒。咸在左右。淫雨久極。黔黔汩汩。泥泥沒沒。萬民蹙額。燥風枯人。大川生塵。晦晦蠢蠢。渴我萬民。重以三門六衢。上輦茵車。下不通清渠。百腥塞填。七竅不得以暫舒。萬民孰荼。於是王乃凭闉而望之。

定盦文集卷上　一

定盦文集（2–2）

0111 定盦文集：三卷，續集四卷，補五卷，補編四卷，佚文一卷 /（清）龔自珍撰 . -- 清光緒三十年 (1904) 四川官書局刻本 . -- 6 册

12 行，24 字，小字雙行同，黑口，左右雙邊，單黑魚尾，匡高 18 厘米，寬 13.5 厘米。

牌記刊“光緒三十年季夏四川官書局重刊”。

文集前有吴煦“刻定盦文集緣起”、清同治七年（1868）曹籀“定盦文集題辭”；總目卷末有孫鏘序；文集目録後有高麟超“定盦文集跋”；文集補古今體詩下卷卷末有道光七年（1827）、道光十九年（1839）龔自珍“破戒草跋”，文集補雜詩卷末有清道光二十年（1840）程金鳳詩評，文集補詞選末有同治三年（1864）龔自珍校畢記及詞録末有同治八年（1869）吴煦重刊跋、光緒十二年（1886）朱之榛題後。

總目題名：龔定盦全集。

著者簡介見第 0100 條《定盦文集三卷餘集一卷》。

定盦文集（3–1）

是書包括：1. 定盦文集三卷；2. 定盦續集四卷；3. 定盦文集補五卷（續録一卷古今體詩二卷雜詩一卷詞選一卷，附詞録）；4. 定盦文集補編四卷；5. 定盦文集佚文一卷。

鈐印有“榮氏藏書之印”、“王貴忱印”、“可居室主”、“王大文印”。

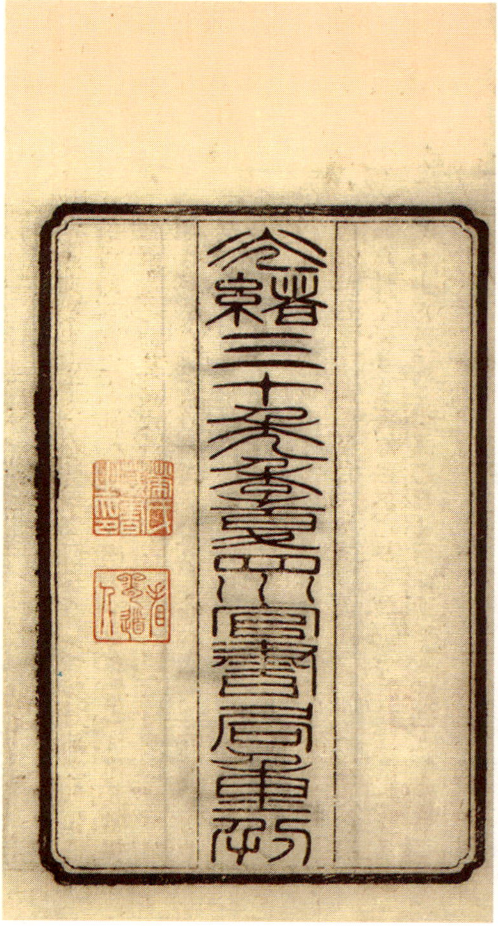

光緒三十年季夏四川官書局重刊

定盦文集（3-2）

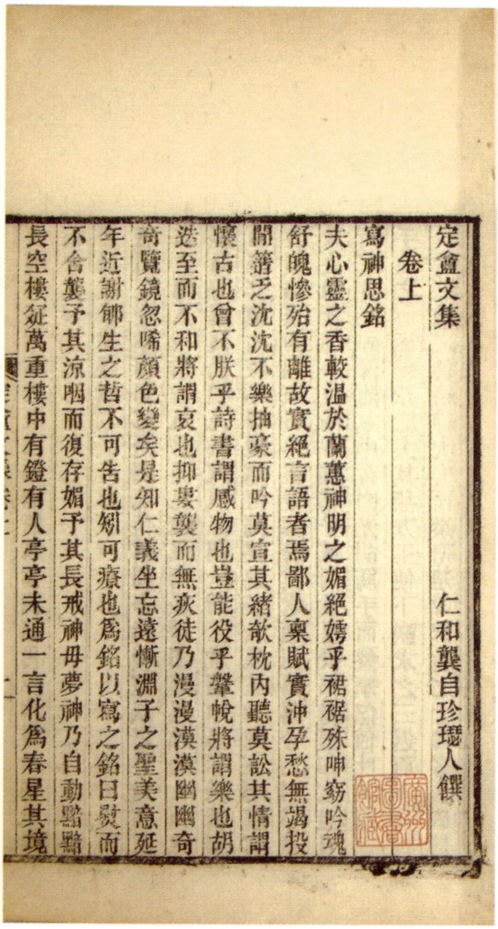

定盦文集

卷上　　　　仁和龔自珍璱人譔

寫神思銘

夫心靈之香較溫於蘭蕙神明之媚絕嫮乎裾裾殊呻窈吟魂舒魄慘殆有離故實絕言語者焉鄙人稟賦實沖孕愁無竭投閒簉乏沆沆不樂捐豪而吟莫宣其緒欹枕內聽莫訟其情謂懷古也曾不朕乎詩書謂感物也豈能役乎聲睌將謂樂也胡遻至而不和將謂哀也抑凄襲而無猋徒乃漫漫漠漠幽幽奇奇覽鏡忽晞顏色變矣是知仁義坐忘遠慚淵子之聖美意延年近謝鄦生之哲不可告也矧可療也爲銘以寫之銘曰熒而不含襲予其涼咽而復存媚予其長戒神毋夢神乃自動黯黯長空樓延萬重樓中有鐙有人亭亭未通一言化爲春星其境

定盦文集（3-3）

0112 定盦文集：三卷，續集四卷，文集補五卷，文集補編四卷附文集佚文一卷 /（清）龔自珍撰 . -- 清光緒三十四年 (1908) 成都官書局刻本 . -- 2 册

12 行，24 字，小字雙行同，黑口，左右雙邊，單黑魚尾，匡高 18 厘米，寬 13.5 厘米。

佚名封面題簽：龔定盦集。

牌記刊“光緒戊申成都官書局印行”。書中有吴煦“刻定盦文集緣起”、清同治七年（1868）曹籀“定盦文集題辭”、清光緒三十年（1904）孫鏘識；古今體詩卷末有清道光七年（1827）作者自跋；卷末有清同治八年（1869）吴煦補刊記。

扉頁題名：龔定盦先生集。總目題名：龔定盦全集。

著者簡介見第 0100 條《定盦文集三卷餘集一卷》。

定盦文集補包括：1. 定盦文集補續録一卷；2. 定盦文集補古今體詩二卷；3. 定盦文集補雜詩一卷；4. 定盦文集補詞選一卷。

鈐印有“蘇學海印”、“錫光”、“鉄嶺王貴忱章”、“王貴忱印”、“可居室”、“可居室主”、“貴忱印信”、“王大文印”等。

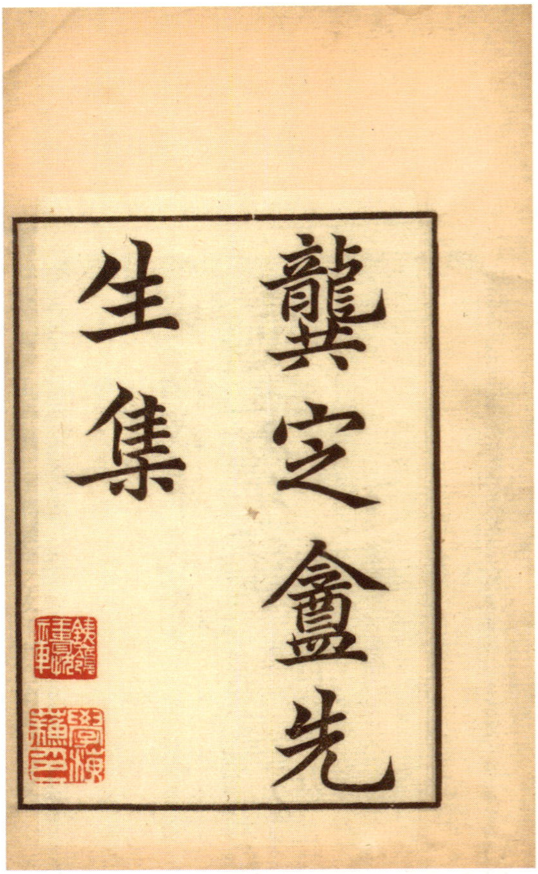

定盦文集（3–1）

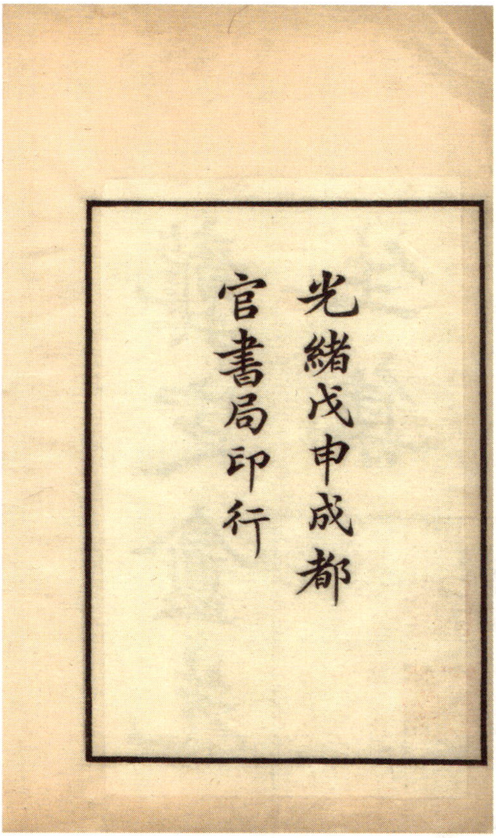
光緒戊申成都
官書局印行

定盦文集（3–2）

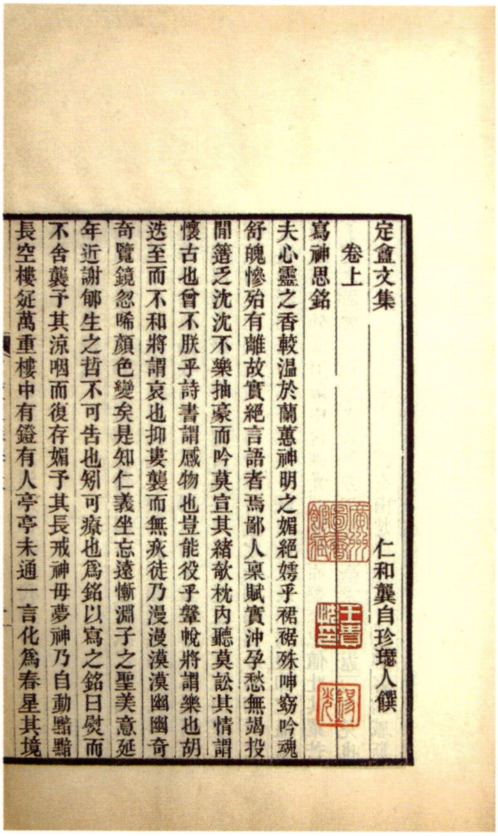
定盦文集　卷上
仁和龔自珍璱人譔
寫神思銘
夫心靈之香較温於蘭蕙神明之媚絕嫵乎裙裾殊呻窈吟魂
舒魄慘殆有離故實絕言語者焉鄙人稟賦實冲孕愁無竭投
閒簉乏沈沈不樂抽豪而吟莫宣其緒欹枕內聽莫訟其情謂
懷古也曾不朕乎詩書謂感物也豈能役乎聲帨將謂樂也胡
迭至而不和將謂哀也抑婁襲而無疢徒乃漫漫漠漠幽幽奇
奇覽鏡忽唏顏色變矣是知仁義坐忘遠慚淵子之聖美意延
年近謝邠生之哲不可告也剶可療也爲銘以寫之銘曰熨而
不舍襲予其涼咽而復存媚予其長戒神毋夢神乃自動黯黯
長空樓延萬重樓中有鐙有人亭亭未通一言化爲春星其境

定盦文集（3–3）

0113 定盦文集：三卷，文集補編四卷 /（清）龔自珍撰．-- 清宣統元年 (1909) 上海國學扶輪社鉛印本．-- 2 册

13 行，30 字，小字雙行同，黑口，四周雙邊，單黑魚尾，匡高 17.5 厘米，寬 12.1 厘米。

天頭鉛印諸家評點，正文有圈識。

前有精刊龔定盦全集緣起、原刻吴序；文集目録末有譚獻跋、文集題辭；文集補編卷末有清光緒十二年（1886）朱之榛題後。

扉頁題名：龔定盦全集。卷首緣起卷端題名：精刊龔定盦全集；緣起書口題名：定盦全集。

著者簡介見第 0100 條《定盦文集三卷餘集一卷》。

鈐印有“鐵嶺王貴忱之章”、“王貴忱印”等。

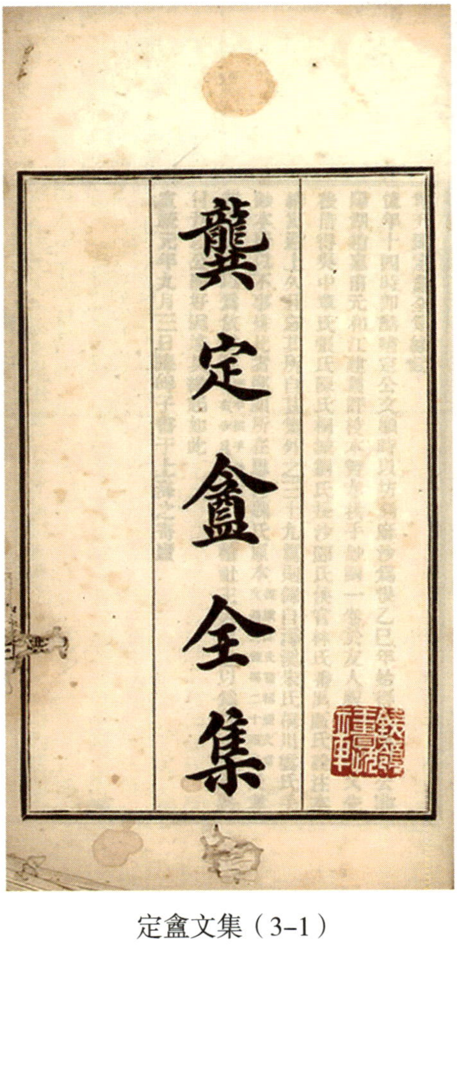

定盦文集（3-1）

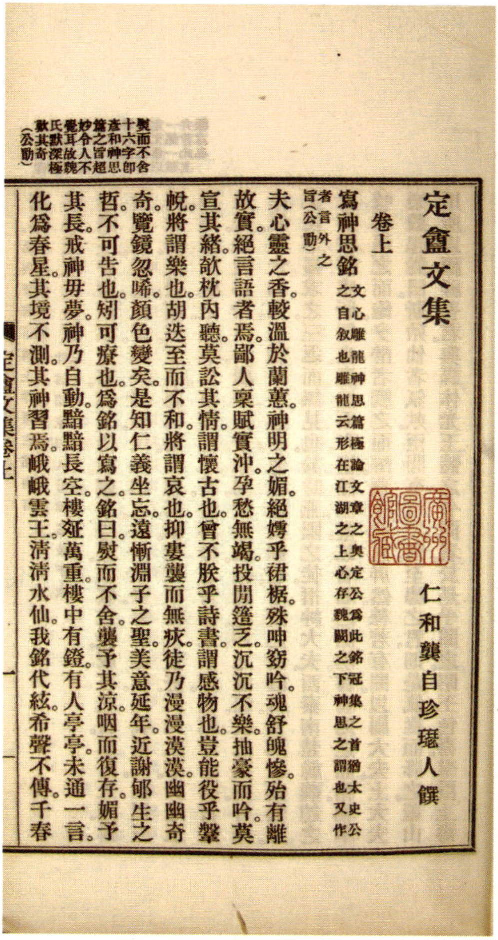

製而不含十六字卽彥和神思篇之旨超妙令人不覺耳故魏氏默深極歎其奇（公勤）

定盦文集

卷上

仁和龔自珍璱人譔

寫神思銘 文心雕龍神思篇極論文章之奥定公爲此銘冠集之首猶太史公之自叙也雕龍云形在江湖之上心存魏闕之下神思之謂也又作者言外之旨（公勤）

夫心靈之香。較溫於蘭蕙。神明之媚。絶嫭乎裙裾。殊呻窈吟。魂舒魄慘。殆有離故實。絶言語者焉。鄙人稟賦實沖。孕愁無竭。投閒簉乏。沉沉不樂。抽豪而吟。莫宣其緒。欹枕內聽。莫訟其情。謂懷古也。曾不朕乎詩書。謂感物也。豈能役乎鞶帨。將謂樂也。胡迭至而不和。將謂哀也。抑婁襲而無疢。徒乃漫漫漠漠。幽幽奇奇。覽鏡忽晞。顏色變矣。是知仁義坐忘。遠慚淵子之聖。美意延年。近謝郇生之哲。不可告也。矧可療也。爲銘以寫之。銘曰。尉而不舍。襲予其涼。咽而復存。媚予其長。戒神毋夢。神乃自動。黯黯長空。樓延萬重。樓中有鐙。有人亭亭。未通一言。化爲春星。其境不測。其神習焉。峨峨雲王。清清水仙。我銘代絃。希聲不傳。千春

定盦文集卷上　一

定盦文集（3–2）

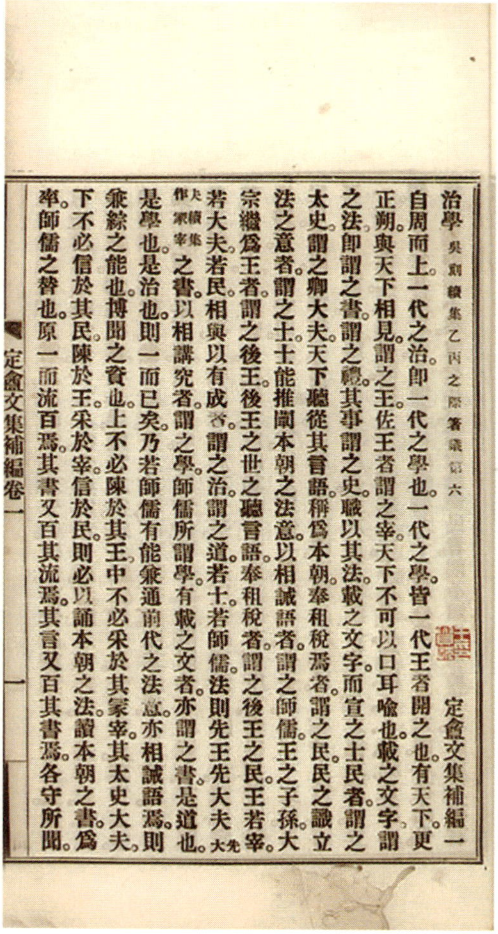

定盦文集補編一

治學 吳刻續集乙丙之際箸議弟六

自周而上。一代之治。卽一代之學也。一代之學。皆一代王者開之也。有天下。更正朔。與天下相見。謂之王。佐王者謂之宰。天下不可以口耳喻也。載之文字。謂之法。卽謂之書。謂之禮。其事謂之史。職以其法。載之文字。而宣之士民者。謂之太史。謂之卿大夫。天下聽從其言語。稱爲本朝。奉租稅焉者。謂之民。民之識立法之意者。謂之士。士能推闡本朝之法意。以相誡語者。謂之師儒。王之子孫。大宗繼爲王者。謂之後王。後王之世之聽言語。奉租稅者。謂之後王之民。王若宰。若大夫。若民。相與以有成者。謂之治。謂之道。若士。若師儒。法則先王先大夫（先大夫續集作冢宰）之書。以相講究者。謂之學。師儒所謂學。有載之文者。亦謂之書。是道也。是學也。是治也。則一而已矣。乃若師儒有能兼通前代之法意。亦相誡語焉。則兼綜之能也。博聞之資也。上不必陳於其王。中不必采於其冢宰。其太史大夫。下不必信於其民。陳於王。采於宰。信於民。則必以誦本朝之法。讀本朝之書。爲率。師儒之替也。原一而流百焉。其書又百其流焉。其言又百其書焉。各守所聞。

定盦文集補編卷一　一

定盦文集（3–3）

0114 定盦文集：三卷，續集四卷，文集補五卷，孝珙手抄本詞一卷，文集補編四卷，定盦文拾遺一卷附定盦時文兩篇 /（清）龔自珍撰．定盦先生年譜：一卷，附年譜後記一卷 / 吴昌綬編．-- 清宣統元年 (1909) 上海國學扶輪社鉛印本．-- 4 册

13 行，30 字，小字雙行同，黑口，四周雙邊，單黑魚尾，匡高 17.6 厘米，寬 12.4 厘米。

扉頁鉛印“宣統紀元 精刊定盦全集 國學扶輪社印行”。佚名朱筆圈點、朱墨筆批注；天頭鉛印諸家評點，正文有圈識。

有暭暭子清宣統元年“精刊龔定盦全集緣起”,吴煦“原刻吴序”（後有四行佚名識語），“定盦文集譚獻跋”，“定盦文集題辭”；古今體詩卷末有道光七年（1827）作者自跋，詞選卷末有同治三年（1864）吴煦校畢記；文集補編卷末有光緒十二年（1886）朱之榛“題後”；定盦先生年譜後記。“定盦先生年譜”卷末鉛印有“光緒甲辰之冬北海鄭文焯叔問父校過”字樣。

原九册現合裝爲四册。

書脚題名：定盦全集。

龔自珍簡介見第 0100 條《定盦文集三卷餘集一卷》。

吴昌綬簡介見第 0018 條《定盦先生年譜一卷》。

定盦文集補包括：1. 定盦文集補續録一卷；2. 定盦文集補古今體詩二卷；3. 定盦文集補雜詩（定盦續集己亥雜詩）一卷；4. 定盦文集補詞選（定盦别集）一卷。

鈐印有“王貴忱印”等。

宣统纪元

精刊定盦全集

國學扶輪社印行

定盦文集（2–1）

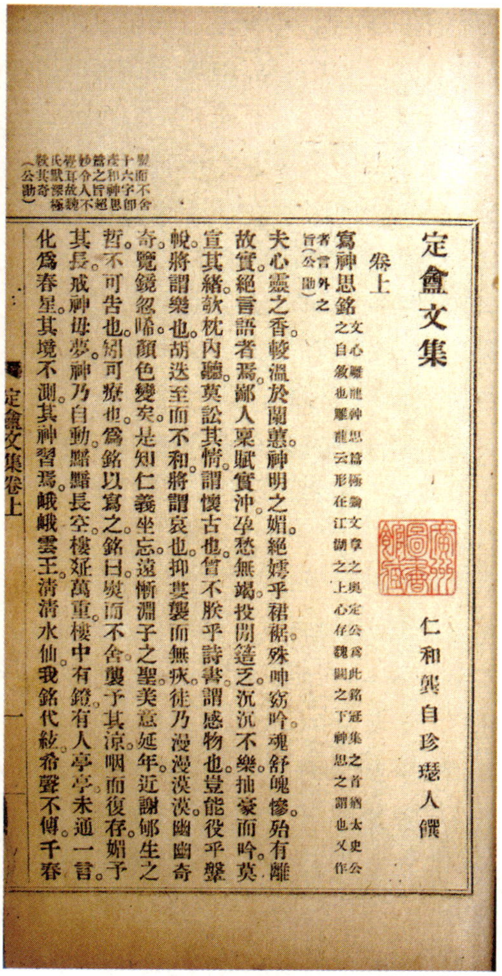

髮而不舍十六字即產和神思錯之旨絕妙令入不學耳故魏氏默深極敎其奇（公勖）

定盦文集

仁和龔自珍璱人譔

卷上

寫神思銘 文心雕龍神思篇極論文學之奧定公爲此銘冠集之首猶太史公之自敘也雕龍云形在江湖之上心存魏闕之下神思之謂也又作者言外之旨（公勖）

夫心靈之香。較溫於蘭蕙。神明之媚。絕嫿乎裙裾。殊呻窈吟。魂舒魄慘。殆有離故實。絕言語者焉。鄰人稟賦實沖。孕愁無竭。投閒讌乏。沉沉不樂。抽豪而吟。莫宣其緒。欹枕內聽。莫訟其情。謂懷古也。曾不朕乎詩書。謂感物也。豈能役乎聲帨。將謂樂也。胡迭至而不和。將謂哀也。抑蔞蘘而無疢。徒乃漫漫漠漠。幽幽奇奇。覽鏡忽晞。顏色變究。是知仁義坐忘。遠慚淵子之聖。美意延年。近謝郇生之哲。不可告也。矧可療也。爲銘以寫之。銘曰。熒而不舍。襲予其涼。咽而復存。媚予其長。戒神毋夢。神乃自動。翾翾長空。樓延萬重。樓中有鐙。有人亭亭。未通一言。化爲春星。其境不測。其神習焉。峨峨雲王。淸淸水仙。我銘代紘。希聲不傳。千春

定盦文集卷上　一

定盦文集（2–2）

0115 定盦文集：三卷，續集四卷，文集補五卷，孝珙手抄本詞一卷，文集補編四卷，定盦文拾遺一卷附定盦時文兩篇 /（清）龔自珍撰．定盦先生年譜：一卷，附年譜後記一卷 / 吴昌綬編．-- 清宣統元年 (1909) 上海國學扶輪社鉛印本．-- 7 册

13 行，30 字，小字雙行同，黑口，四周雙邊，單黑魚尾，匡高 17.6 厘米，寬 12.4 厘米。

封面題簽：精刊諸名家評點龔定盦全集 國學扶輪社。扉頁鉛印“宣統紀元 精刊定盦全集 國學扶輪社印行”。《定盦先生年譜》扉頁鉛印“龔先生年譜”，有橢圓“雙照樓”字樣。天頭鉛印諸家評點，正文有圈識。

有暭暭子清宣統元年“精刊龔定盦全集緣起”，吴煦“原刻吴序”（後有 4 行佚名識語），“定盦文集譚獻跋”，“定盦文集題辭”；古今體詩卷末有道光七年（1927）作者自跋，詞選卷末有同治三年（1864）吴煦校畢記；文集補編卷末有光緒十二年（1886）朱之榛“題後”；光緒戊申（1908）吴昌綬年譜序，定盦先生年譜後記。《定盦先生年譜》卷末鉛印“光緒甲辰之冬北海鄭文焯叔問父校過”。

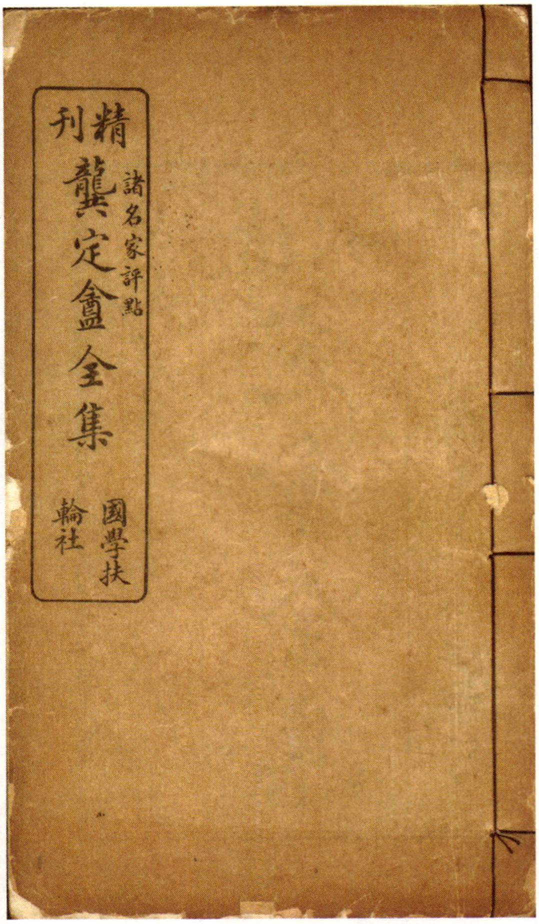

定盦文集（3–1）

龔自珍簡介見第 0100 條《定盦文集三卷餘集一卷》。

吴昌綬簡介見第 0018 條《定盦先生年譜一卷》。

定盦文集補包括：1. 定盦文集補續録一卷；2. 定盦文集補古今體詩二卷；3. 定盦文集補雜詩（定盦續集己亥雜詩）一卷；4. 定盦文集補詞選（定盦別集）一卷。

鈐印有“鐵嶺王貴忱章”、“可居室主”、“王貴忱印”、“王大文印”等。

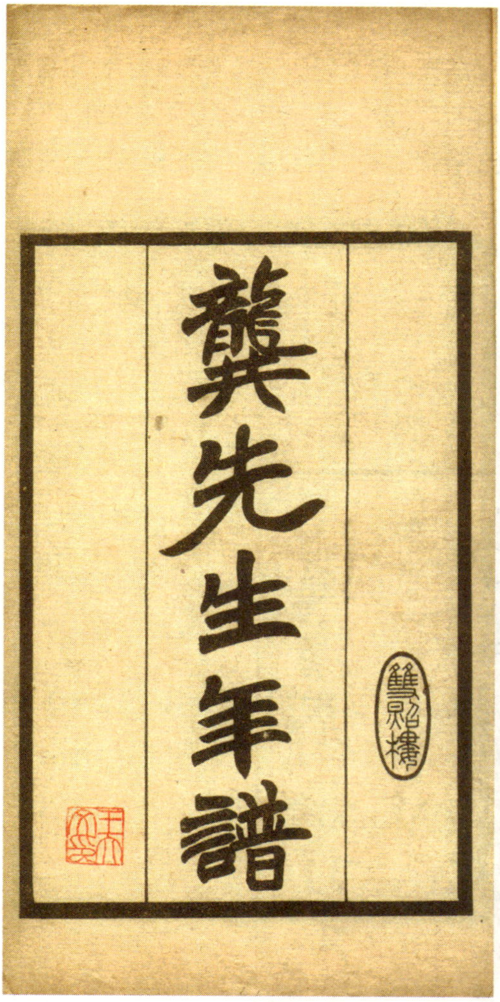
龔先生年譜

雙照樓

定盦文集（3-2）

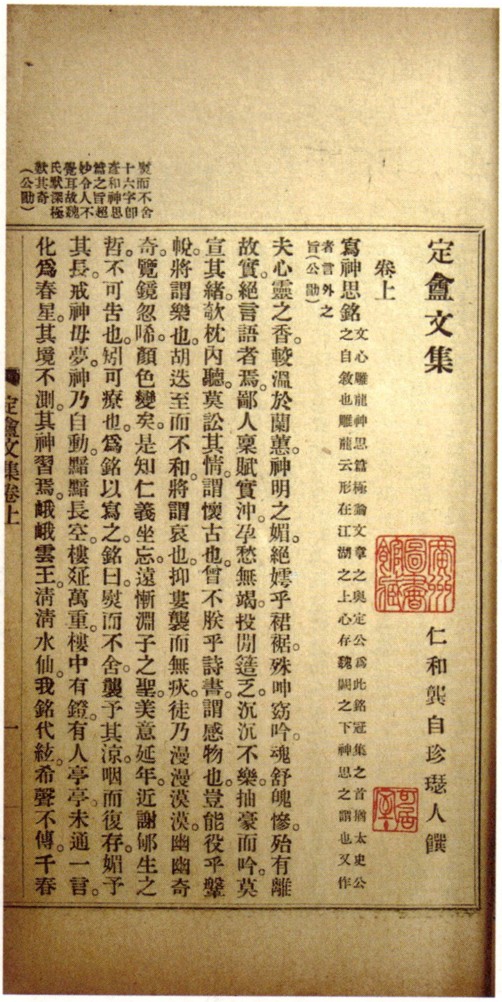
賢而不舍十六字卽齋和神思館之旨超妙令人不覺耳故魏氏默深極歎其奇（公勖）

定盦文集

卷上

仁和龔自珍瑟人譔

寫神思銘 文心雕龍神思篇極論文章之與定公爲此銘冠集之首摘太史公之自敘也雕龍云形在江湖之上心存魏闕之下神思之謂也又作者言外之旨（公勖）

夫心靈之香。較溫於蘭蕙。神明之媚。絕嫮乎裙裾。殊呻窈吟。魂舒魄慘。殆有離故實。絕言語者焉。鄙人稟賦實沖。孕愁無竭。投閒簉乏。沉沉不樂。抽豪而吟。莫宣其緒。欹枕內聽。莫訟其情。謂懷古也。曾不朕乎詩書。謂感物也。豈能役乎聲悅。將謂樂也。胡迭至而不和。將謂哀也。抑婁襲而無疢。徒乃漫漫漠漠。幽幽奇奇。覽鏡忽晞。顏色變矣。是知仁義坐忘。遠慚淵子之聖。美意延年。近謝郇生之哲。不可告也。矧可療也。爲銘以寫之。銘曰。熨而不舍。襲予其涼。咽而復存。媚予其長。戒神毋夢。神乃自動。黯黯長空。樓延萬重。樓中有鐙。有人亭亭。未通一言。化爲春星。其境不測。其神習焉。峨峨雲王。淸淸水仙。我銘代紘。希聲不傳。千春

定盦文集卷上　一

定盦文集（3-3）

0116 校訂定盦全集：十卷 /（清）龔自珍撰．定盦年譜稿本：一卷 / 黄守恒編．-- 清宣統元年 (1909) 上海時中書局鉛印本．-- 8 册（1 函）

14 行，31 字，小字雙行同，白口，四周雙邊，單黑魚尾，匡高 15.7 厘米，寬 12 厘米。函套有王貴忱墨筆跋。正文有圈識。

封面題簽：定盦全集公俠題；“公俠”爲薛鳳昌號。扉頁鉛印“邃漢齋校訂本 定盦全集 劍秋”。牌記鉛印“宣統元年九月 時中書局印行”。書口下方鉛印“邃漢齋校訂本”。

前有“校訂定盦全集叙目”，包括：魏源叙、曹籀題辭、吴煦跋、朱之榛跋；有宣統元年薛鳳昌識“定盦年譜稿本”。

龔自珍簡介見第 0100 條《定盦文集三卷餘集一卷》。

鈐印有“中和李氏”、“鉄嶺王貴忱章”、“貴忱印信”、“可居室”、“王大文印”等。

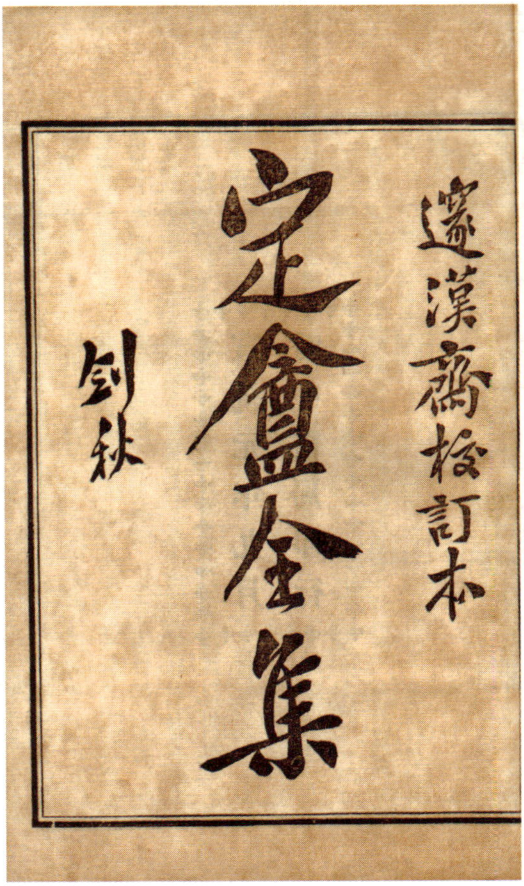

校訂定盦全集（3–1）

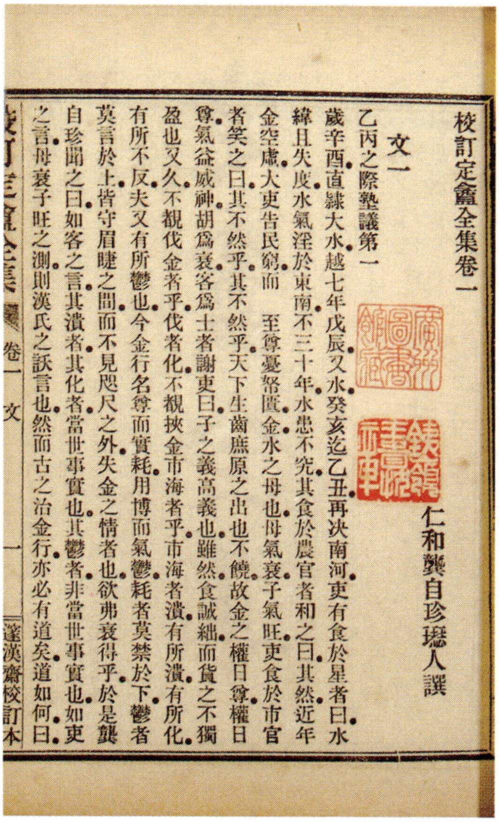

校訂定盦全集卷一

仁和龔自珍璱人譔

文一

乙丙之際塾議第一

歲辛酉直隸大水越七年戊辰又水癸亥迄乙丑再決南河吏有食於星者曰水緯且失度水氣淫於東南不三十年水患不究其食於農官者和之曰其然近年金空虛大吏告民窮而　至尊憂帑匱金水之母也母氣衰子氣旺吏食於市官者笑之曰其不然乎其不然乎天下生齒庶原之出也不饒故金之權日尊權日尊氣益威神胡爲衰客爲士者謝吏曰子之義高義也雖然食誠絀而貨之不獨盈也又久不覩伐金者乎伐者化不覩挾金市海者乎市海者潰有所潰有所化有所不反夫又有所鬱也今金行名尊而實耗用博而氣鬱耗者莫禁於下鬱者莫言於上皆守眉睫之間而不見咫尺之外失金之情者也欲弗衰得乎於是龔自珍聞之曰如客之言其潰者其化者當世事實也其鬱者非當世事實也如吏之言毋衰子旺之測則漢氏之訞言也然而古之治金行亦必有道矣道如何曰

校訂定盦全集　卷一　文　一　蓬漢齋校訂本

校訂定盦全集（3–2）

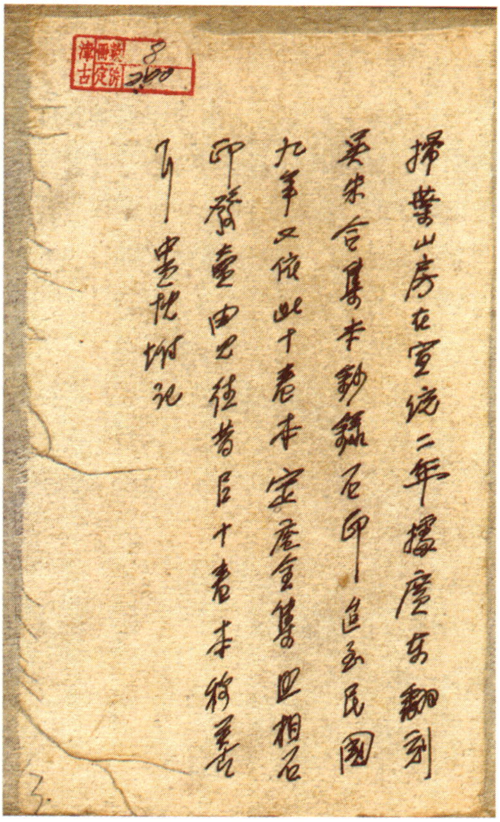

掃葉山房在宣統二年據廣東翻刻
吳朱合集本動鉛石印迨至民國
九年又依此十卷本定庵全集照相石
印蓋由此往昔百十書未精善
耳

校訂定盦全集（3–3）

0117 定盦文集：三卷，續集四卷，文集補五卷，文集補編四卷 /（清）龔自珍撰．-- 清宣統二年 (1910) 上海掃葉山房石印本．-- 3 册

14 行，31 字，小字雙行同，白口，四周雙邊，單黑魚尾，匡高 16.9 厘米，寬 11.7 厘米。

封面題簽：龔定盦全集 濟蒼題簽。扉頁石印“仁和龔自珍著 定盦全集 澹盧居士陳震題”。佚名朱筆圈識。牌記爲“宣統二年石印 掃葉山房”。書口下方有“上海掃葉山房石印”。

書中有吴煦“刻定盦文集緣起”，清同治七年（1868）曹籀“定盦文集題辭”；古今體詩卷末有道光七年（1827）作者自跋；卷末有清光緒十二年（1886）朱之榛“題後”。

原書六册，現合裝爲三册。

著者簡介見第 0100 條《定盦文集三卷餘集一卷》。

據清同治七年（1868）刻本寫印。定盦文集補包括：1. 定盦文集補續録一卷；2. 定盦文集補古今體詩二卷；3. 定盦文集補雜詩（定盦續集己亥雜詩）一卷；4. 定盦文集補詞選（定盦别集）一卷。

定盦文集（2–1）

鈐印有“麓笙”、“有錢人家”、“鉄嶺王貴忱章”、“可居室”、“可居室主”、“王貴忱印”、“王大文印”等。

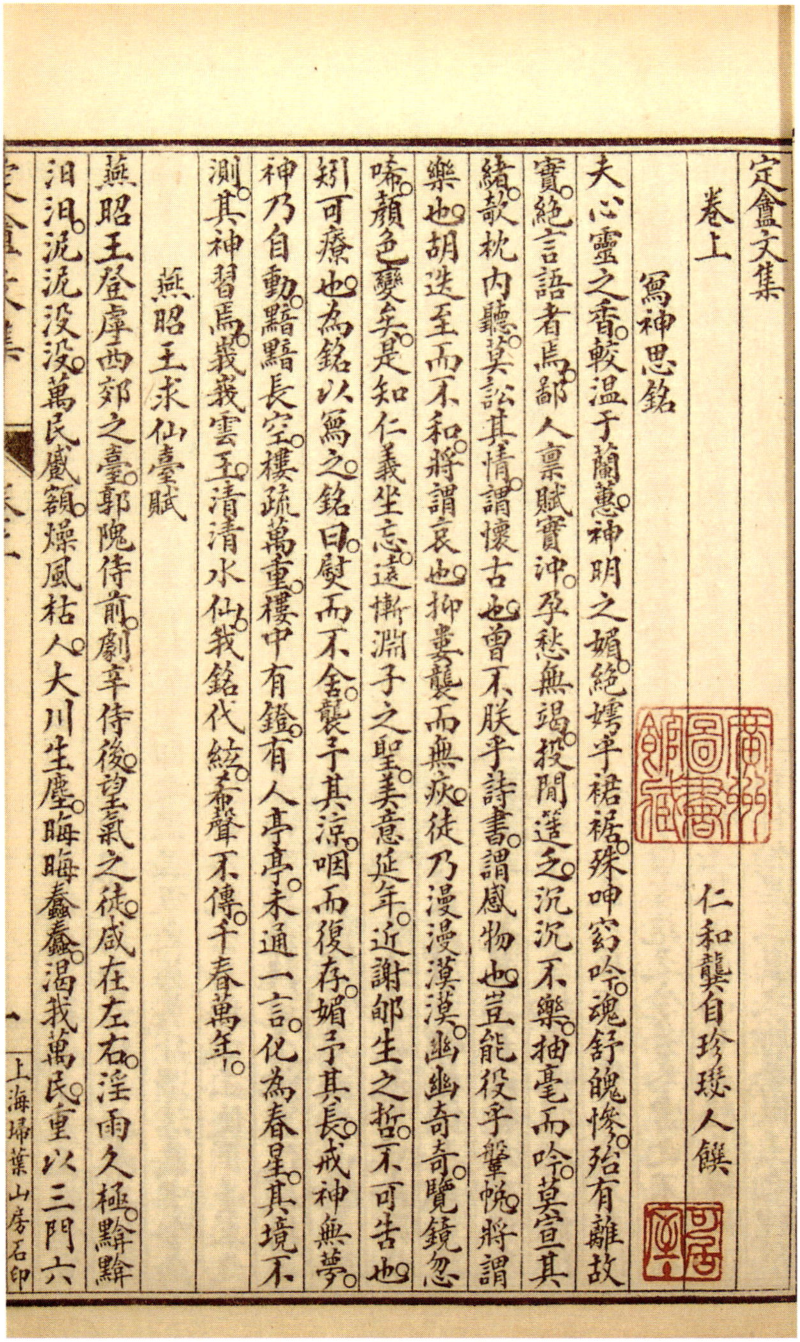

定盦文集

卷上

仁和龔自珍璱人譔

寫神思銘

夫心靈之香較温于蘭蕙神明之媚絕嫮乎裙裾殊呻窈吟魂舒魄慘殆有離故實絕言語者焉鄙人稟賦實沖孕愁無竭投閒送老沉沉不樂抽毫而吟莫宣其緒欹枕内聽莫訟其情謂懷古也曾不朕乎詩書謂感物也豈能役乎聲幌將謂樂也胡迭至而不和將謂哀也抑要襲而無疢徒乃漫漫漠漠幽幽奇奇覽鏡忽唏顏色變矣是知仁義坐忘遠慚淵子之聖美意延年近謝郤生之哲不可告也刻可療也為銘以寫之銘曰尋而不舍襲于其涼咽而復存媚于其長戒神無夢神乃自動黯黯長空樓疏萬重樓中有鐙有人亭亭未通一言化為春星其境不測其神習焉峩峩雲王清清水仙我銘代絃希聲不傳千春萬年

燕昭王求仙臺賦

燕昭王登虖西郊之臺郭隗侍前劇辛侍後望氣之徒咸在左右淫雨久極黯黯汩汩泯泯沒沒萬民蹙額燥風枯人大川生塵晦晦蠢蠢渴我萬民重以三門六

定盦文集　卷上　一

上海埽葉山房石印

定盦文集（2–2）

0118 龔定盦別集：一卷；定盦詩集定本：二卷；定盦詞定本：一卷；定盦集外未刻詩：一卷；定盦集外未刻詞：一卷 /（清）龔自珍撰；（清）龔橙編 . -- 清宣統二年 (1910) 順德鄧氏風雨樓鉛印本 . -- 2 冊（1 函）. --（風雨樓叢書 / 鄧實輯）

10 行，28 字，黑口，四周單邊，匡高 16.5 厘米，寬 10.5 厘米。

扉頁鉛印“龔定盦別集詩詞定本 附集外未刻詩”。牌記鉛印“宣統庚戌順德鄧氏依魏默深龔孝拱手定原本校鎸”。

前有清宣統二年傅華、鄧實識，有附録譚獻“復堂日記”；集外未刻詩、未刻詞卷末均有鄧實記。每卷末鉛印“順德鄧實校刊”；別集卷末鉛印“咸豐十年夏五月子橙編校于上海縣”。

龔自珍簡介見第 0100 條《定盦文集三卷餘集一卷》。

龔橙（1817 ~ 1878），字孝拱，號昌匏，龔自珍之長子。學問淵博，個性狂誕，一生著述頗豐，遍及經學、小學、史學及金石諸領域，惟大多未行於世，因此世人罕睹其學。

鈐印有“王貴忱印”、“可居室主”等。

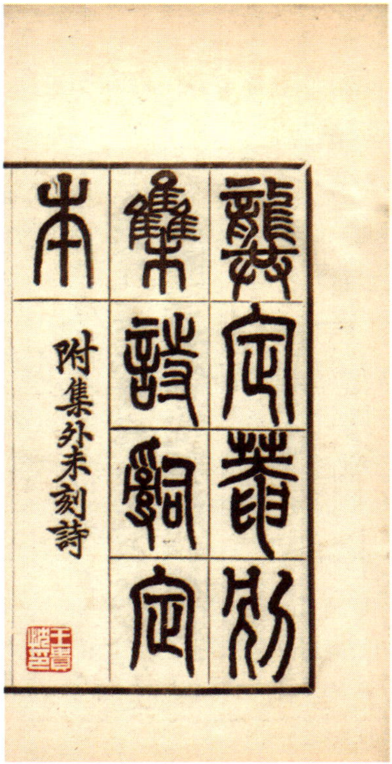

龔定盦別集（3–1）

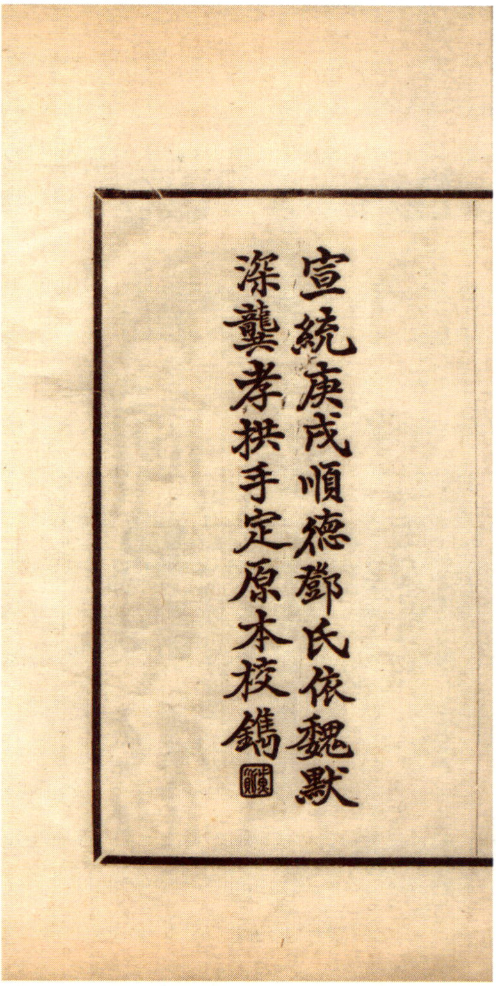

宣統庚戌順德鄧氏依魏默深龔孝拱手定原本校鐫

龔定盦別集（3–2）

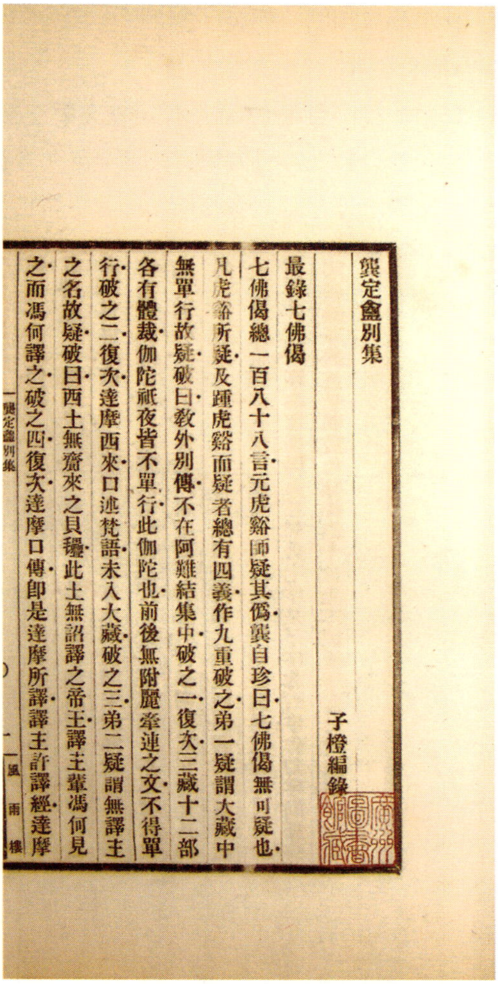

龔定盦別集

最錄七佛偈

子橙編錄

七佛偈總一百八十八言元虎谿師疑其僞龔自珍曰七佛偈無可疑也凡虎谿所疑及踵虎谿而疑者總有四義作九重破之弟一疑謂大藏中無單行故疑破曰教外別傳不在阿難結集中破之一復次三藏十二部各有體裁伽陀祇夜皆不單行此伽陀也前後無附麗牽連之文不得單行破之二復次達摩西來口述梵語未入大藏破之三弟二疑謂無譯主之名故疑破曰西土無齎來之貝𧜟此土無詔譯之帝王譯主輩馮何見之而馮何譯之破之四復次達摩口傳即是達摩所譯譯主許譯經達摩

龔定盦別集　一　風雨樓

龔定盦別集（3–3）

0119 龔定盦集外未刻詩：一卷，定盦集外未刻詞一卷 / (清) 龔自珍撰；包天笑鈔録．-- 清宣統三年 (1911) 石印本．-- 1 册

10 行，28 字，小字雙行同，白口，四周單邊，單白魚尾，匡高 20.6 厘米，寬 12.7 厘米。

佚名墨筆圈點、句讀。

宣統三年閏六月初版。

龔自珍簡介見第 0100 條《定盦文集三卷餘集一卷》。

包天笑（1876 ~ 1973），江蘇吴縣（今蘇州）人。初名清柱，又名公毅，字朗孫，筆名天笑等。著有《上海春秋》、《海上蜃樓》、《包天笑小説集》等，譯有《空谷蘭》、《馨兒就學記》等。

鈐印有“蔭麐藏書”、“可居室主”、“王貴忱印”、“鉄嶺王貴忱章”、“王大文印”等。

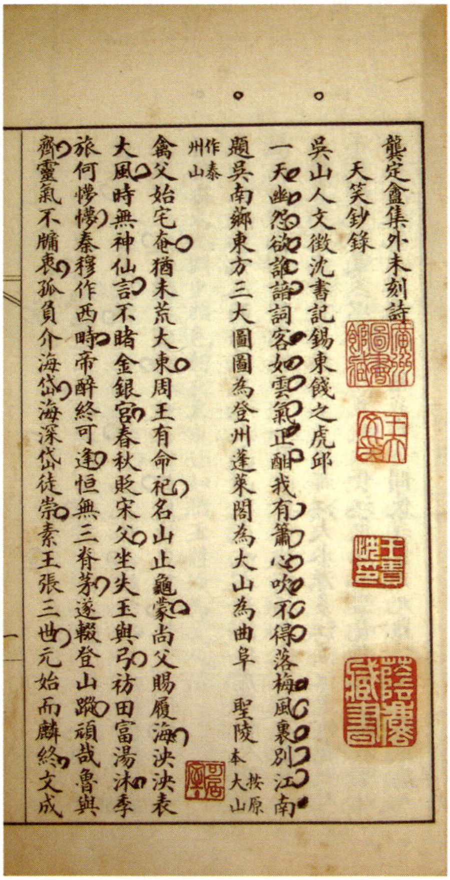
龔定盦集外未刻詩
天笑鈔錄
吳山人文徵沈書記錫東餞之虎邱
一天幽怨欲誰諳詞客如雲氣正酣我有簫心吹不得落梅風裏別江南
題吳南薌東方三大圖圖為登州蓬萊閣為大山為曲阜　聖陵 按原本大山作泰州山
禽父始宅奄猶未荒大東周王有命祀名山止龜蒙尚父賜履海泱泱表
大風時無神仙言不睹金銀宮春秋貶宋父坐失玉與弓祊田富湯沐季
旅何憀憀秦穆作西畤帝醉終可逢恒無三脊茅遂輟登山蹤頑哉魯與
齊靈氣不牖衷孤負介海岱海深岱徒崇素王張三世元始而麟終文成

龔定盦集外未刻詩（2–1）

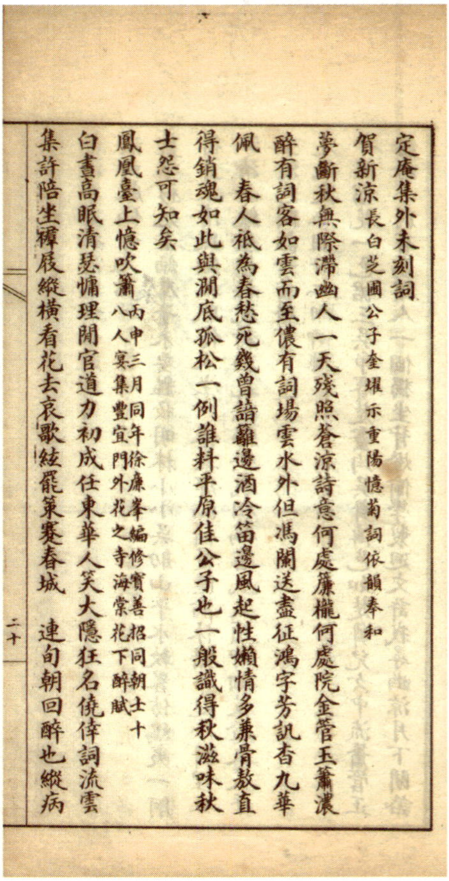
定庵集外未刻詞
賀新涼長白芝圃公子奎燿示重陽憶菊詞依韻奉和
夢斷秋無際滯幽人一天殘照蒼涼詩意何處簾櫳何處院金管玉簫濃
醉有詞客如雲而至儂有詞場雲水外但憑闌送盡征鴻字芳訊杳九華
佩　春人秖為春愁死幾曾諳籬邊酒冷笛邊風起性懶情多兼骨傲直
得銷魂如此與澗底孫松一例誰料平原佳公子也一般識得秋滋味秋
士怨可知矣
鳳凰臺上憶吹簫 丙申三月同年徐廉峯編修寶善招同朝士十八人宴集豐宜門外花之寺海棠花下醉賦
白晝高眠清瑟慵理閒官道力初成任東華人笑大隱狂名僥倖詞流雲
集許陪坐穉辰縱橫看花去哀歌絃罷策蹇春城　連句朝回醉也縱病

龔定盦集外未刻詩（2–2）

0120 倚松閣詩鈔：十五卷，附録二卷 /（清）馮錫鏞撰．-- 清道光十七年至同治九年(1837~1870) 刻本．-- 3 册

10 行，21 字，小字雙行同，上白口下黑口，四周雙邊，單黑魚尾，匡高 18.3 厘米，寬 11.1 厘米。

佚名墨筆圈點、句讀、朱印記號。

牌記刊“同治庚午鋟梓内于滇集道光丁酉鐫於浙中”。

前有“南海縣志本傳”、“墓誌銘”、“祭文”，及清道光二十一年（1841）李品芳叙和羅文俊叙、林彭年叙、道光丁酉十七年徐榮“于滇集叙”。

缺：卷十四、卷十五，附録。

馮錫鏞，清廣東南海人，字鳴虞，號侣笙。清道光九年（1829）進士，官黄岩知縣。有《倚松閣詩鈔》。

附録包括：1. 凌虚閣詩；2. 凌虚閣試帖。

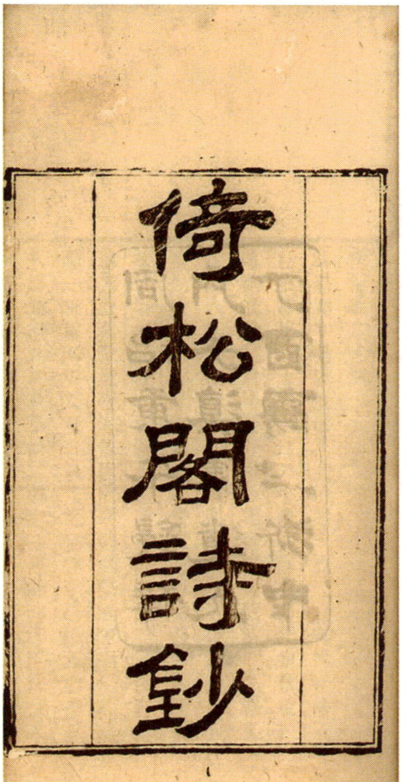

倚松閣詩鈔（3–1）

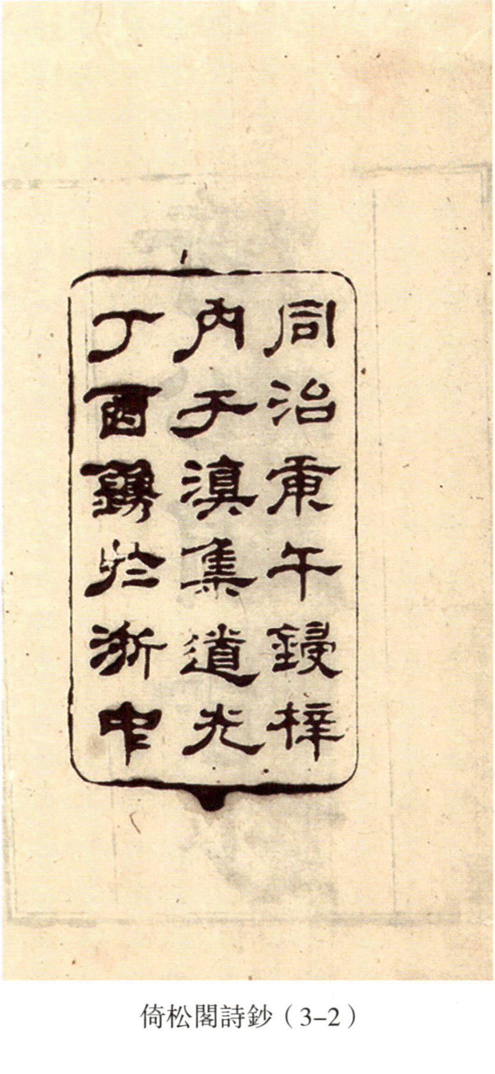
同治庚午錄梓
內子滇集道光
丁酉錄於浙中

倚松閣詩鈔（3–2）

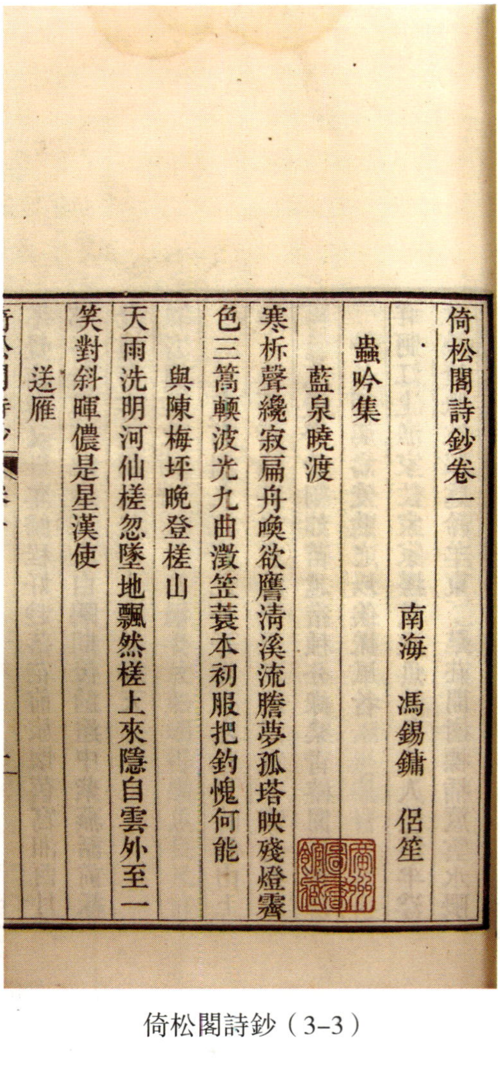
倚松閣詩鈔卷一
南海　馮錫鏞　侶笙
蟲吟集
藍泉曉渡
寒柝聲纔寂扁舟喚欲膺清溪流膽夢孤塔映殘燈霽
色三篙轆波光九曲瀲笠蓑本初服把釣愧何能
與陳梅坪晚登槎山
天雨洗明河仙槎忽墜地飄然槎上來隱自雲外至一
笑對斜暉儂是星漢使
送雁

倚松閣詩鈔（3–3）

0121 綠漪艸堂文集：三十卷 /（清）羅汝懷撰 . -- 清光緒九年 (1883) 湘潭羅氏刻本 . -- 1 册

10 行，24 字，小字雙行同，白口，四周雙邊，單黑魚尾，匡高 19.4 厘米，寬 13.3 厘米。佚名朱筆豎綫標注、點讀。每卷卷末刊有“男式常校梓”。

存四卷：卷十四至卷十七。

書脚題名：綠漪草堂集。

羅汝懷（1804 ~ 1880），清湖南湘潭縣人。初名汝槐，字廿孫，一作念生、研生，晚號梅根居士。著有《湖南文徵》二百卷、《詩古音疏證》四卷、《潭雅集》四卷等，共二十四種，又參與修纂光緒刊《湖南通志》。

《續修四庫全書》第 1530 ~ 1531 册著録有“綠漪草堂文集三十卷首一卷外集二卷別集二卷綠漪草堂詩集二十卷研華館詞三卷 影印華東師大圖書館藏清光緒九年羅式常刻本”。

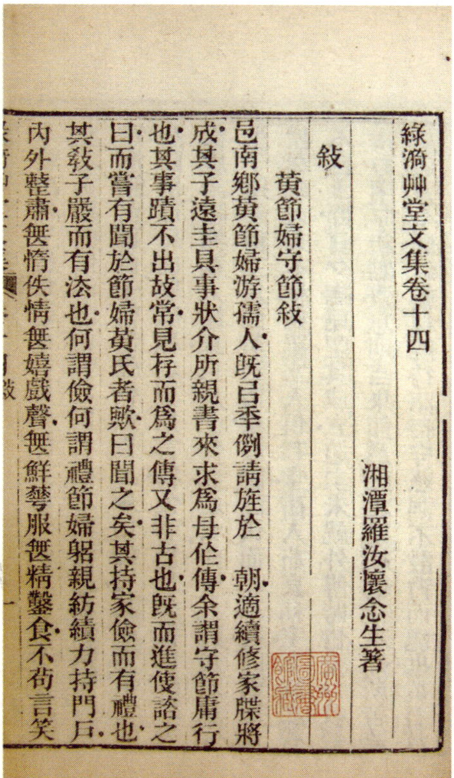

綠漪艸堂文集卷十四

湘潭羅汝懷念生著

敍

黃節婦守節敍

邑南鄉黃節婦游孺人既吕季例請旌於　朝適續修家牒將成其子遠圭具事狀介所親書來求爲母作傳余謂守節庸行也其事蹟不出故常見存而爲之傳又非古也既而進使諸之曰而嘗有聞於節婦黃氏者歟曰聞之矣其持家儉而有禮也其敎子嚴而有法也何謂儉何謂禮節婦躬親紡績力持門戶內外整肅無惰佚情無嬉戲聲無鮮華服無精鑿食不苟言笑

綠漪艸堂文集

0122 佩蘅詩鈔：四卷 /（清）寶鋆撰 . -- 清咸豐九年 (1859) 刻本 . -- 2 册

10 行，21 字，小字雙行同，白口，四周雙邊，單黑魚尾，匡高 17.1 厘米，寬 12.6 厘米。《奉使三音諾彥記程草》有清咸豐四年（1854）著者寶鋆自序，符葆森“寄心盦詩話一則”，咸豐九年徐錦序，徐桐“題辭”；《塞上吟》有咸豐九年蔣珍跋；《自怡悦齋試帖詩存》有著者寶鋆自記。

寶鋆（1807 ~ 1891），清滿洲鑲白旗人，世居吉林，索綽絡氏，字佩蘅。道光進士，咸豐時曾任内閣學士、禮部右侍郎、總管内務府大臣。同治時任軍機大臣，并充總理各國事務大臣、體仁閣大學士。光緒時晋爲武英殿大學士。謚文靖。

是書包括：1. 奉使三音諾彥記程草一卷；2. 塞上吟一卷；3. 自怡悦齋試帖詩存二卷。

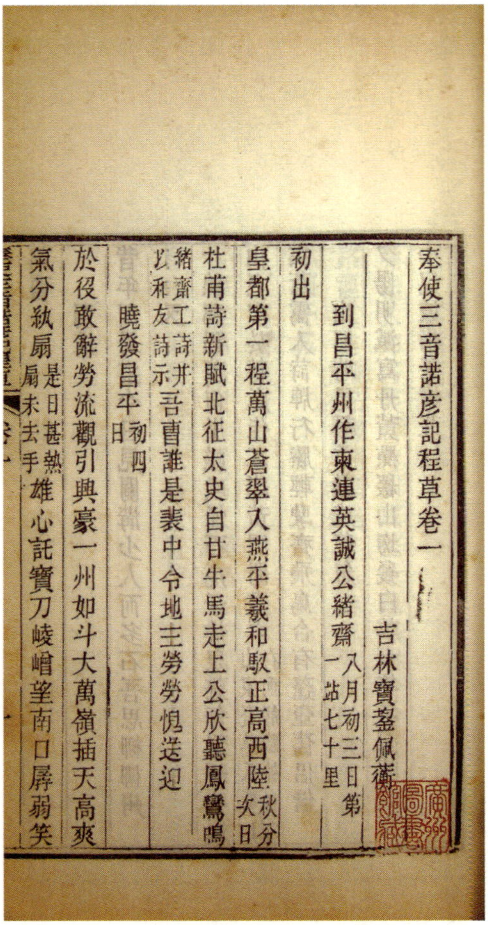
奉使三音諾彥記程草卷一
吉林寶鋆佩蘅
到昌平州作東連英誠公緒齋 八月初三日第一站七十里
初出
皇都第一程萬山蒼翠入燕平羲和馭正高西陸 秋分次日
杜甫詩新賦北征太史自甘牛馬走上公欣聽鳳鸞鳴
緒齋工詩并以和友詩示吾曹謹是裴中令地主勞勞悒送迎
曉發昌平 初四日
於役敢辭勞流觀引興豪一州如斗大萬嶺插天高爽
氣分紈扇 是日甚熱扇未去手 雄心託寶刀崚嶒望南口孱弱笑

佩蘅詩鈔（3–1）

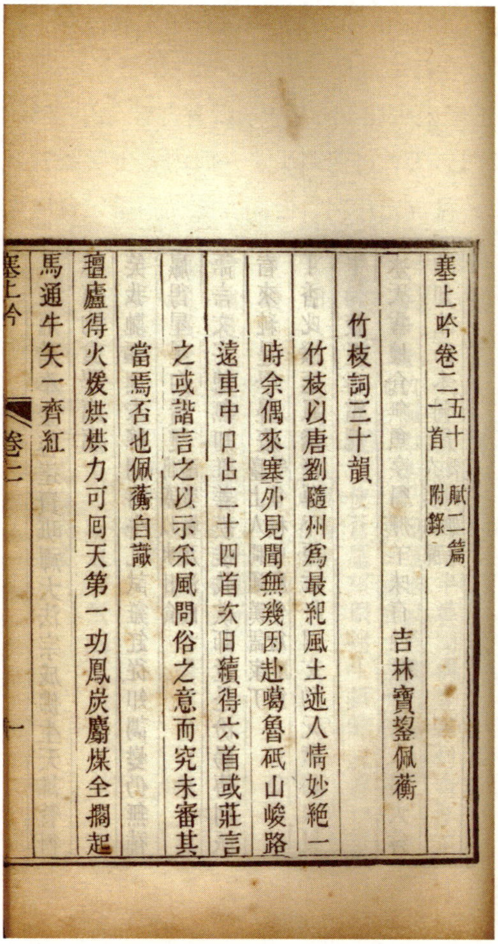
塞上吟卷二 五十一首 附錄 賦二篇

吉林寶鋆佩蘅

竹枝詞三十韻

竹枝以唐劉隨州爲最紀風土述人情妙絕一時余偶來塞外見聞無幾因赴鶻魯砥山峻路遠車中口占二十四首次日續得六首或莊言之或諧言之以示采風問俗之意而究未審其當焉否也佩蘅自識

氊廬得火燰烘烘力可回天第一功鳳炭麝煤全擱起馬通牛矢一齊紅

塞上吟 卷二 十一

佩蘅詩鈔（3–2）

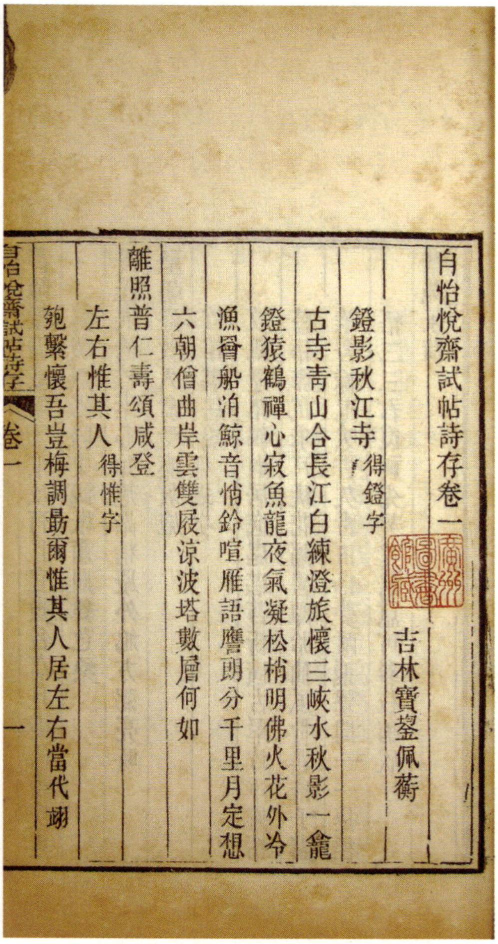
自怡悅齋試帖詩存卷一

吉林寶鋆佩蘅

鐙影秋江寺 得鐙字

古寺青山合長江白練澄旅懷三峽水秋影一龕鐙猿鶴禪心寂魚龍夜氣凝松楠明佛火花外冷漁罾船泊鯨音悄鈴喧雁語譍朗分千里月定想六朝僧曲岸雲雙屐涼波塔數層何如離照普仁壽頌咸登

左右惟其人 得惟字

匏繫懷吾豈梅調鼎爾惟其人居左右當代翊

自怡悅齋試帖詩存 卷一 一

佩蘅詩鈔（3–3）

0123 朱九江先生集：十卷，卷首四卷 /（清）朱次琦撰；（清）簡朝亮纂．-- 清光緒(1875~1908) 讀書草堂刻本．-- 4 册

11 行，24 字，白口，左右雙邊，單黑魚尾，匡高 21.2 厘米，寬 14.7 厘米。

扉頁刊題名：朱九江先生集十卷。有清光緒二十三年（1897）簡朝亮序，錢儀吉“詩序”；每卷卷末刊“再傳弟子校栞於讀書草堂”。卷首之二爲《朱九江先生年譜》。

夾葉一張，内容爲朱九江先生門下晚生梁正修墨筆題記：“吾家藏有九江先生書札、文稿甚夥，編列裝成十卷，卷中有經先生之及門弟子、再傳弟子、并海内名士題跋者百數十人。此卷爲先生三十七歲至末年時期文稿，雖吉光片羽，但閱者能從中得領會出先生中年後書法之演進焉。同里門下又晚生梁正修謹誌。”

朱次琦（1807 ~ 1881），清廣東南海人，字浩虔，一字子襄，號稚圭，人稱九江先生。清道光十九年（1839）己亥科與兄士琦同時中舉，二十七年（1847）丁未科進士，曾任山西孝義、襄陵知縣。與巡撫不協，辭官歸。同治元年（1862）特旨召用，以病不就。居鄉專事講學著述二十餘載，門生甚衆，影響深廣。著有《朱九江先生集》、《是汝師齋詩》、《大雅堂詩集》、《國朝名臣言行録》、《性學源流》、《宋遼金元明五史征實録》、《論史口説》、《九江儒林鄉志》、《（南海九江）朱氏家譜序例》、《朱九江日記》等。與朱宗琦同輯《朱氏傳芳集》八卷。

簡朝亮簡介見第 0049 條《朱九江先生講學記一卷》。

鈐印有“王貴忱印”、“貴忱印信”。

《續修四庫全書》第 1535 册著録有“朱九江先生集十卷卷首一卷（清）朱次琦撰 影印華東師大圖書館藏清光緒間刻本”。

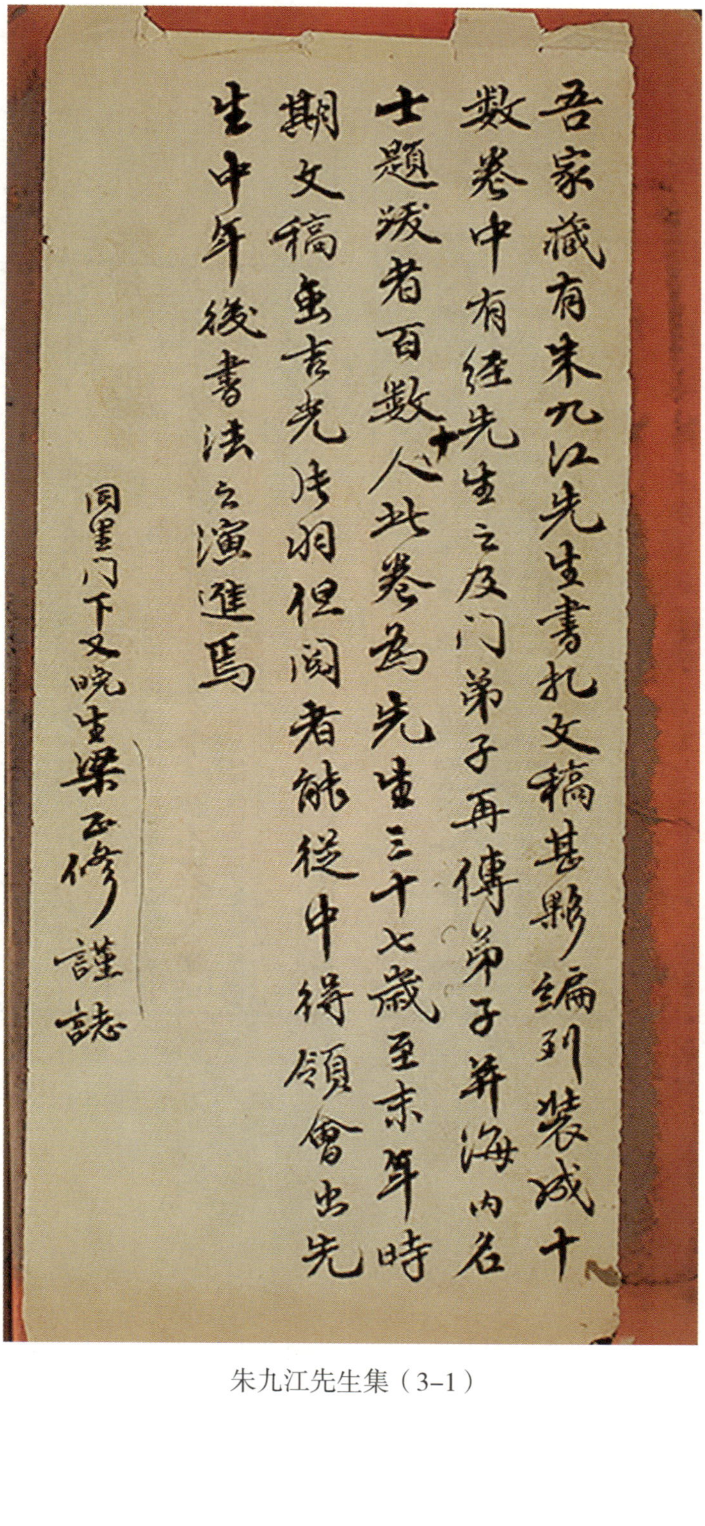
吾家藏有朱九江先生書札文稿甚夥編列裝成十數卷中有經先生之及門弟子再傳弟子並海內名士題跋者百數十人此卷為先生三十七歲至末年時期文稿垂吉光片羽但閱者能從中得領會出先生中年後書法之演進焉

同里門下文晚生梁正修謹誌

朱九江先生集（3–1）

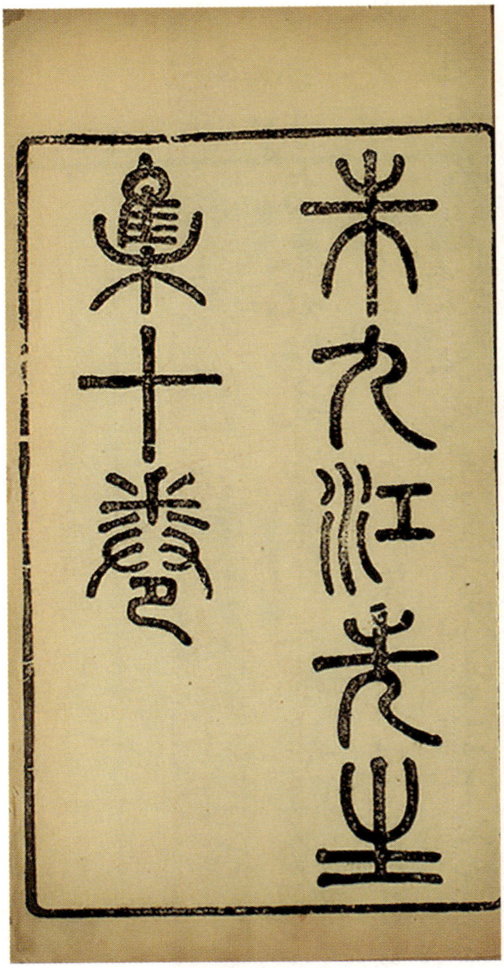

朱九江先生集（3–2）

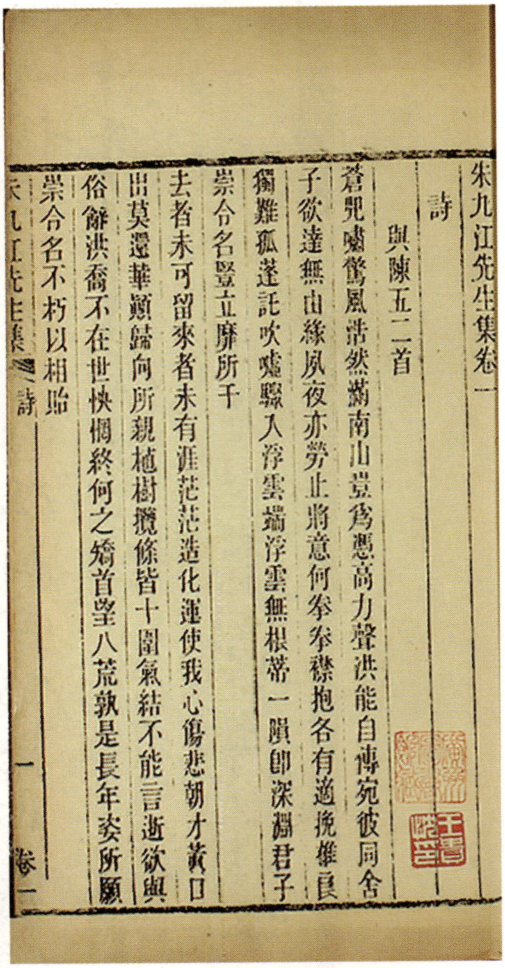

朱九江先生集（3–3）

0124 味經書屋詩存：一卷 /（清）寶珣撰 . -- 清光緒二十七年 (1901) 刻本 . -- 1 册

8 行，20 字，小字雙行同，白口，四周雙邊，單黑魚尾，匡高 19.2 厘米，寬 14.3 厘米。

扉頁刊“光緒辛丑仲秋 味經書屋詩草 輝發全興敬題”。

前有清光緒二十七年輝發貴恒序；末有作者寶珣之子紹英跋，光緒二十七年榮慶跋。

寶珣，清滿洲旗人，祖籍長白，字東山。道光二十一年（1841）進士，官至山海關副都統。有《味經書屋詩存》。

鈐印有“貴忱印信”。

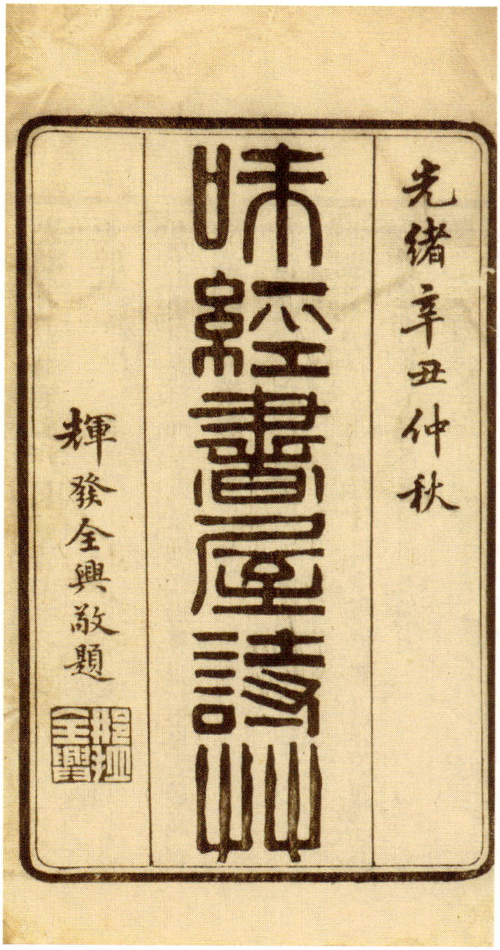
光緒辛丑仲秋
味經書屋詩草
輝發全興敬題

味經書屋詩存（2–1）

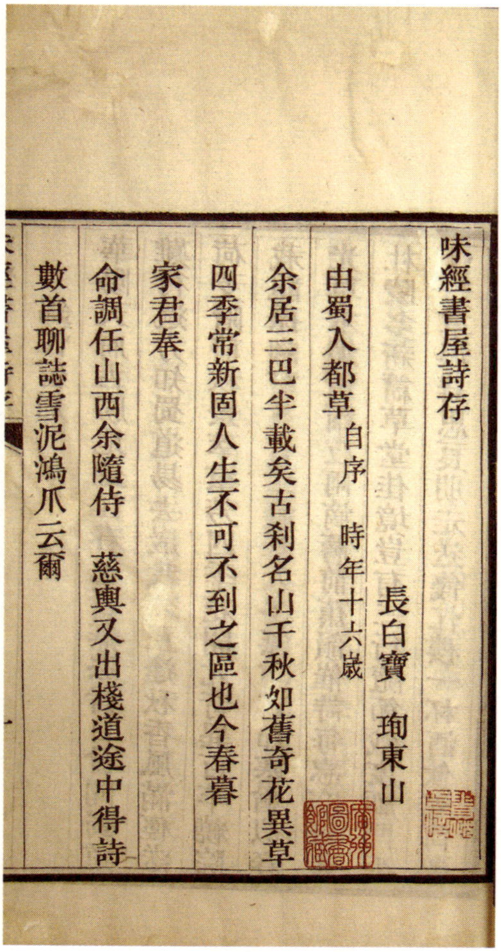
味經書屋詩存　長白寶　珣東山
由蜀入都草　自序　時年十六歲
余居三巴半載矣古刹名山千秋如舊奇花異草
四季常新固人生不可不到之區也今春暮
家君奉
命調任山西余隨侍　慈輿又出棧道途中得詩
數首聊誌雪泥鴻爪云爾

味經書屋詩存（2–2）

0125 對嶽樓詩録：二卷 / (清) 孔憲彝撰 . -- 清道光十九年 (1839) 刻本 . -- 1 册

10 行，21 字，小字雙行同，黑口，左右雙邊，單黑魚尾，匡高 17.5 厘米，寬 12.9 厘米。黄紙本。扉頁刊“對嶽樓詩録 繡山尊兄屬題 錢唐張泰初”。

前有鄭憲銓序、孔憲彝自序，石韞玉、葉紹本等評跋，朱爲弼等題辭。各卷末分别刊有李馨桂、李嘉溶校字。

孔憲彝，清山東曲阜人，字叙仲，號綉山，一號秀珊。道光十七年（1837）舉人，官内閣中書。工詩、畫、篆刻。著有《對嶽樓詩録》等。

鈐印有“潘新熹”、“可居室主”、“鐵嶺王貴忱印”、“王貴忱印”、“貴忱印章”。

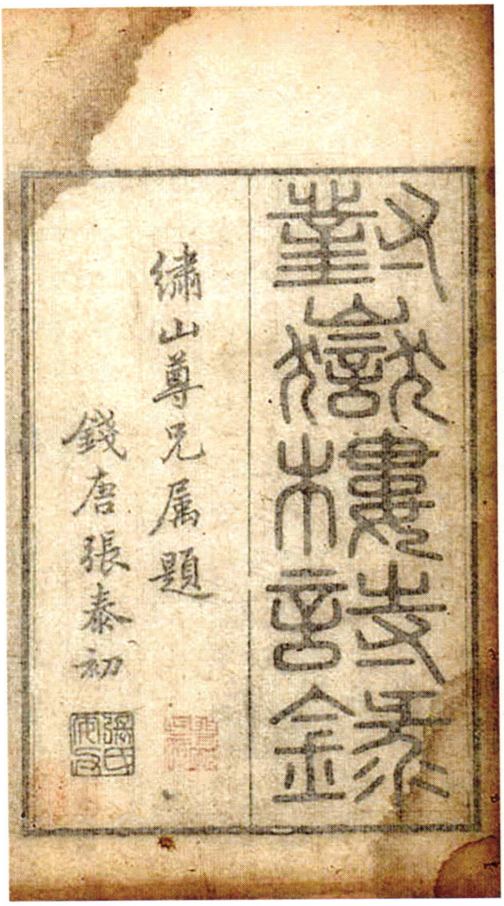
對嶽樓詩録
繡山尊兄屬題
錢唐張泰初

對嶽樓詩録（2–1）

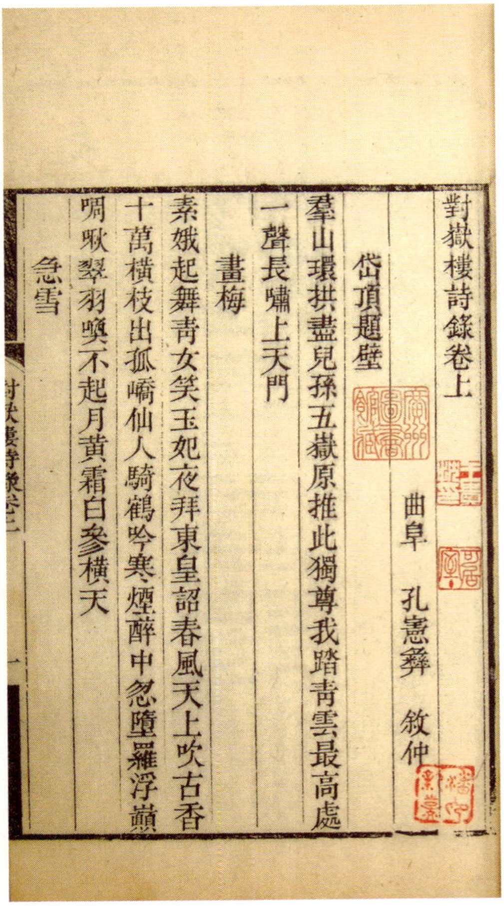
對嶽樓詩録卷上
曲阜 孔憲彝 敘仲
岱頂題壁
羣山環拱盡兒孫五嶽原推此獨尊我踏青雲最高處
一聲長嘯上天門
畫梅
素娥起舞青女笑玉妃夜拜東皇詔春風天上吹古香
十萬横枝出孤嶠仙人騎鶴吟寒煙醉中忽墮羅浮巔
啁啾翠羽喚不起月黄霜白參横天
急雪

對嶽樓詩録（2–2）

0126 對嶽樓詩續録：四卷 /（清）孔憲彝撰 . -- 清咸豐七年 (1857) 刻本 . -- 1 册

10 行，21 字，小字雙行同，黑口，左右雙邊，單黑魚尾，匡高 17.4 厘米，寬 12.4 厘米。白紙本。

前有阮元、邊浴禮、鄭曉如序，梅曾亮、徐宗幹等人評跋，朱琦等題辭，續録自序、目次。目次末刊有鄒石麟等六人校字。

著者簡介見第 0125 條《對嶽樓詩録二卷》。

鈐印有“潘新熹”、“鐵嶺王貴忱印”、“王貴忱印”、“貴忱印章”。

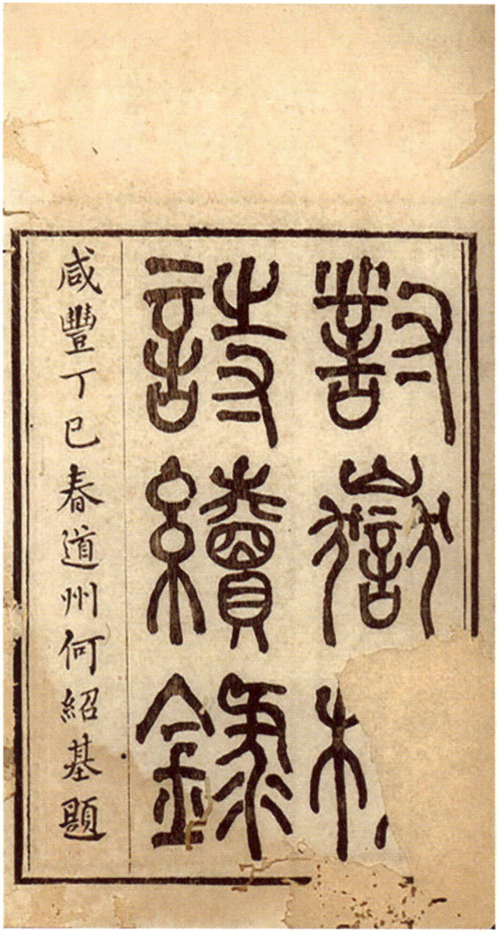

對嶽樓詩續録

咸豐丁巳春道州何紹基題

對嶽樓詩續録（2–1）

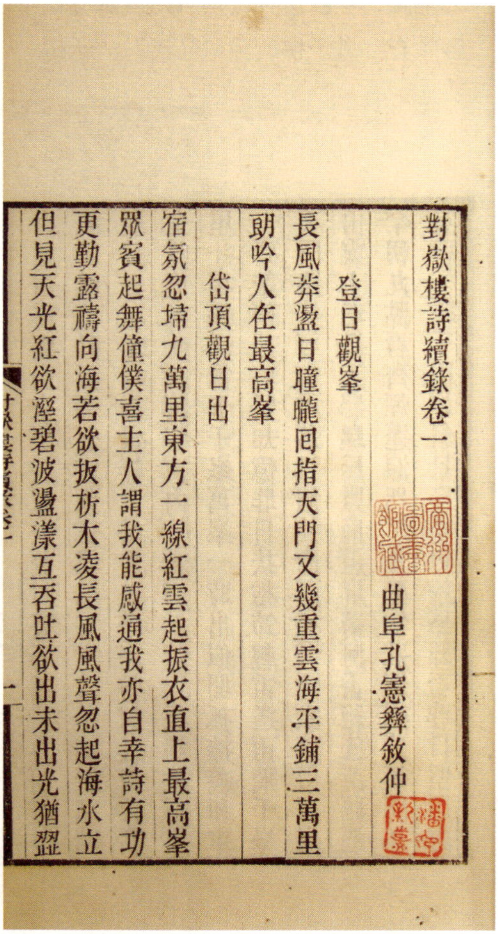

對嶽樓詩續錄卷一

曲阜孔憲彝敘仲

登日觀峯

長風莽盪日曈曨同指天門又幾重雲海平鋪三萬里
朗吟人在最高峯

岱頂觀日出

宿氛忽埽九萬里東方一線紅雲起振衣直上最高峯
衆賓起舞僮僕喜主人謂我能感通我亦自幸詩有功
更勤露禱向海若欲扳析木凌長風風聲忽起海水立
但見天光紅欲溼碧波盪漾互吞吐欲出未出光猶澀

對嶽樓詩續録（2–2）

0127 片雲行草 : 一卷 / (清) 釋純謙撰 . -- 清道光二十七年 (1847) 曹廣文堂精刻本 . -- 1 册 : 像

8 行，16 字，小字雙行同，白口，四周雙邊，匡高 18.6 厘米，寬 14 厘米。

盧子樞題跋。

前有“片雲山人”像及粵嶽山人黄培芳題，張維屏清道光二十六年（1846 年）序；末有諸家題詞，道光二十七年李景雲弁識。卷末刊有“學院前曹廣文堂刻 板存海幢經坊”字樣，書口刊有“海幢”二字。

釋純謙，字涉川，曾爲廣州海幢寺住持，著有《片雲行草》。

鈐印有“盧子樞所藏”、“盧”、“子樞、“王貴忱印”等。

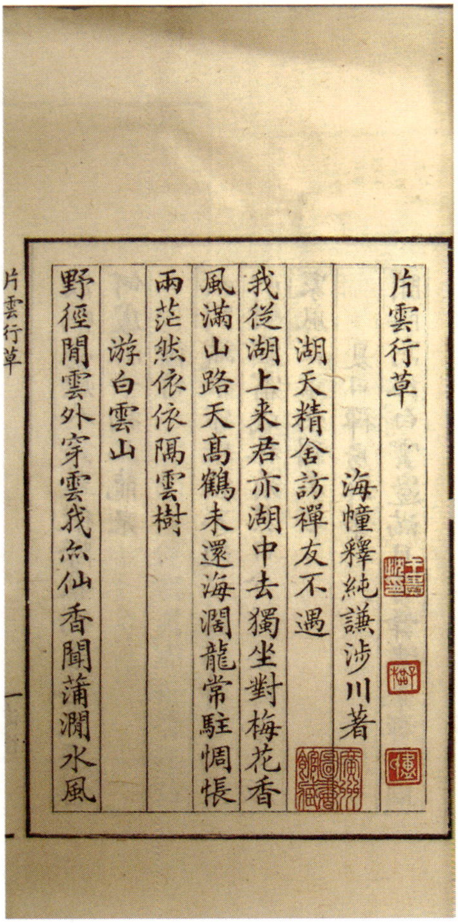
片雲行草

海幢釋純謙涉川著

湖天精舍訪禪友不遇

我從湖上來君亦湖中去獨坐對梅花香

風滿山路天高鶴未還海濶龍常駐惆悵

兩茫然依依隔雲樹

游白雲山

野徑閒雲外穿雲我亦仙香聞蒲澗水風

片雲行草

片雲行草（3–1）

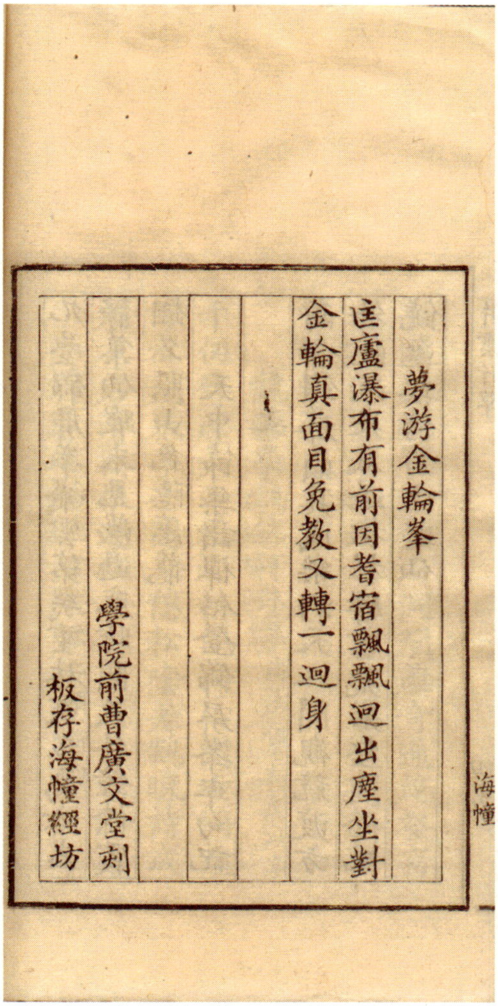

夢游金輪峯

匡廬瀑布有前因耆宿飄飄迴出塵坐對

金輪真面目免教又轉一迴身

學院前曹廣文堂刻

板存海幢經坊

片雲行草（3–2）

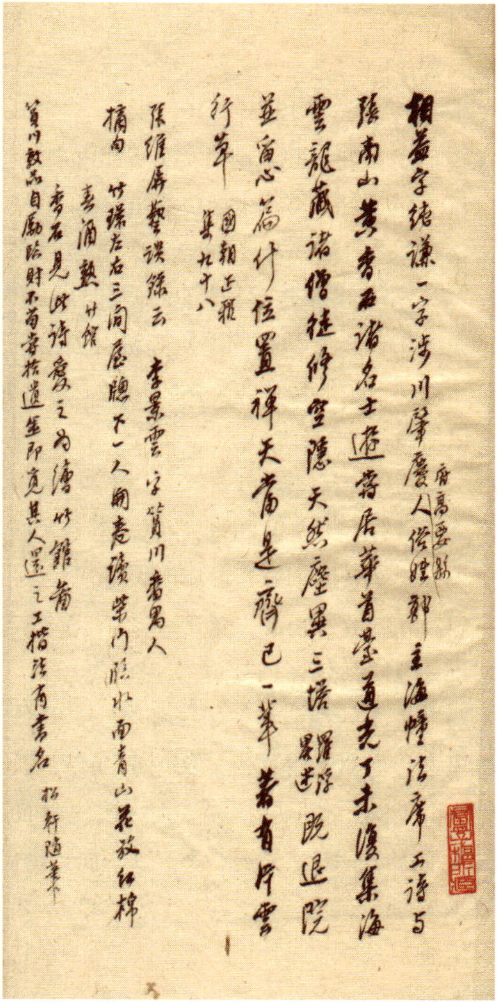

楫菴字綠謙一字涉川肇慶人高要縣從睦師主海幢法席工詩与

張南山黃香石諸名士遊嘗居華首臺道光丁未復集海

雲龍藏諸僧徒修空隱天然塵異三譜羅浮果逆既退院

並留心篇什位置禪天當是齋己一輩著有片雲

行草　國朝正雅集九十八

張維屏藝談錄云　李景雲字質川番禺人

摘句　竹環左右三間屋聽下一人開老讀柴門聽水雨青山花放紅棉

喜酒熟　竹館

香石見此詩愛之為書竹館篇

質川敦品自勵臨財不苟嘗拾遺金即覓其人還之工楷法有書名　松軒隨筆

片雲行草（3–3）

0128 仰蕭樓文集：不分卷；國朝經學名儒記：一卷 /（清）張星鑒撰．-- 清光緒六年至九年 (1880~1883) 刻本．-- 1 冊

10 行，24 字（《國朝經學名儒記》22 字），白口，左右雙邊，單黑魚尾，匡高 16.6 厘米，寬 13.3 厘米（《國朝經學名儒記》匡高 16.7 厘米，寬 14 厘米）。

封面題簽刊“仰蕭樓文集吴大澂題”。

前有清光緒六年（1880）陳倬“仰蕭樓文集序”、同治六年（1867）張星鑒“自序”。《國朝經學名儒記》末有張君緯跋、道光二十四年（1844）徐元潤跋、同治五年（1866）張星鑒自跋、光緒九年（1883）朱以增跋。

張星鑒，清江蘇新陽（一作常熟）人，字緯餘，號南鴻，又號問月，諸生。著有《仰蕭樓文集》、《國朝經學名儒記》等。

《國朝經學名儒記》體例本之江藩《國朝漢學師承記》，内容在江書的基礎上，主要增補了一些清初經學家和乾、嘉時代漢學家。原爲初學而設，記事頗簡略，所載僅諸儒之“里居、仕宦及撰述之目而已”，而於其學術、立身行事，皆略而不備。該書始撰於清道光二十三年（1843），屢有增補，成書於同治二年（1863），歷時二十載。

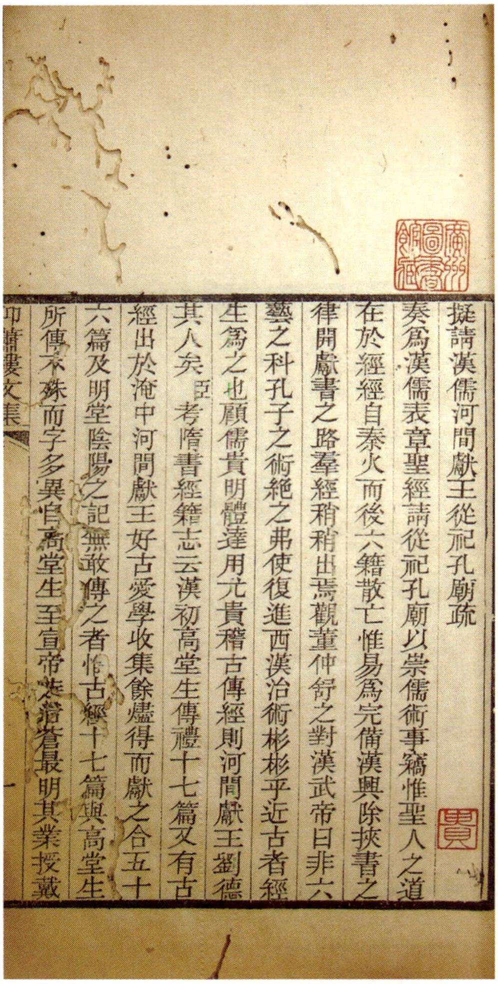
擬請漢儒河間獻王從祀孔廟疏
奏爲漢儒表章聖經請從祀孔廟以崇儒術事竊惟聖人之道
在於經經自秦火而後六籍散亡惟易爲完備漢興除挾書之
律開獻書之路羣經稍稍出焉觀董仲舒之對漢武帝曰非六
藝之科孔子之術絶之弗使復進西漢治術彬彬乎近古者經
生爲之也顧儒貴明體達用尤貴稽古傳經則河間獻王劉德
其人矣臣考隋書經籍志云漢初高堂生傳禮十七篇又有古
經出於淹中河間獻王好古愛學收集餘燼得而獻之合五十
六篇及明堂陰陽之記無敢傳之者惟古經十七篇與高堂生
所傳不殊而字多異自高堂生至宣帝時后蒼最明其業授戴
仰蕭樓文集

仰蕭樓文集

鈐印有“貴忱寓目”、“王貴忱印”、“貴忱印信”、“貴”。

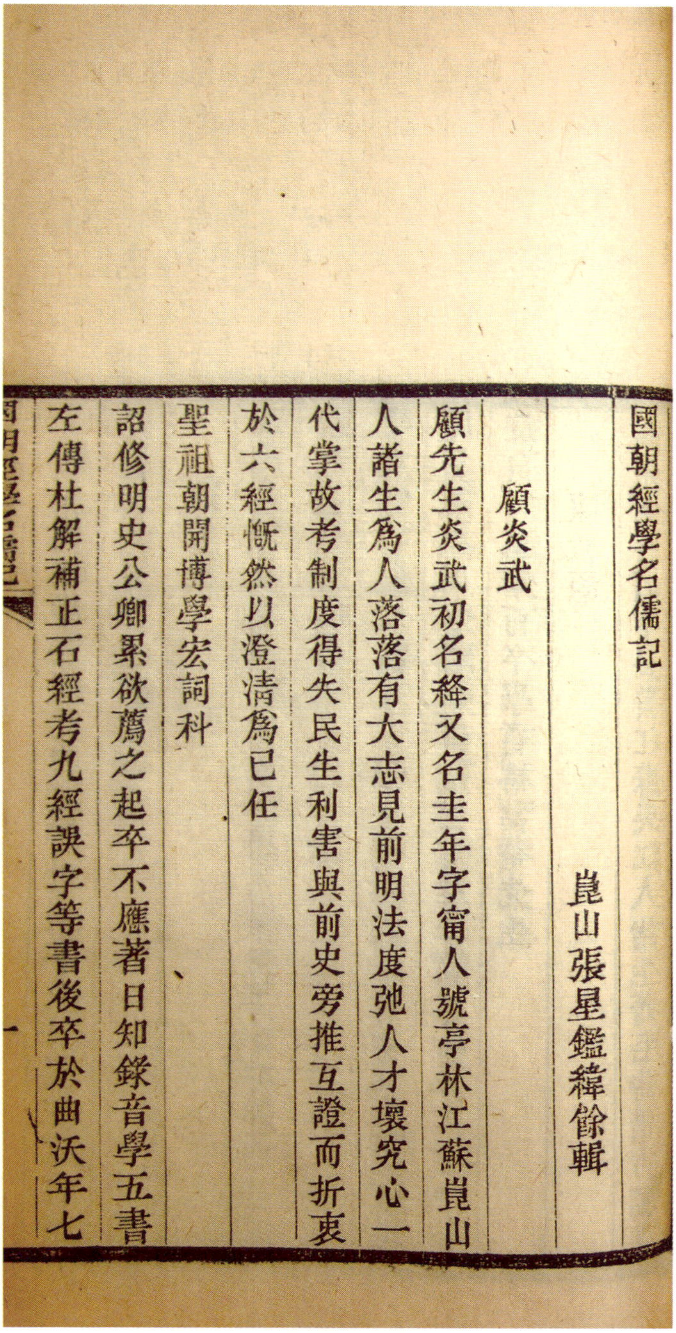
國朝經學名儒記
崑山張星鑑緯餘輯
顧炎武
顧先生炎武初名絳又名圭年字甯人號亭林江蘇崑山
人諸生爲人落落有大志見前明法度弛人才壞究心一
代掌故考制度得失民生利害與前史旁推互證而折衷
於六經慨然以澄清爲已任
聖祖朝開博學宏詞科
詔修明史公卿累欲薦之起卒不應著日知錄音學五書
左傳杜解補正石經考九經誤字等書後卒於曲沃年七
國朝經學名儒記 一

國朝經學名儒記

0129 仙心閣文鈔：二卷 /（清）彭慰高撰．-- 清光緒 (1875~1908) 刻本．-- 1 册．--（仙心閣集 /（清）彭慰高撰）

10 行，21 字，小字雙行同，白口，四周雙邊，單黑魚尾，匡高 17.9 厘米，寬 12.4 厘米。

扉頁刊“仙心閣文鈔 長治署”。牌記刊“戊子四月開雕 本宅藏板”。

前有清光緒辛卯（1891）吴寶鎔序，目録。

彭慰高，清江蘇長洲（今蘇州）人，字訥生，晚號鈍舫老人，室名仙心閣。道光二十三年（1843）舉人，浙江候補道。著有《仙心閣詩鈔》等。

鈐印有“鐵嶺王貴忱印”。

《中國叢書綜録》著録有清彭慰高撰清光緒中刊本《仙心閣集》。

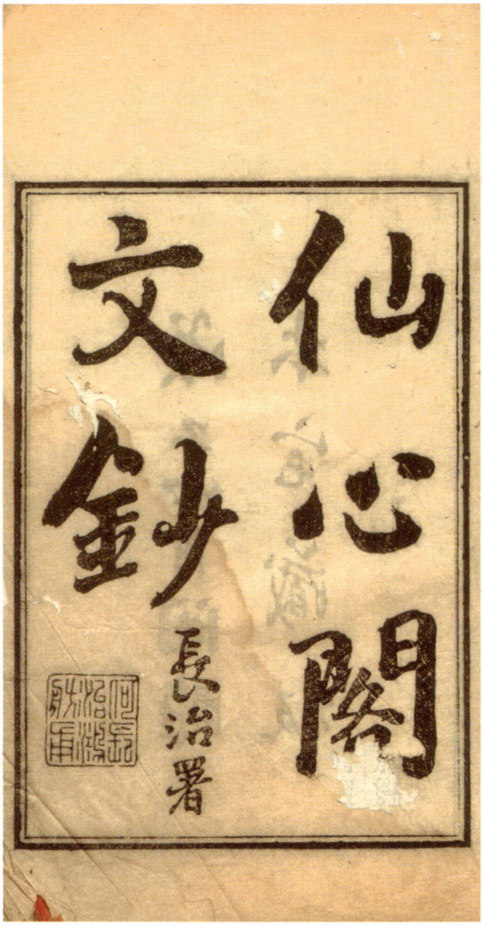

仙心閣文鈔（3–1）

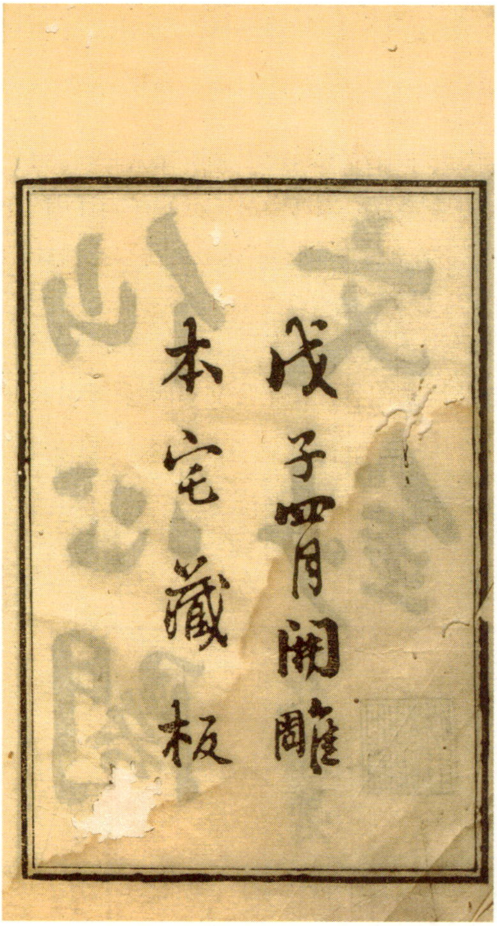
戊子四月開雕
本宅藏板

仙心閣文鈔（3–2）

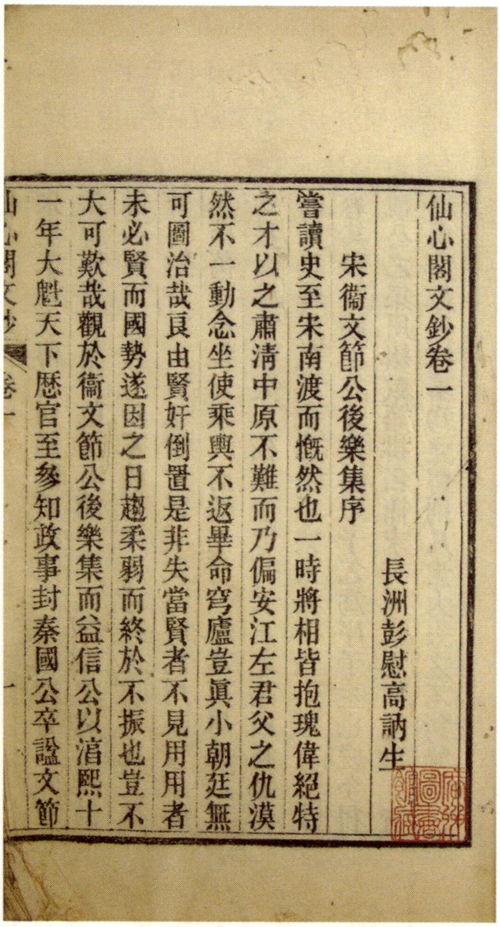
仙心閣文鈔卷一　　長洲彭慰高訥生

宋衛文節公後樂集序

嘗讀史至宋南渡而慨然也一時將相皆抱瑰偉絕特之才以之肅清中原不難而乃偏安江左君父之仇漠然不一動念坐使乘輿不返畢命穹廬豈真小朝廷無可圖治哉良由賢奸倒置是非失當賢者不見用用者未必賢而國勢遂因之日趨柔弱而終於不振也豈不大可歎哉觀於衛文節公後樂集而益信公以淳熙十一年大魁天下歷官至參知政事封秦國公卒謚文節

仙心閣文鈔　卷一　一

仙心閣文鈔（3–3）

0130 曾文正公文鈔：四卷 /（清）曾國藩撰；（清）張瑛編校 . -- 清同治十一年 (1872) 蘇郡刻本 . -- 2 册

9 行，21 字，白口，左右雙邊，單黑魚尾，匡高 18.4 厘米，寬 12.8 厘米。

佚名朱墨筆圈點、句讀。

扉頁刊“曾文正公文鈔 同治十一年蘇郡栞”。

前有清同治十一年黎庶昌序；末有同治十一年張瑛跋。

曾國藩（1811 ~ 1872），清湖南湘鄉人。初名子城，字伯涵，號滌生。道光十八年（1838），授檢討，累擢爲禮部侍郎。咸豐初在籍奉命幫辦團練，旋編爲湘軍。後歷任兩江總督、直隸總督，官居一品，謚文正。論學謂義理、考據、詞章缺一不可。所選《經史百家雜鈔》、《十八家詩鈔》，頗行於世。有《曾文正公家書》、《曾文正公全集》。

鈐印有“王貴忱印”等。

《續修四庫全書》第 1537 册著録有“曾文正公詩集四卷曾文正公文集四卷 影印上海圖書館藏清同治十三年傳忠書局刻本”。

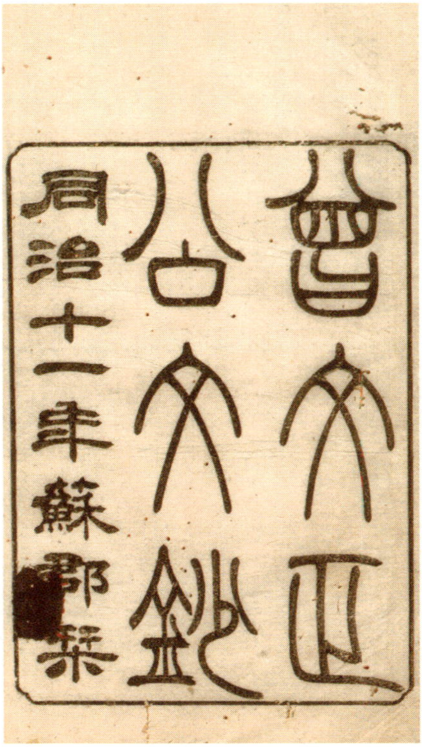
曾文正公文鈔
同治十一年蘇郡栞

曾文正公文鈔（2–1）

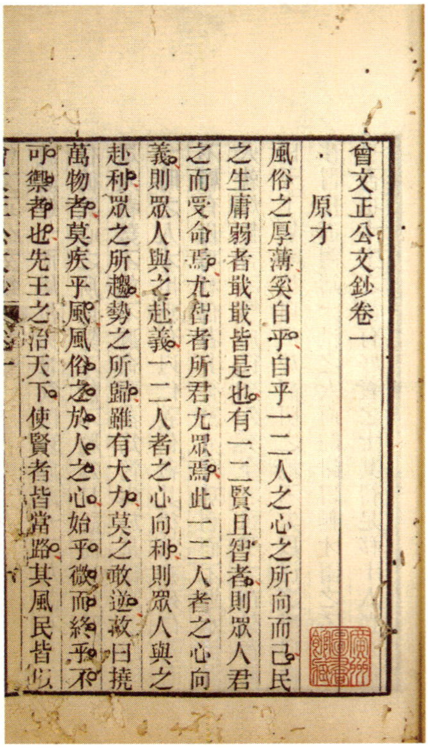
曾文正公文鈔卷一
原才
風俗之厚薄奚自乎自乎一二人之心之所向而已民之生庸弱者戢戢皆是也有一二賢且智者則衆人君之而受命焉尤智者所君尤衆焉此一二人者之心向義則衆人與之赴義一二人者之心向利則衆人與之赴利衆之所趨勢之所歸雖有大力莫之敢逆故曰撓萬物者莫疾乎風風俗之於人之心始乎微而終乎不可禦者也先王之治天下使賢者皆當路其風民皆以

曾文正公文鈔（2–2）

0131 空青水碧齋文集：八卷，卷首一卷 /（清）蔣琦齡撰 .-- 清光緒十一年(1885)刻本 .-- 1 册

9 行，19 字，小字雙行同，黑口，左右雙邊，單黑魚尾，匡高 16.7 厘米，寬 11.9 厘米。盧子樞題記。

前有作者之子蔣文英、蔣方英、蔣庠英之“行述”。

殘本，現存：首一卷（行述）、卷一。

蔣琦齡（1816 ~ 1876），清廣西全州人，字申甫，號石月。道光二十年（1840）進士。道光二十七年起，歷任漢中知府、西安知府、四川鹽茶道、順天府尹。後寓居衡陽，主講石鼓書院，教授生徒，以論文講藝爲樂。著有《空青水碧齋文集》、《空青水碧齋詩集》等。

鈐印有“獨志堂印”。

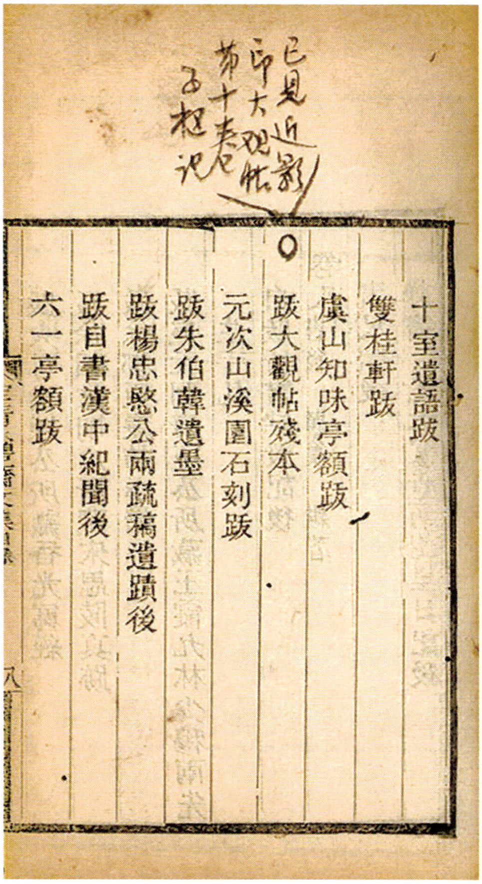

空青水碧齋文集（2-1）

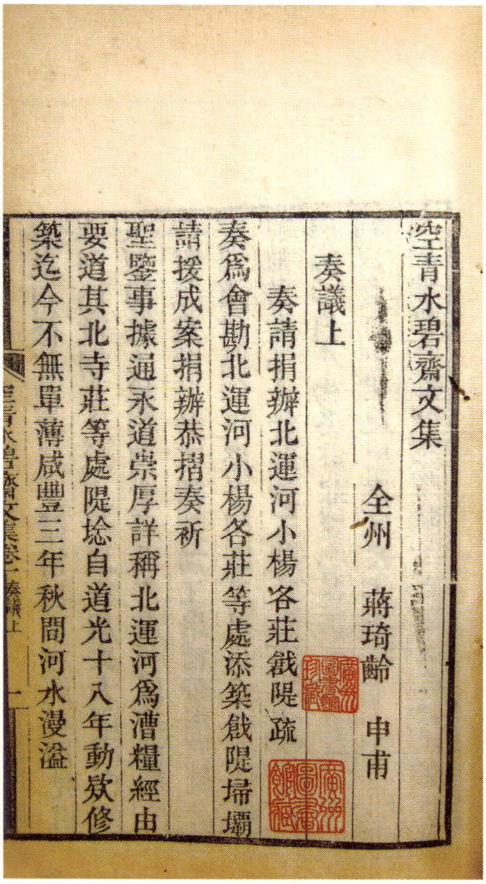

空青水碧齋文集（2-2）

0132 空青水碧齋詩集：十三卷，補遺一卷 /（清）蔣琦齡撰．-- 清光緒 (1875~1908) 刻本．-- 2 册

9 行，19 字，小字雙行同，黑口，四周單邊，單黑魚尾，匡高 17.5 厘米，寬 12.1 厘米。白紙本。題簽落款“辛巳六月 胡沅題籤”。

夾葉一張（尺寸爲：25.6 厘米 ×10.7 厘米），爲盧子樞題記。

殘本，現存十一卷：卷四至卷十三，補遺一卷（第一葉至第七葉）。

著者簡介見第 0131 條《空青水碧齋文集》。

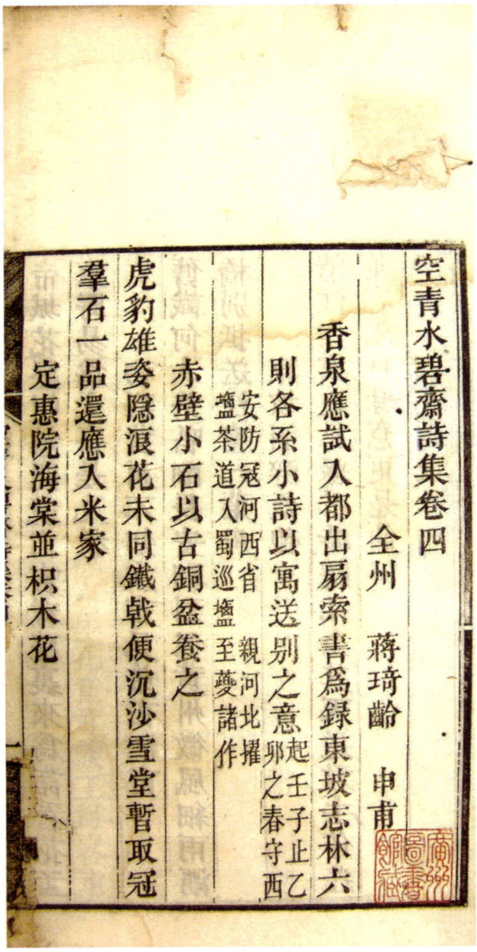
空青水碧齋詩集卷四
全州 蔣琦齡 申甫
香泉應試入都出扇索書爲録東坡志林六
則各系小詩以寓送別之意起壬子止乙卯之春守西安防冠河西省親河北擢鹽茶道入蜀巡鹽至夔諸作
赤壁小石以古銅盆養之
虎豹雄姿隱浪花未同鐵戟便沉沙雪堂暫取冠
羣石一品還應入米家
定惠院海棠並枳木花

空青水碧齋詩集（2–1）

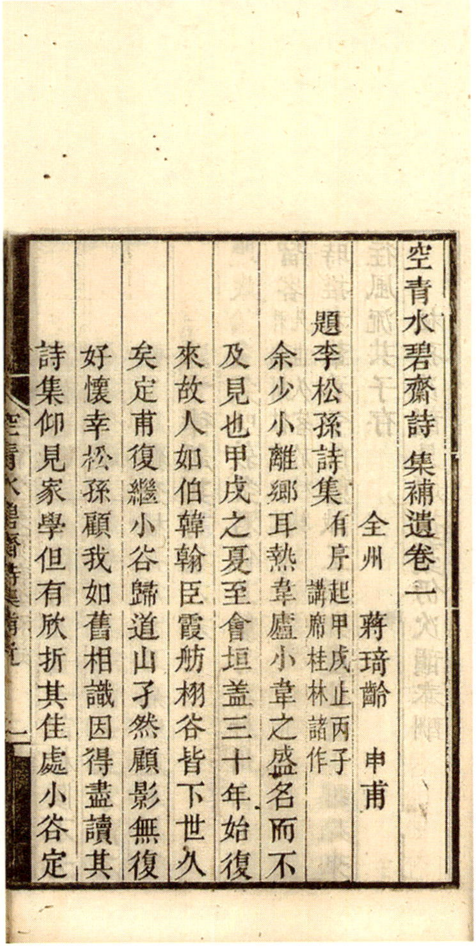
空青水碧齋詩集補遺卷一
全州 蔣琦齡 申甫
題李松孫詩集有序起甲戌止丙子講廊桂林諸作
余少小離鄉耳熟韋廬小韋之盛名而不
及見也甲戌之夏至會垣蓋三十年始復
來故人如伯韓翰臣霞舫栩谷皆下世久
矣定甫復繼小谷歸道山孑然顧影無復
好懷幸松孫顧我如舊相識因得盡讀其
詩集仰見家學但有欣折其佳處小谷定

空青水碧齋詩集（2–2）

0133 聯珠集：一卷，附詩聯選雋一卷 /（清）秋夢主人曼伽製 . -- 清光緒 (1875~1910) 秋夢盦刻本 . -- 1 册

8 行，16 字，白口，四周雙邊，單黑魚尾，匡高 12.5 厘米，寬 8.8 厘米。

牌記刊“秋夢盦刊”。

前有清光緒十八年（1892）曼伽“聯珠集叙”;《詩聯選雋》有曼伽叙。

葉衍蘭（1823 ~ 1898），清廣東番禺人，字南雪，號蘭台，别稱秋夢主人。咸豐六年（1856）進士，官軍機章京，直樞垣二十餘年，後主講越華書院。工小篆行楷，精鑒别，曾手繪清代學者遺像，各附以小傳，自顧亭林至魏默深凡百十七人。著有《秋夢庵詞》、《海嶽樓詩》。

鈐印有“梧桐庭院藏本”、“王貴忱印”。

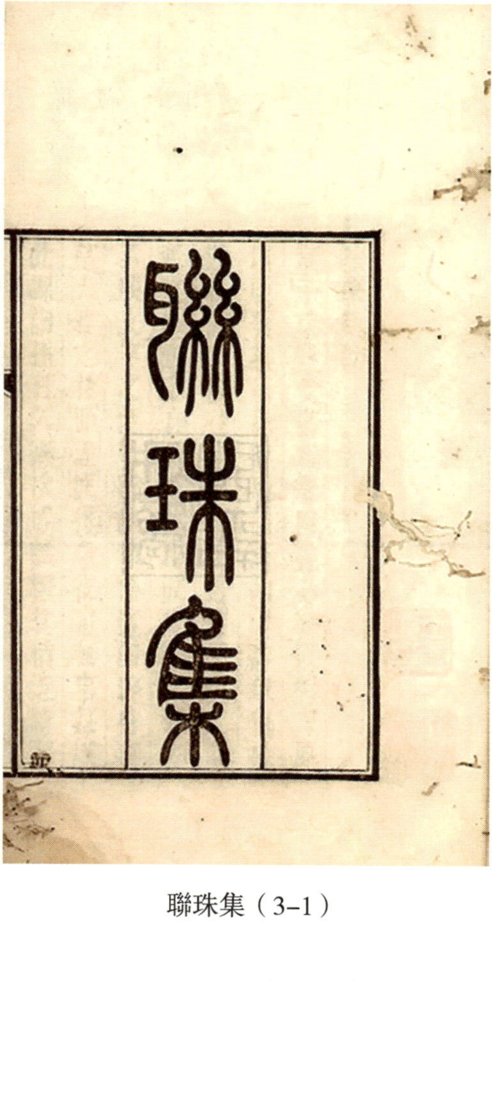

聯珠集（3–1）

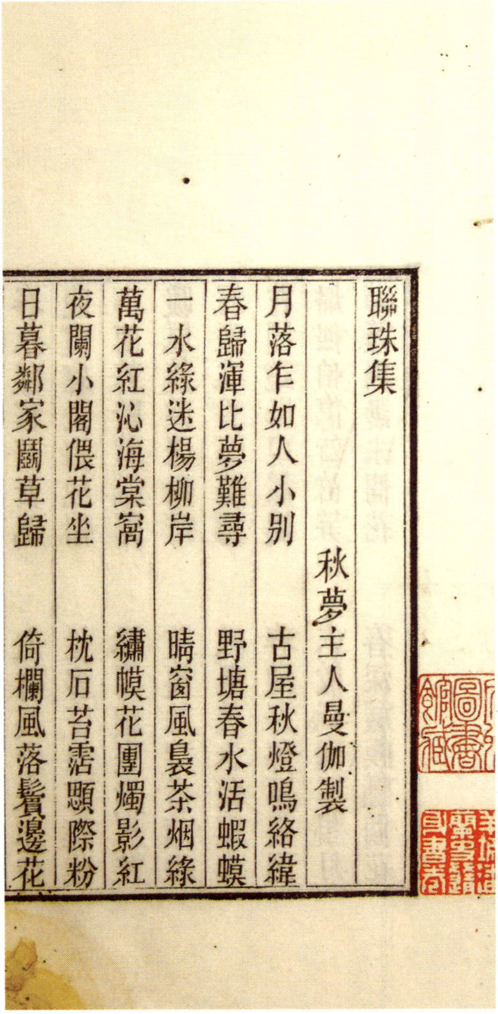

聯珠集

秋夢主人曼伽製

月落乍如人小別　古屋秋燈鳴絡緯
春歸渾比夢難尋　野塘春水活蝦蟆
一水綠迷楊柳岸　晴窗風裊茶烟綠
萬花紅沁海棠窩　繡幙花團燭影紅
夜闌小閣偎花坐　枕石苔霑頭際粉
日暮鄰家鬬草歸　倚欄風落鬢邊花

聯珠集（3–2）

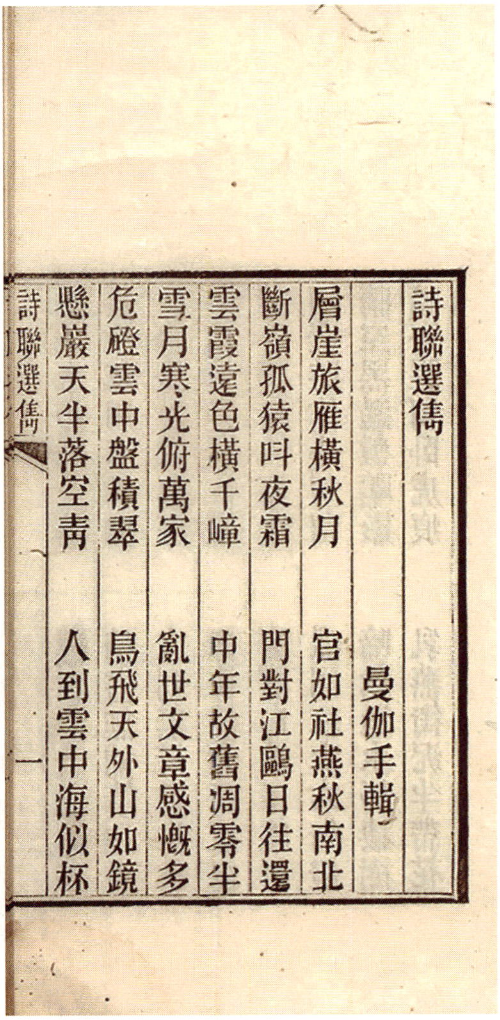

詩聯選雋

曼伽手輯

層崖旅雁横秋月　官如社燕秋南北
斷嶺孤猿叫夜霜　門對江鷗日往還
雲霞遠色横千嶂　中年故舊凋零半
雪月寒光俯萬家　亂世文章感慨多
危磴雲中盤積翠　鳥飛天外山如鏡
懸巖天半落空青　人到雲中海似杯

詩聯選雋　一

聯珠集（3–3）

0134 劫餘存稿：一卷 /（清）吴受藻撰；（清）吴積鑑編 . -- 清同治七年 (1868) 刻本 . -- 1 册

9 行，19 字，小字雙行同，黑口，左右雙邊，單黑魚尾，匡高 15.6 厘米，寬 11.6 厘米。

扉頁刊“劫餘存稿 閬高行篤署”。

前有譚獻叙，同治七年顧文澄序。

吴受藻，清浙江仁和人，字鳧士，號擷蘅。著有《劫餘存稿》。

鈐印有“王貴忱印”等。

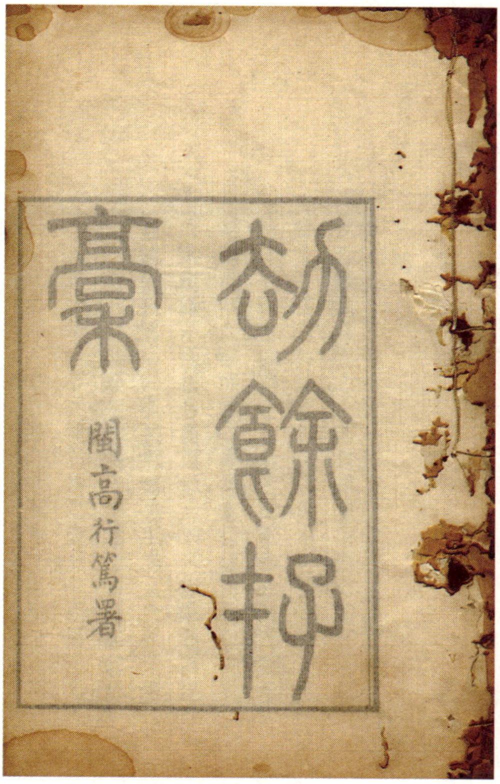

劫餘存稿（2-1）

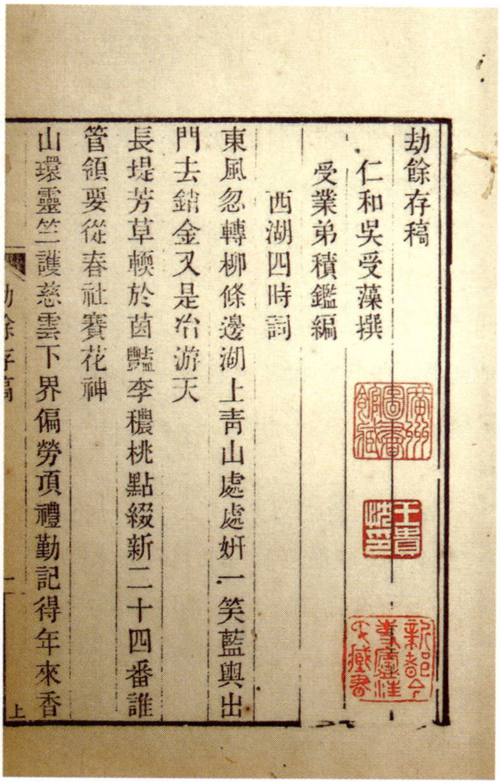

劫餘存稿（2-2）

0135 復堂類集：四集 /（清）譚獻撰 . -- 清同治至光緒 (1862~1908) 仁和譚氏刻本 . -- 6 册

11 行，22 字，小字雙行同，黑口，左右雙邊，雙黑魚尾，匡高 16.7 厘米，寬 12.5 厘米；《待堂文》11 行，23 字，小字雙行同，白口，四周雙邊，單黑魚尾，匡高 18.1 厘米，寬 13.8 厘米。

《復堂詩》牌記刊“同治乙丑冬十月吳讓之書首”；《復堂日記》牌記刊“光緒丁亥六月徐惟琨書”。

前有清光緒十一年（1885）譚獻識；有咸豐四年（1854）詩叙；莊棫詞叙。

譚獻（1832 ~ 1901），清浙江仁和人，原名廷獻，字滌生，改字仲修，號復堂。同治六年（1867）舉人。官安徽歙縣等地知縣。晚年受張之洞邀請，主講經心書院。著有《復堂類稿》，又選清人詞爲《篋中詞》。

吳懷珍，清浙江仁和人，字子珍，一字聘士，號漱岩。咸豐二年（1852）舉人。著有《待堂詩》、《柳西吟館詩草》。

是書包括：1. 復堂文四卷；2. 復堂詩九卷；3. 復堂詞二卷；4. 待堂文（附於“復堂詞”卷末）一卷 /（清）吳懷珍撰；5. 復堂日記六卷。

鈐印有“鉄嶺王貴忱章”、“貴忱印信”、“可居室主”、“王貴忱印”等。

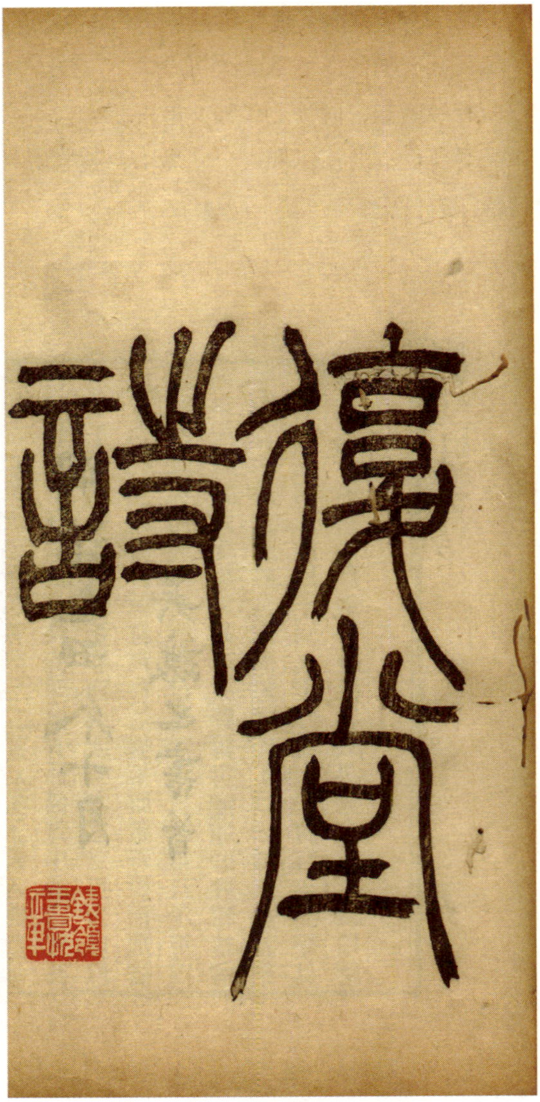

復堂類集（3–1）

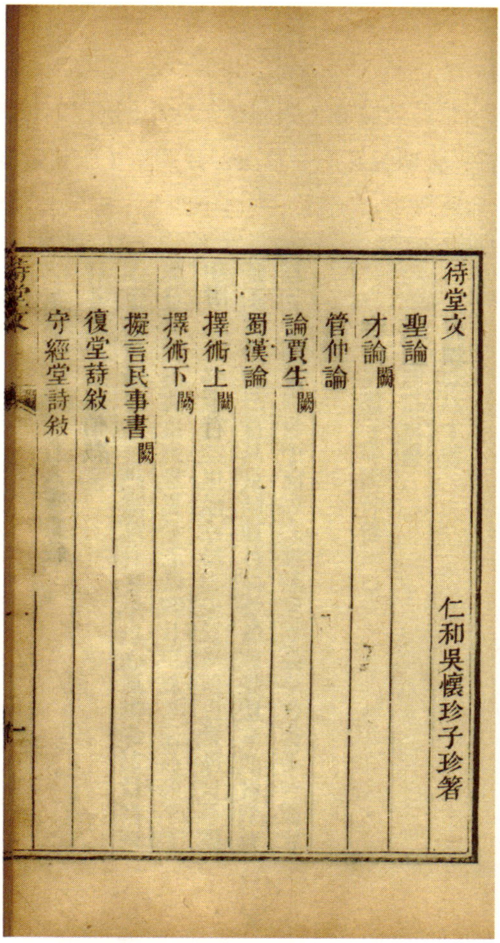

復堂類集（3-2）

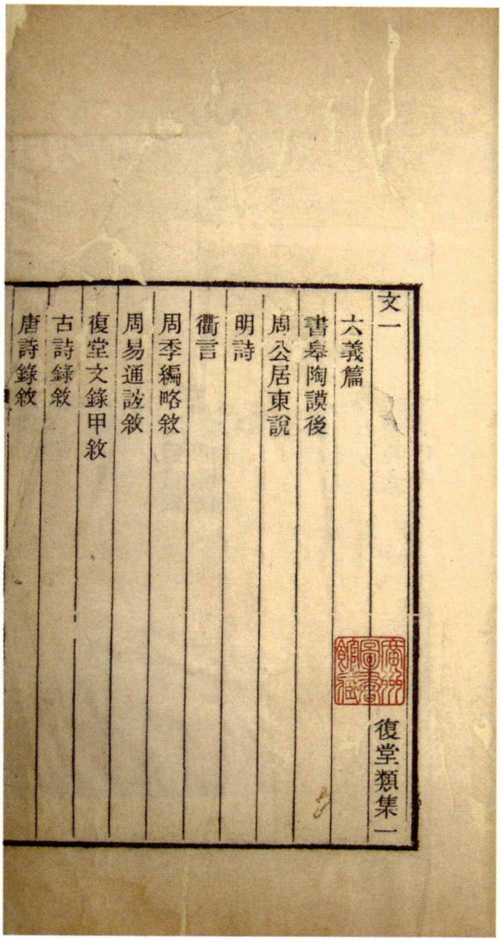

復堂類集（3-3）

0136 廣雅翰墨 / (清) 張之洞撰 . -- 清末 (1851~1911) 稿本 . -- 5 册

册一至册四王貴忱墨筆封面題簽：張之洞致張佩綸書札；册五王貴忱墨筆封面題簽：張之洞致瞿禨等書札二十一葉，“瞿禨”即“瞿鴻禨”。

此書札已經王貴忱改裝爲經折裝。

著者簡介見第 0015 條《抱冰堂弟子記一卷》。

此五册書札爲張之洞未刊墨迹，九十葉。包括：1. 致繩庵（張佩綸）六十四通六十九葉（包括張之洞致張佩綸書札六十二通、詩兩首，張佩綸題記一篇）；2. 致潤生（張曾敭）二通二葉；3. 致崧生（梁敦彦）一通一葉；4. 致紫玖（瞿鴻禨）三通十四葉；5. 致外務部一通四葉。

鈐印有“鐵嶺王貴忱章”、“鐵嶺王貴忱印”、“王貴忱印”、“可居室印”、“可居室主”、“鐵嶺王大文藏”、“王大文”等。

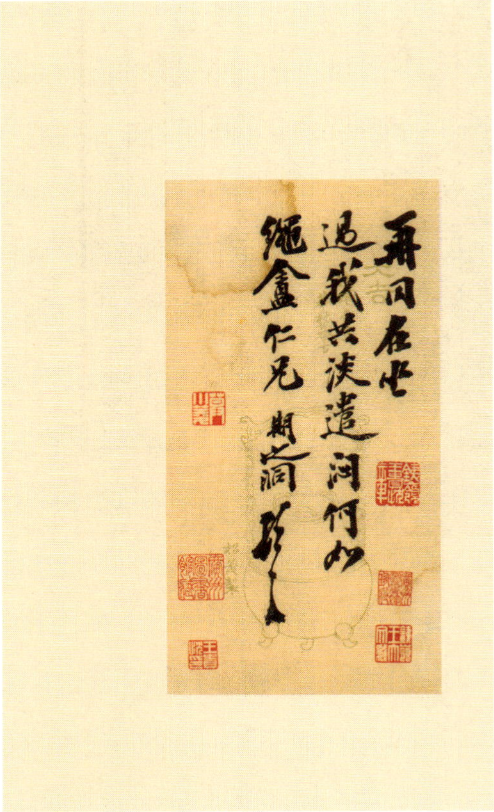

廣雅翰墨（4–1）

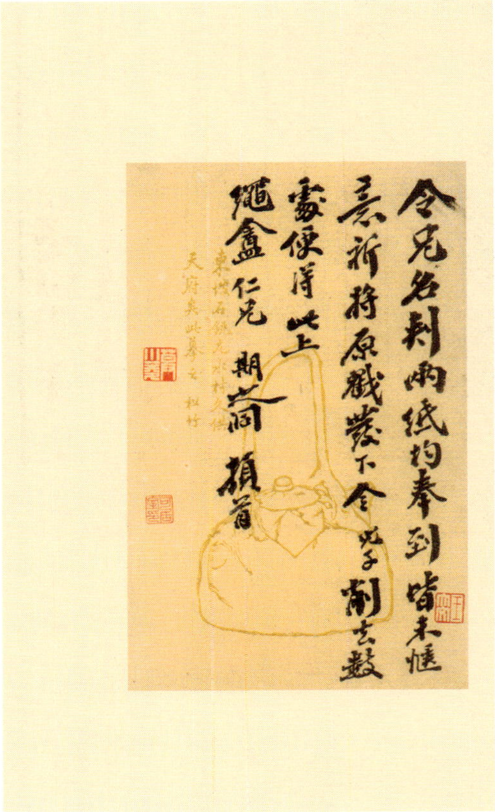

廣雅翰墨（4–2）

廣雅翰墨（4–3）

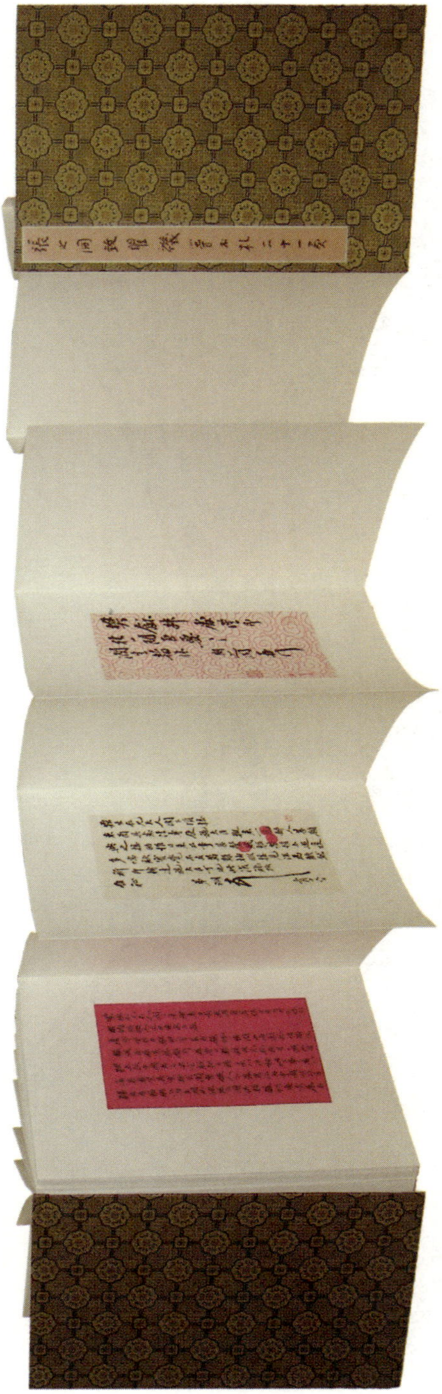

廣雅翰墨（4–4）

0137 張文襄公手劄 / (清) 張之洞撰 ; 沈秉模編 . -- 清宣統二年 (1910) 沈氏敦藝廬石印本 . -- 1 册

王貴忱題簽。文中有雙圈朱印標識。末有宣統二年沈秉模跋。

殘本，原兩册現存一册：下册。

是書金鑲玉改裝（經折裝。改裝後内金高 25.7 厘米，寬 14.7 厘米）。

著者簡介見第 0015 條《抱冰堂弟子記一卷》。

是書收録清代名臣張之洞在粵督任上致沈鎔經手書公牘，共八十餘通。

鈐印有“王貴忱印”。

張文襄公手劄（3–1）

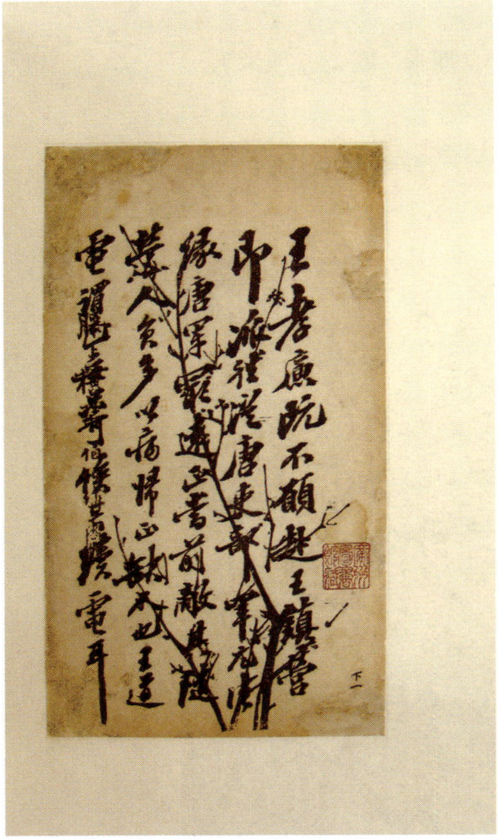

張文襄公手劄（3-2）

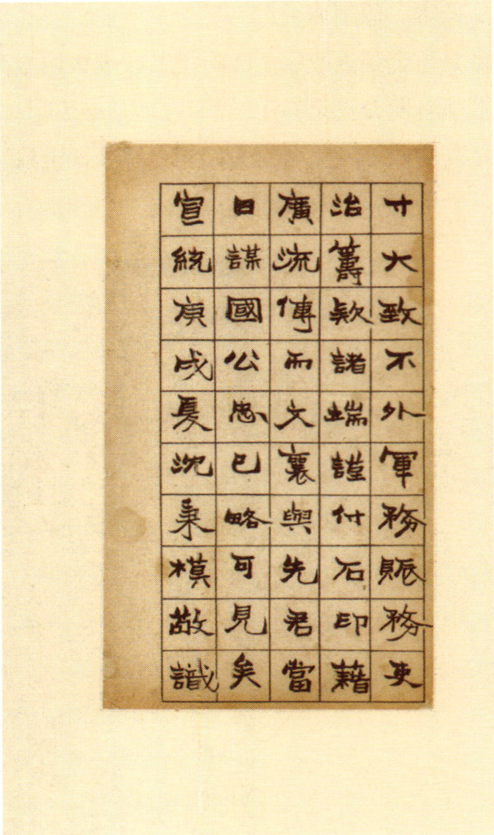

廿大致不外軍務賑務吏
治籌欵諸端謹付石印藉
廣流傳而文襄與先君當
日謀國公忠已略可見矣
宣統庚戌夏沈秉楨敬識

張文襄公手劄（3-3）

0138 懺盦隨筆：八卷 / (清) 沈澤棠著 . -- 清宣統二年至三年 (1910~1911) 刻本 . -- 1 册

9 行，21 字，小字雙行同，黑口，四周雙邊，雙黑魚尾，匡高 15.9 厘米，寬 10.9 厘米。

卷數、著者責任方式均據姚筠跋文。

牌記刊“宣統二年冬月刊”。前有宣統三年（1911）姚筠跋、梁鼎芬校記、汪兆鏞序。

現存四卷：卷一至卷四。

沈澤棠（1846 ~ 1931），廣東番禺人，原名澤衡，字芷鄰。清同治十二年（1873）舉人，候補知縣。著有《懺庵詩鈔》。

鈐印有“王貴忱印”。

懺盦隨筆（3–1）

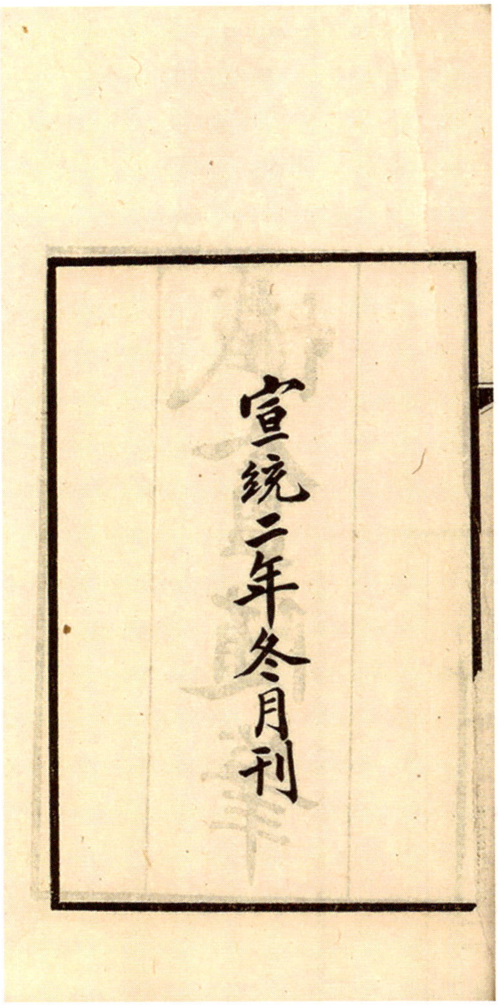
宣统二年冬月刊

懺盦隨筆（3-2）

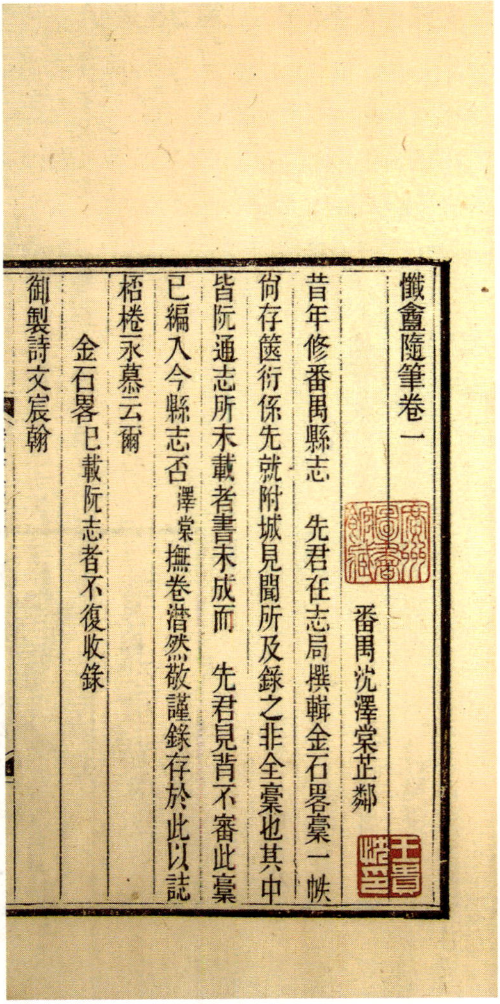
懺盦隨筆卷一

番禺沈澤棠芷鄰

昔年修番禺縣志　先君在志局撰輯金石畧稾一帙尙存篋衍係先就附城見聞所及錄之非全稾也其中皆阮通志所未載者書未成而　先君見背不審此稾已編入今縣志否澤棠撫卷潸然敬謹錄存於此以誌梧棬之永慕云爾

金石畧已載阮志者不復收錄

御製詩文宸翰

懺盦隨筆（3-3）

0139 崔翰林遺集：二卷，附録一卷 /（清）崔舜球著．-- 清光緒十四年 (1888) 南海崔氏寫刻本．-- 1 册：插圖

10 行，20 字，小字雙行同，白口，左右雙邊，單黑魚尾，匡高 16.2 厘米，寬 11.5 厘米。
佚名墨筆封面題簽，佚名墨筆眉批。
牌記刊“光緒戊子秋晚刊成”。末有崔其蔭（著者之子）跋。
崔舜球，生卒年不詳，廣東南海人，字德雄，號夔典，清光緒三年（1877）進士，授編修。
鈐印有“潘新熹印”、“可居室印”、“鐵嶺王貴忱之章”。

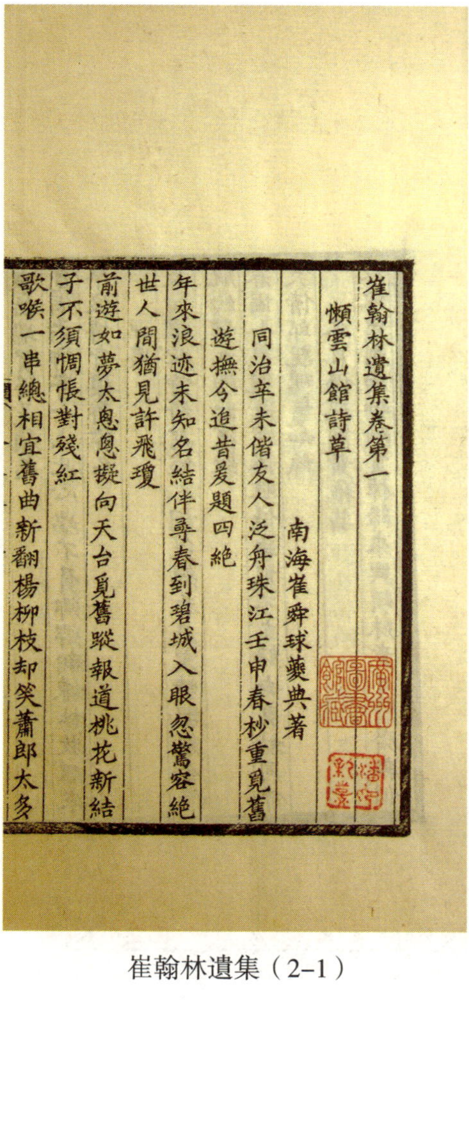

崔翰林遺集卷第一
懶雲山館詩草
南海崔舜球夔典著
同治辛未偕友人泛舟珠江壬申春杪重見舊
遊撫今追昔爰題四絶
年來浪迹未知名結伴尋春到碧城入眼忽驚容絶
世人間猶見許飛瓊
前遊如夢太怱怱擬向天台覓舊蹤報道桃花新結
子不須惆悵對殘紅
歌喉一串總相宜舊曲新翻楊柳枝却笑蕭郎太多

崔翰林遺集（2-1）

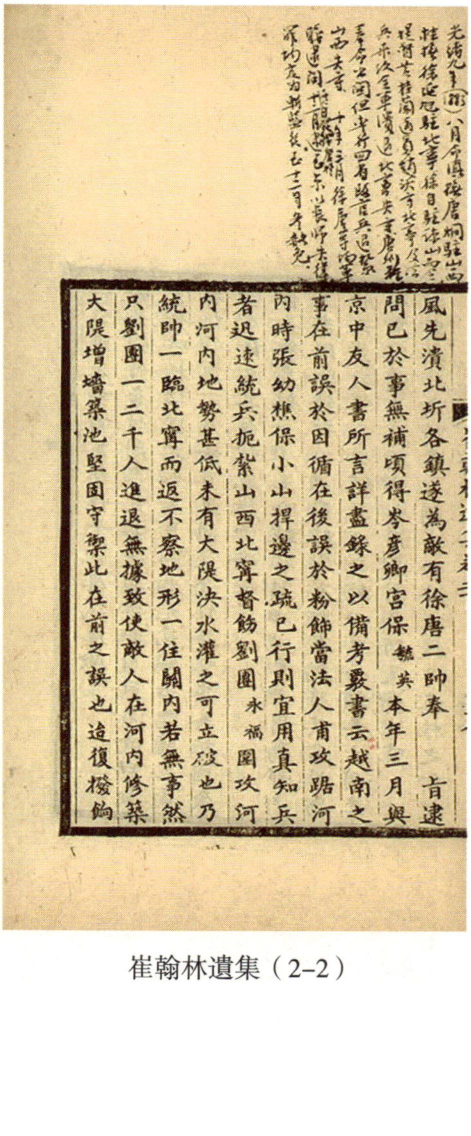

風先潰北圻各鎮遂為敵有徐唐二帥奉旨逮
問已於事無補頃得岑彥卿宮保毓英本年三月與
京中友人書所言詳盡録之以備考覈書云越南之
事在前誤於因循在後誤於粉飾當法人甫攻踞河
内時張幼樵保小山捍邊之疏已行則宜用真知兵
者迅速統兵扼紮山西北寧督飭劉團永福圍攻河
内河内地勢甚低未有大隄決水灌之可立破也乃
統帥一臨北寧而返不察地形一任關内若無事然
只劉團一二千人進退無據致使敵人在河内修築
大隄增壕築池堅固守禦此在前之誤也迨復檄飭

崔翰林遺集（2-2）

0140 鬬杯堂詩集：一卷 /（清）杯隱撰．-- 清宣統二年 (1910) 鉛印本．-- 1 册．--（寂園叢書（一名寂園志）/（清）陳瀏撰；第三種．孤圓山莊詩賸十種）

11 行，30 字，小字雙行同，白口，四周雙邊，單黑魚尾，匡高 17.5 厘米，寬 11.8 厘米。

佚名墨筆封面題簽：鬬杯堂詩集 寂園叢書本。

目録書口下方鉛印：寂園志第三種；正文卷端下及正文書口下方鉛印：寂園叢書三之八。

卷端分叢書題名：孤圓山莊詩賸。卷端及書口中部題名：鬬杯堂集。

杯隱，名陳瀏，丹徒（今江蘇鎮江）人，字湘濤，别號寂園叟、望雲軒、唐經室。清同治光緒年間古陶瓷研究家，作《陶雅》一書，爲古陶瓷研究的重要參考史料。著有《陳瀏集》。

鈐印有“王貴忱印”。

《中國叢書綜録》著録有清陳瀏撰清宣統二年排印本《寂園叢書（一名寂園志）》之《孤圓山莊詩賸十種》。

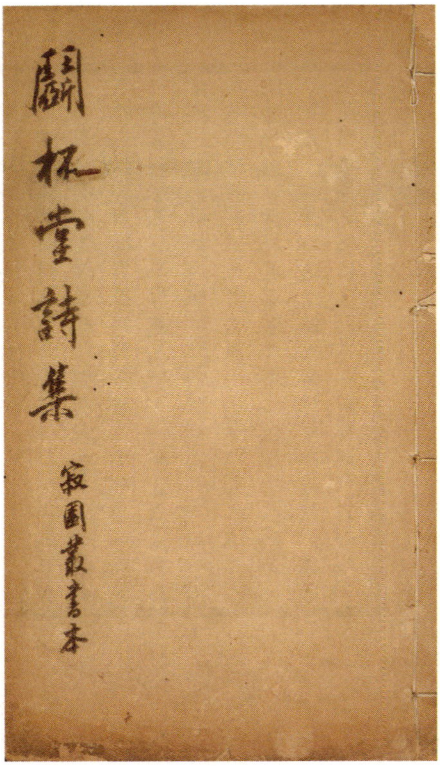

鬬杯堂詩集（2–1）

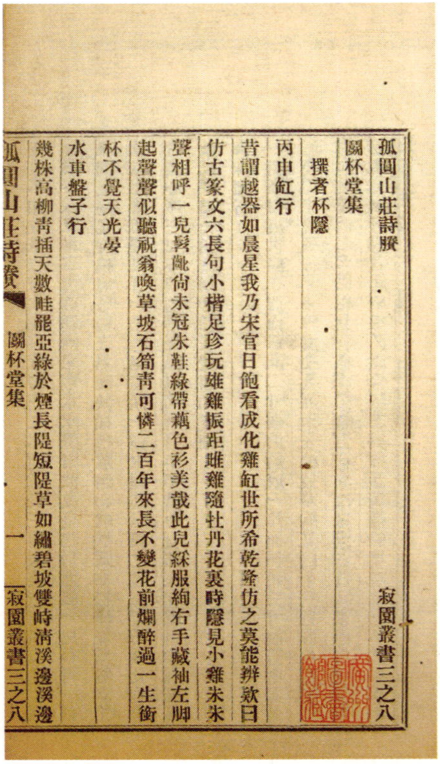

孤圓山莊詩賸　寂園叢書三之八
鬬杯堂集
撰者杯隱
丙申缸行
昔謂越器如晨星我乃宋官日飽看成化雞缸世所希乾隆仿之莫能辨款曰
仿古篆文六長句小楷足珍玩雄雞振距雌雞隨牡丹花裏時隱見小雞米米
聲相呼一兒髫齔尚未冠朱鞋綠帶藕色衫美哉此兒綵服絢右手藏袖左脚
起聲聲似聽祝翁喚草坡石筍青可憐二百年來長不變花前爛醉過一生銜
杯不覺天光晏
水車盤子行
幾株高柳青插天數畦罷亞綠於煙長隄短隄草如繡碧坡雙峙清溪邊溪邊
孤圓山莊詩賸　鬬杯堂集　一　寂園叢書三之八

鬬杯堂詩集（2–2）

0141 微尚齋詩：二卷 / 汪兆鏞撰 . — 清宣統三年 (1911) 刻本 . — 1 册 . — ([微尚齋叢刻] / 汪兆鏞輯)

11 行，21 字，小字雙行同，黑口，左右雙邊，匡高 15.8 厘米，寬 12 厘米。

牌記刊“辛亥冬栞”。牌記左下角刊有長方體朱印“監製 廣州 文德路六六號 萃經寶籍全”。前有辛亥（1911）微尚居士自序。

汪兆鏞（1861 ~ 1939），原籍浙江山陰（今紹興），生於廣東番禺。字伯序，號憬吾，又稱微尚居士、清溪漁隱。著有《晋會要》、《元廣東遺民録》、《三續碑傳集》、《微尚齋詩文集》、《嶺南畫徵略》等。

鈐印有“王貴忱印”。

《中國叢書綜録》著録有汪兆鏞輯清宣統至民國間番禺汪氏微尚齋刊本《微尚齋叢刻》。

微尚齋詩（3–1）

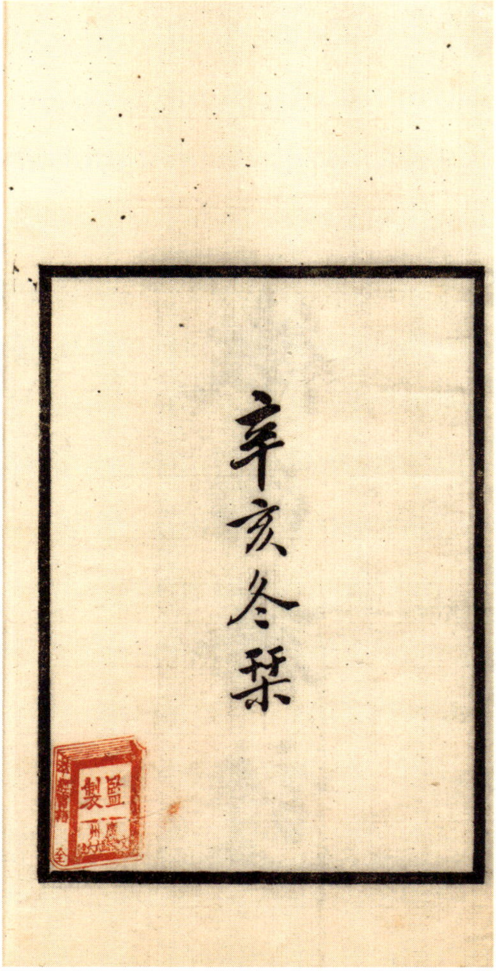

辛亥冬栞

微尚齋詩（3–2）

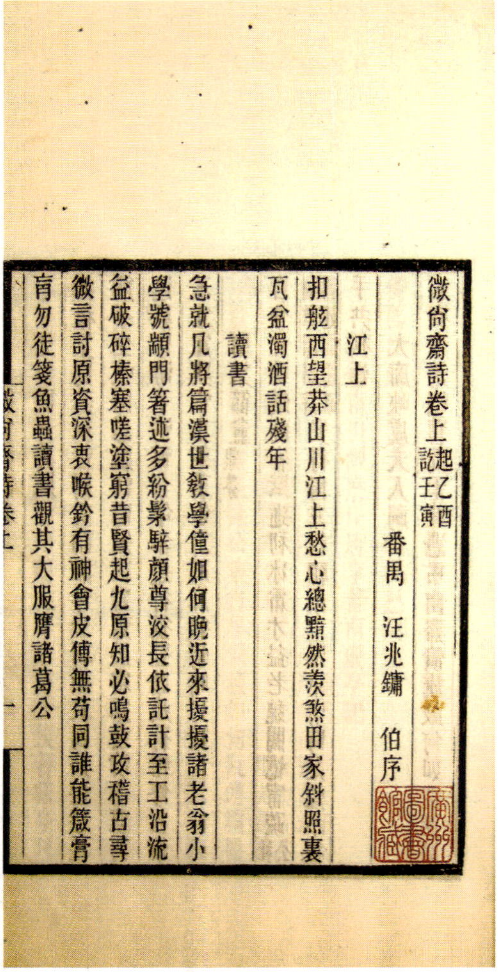

微尙齋詩卷上起乙酉訖壬寅

番禺　汪兆鏞　伯序

江上

扣舷西望莽山川江上愁心總黯然袞袞田家斜照裏
瓦盆濁酒話殘年

讀書

急就凡將篇漢世教學僮如何晚近來擾擾諸老翁小
學號顓門箸述多紛紜騈顏尊汝長依託計至工沿流
益破碎榛塞嗟塗窮昔賢起九原知必鳴鼓攻稽古尋
微言討原資深衷喉舌有神會皮傳無苟同誰能箴膏
肓勿徒箋魚蟲讀書觀其大服膺諸葛公

微尚齋詩（3–3）

0142 梽江即事詩集：五卷，卷首一卷 / (清) 謝建麟撰 . -- 清光緒三十年 (1904) 刻本 . -- 2 册

11 行，21 字，小字雙行同，白口，四周雙邊，單黑魚尾，匡高 16.5 厘米，寬 10.6 厘米。

序有佚名墨筆點讀。卷一卷端首葉天頭刊有批校。

扉頁刊"光緒甲辰年刊 謝範九先生鑒定 梽江即事詩集 謝建麟勳南初稿"。

前有清光緒三十年謝質範九氏撰序。

書脚題名：梽江詩集。

著者信息不詳，卷端刊"河源謝建麟勳南氏著"。

鈐印有"廣東通志館圖書"、"廣東脩志局圖籍金石之印"、"鐵嶺王貴忱章"、"王貴忱印"。

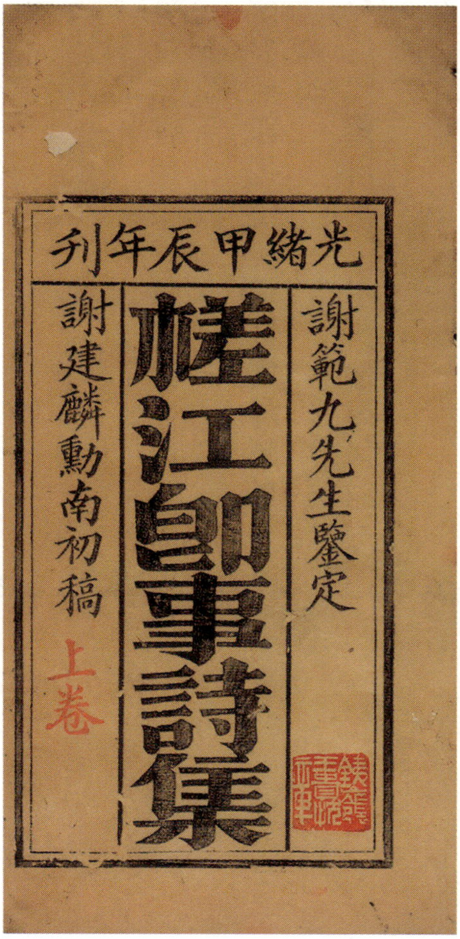
光緒甲辰年刊
謝範九先生鑒定
梽江即事詩集
謝建麟勳南初稿
上卷

梽江即事詩集（2–1）

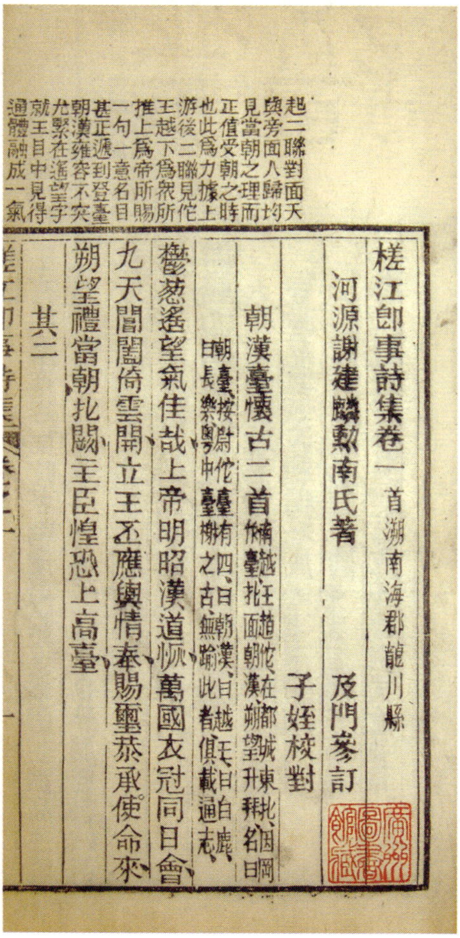
梽江即事詩集卷一 首溯南海郡龍川縣
河源謝建麟勳南氏著
及門麥訂
子姪校對
朝漢臺懷古二首
鬱葱遙望氣佳哉上帝明昭漢道恢萬國衣冠同日會
九天閶闔倚雲開立王丕應輿情奉賜璽恭承使命來
朔望禮當朝北闕王臣惶恐上高臺
其二

梽江即事詩集（2–2）

0143 花叢儷語：一卷 / (清) 張悼棠集古 . -- 清光緒三十二年 (1906) 鉛印本 . -- 1 册

9 行，16 字，白口，四周雙邊，無界行，單黑魚尾，匡高 15.4 厘米，寬 11 厘米。

扉頁題名下刊“光緒三十二年二月二十日 峰石張麟年署”。

前有請光緒三十二年徐淡廬序。

鈐印有“潘蘭史記”。

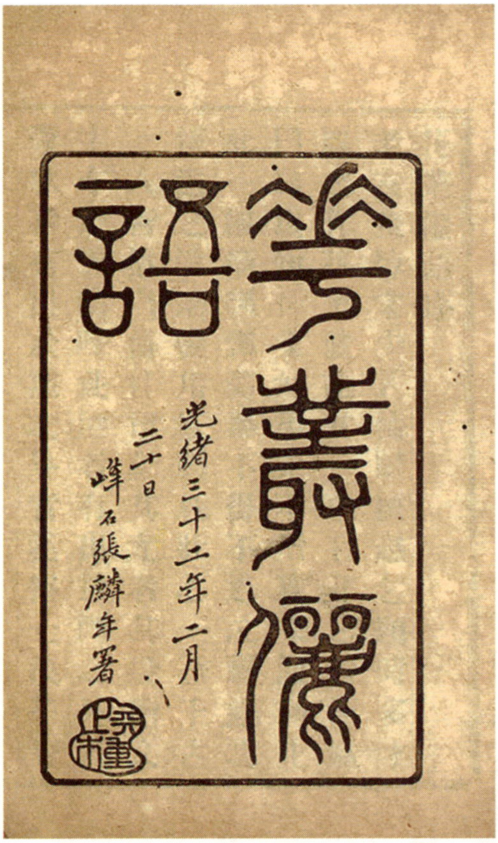
花叢儷語
光緒三十二年二月二十日
峰石張麟年署

花叢儷語（2–1）

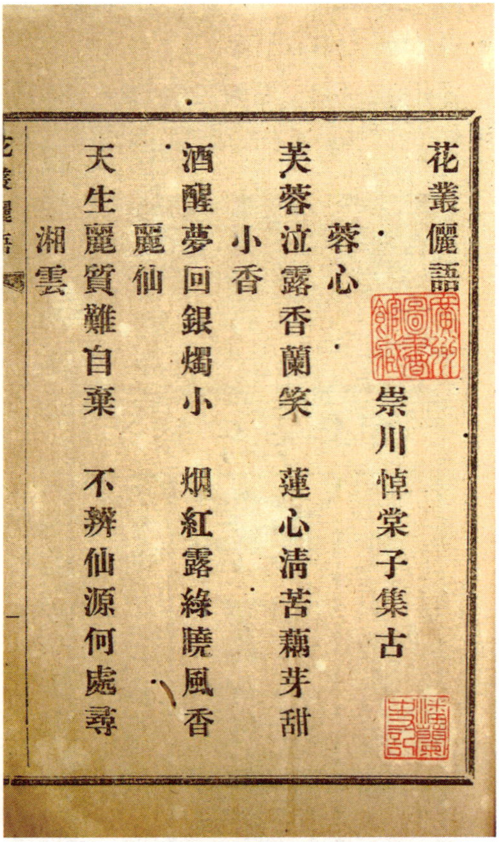
花叢儷語　崇川悼棠子集古
蓉心
芙蓉泣露香蘭笑　蓮心清苦藕芽甜
小香
酒醒夢回銀燭小　烟紅露綠曉風香
麗仙
天生麗質難自棄　不辨仙源何處尋
湘雲

花叢儷語（2–2）

0144 連珠彙抄：不分卷；儀禮萃精：不分卷 /（清）李宗顥輯．-- 清 (1644~1911) 抄本．-- 1 册

《連珠彙抄》12 行，22 字或不等，小字雙行不等，白口，四周單邊或四周雙邊，淺緑色或淺紅色單魚尾，匡高 15.3 厘米或 17.3 厘米，寬 10.5 厘米；《儀禮萃精》9 行，25 字或不等，小字雙行不等，白口，四周單邊，淺緑色單魚尾，匡高 15.3 厘米，寬 10.5 厘米。

有墨筆圈點、句讀，天頭墨筆標注爲概括當葉内容。

著者簡介見第 0001 條《詩輯一卷》。

《連珠彙抄》包括《庚子山擬連珠四十四首》、《揚子雲連珠》、《班孟堅連珠》、《雜擬連珠》等，輯録了連珠體發展過程中有名的連珠體文。《儀禮萃精》輯抄了名家名著對《儀禮》在源流、精藴、義例、讀經方法等方面的詮釋。

鈐印有“煮石”、“仙李煮石”等。

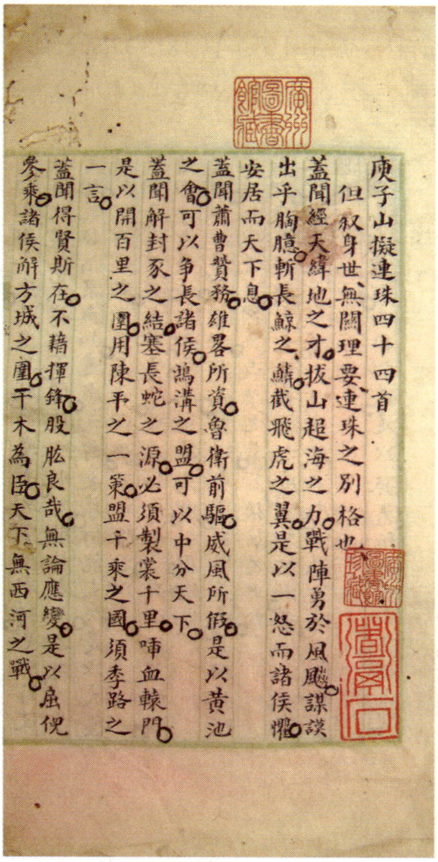
庚子山擬連珠四十四首
但叙身世無關理要連珠之別格也
蓋聞經天緯地之才拔山超海之力戰陣勇於風飈謀謨出乎胸臆斬長鯨之鱗截飛虎之翼是以一怒而諸侯懼安居而天下息
蓋聞蕭曹贊務雄畧所資魯衛前驅威風所假是以黄池之會可以争長諸侯鴻溝之盟可以中分天下
蓋聞解封豕之結塞長蛇之源必須製衆千里啼血轅門是以開百里之圍用陳平之一策盟千乘之國須季路之一言
蓋聞得賢斯在不藉揮鋒股肱良哉無論應變是以屈倪參乘諸侯解方城之圍干木爲臣天下無西河之戰

連珠彙抄（2-1）

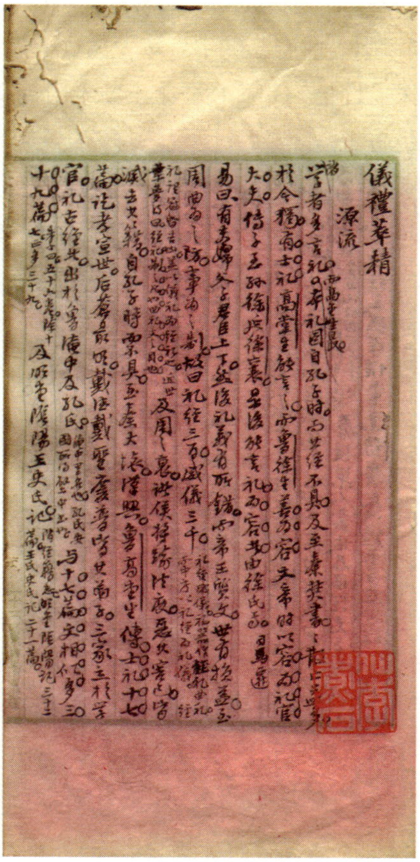
儀禮萃精
源流

連珠彙抄（2-2）

0145 西湖修禊詩：[一卷]/(清)鄂敏輯．金牛湖漁唱：[一卷]/(清)張雲璈撰．銀瓶徵：[一卷]/(清)俞樾撰．西湖詩：[一卷]/(清)汪志伊撰．-- 清光緒(1875~1908)刻本．-- 1 册：圖．--([武林掌故叢編]/(清)丁丙輯)

10 行，20 字，小字雙行同（《西湖修禊詩》無小字），白口，四周雙邊，單黑魚尾，《西湖修禊詩》匡高 17.2 厘米，寬 11.7 厘米，《金牛湖漁唱》匡高 17.6 厘米，寬 12 厘米，《銀瓶徵》匡高 16.9 厘米，寬 11.8 厘米，《西湖詩》匡高 17.1 厘米，寬 11.6 厘米。

《西湖修禊詩》内有"西湖修禊圖"，其扉頁刊有"平湖徐惟琨署檢"字樣；《西湖詩》扉頁刊"光緒癸巳冬月 秋圃蔡玉瀛署 時年八十有二"。《西湖修禊詩》牌記刊"光緒五年上巳泉唐丁氏梓行"；《金牛湖漁唱》牌記刊"光緒辛巳年秋九月重刊"，卷末刊"福州吴玉田鎸"；《銀瓶徵》牌記刊"光緒七年歲在辛巳七月開雕"；《西湖詩》牌記刊"嘉惠堂丁氏重梓行"。

《西湖修禊詩》前有鄂敏"西湖修禊詩序"、清乾隆十一年(1746)周京"西湖修禊詩後序"；《金牛湖漁唱》前有嘉慶十六年（1811）張雲璈自序、嘉慶十八年（1813）黄士珣序；《銀瓶徵》末有同治六年（1867）王凱泰附刻文一則"孝娥古井真蹟碑記"；《西湖詩》卷端有汪志伊自記。

鄂樂舜（？ ~ 1749），清滿洲鑲藍旗人，西林覺羅氏，初名鄂敏，大學士鄂爾泰從子。雍正八年（1730）進士，改庶吉士，授編修。出爲江西瑞州知府，累遷湖北布政使。

張雲璈（1747 ~ 1829），清浙江錢塘（今杭州）人，字仲雅。乾隆三十五年（1770）舉人。著有《簡松草堂詩集》二十卷等。

俞樾（1821 ~ 1907），清浙江德清人，字蔭甫，自號曲園居士。清道光三十年（1850）進士。著述有《小浮梅閑話》、《右臺仙館筆記》、《茶香室雜鈔》等，輯爲《春在堂全書》，凡五百卷。

汪志伊（1743 ~ 1818），清安徽桐城人，字稼門。乾隆三十六年（1771）舉人。著有《稼門詩鈔》。

《西湖修禊詩》，創作於清乾隆十一年（1746）閏三月三日，集合了至少六十一位詩人的修禊詩作，由當時的杭州知府鄂敏發起，是西湖史上值得記載的一次文化盛會，在許多著名文人的作品中都能看到其蹤迹。《金牛湖漁唱》收集了吟詠杭州西湖的詩作百首。清朝時讀書人把杭州西湖稱之爲"金牛湖"。

鈐印有"鐵嶺王貴忱印"、"王貴忱印"。

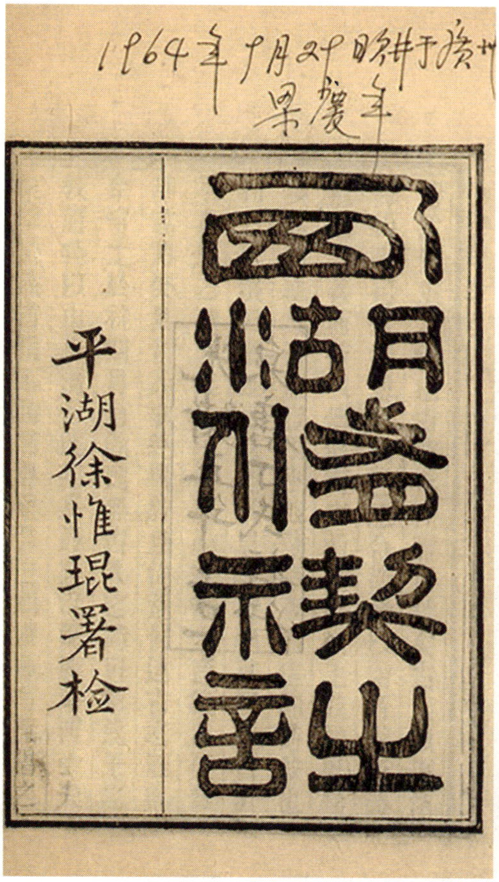
1964年7月24日購于廣州
梁慶年

西湖修禊詩

平湖徐惟琨署檢

西湖修禊詩（2–1）

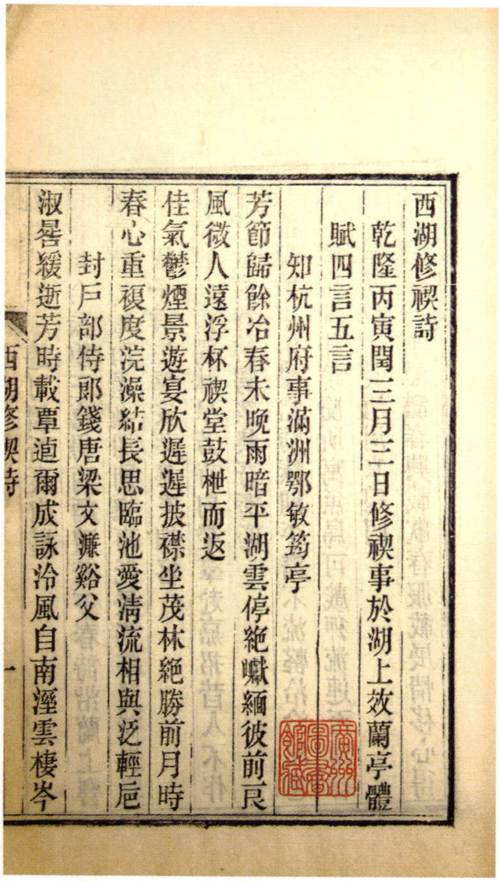
西湖修禊詩
乾隆丙寅閏三月三日修禊事於湖上效蘭亭體
賦四言五言
知杭州府事滿洲鄂敏筠亭
芳節歸餘冷春未晚雨暗平湖雲停絕巘緬彼前民
風微人遠浮杯禊堂鼓枻而返
佳氣鬱煙景遊宴欣遲遲披襟坐茂林絕勝前月時
春心重複度浣澡結長思臨池愛清流相與泛輕巵
封戶部侍郎錢唐梁文濂谿父
淑晷緩逝芳時載覃適爾成詠泠風自南溼雲棲岑

西湖修禊詩 一

西湖修禊詩（2–2）

0146 駢體正宗二編：不分卷 /（清）張蔭桓輯．-- 清 (1644~1911) 稿本．-- 2 册

9 行或 11 行或 6 行或 8 行，25 字或 22 字或 20 字，小字雙行同，淺青單魚尾或紅色雙魚尾及單魚尾，匡高 21.7 厘米，寬 14.1 厘米或高 17.9 厘米，寬 14.6 厘米。

前有張蔭桓手書目録卷次（卷次和正文内容不一致）。

有墨筆圈讀。多處作者修改痕迹。

張蔭桓（1837 ~ 1900），清廣東南海人，字皓巒，號樵野，自稱紅棉主人或白石齋老人。晚清重要大臣，被稱爲“甲午至戊戌間之幕後大人物”，也是當時不可多得的外交人才。著有《張蔭桓戊戌日記手稿》、《鐵畫樓詩續鈔》、《三洲日記》等。

是書爲著者選編清代駢體文之典範，是爲正宗，此爲二編。

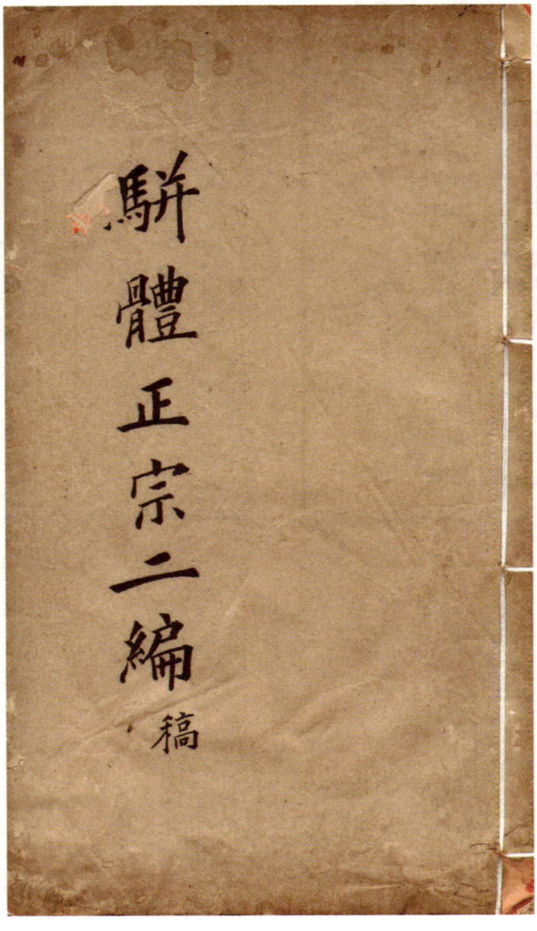

駢體正宗二編（3–1）

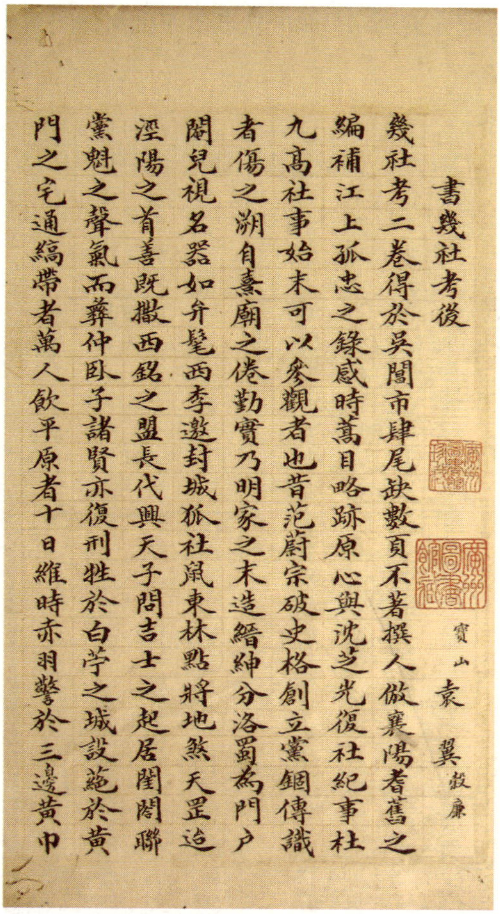

書幾社考後

寶山 袁 翼 穀廉

幾社考二卷得於吳閶市肆尾缺數頁不著撰人傚襄陽耆舊之編補江上孤忠之錄感時萬目略跡原心與沈芝光復社紀事杜九高社事始末可以參觀者也昔范蔚宗破史格創立黨錮傳識者傷之溯自熹廟之倦勤實乃明家之末造縉紳分洛蜀為門戶閹兒視名器如弁髦西李邀封城狐社鼠東林點將地煞天罡迨涇陽之首善既撤西銘之盟長代興天子問吉士之起居閨閣聯黨魁之聲氣而葬仲卧子諸賢亦復刑牲於白学之城設施於黃門之宅通縞帶者萬人飲平原者十日維時赤羽警於三邊黃巾

駢體正宗二編（3-2）

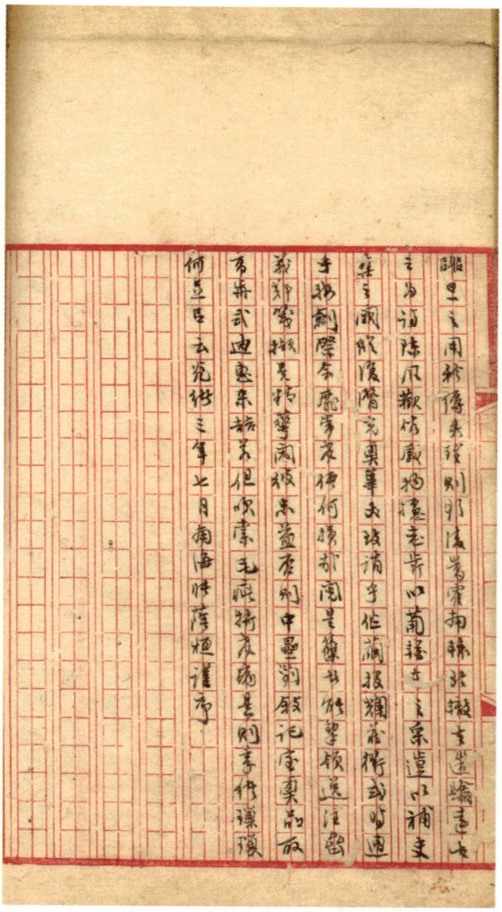

駢體正宗二編（3-3）

0147 才調集 /（清）韓菼 [等] 撰 . 會試硃卷 : 光緒壬辰科 /（清）伍銓萃輯 . -- 清末 (1851~1911) 刻本 . -- 1 册

9 行，25 字，白口，四周雙邊，無界行，單黑魚尾，匡高 16.7 厘米，寬 11.2 厘米。

盧子樞題簽：八股必存。卷首有佚名題記二則并夾題録一張。佚名墨筆批注，圈點、句讀。

《才調集》爲殘本，合訂《會試硃卷》亦殘本。

韓菼（1637 ~ 1704），清長洲（今蘇州）人，字元少，别號慕廬。康熙十一年（1672）入國子監做監生。康熙十二年（1673）狀元。授翰林院修撰，修《孝經衍義》百卷。官至禮部尚書兼翰林院掌院學士。

伍銓萃（？ ~ 1924），廣東新會人，一作南海人，字選青，又字叔葆、保盦，室名萬松山房。光緒十八年（1892）壬辰二甲十二名進士。授編修。曾任廣西鄉試考官，後從事醫學教育。創辦廣東廣漢專門學校，爲首任校長。

鈐印有“子樞”。

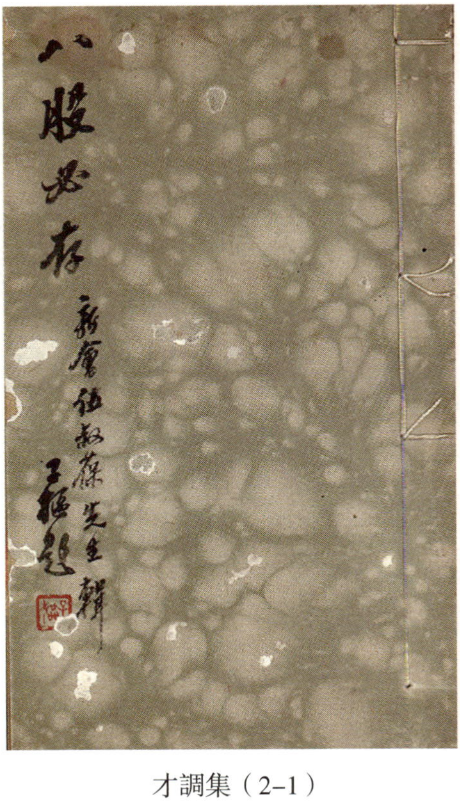

才調集（2–1）

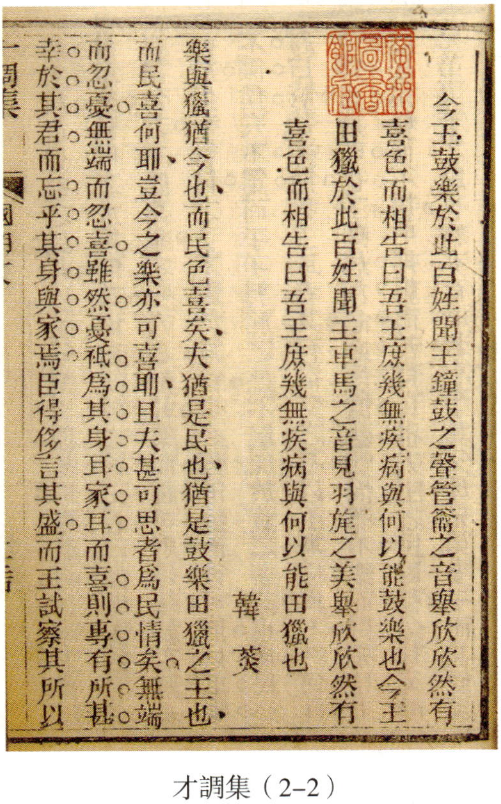
今王鼓樂於此百姓聞王鐘鼓之聲管籥之音舉欣欣然有喜色而相告曰吾王庶幾無疾病與何以能鼓樂也今王田獵於此百姓聞王車馬之音見羽旄之美舉欣欣然有喜色而相告曰吾王庶幾無疾病與何以能田獵也

韓菼

樂與獵猶今也而民色喜矣夫猶是民也猶是鼓樂田獵之王也而民喜何耶豈今之樂亦可喜耶且夫甚可思者爲民情矣無端而忽憂無端而忽喜雖然憂祇爲其身耳家耳而喜則專有所甚幸於其君而忘乎其身與家焉臣得侈言其盛而王試察其所以

才調集（2–2）

0148 胸海詩存二集：十卷 /（清）許喬林輯 . -- 清道光 (1821~1850) 刻本 . -- 1 册

10 行，21 字，小字雙行同，白口，四周雙邊，單黑魚尾，匡高 17.3 厘米，寬 11.4 厘米。

前有盧子樞民國二十四年（1935）抄配凡例及題跋。有朱印扣圈。

缺兩卷：卷五、卷六，及卷一前三葉，卷四第十二葉以後。

抄配凡例及書口題名：胸海詩存。

許喬林（1775 ~ 1852），祖籍安徽，生於四川，字貞仲，號石華。嘉慶十二年（1807）舉人，官平陰知縣。著有《球陽瑣語》、《弇榆山房詩略》、《弇榆山房筆談》等。

鈐印有“子”、“樞”、“王貴忱印”、“貴忱寓目”等。

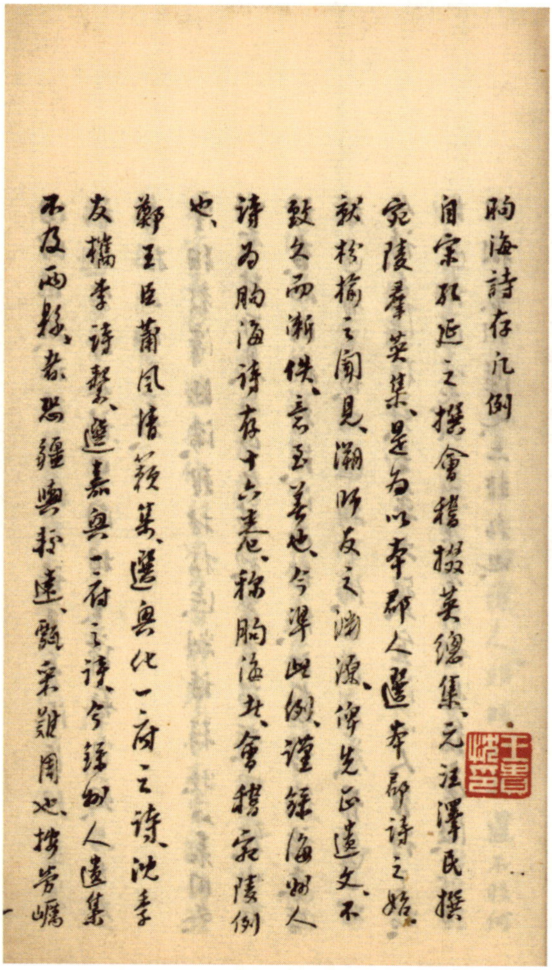
胸海詩存凡例
自宋孔延之撰會稽掇英總集、元汪澤民撰
宛陵羣英集、是為以本郡人選本郡詩之始。
我朝松橋之閒見、湖師友之淵源、俾先正遺文、不
致久而漸佚、意至善也。今準此例、謹錄海州人
詩為胸海詩存十六卷、稱胸海者、倣會稽宛陵例
也。
鄭王臣蘭風清籟集、選興化一府之詩、沈季
友檇李詩繫、選嘉興一府之詩、今錄州人遺集
不及兩縣、蓋以疆域有遠邇、類采難周也。按勞嶠

胸海詩存二集（3-1）

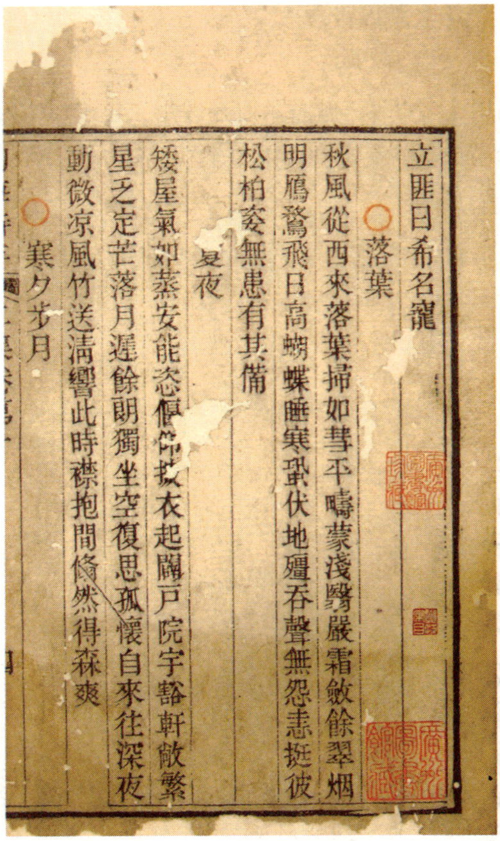

胸海詩存二集（3–2）

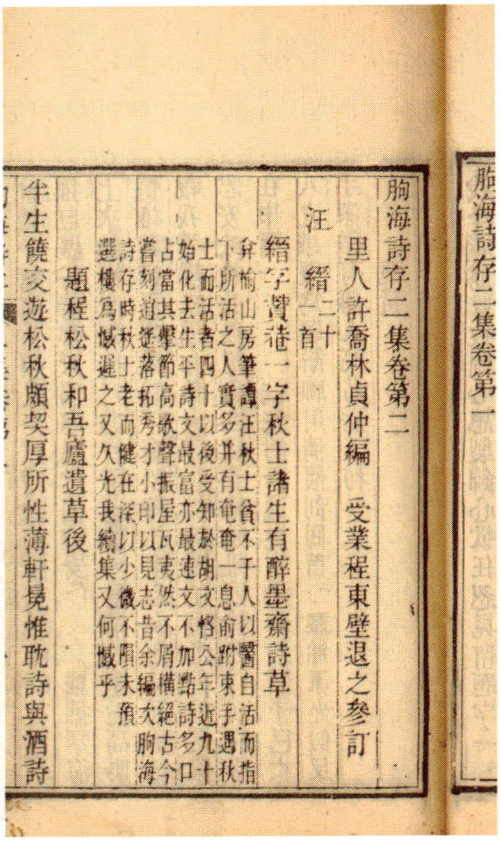

胸海詩存二集（3–3）

0149 楚庭耆舊遺詩前集：二十一卷，後集二十一卷，續集三十二卷 /（清）伍崇曜輯．-- 清道光二十三年至三十年 (1843~1850) 南海伍氏刻本．-- 11 册

11 行，22 字，小字雙行同，黑口，左右雙邊，雙黑魚尾，匡高 18 厘米，寬 14.5 厘米（後集、續集匡高 17.5 厘米，寬 14.4 厘米）。

前、後集牌記刊“道光二十三年六月南海伍氏開雕”。（續集出版時間爲清道光三十年）。

前有伍崇曜“楚庭耆舊遺詩序”。各集目録末刊“粤東省西湖街聚珍堂承刻印”。各卷末均刊有“譚瑩玉生校”。

缺十二卷：後集卷十至卷十三，續集卷一至卷八。

伍崇曜（1810 ~ 1863），清廣東南海人，原名元薇，字良輔，號紫垣，商名伍紹榮。府學廩生。清朝買辦。咸豐間辦理畿輔賑捐賜舉人。捐布政使銜。素耽風雅，刻有《嶺南耆舊遺詩》、《嶺南遺書》、《粤雅堂叢書》等。

鈐印有“南海譚氏藏書畫印”。

楚庭耆舊遺詩前集（3–1）

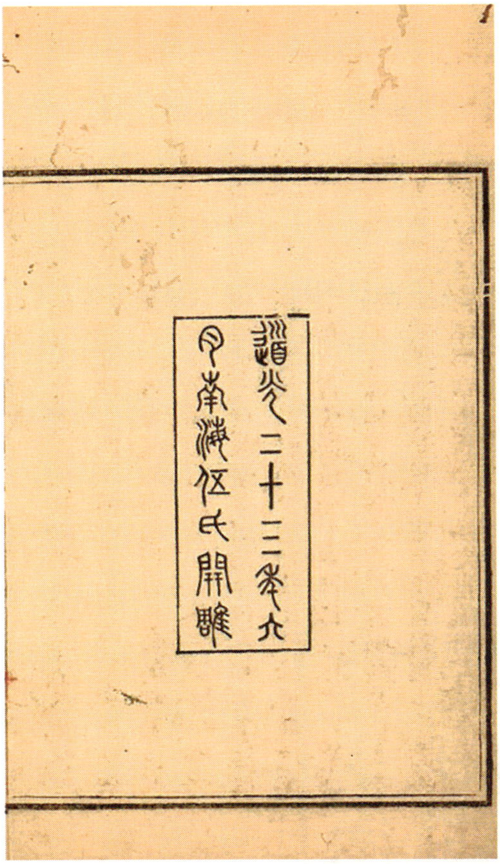
道光二十二年九
月南海伍氏開雕

楚庭耆舊遺詩前集（3–2）

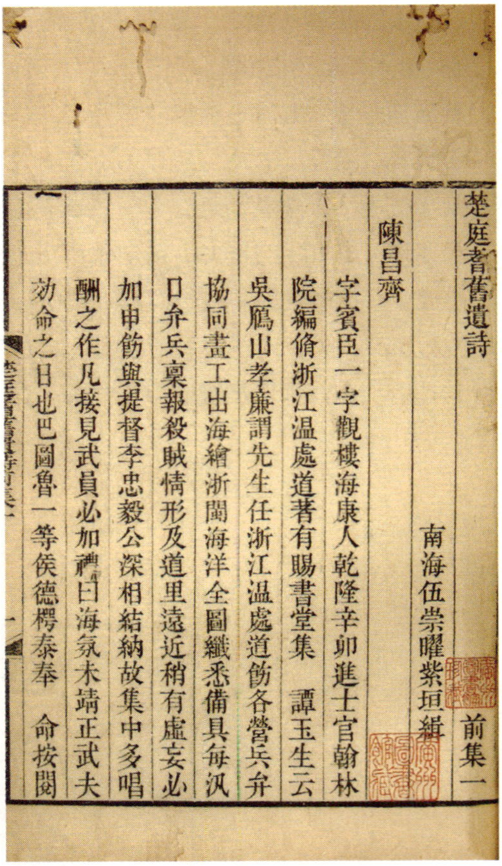
楚庭耆舊遺詩　前集一
南海伍崇曜紫垣編
陳昌齊
字賓臣一字觀樓海康人乾隆辛卯進士官翰林
院編修浙江温處道著有賜書堂集　譚玉生云
吳鷹山孝廉謂先生任浙江温處道飭各營兵弁
協同畫工出海繪浙閩海洋全圖纖悉備具每汎
口弁兵稟報殺賊情形及道里遠近稍有虛妄必
加申飭與提督李忠毅公深相結納故集中多唱
酬之作凡接見武員必加禮曰海氛未靖正武夫
効命之日也巴圖魯一等侯德楞泰奉　命按閱

楚庭耆舊遺詩前集（3–3）

0150 朱氏傳芳集：八卷 /（清）朱次琦輯 . -- 清光緒 (1875~1908) 刻本 . -- 2 册

11 行，24 字，白口，左右雙邊，單黑魚尾，匡高 21.9 厘米，寬 14.3 厘米。

卷一至卷四爲正集，卷五至卷八爲外集。

護葉有王貴忱先生墨筆贈言："九江先生編輯本《朱氏傳芳集》甚難得，爲研究朱氏家學不可少者，謹贈伯勤仁兄惠存。貴忱敬贈。"

著者簡介第 0123 條《朱九江先生集十卷卷首四卷》。

鈐印有"王貴忱"、王貴忱印"。

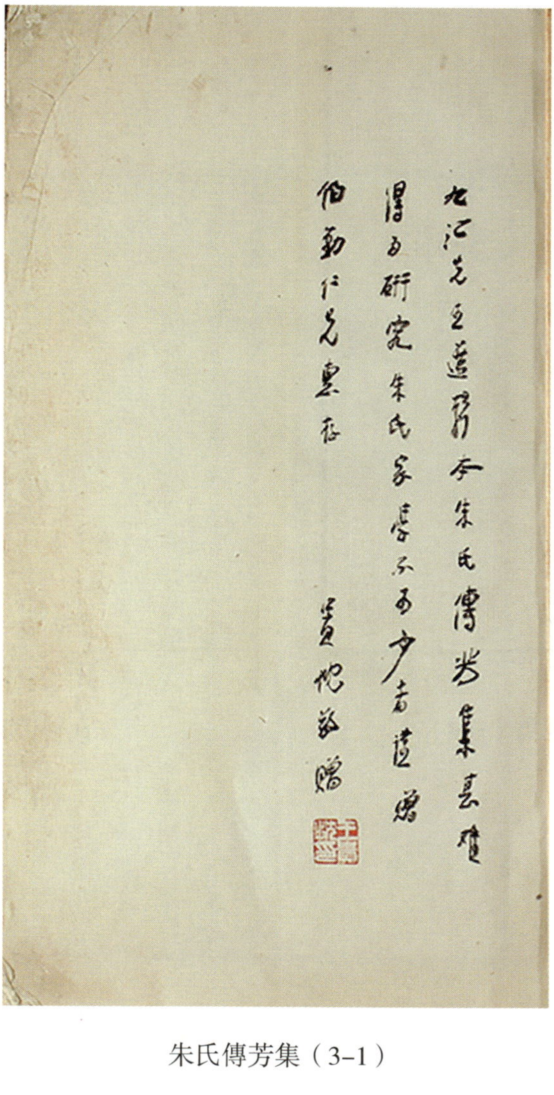

朱氏傳芳集（3–1）

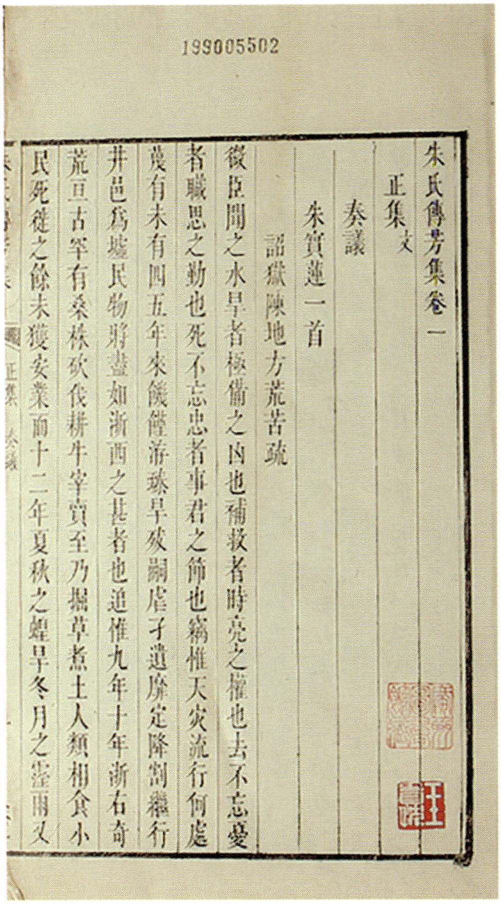

朱氏傳芳集卷一

正集文

奏議

朱寶蓮一首

請獄陳地方荒苦疏

竊臣聞之水旱者極備之凶也補救者時亮之權也去不忘憂者職思之勤也死不忘忠者事君之節也竊惟天災流行何處蔑有未有四五年來饑饉洊臻旱魃肆虐孑遺靡定降割繼行井邑爲墟民物將盡如浙西之甚者也迫惟九年十年浙右奇荒亙古罕有桑株砍伐耕牛宰賣至乃掘草煮土人類相食小民死徙之餘未獲安業而十二年夏秋之蝗旱冬月之霪雨又

朱氏傳芳集（3–2）

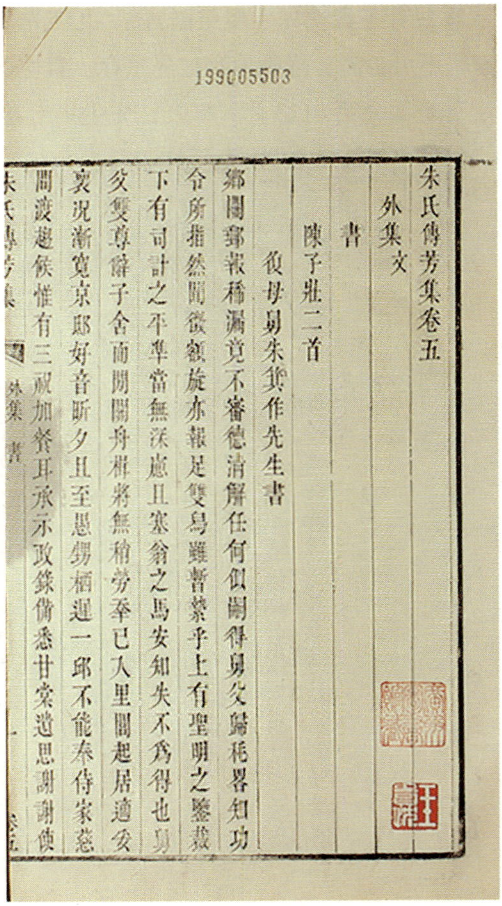

朱氏傳芳集卷五

外集文

書

陳子壯二首

復母舅朱貢作先生書

鄉闈鄭報稀漏竟不審德清解任何似闈得舅父歸耗畧知功令所推然聞徵額旋亦報足雙舄雖暫禁乎上有聖明之鑒裁下有司計之平準當無深慮且塞翁之馬安知失不爲得也舅父雙尊舜子舍而閑關舟楫將無稍勞乎已入里閈起居適爰衰況漸寬京邸好音晰夕且至愚甥栖遲一邸不能奉侍家慈間渡趨候惟有三祝加餐耳承示攻錄備悉甘棠遺思謝謝使

朱氏傳芳集（3–3）

0151 碧溪詩話：十卷 / (宋) 黄徹撰 . 馮汝言詩紀匡謬：一卷 / (清) 馮舒撰 . -- 清乾隆至道光 (1736~1850) 長塘鮑氏知不足齋刻本 . -- 1 册 . -- [知不足齋叢書 / (清) 鮑廷博輯 ; (清) 鮑志祖續輯 ; 第二集 ; 第十九集]

9 行，21 字，黑口，左右雙邊。匡高 12.7 厘米，寬 9.9 厘米。

《碧溪詩話》卷端下佚名朱筆手書著者朝代“宋”字；《馮汝言詩紀匡謬》卷端下佚名朱筆手書著者“明 馮舒”。

《碧溪詩話》前有宋乾道四年（1168）陳俊卿“碧溪詩話序”，著者黄徹自序；卷十末刊有“乾隆癸卯仲春重校一過知不足齋記”字樣；又有乾道五年（1169）黄永存、嘉泰三年（1203）黄燾、咸淳五年（1269）聶棠、清康熙四十七年（1708）朱彝尊、乾隆四十一年（1776）黄模“ 碧溪詩話跋”。《馮汝言詩紀匡謬》前有明崇禎癸酉（1633）馮舒“詩紀匡謬引”。

《馮汝言詩紀匡謬》扉頁及書口題名：詩紀匡謬。

黄徹（1093 ~ 1168），南宋興化軍莆田縣人，字常明，號太甲，晚號碧溪居士。著有《碧溪詩話》十卷存世。

馮舒（1593 ~ 約 1645），明末清初江蘇常熟人，字巳蒼，號默庵，又號癸巳老人。著有《空居閣雜文》二卷，《炳燭齋文》一卷，《文穀》二卷等，又有《詩紀匡謬》一卷，《校定玉臺新詠》十卷等。

前者入《四庫全書總目》集部四十八詩文評類一，爲“碧溪詩話浙江鮑士恭家藏本”；後者入集部四十二總集類四，爲“詩紀匡謬一卷 江蘇巡撫采進本”。《景印文淵閣四庫全書》第 1479 册著録有前者；《景印文淵閣四庫全書》第 1380 册著録有後者，爲“詩紀匡謬”。

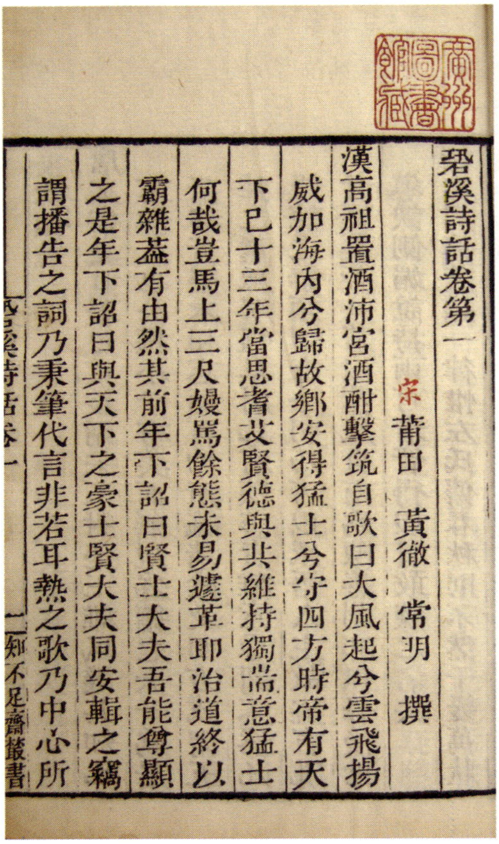

碧溪詩話（2-1）

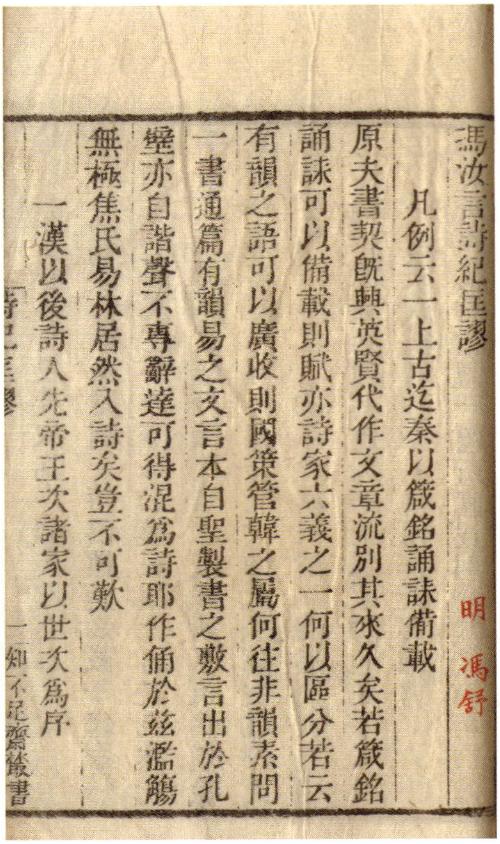

碧溪詩話（2-2）

0152 百末詞：五卷，詞餘一卷 / (清) 尤侗撰 . -- 清康熙(1662~1722)刻本 . -- 1 册 . -- (尤太史西堂全集 / (清) 尤侗撰)

10 行，21 字，白口，四周單邊，單黑魚尾，匡高 17.5 厘米，寬 13.4 厘米。

詞餘卷次在書口及卷端分别刊爲“卷六”。

有句讀。末有自跋。

尤侗（1618 ~ 1704），清長洲（今江蘇蘇州）人，字同人，一字展成，號悔庵，又號艮齋，晚自號西堂老人。順治拔貢。康熙十八年（1679）舉博學鴻詞科，授翰林院檢討，參與修《明史》。有傳奇《鈞天樂》、雜劇《西堂曲腋》，另有詩文集《鶴栖堂文集》等。

鈐印有“臯陶所藏”、“鐵嶺王貴忱之章”、“可居室印”。

《中國古籍善本書目》收録在叢部第 00459 條《西堂全集四種》之二《西堂詩集》中。《續修四庫全書》第 1724 册著録有“百末詞六卷影印華東師大圖書館藏清康熙間刻西堂全集本”。

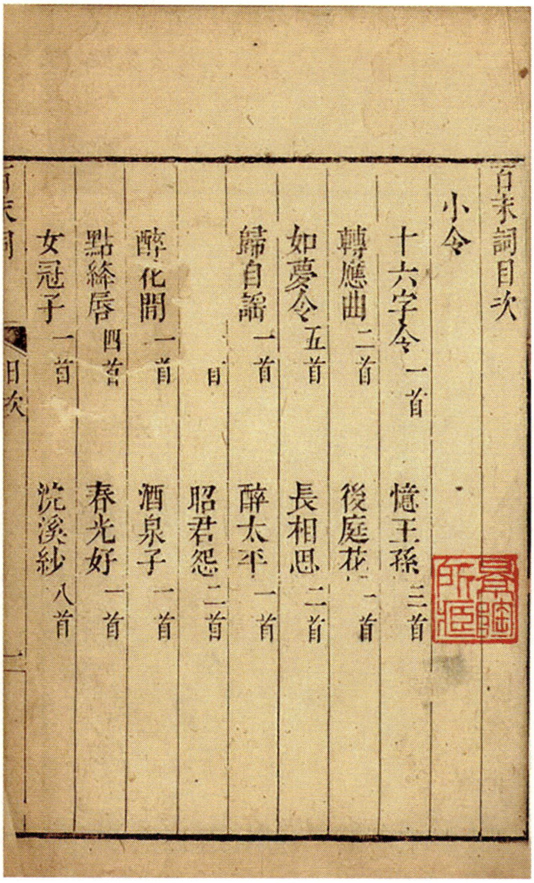
百末詞目次

小令

十六字令 一首　憶王孫 三首

轉應曲 二首　後庭花 一首

如夢令 五首　長相思 二首

歸自謠 一首　醉太平 一首

昭君怨 二首

醉花間 一首　酒泉子 一首

點絳脣 四首　春光好 一首

女冠子 一首　浣溪紗 八首

百末詞（3–1）

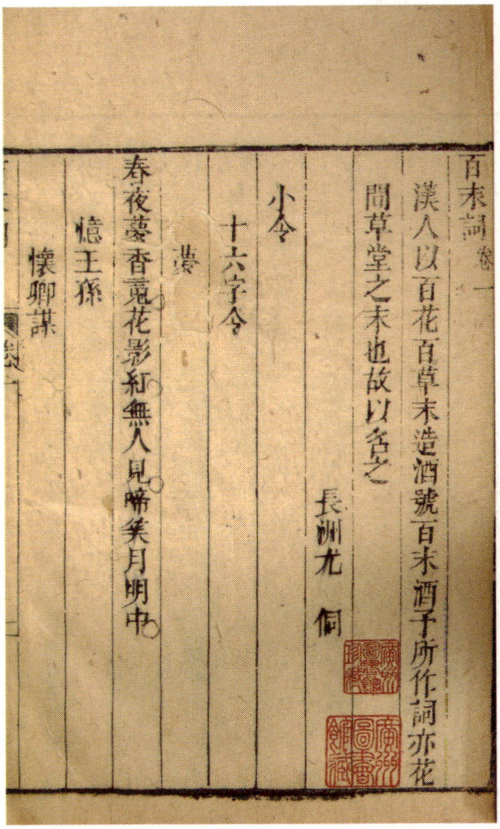
百末詞卷一
漢人以百花百草末造酒號百末酒予所作詞亦花間草堂之末也故以名之
長洲尤侗
小令
十六字令
夢
春夜夢香魂花影紅無人見啼笑月明中
憶王孫
懷卿謀

百末詞（3–2）

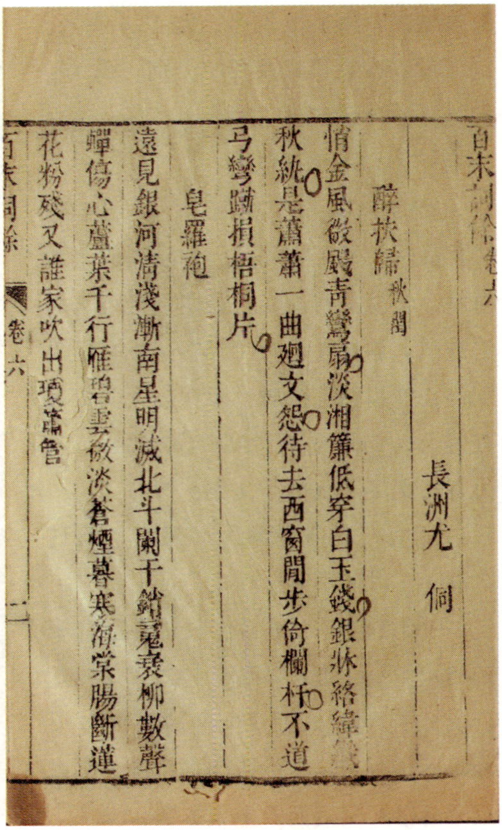
百末詞餘卷六
長洲尤侗
醉扶歸　秋閨
悄金風微颭青鸞扇淡湘簾低穿白玉錢銀牀絡緯咽秋紈是蕭蕭一曲廻文怨待去西窗閒步倚欄杆不道弓彎蹤損梧桐片
皂羅袍
遠見銀河清淺漸南星明滅北斗闌干銷魂衰柳數聲蟬傷心蘆葉千行雁碧雲欲淡蒼煙暮寒海棠腸斷蓮花粉殘又誰家吹出瑣窗

百末詞（3–3）

0153 花影吹笙詞鈔：二卷 /（清）葉英華著；小游僊詞：一卷 /（清）夢禪居士製 .-- 清光緒三年 (1877) 刻本 .-- 1 册

10 行，21 字，小字雙行同，黑口，四周雙邊，雙黑魚尾，匡高 16.4 厘米，寬 12.4 厘米。有朱筆圈點。

牌記刊“光緒三年歲在丁丑冬二十有一日刊于羊城”。各種卷末均刊有“男衍蘭衍桂衍壽校字”。《花影吹笙詞鈔》前有潘曾瑩序、清同治十二年（1873）潘祖蔭序，末有光緒元年（1875）汪瑔後序、校字者衍蘭衍桂衍壽跋；《小游僊詞》前有江南倦客讀畢題記，卷端有自序，末有沈世良跋。

葉英華，清廣東番禺人，字蓮裳，别號夢禪居士。葉衍蘭（1823 ~ 1898）父。著有《斜月杏花詩鈔》、《花影吹笙詞鈔》。

鈐印有“王貴忱印”等。

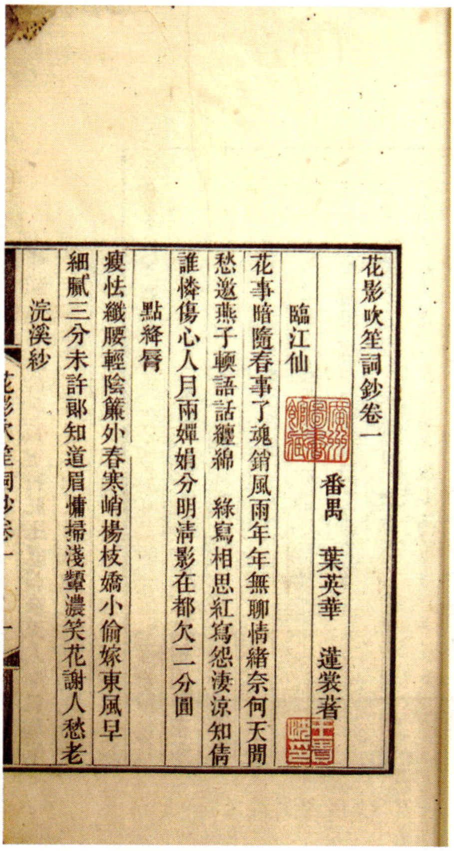
花影吹笙詞鈔卷一
番禺 葉英華 蓮裳著
臨江仙
花事暗隨春事了䰟銷風雨年年無聊情緒奈何天閒愁邀燕子輭語話纏綿 緣寫相思紅寫怨淒涼知倩誰憐傷心人月兩嬋娟分明清影在都欠二分圓
點絳脣
瘦怯纖腰輕陰簾外春寒峭楊枝嬌小偷嫁東風早細膩三分未許郎知道眉慵掃淺顰濃笑花謝人愁老
浣溪紗

花影吹笙詞鈔（2–1）

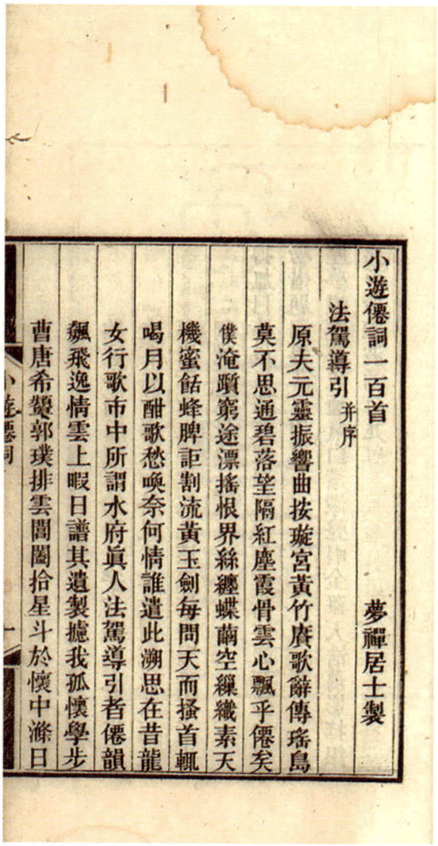
小遊僊詞一百首 夢禪居士製
法駕導引 并序
原夫元靈振響曲按璇宮黃竹賡歌辭傳瑤島莫不思通碧落望隔紅塵霞骨雲心飄乎僊矣僕淹蹟窮途漂搖恨界絲纏蝶繭空纙織素天機蜜餂蜂脾詎割流黃玉劍每問天而搔首輒喝月以酬歌愁喚奈何情誰遣此溯思在昔龍女行歌市中所謂水府眞人法駕導引者僊韻飄飛逸情雲上暇日譜其遺製攄我孤懷學步曹唐希蹤郭璞排雲閶闔拾星斗於懷中滌日

花影吹笙詞鈔（2–2）

0154 秋夢盦詞鈔：二卷，續一卷，再續一卷 /（清）葉衍蘭著．-- 清光緒十六年 (1890) 刻本．-- 1 册

9 行，21 字，黑口，四周雙邊，雙黑魚尾，匡高 16.2 厘米，寬 11 厘米。

牌記刊“光緒十有六年歲在庚寅春二月刊於羊城”。前有清光緒十年（1884）汪瑔序、光緒十二年（1894）張鳴珂序、譚獻序、光緒十八年（1892）譚獻再序、光緒二十年（1894）易順鼎序、光緒二十年張景祁序、光緒十年秋夢主人葉衍蘭自記。

據譚獻再序、易順鼎序、張景祁序，續一卷再續一卷爲清光緒十八年（1892）、二十年後刻。

著者簡介見第 0133 條《聯珠集》。

鈐印有“王貴忱印”。

《續修四庫全書》第 1727 册著録有“影印遼寧省圖書館藏清光緒十六年羊城刻後印本”

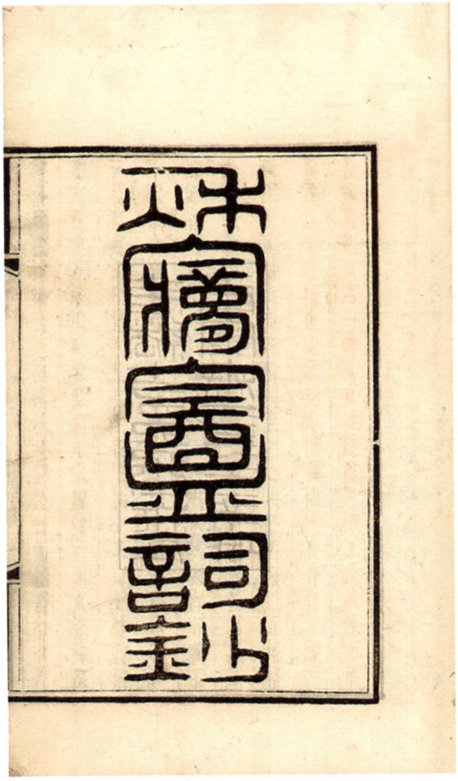

秋夢盦詞鈔

秋夢盦詞鈔（2–1）

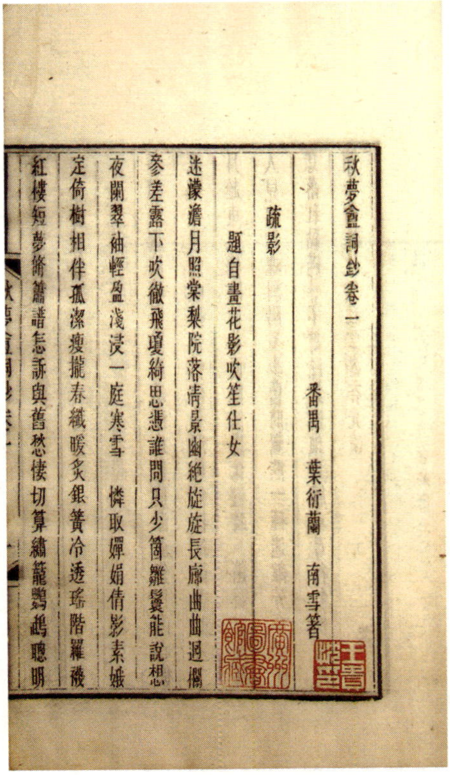

秋夢盦詞鈔卷一

番禺 葉衍蘭 南雪著

疏影

題自畫花影吹笙仕女

迷濛澹月照棠梨院落清景幽絕旋旋長廊曲曲迴欄

參差露下吹徹飛瓊綺思悲誰問只少箇雛鬟能說想

夜闌翠袖輕盈淺淺一庭寒雪 憐取嬋娟倩影素娥

定倚樹相伴孤潔瘦攏春纖暖炙銀簧冷透瑤階羅襪

紅樓短夢脩簫譜怎訴與舊愁悽切算繡籠鸚鵡聰明

秋夢盦詞鈔（2–2）

0155 姑蘇好詞：一卷 /（清）陳聯祚著．-- 清光緒七年 (1881) 刻本．-- 1 册

9 行，25 字，小字雙行同，白口，四周雙邊，單黑魚尾，匡高 18.3 厘米，寬 11.1 厘米。

盧子樞墨筆題簽，佚名朱筆圈點、句讀。

扉頁刊“光緒七年仲秋刊 姑蘇好詞 春暉草堂藏板”。

前有清光緒七年（1881）陳嗣容序、“姑蘇好詞自序”。

陳聯祚，廣東東莞人。博學多才，善詞，著有《姑蘇好詞》。

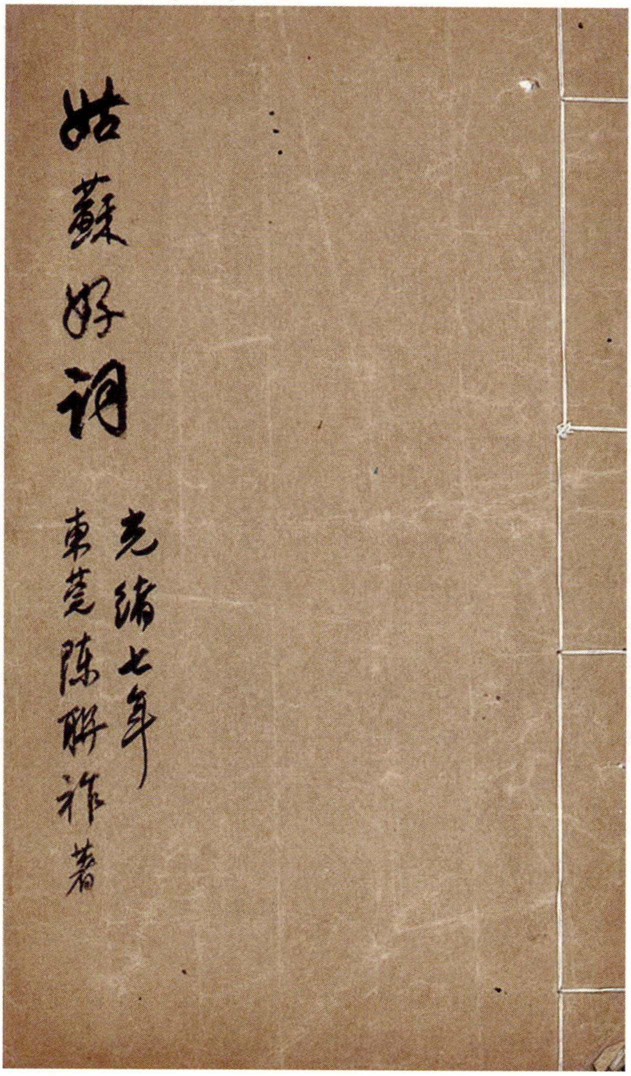

姑蘇好詞（3–1）

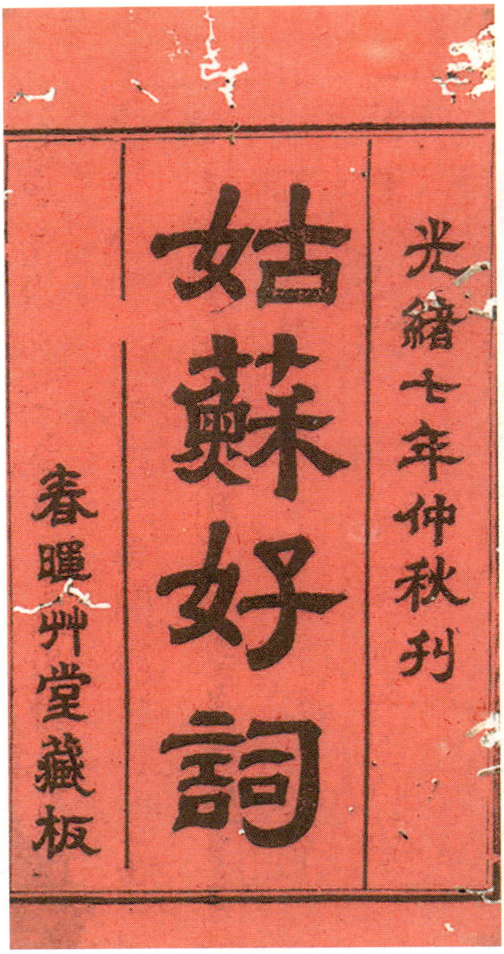

姑蘇好詞（3–2）

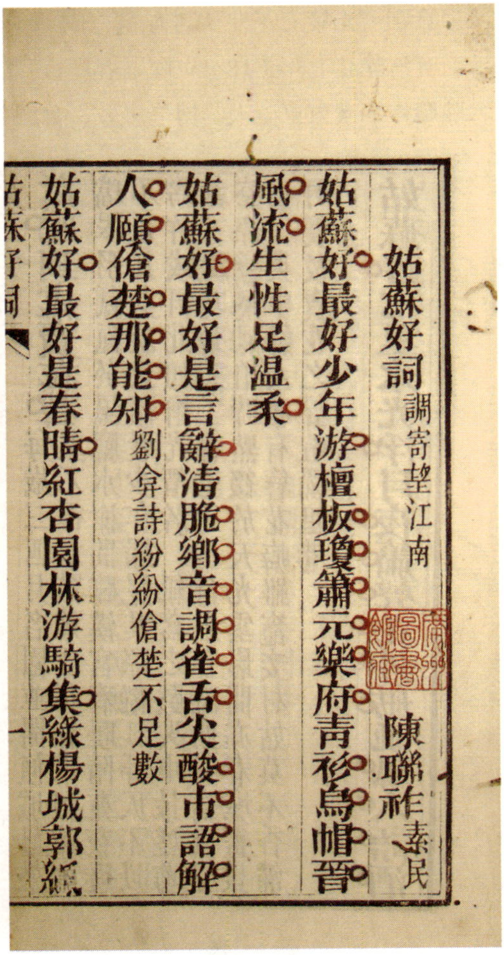

姑蘇好詞（3–3）

0156 白香詞譜箋：四卷 / (清) 舒夢蘭原輯；(清) 謝朝徵箋 . -- 清光緒十一年 (1885) 刻本 . -- 民國 (1912~1949) 初年補修本 . -- 2 册

10 行，24 字，小字雙行同，黑口，左右雙邊，匡高 16.8 厘米，寬 11.2 厘米。

黄紙本。據是書原收藏者王貴忱先生考證，是書"光緒乙酉秋仲刻成 民國年間重刊"。

牌記刊"光緒乙酉秋仲刻成"。前有嘉慶三年（1798）怡親王訥齊甫原序、光緒十二（1886）譚廷獻叙、光緒十三年（1886）李恩綬叙、凡例、作詞五要。

舒夢蘭（1759 ~ 1835），清江西靖安人，字香叔，又字白香，晚號天香居士。編纂有《白香詞譜》。

謝朝徵，清廣東南海人，字韋菴。著有《白香詞譜箋》。

是書選輯唐代李白至清初黄元雋五十九家詞人各種詞牌的代表作一百首。寫於北京怡賢親王官邸所。

鈐印有"可居室印"、"可居室主"、"貴忱印信"、"鐵嶺王貴忱之章"。

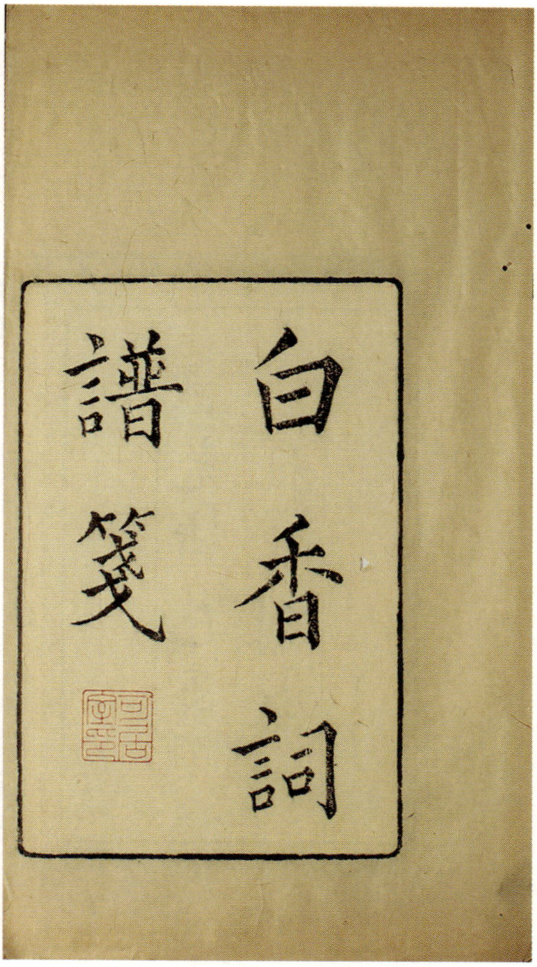

白香詞譜箋（3–1）

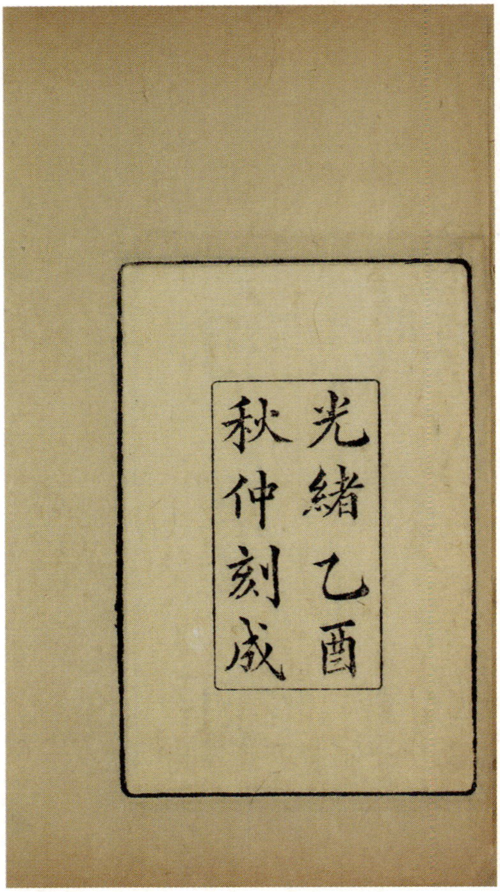

白香詞譜箋（3-2）

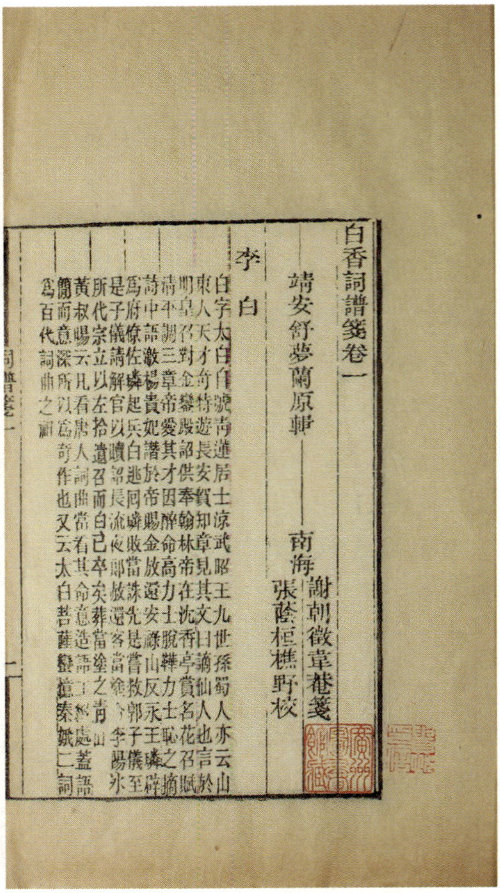

白香詞譜箋（3-3）

明清圖録·叢部

0157 三先生逸書：五種八卷．-- 明萬曆 (1573~1620) 清響齋刻本．-- 8 册

8 行，19 字，白口，四周單邊，匡高 21.4 厘米，寬 13.5 厘米。

據虞淳熙《三先生逸書序》,《三先生逸書》實爲《四先生逸書》,爲徐渭、李贄、袁宏道、馮昌曆四人逸書。竹纸本。佚名朱筆圈點。是書經王貴忱金鑲玉改裝。書口下方刊有“清響齋藏板”。前有明萬曆丁巳（1617）虞淳熙“三先生逸書序”;《一枝堂稿》前有胡廷試“一枝堂遺稿小序”，袁宏道撰“徐文長傳”，丁巳（1617）陸張侯識;《柞林紀譚》前有明萬曆四十五年（1617）聞啓祥“題柞林紀譚”;《金屑編》前有袁宏道“金屑編自叙”,袁中道“金屑編叙”;《珊瑚林》前有陳繼儒“珊瑚林序”,末有馮賁“跋珊瑚林”;《半峰録》前有明萬曆四十四年（1616）德清“半峰語録題辭”，萬曆三十九年（1611）病居士“半峰語録病言”。

徐渭（1521 ~ 1593），明山陰（今浙江紹興）人，初字文清，改字文長，號天池山人、青藤道人等。著有《徐文長三集》等。

李贄（1527 ~ 1602），明泉州晋江（今福建）人。原名載贄，號卓吾，又號宏甫，别號温陵居士、百泉居士。著有《李氏焚書》等。

袁宏道簡介見第 0072 條《六祖壇經節録一卷》。

馮昌曆，明廣東順德人，字文孺。爲明代高僧德清的弟子。

是書包括：1. 一枝堂稿二卷 /（明）徐渭撰；2. 柞林紀譚一卷 /（明）李贄撰；3. 金屑編一卷 /（明）袁宏道撰；4. 珊瑚林二卷 /（明）袁宏道撰；5. 半峰録二卷 /（明）馮昌曆撰。

鈐印有“可居室印”、“王貴忱印”、“鐵嶺王貴忱印”等。

《中國古籍善本書目》叢部第 00120、00121 條分别收録有四卷（一枝堂稿二卷、柞林紀譚一卷、金屑編一卷）、五卷（一枝堂稿二卷、柞林紀譚一卷、半峰録二卷）兩種。《續修四庫全書》第 1131 册著録有“珊瑚林二卷金屑編一卷（明）袁宏道撰 影印國家圖書館藏明清響齋刻本”。

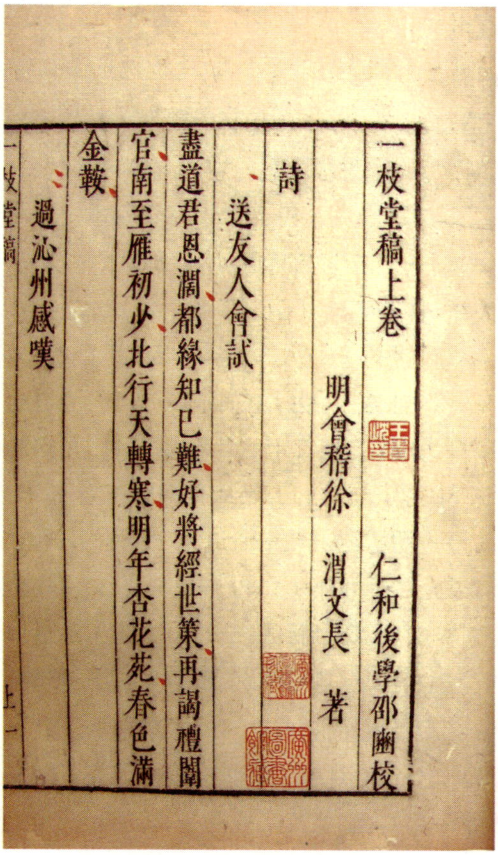
一枝堂稿上卷　仁和後學邵幽校
明會稽徐　渭文長　著
詩
送友人會試
盡道君恩濶都緣知已難好將經世策再謁禮闈
官南至雁初少北行天轉寒明年杏花苑春色滿
金鞍
過沁州感嘆
一枝堂稿　上一

三先生逸書（2-1）

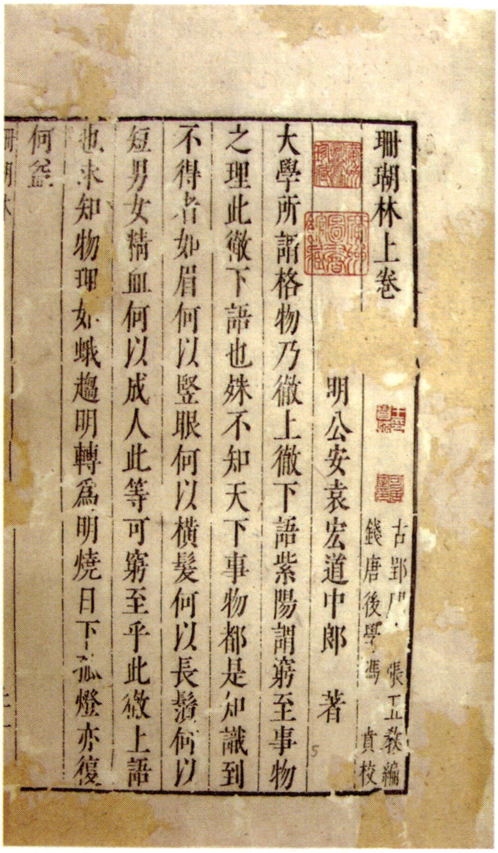
珊瑚林上卷
明公安袁宏道中郎　著　古郢門人張五教編　錢唐後學馮賁校
大學所謂格物乃徹上徹下語紫陽謂窮至事物
之理此徹下語也殊不知天下事物都是知識到
不得者如眉何以竪眼何以横髮何以長鬚何以
短男女精血何以成人此等可窮至乎此徹上語
也求知物理如蛾趨明轉爲明燒日下孤燈亦復
何益
珊瑚林　上一

三先生逸書（2-2）

00158 海山仙館叢書：五十六種 /（清）潘仕成輯．-- 清道光二十五年至咸豐元年(1845~1851) 番禺潘氏刻本．-- 清光緒 (1875~1908) 增刻．-- 120 册

9 行，21 字，小字雙行不等，黑口，左右雙邊，匡高 12.3 厘米，寬 9.4 厘米。

總扉頁刊“道光己酉鐫 海山仙館叢書 本館藏板”。

著者簡介見第 0052 條《海山仙館藏真三刻四卷》。

包括：1. 遂初堂書目一卷 /（宋）尤袤撰．—清道光二十六年（1846）刻本；2. 易大義一卷 /（清）惠棟撰．—清道光二十七年（1847）刻本；3. 讀書敏求記四卷 /（清）錢曾撰．—清道光二十七年刻本；4. 尚書注考一卷 /（明）陳泰交撰．—清道光二十七年刻本；5. 讀詩拙言一卷 /（明）陳第撰．—清道光二十七年刻本；6. 四書逸箋六卷 /（清）程大中撰．—清道光二十六年刻本；7. 一切經音義二十五卷 /（唐）釋玄應撰；（清）莊炘，（清）錢坫，（清）孫星衍校．—清道光二十五年（1845）刻本；8. 古史輯要六卷，卷首一卷 /（清）□□撰．—清道光二十五年刻本；9. 史記短長説二卷 /（明）凌迪知，（明）凌稚隆訂正．—清道光二十七年刻本；10. 順宗實録五卷 /（唐）韓愈撰．—清道光二十六年刻本；11. 九國志十二卷 /（宋）路振撰；（宋）張唐英補．—清道光二十七年刻本；12. 靖康傳信録三卷 /（宋）李綱撰．—清道光二十六年刻本；13. 庚申外史二卷 /（明）權衡撰．—清道光二十七年刻本；14. 二十二史感應録二卷 /（清）彭希涑撰．—清道光二十九年（1849）刻本；15. 洛陽名園記一卷 /（宋）李格非撰．—清道光二十六年刻本；16. 廣名將傳二十卷 /（明）黄道周注斷．—清道光二十九年刻本；17. 高僧傳十三卷 /（梁）釋慧皎撰．—清道光二十七年刻本；18. 酌中志二十四卷 /（明）劉若愚撰．—清道光二十五年刻本；19. 火攻挈要三卷圖一卷 /（德國）湯若望授；（清）焦勗述．—清道光二十七年刻本；20. 慎守要録九卷 /（明）韓霖撰．—清道光二十九年刻本；21. 明夷待訪録一卷 /（清）黄宗羲撰．—清道光二十七年刻本；22. 考古質疑六卷 /（宋）葉大慶撰．—清光緒十一年（1885）刻本；23. 隱居通議三十一卷 /（元）劉壎撰．—清道光二十九年刻本；24. 洞天清禄集一卷 /（宋）趙希鵠撰．—清道光二十九年刻本；25. 調燮類編四卷．—清道光二十七年刻本；26. 菰中隨筆一卷 /（清）顧炎武撰．—清道光二十五年刻本；27. 雲谷雜紀四卷首一卷末一卷 /（宋）張淏撰．—清道光二十九年刻本；28. 龍筋鳳髓判四卷 /（唐）張鷟撰；（明）劉允鵬注；（清）陳春補正．—清道光二十六年刻本；29. 桂苑筆耕集二十卷 /（唐）崔致遠撰．—清道光二十七年刻本；30. 敬齋古今黈八卷 /（元）李冶撰．—清道光二十九年刻本；31. 晁具茨先生詩集十五卷 /（宋）晁沖之撰；（清）□□注．—清道光二十七年刻本；32. 揭曼碩詩三卷 /（元）揭傒斯撰．—清道光二十七年刻本；33. 青藤書屋文集三十卷補遺一卷 /（明）

徐渭撰 .—清道光二十六年刻本；34. 婦人集一卷附補一卷 /（清）陳維崧撰；（清）冒褒注、補；（清）冒丹書撰 .—清道光二十六年刻本；35. 漁隱叢話六十卷後集四十卷 /（宋）胡仔撰 .—清道光二十六年刻本；36. 四溟詩話四卷 /（明）謝榛撰 .—清道光二十五年刻本；37. 宋四六話十二卷 /（清）彭元瑞撰 .—清道光二十六年刻本；38. 詞苑叢談十二卷 /（清）徐釚撰 .—清道光二十七年刻本；39. 竹雲題跋四卷 /（清）王澍撰 .—清道光二十七年刻本；40. 讀畫録四卷 /（清）周亮工撰 .—清道光二十七年刻本；41. 續三十五舉一卷 /（清）桂馥撰 .—清道光二十七年刻本；42 茶董補二卷 /（明）陳繼儒輯 .—清道光二十七年刻本；43. 酒顛補三卷 /（明）陳繼儒輯 .—清道光二十七年刻本；44. 尺牘新鈔十二卷 /（清）周亮工輯 .—清道光二十七年刻本；45. 顔氏家藏尺牘四卷姓氏考一卷 /（清）顔光敏輯 .—清道光二十七年刻本；46. 幾何原本六卷 /（泰西）利瑪竇口譯；（明）徐光啓筆受 .—清道光二十七年刻本；47. 同文算指前編二卷通編八卷 /（泰西）利瑪竇授；（明）李之藻演 .—清道光二十九年刻本；48. 圜容較義一卷 /（泰西）利瑪竇授；（明）李之藻演 .—清道光二十七年刻本；49. 測量法義一卷 /（泰西）利瑪竇口譯；（明）徐光啓筆受 .—清道光二十七年刻本；50. 測量異同一卷 /（明）徐光啓撰 .—清道光二十七年刻本；51. 句股義一卷 /（明）徐光啓撰 .—清道光二十七年刻本；52. 翼梅八卷（厤學補論一卷；歲實消長辨一卷；恒氣注厤辨一卷；冬至權度一卷；七政衍一卷；金水發微一卷；中西合法擬草一卷；算賸一卷）/（清）江永撰 .—清道光二十七年刻本；53. 女科二卷，産後編二卷 /（清）傅山撰 .—清道光二十七年刻本；54. 海録一卷 /（清）楊炳南撰 .—清咸豐元年（1851）刻本；55. 新釋地理備考全書十卷 /（葡萄牙）瑪吉士輯譯 .—清道光二十七年刻本；56. 全體新論十卷 /（泰西）合信氏注 .—清咸豐元年刻本。

鈐印有“容怡樂堂藏書”、“鐵嶺王貴忱章”、“王貴忱印”。

海山仙館叢書（2-1）

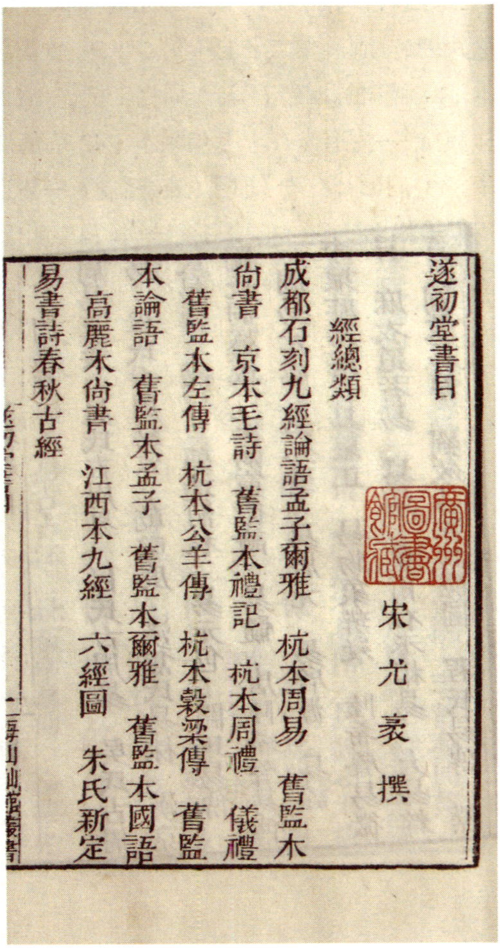

海山仙館叢書（2-2）

0159 脩本堂叢書：十種 / (清) 林伯桐撰．-- 清道光至光緒 (1821~1908) 刻本．-- 13 册

10行，22字，小字雙行同，下黑口，左右雙邊，單黑魚尾，匡高18.2厘米，寬12.9厘米。

扉頁刊“道光甲辰校刊 脩本堂叢書 番禺林氏藏板”。《公車見聞録》有佚名朱筆圈點。《毛詩通攷》前有汪鳴鑾序；《人家冠昏喪祭考》、《脩本堂稿》前有清道光二十四年（1844）林伯桐自叙；《月亭詩鈔》前有道光五年（1825）林伯桐序；《古諺箋》前有道光十九年（1839）“古諺箋自叙”；《公車見聞録》前有道光十九年金錫齡序。前六種書每種書卷端下刊有“男世懋校刊”。

缺一種：《學海堂志一卷》。

著者簡介見第0083條《涉需堂詩集一卷》。

是書包括：1. 毛詩通攷三十卷；2. 毛詩識小三十卷；3. 冠昏喪祭儀考十二卷，（1）士人家儀考四卷，（2）人家冠昏喪祭考四卷，（3）品官家儀考四卷；4. 史記蠡測一卷；5. 供冀小言一卷；6. 脩本堂稿五卷；7. 月亭詩鈔一卷.—清道光五年刻；8. 古諺箋十一卷/（清）林伯桐編并箋.—清道光十八年（1838）刻；9. 學海堂志一卷.—道光十八年刻同治五年（1866）補刻；10. 公車見聞録一卷.—清道光十九年刻。

鈐印有“黃軼珍”、“貴”、“古泉齋”、“王貴忱印”。

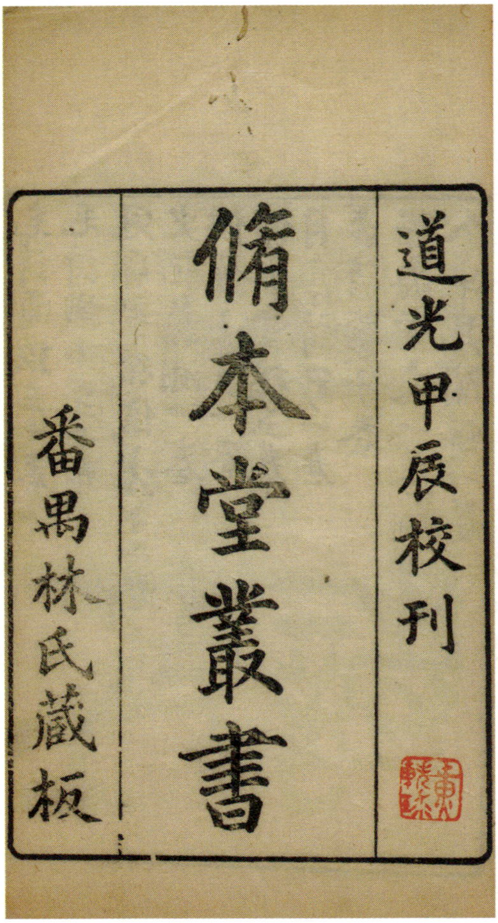
道光甲辰校刊

脩本堂叢書

番禺林氏藏板

脩本堂叢書（2–1）

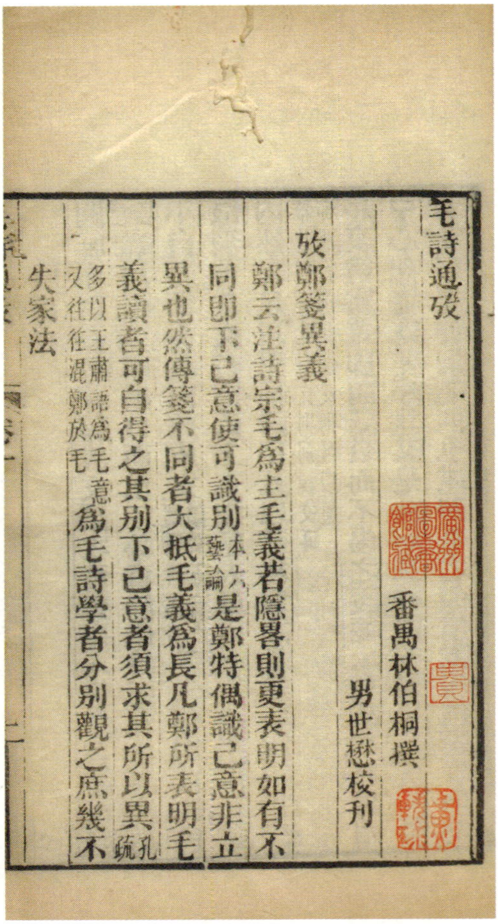
毛詩通攷

番禺林伯桐撰

男世懋校刊

攷鄭箋異義

鄭云注詩宗毛爲主毛義若隱畧則更表明如有不同卽下己意使可識別本六藝論是鄭特偶識己意非立異也然傳箋不同者大抵毛義爲長凡鄭所表明毛義讀者可自得之其別下己意者須求其所以異孔疏多以王肅語爲毛意又往往混鄭於毛爲毛詩學者分別觀之庶幾不失家法

脩本堂叢書（2–2）

民國圖録·史部

0160 謗書逆案：一卷 /（清）[李宗顥輯] 抄 . -- 民國 (1912~1949) 稿本 . -- 1 册

12 行，字數不等，緑格，四周單邊，淺緑單魚尾，匡高 19.4 厘米，寬 14.3 厘米。

書名據首葉李宗顥題簽，著者考證代擬。

李宗顥題簽，第五十三葉《尹嘉銓逆案》背面天頭處有四行其朱筆眉批。

本書經王貴忱修補，葉面尤其是書口附近已補入托紙，現爲散葉。

作者簡介見 0001 條《詩輯一卷》。

是書共輯抄二十六宗逆反案件，包括《戴名世南山集子遺録》、《查嗣琏逆案》、《吕留良逆案》等清朝重大文字獄案件，是研究清代文字獄的重要文獻。

鈐印有“十二紫丈山館”、“可居室印”、“鉄嶺王貴忱章”。

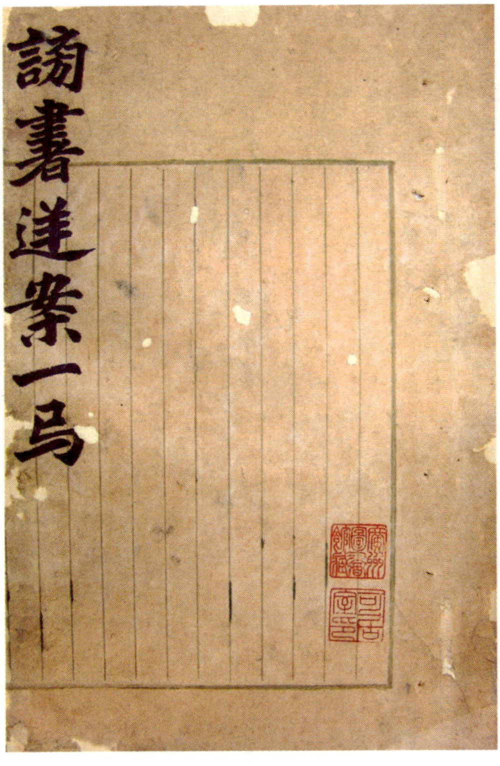

謗書逆案（2-1）

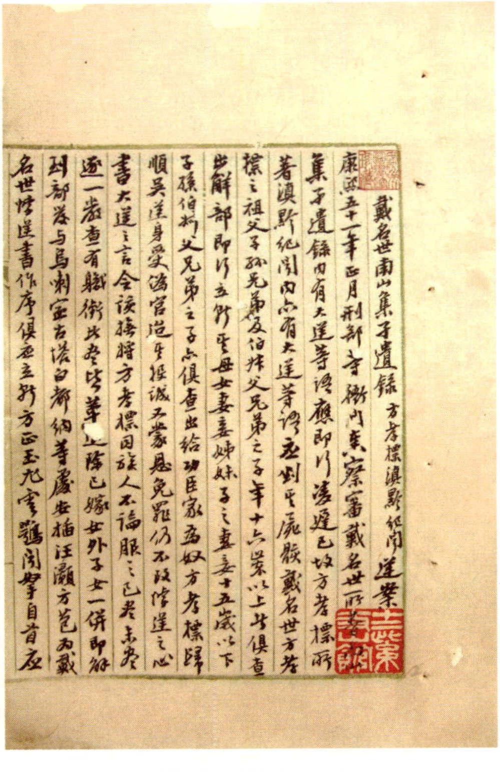

謗書逆案（2-2）

0161 東莞印人傳：不分卷 / 容肇庚；容肇祖輯 . -- 民國十年 (1921) 石印鈐印本 . -- 1 册 (1 函)

7 行，16 字，白口，四周單邊，匡高 13.3 厘米，寬 9.7 厘米。

卷末有王貴忱墨筆手書跋。

首有自序二則；末有趙藩、黄節、張爾田、冼得霖跋。版心下方印有“容齋”二字。

容庚（1894 ~ 1983），廣東東莞人，原名肇庚，别字希白，齋名頌齋。著名考古學家、古文字學家、書畫鑒賞專家、收藏家，工書法，尤精金文，兼擅篆刻。其成名作《金文編》，是古文字研究者必備工具書之一。

容肇祖（1897 ~ 1994），容庚之弟，原名念祖，字元胎。中國著名哲學史研究專家、民俗學家和民間文藝學家。

是書收印人作品共有十九家，起自明人鄧雲霄、袁登道，迄於輯者之弟兄容肇新，所收原鈐印後即附作者小傳，小傳出於石印，而印迹均以原鈐，甚爲難得。

鈐印有“容齋、“趙藩”、“如來弟子”、“黄節”、“張爾田”、可居室主”、“鐵嶺王貴忱印”、“王貴忱印”。

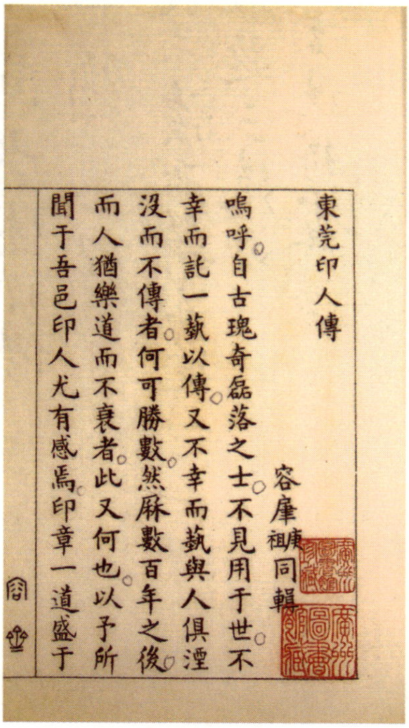

東莞印人傳

容肇庚祖同輯

嗚呼。自古瑰奇磊落之士。不見用于世。不幸而託一藝以傳。又不幸而藝與人俱湮沒而不傳者。何可勝數。然厤數百年之後而人猶樂道而不衰者。此又何也。以予所聞于吾邑印人尤有感焉。印章一道盛于

東莞印人傳（3-1）

東莞印人傳（3-2）

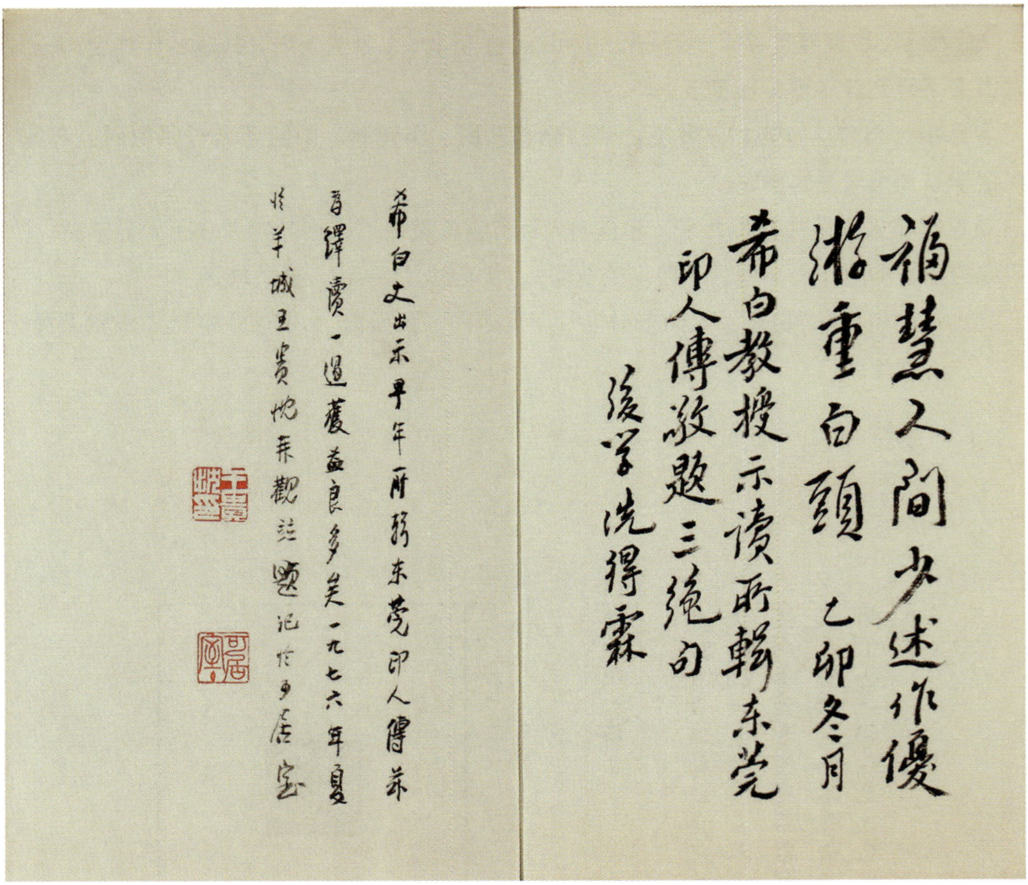

東莞印人傳（3–3）

0162 左忠毅公年譜定本：二卷 / (清) 馬其昶纂 . -- 民國十四年 (1925) 刻朱印本 . -- 1 册

11 行，22 字，小字雙行同，朱口，左右雙邊，單红魚尾，匡高 16.4 厘米，寬 12.6 厘米。封二有逸盦墨筆題記 :“丙寅八月，王玫伯觀察令子毅甫中書由都寄津見詒。逸盦志。”牌記刊“乙丑冬月刊于京師”。首有清光緒九年（1883）馬其昶自序；末有慕元輔跋。書簽題名：左公年譜；扉頁、序題名：左忠毅公年譜。

作者簡介見第 0073 條《莊子故八卷》。

是書爲明代左光斗（1575 ~ 1625，明安慶桐城人，字遺直，號浮丘，謚忠毅）的年譜。鈐印有“貴忱印章”、“王貴忱印”、“可居室主”。

左忠毅公年譜定本（4–1）

左忠毅公年譜定本（4–2）

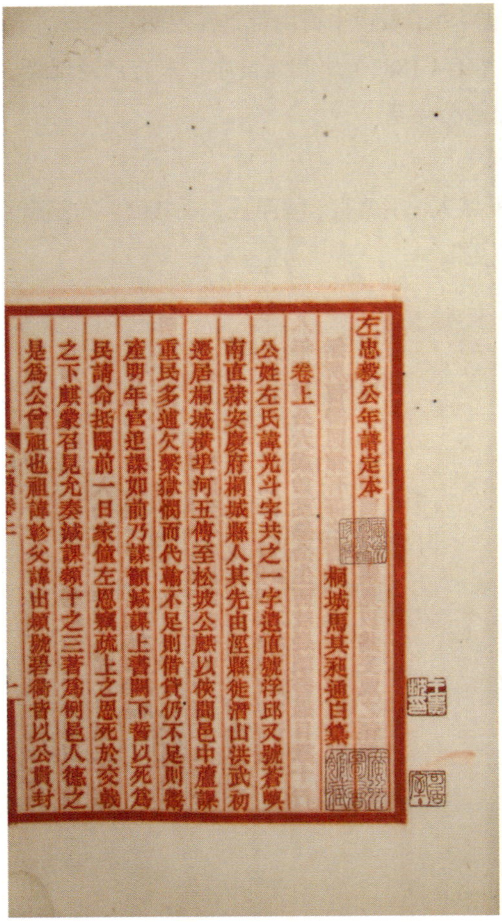
左忠毅公年譜定本
桐城馬其昶通白纂
卷上
公姓左氏諱光斗字共之一字遺直號浮邱又號蒼嶼
南直隸安慶府桐城縣人其先由涇縣徙潛山洪武初
遷居桐城横埠河五傳至松坡公麒以俠聞邑中蘆課
重民多逋欠繫獄梱而代輸不足則借貸仍不足則鬻
產明年官追課如前乃謀觸減課上書闕下誓以死爲
民請命抵闕前一日家僮左恩竊疏上之恩死於交戟
之下麒蒙召見允奏減課額十之三著爲例邑人德之
是爲公曾祖也祖諱彩父諱出穎號碧衢皆以公貴封

左忠毅公年譜定本（4–3）

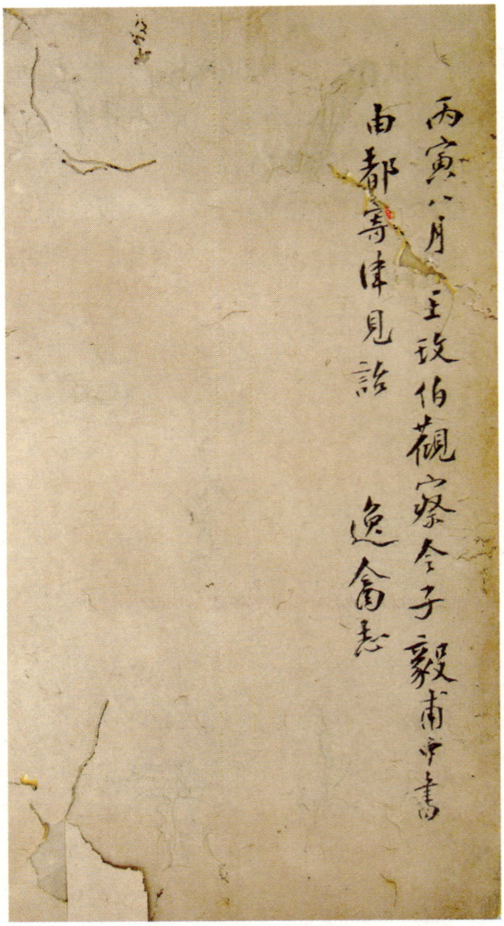
丙寅八月王孜伯觀察令子毅甫中書
由都寄律見詒
逸翁志

左忠毅公年譜定本（4–4）

0163 廣東藝文輯略：一卷 / 李洸撰 . -- 民國 (1912~1949) 稿本 . -- 1 册

9 行，字數不等，白口，四周雙邊，單緑魚尾，匡高 17.5 厘米，寬 11.2 厘米。

有題封、眉批。題封落款“敬甫記”。緑格稿紙。版心下有“青緗樓”字樣。

李洸（1895 ~ 1944），廣東香山人，字履庵，號吹萬，吹萬樓主人。爲名門望族裔，民國時期廣東詩人，“南園今五子”之一。

是書爲廣東地方藝文文獻目録，抄記所輯録文獻的書名、卷數、作者和藏家，一定程度上反映了民國期間廣東地方藝文文獻的存藏狀況。

鈐印有“吹萬樓主”。

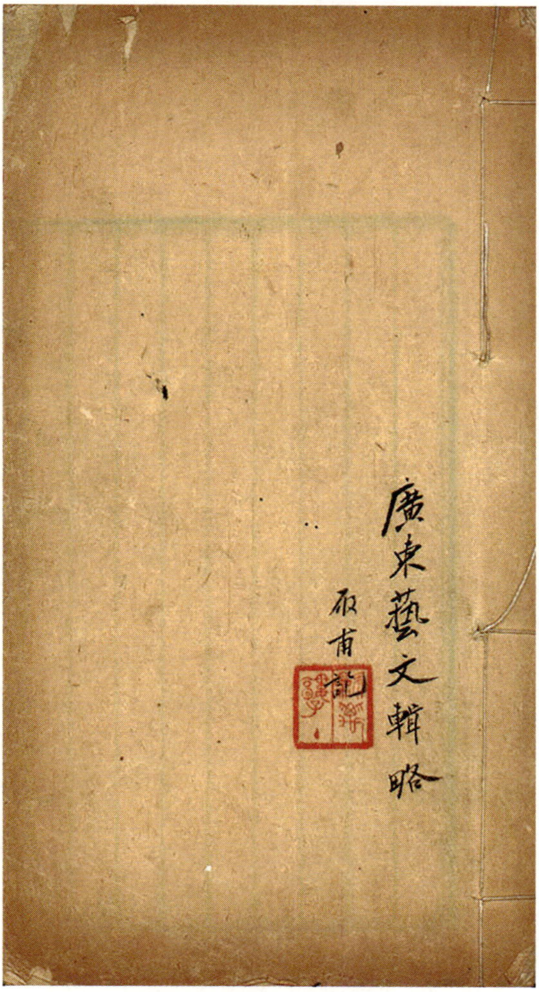

廣東藝文輯略（3-1）

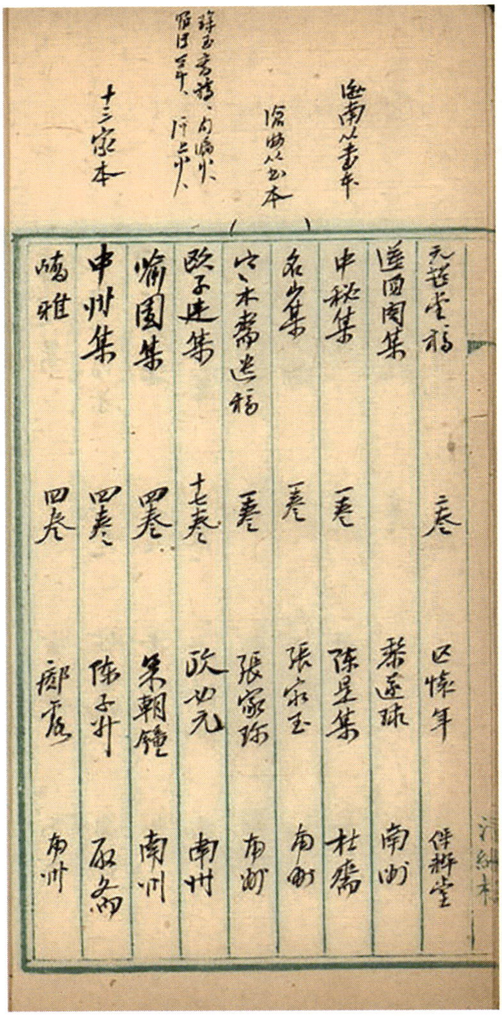

廣東藝文輯略（3-2）

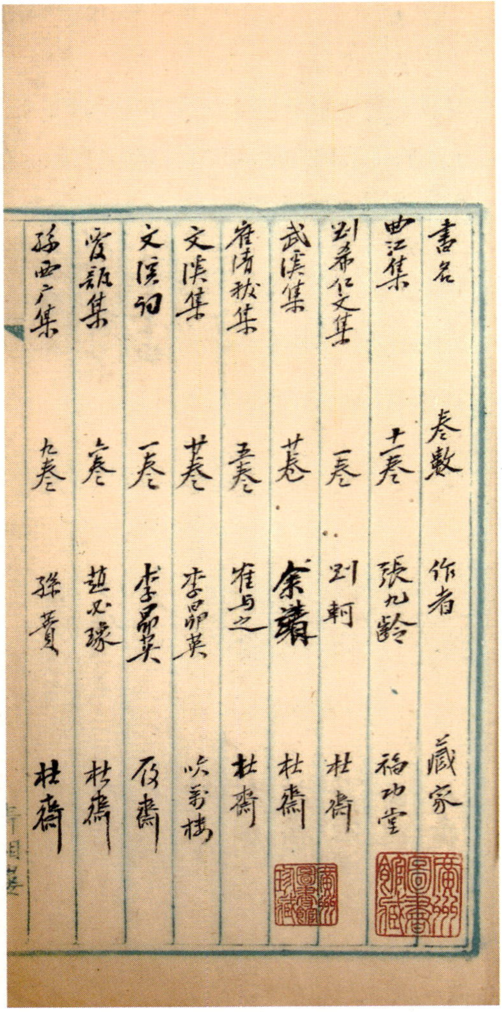

廣東藝文輯略（3-3）

0164 寰宇訪碑録校勘記：二卷，補一卷 /（清）李宗顥纂集；文素松校補．-- 民國十五年 (1926) 余富文齋刻本．-- 2 册

11 行，21 字，小字雙行同，白口，左右雙邊，單黑魚尾，匡高 17.7 厘米，寬 12.1 厘米。

護葉有文素松墨筆題字“倬雲嫺長存”，卷首有王貴忱一九七三年手書跋文一篇。

扉頁刊：寰宇訪碑録校勘記二卷 張人傑題。

版心下刊“蘧廬藏板”；册二補卷末刊“廣州市西湖街余富文齋刊”。首有序文四篇：民國十五年三月茶陵譚延闓序、民國十五年四月中山麥棠序、民國十五年四月南海傅秉常序以及清光緒三十四年（1908）“蕭堪讀碑校録記原序”；并有羅振玉清光緒十二年（1886）“寰宇訪碑録刊謬”及清光緒十九年（1893）“補寰宇訪碑録刊誤”各一篇。

李宗顥簡介見第 0001 條《詩輯一卷》。

文素松（1890 ~ 1941），江西萍鄉人，别字舟虚、岫舒。爲國民黨著名武官，卻以碑帖、文物收藏鑒賞知名藝林并享譽至今，是著名碑帖鑒賞收藏家。著有《金石瑣録》、《漢熹平石經碑録》、《寰宇訪碑録校勘記》等。

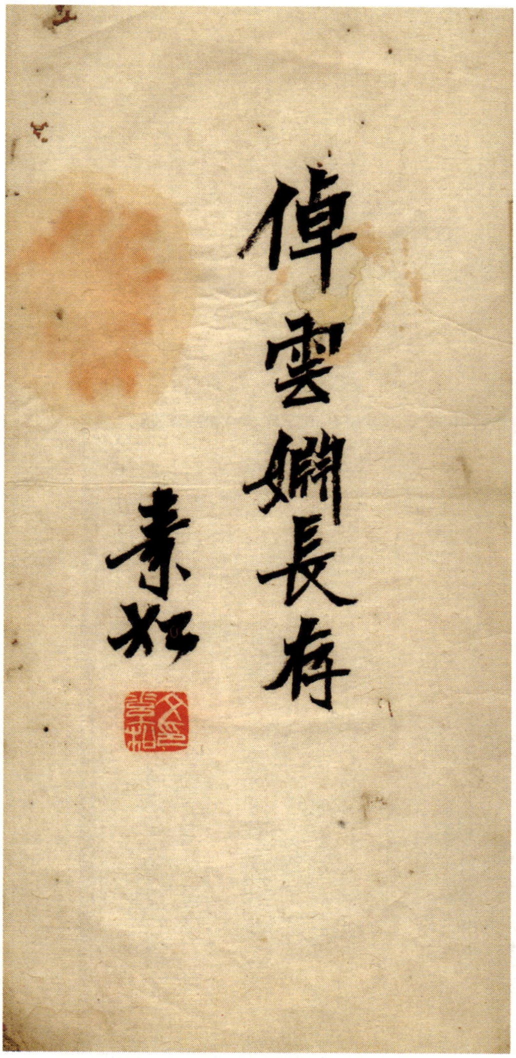

寰宇訪碑録校勘記（3–1）

是書爲考據研究金石之參考書，既可補羅振玉所著《寰宇訪碑録刊誤》之不足，亦可以對孫星衍、趙之謙金石著述多所匡正。

鈐印有“文素松印”、“紫雲青華硯齋藏書”、“蘧廬”、“足盧珍藏書畫金石印”、“潘錫基印”、“王貴忱印”、“貴忱印信”等。

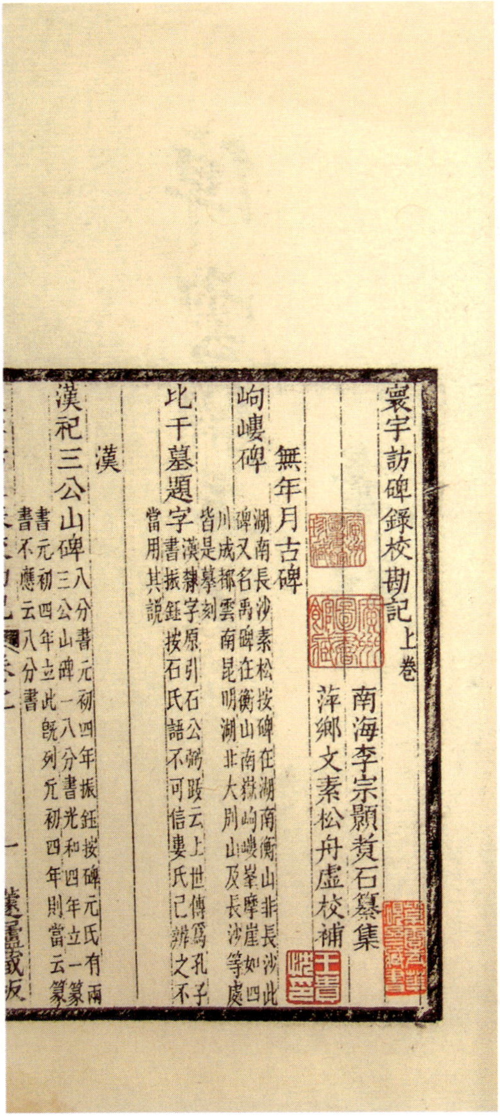

寰宇訪碑録校勘記（3–2）

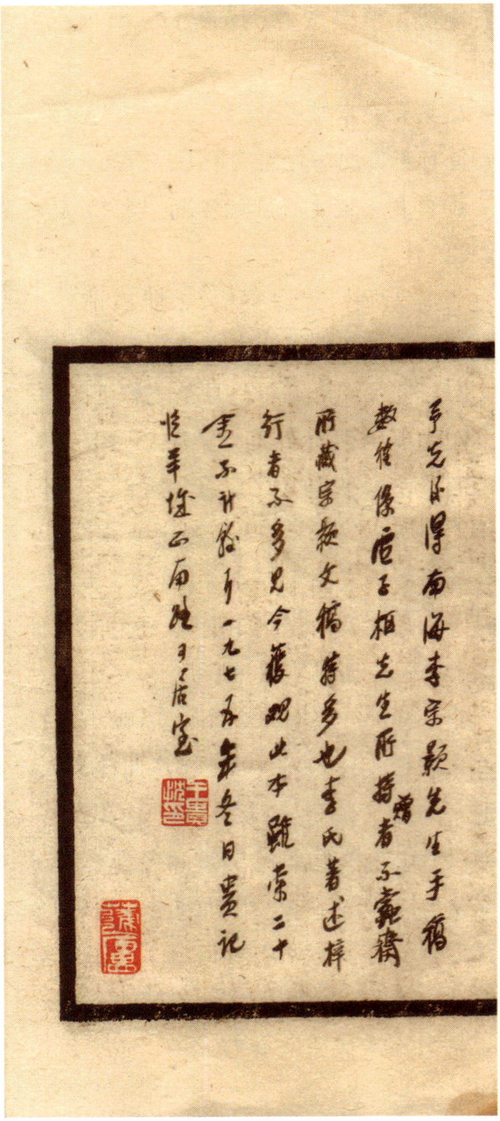

寰宇訪碑録校勘記（3–3）

民國圖録·集部

0165 不匱室詩鈔：八卷 / 胡漢民撰 . -- 民國二十一年 (1932) 刻本 . -- 2 册

10 行，21 字，小字雙行同，白口，左右雙邊，單黑魚尾，匡高 17 厘米，寬 12.4 厘米。

册 2 卷末附有張祥熙代筆陳融《不匱室詩集跋》底稿白色紙一張（尺寸爲：31.1 厘米 ×20.7 厘米）及陳融跋一篇（此篇跋文稿紙爲紅格，10 行，四周單邊，版心有“廣州教育路東明承印”紅色字樣）。

扉頁刊“不匱室詩鈔 陳三立”。

首有陳衍叙、冒廣生叙、易大厂叙三篇，卷末有易大厂“校記”一篇。

胡漢民（1879 ~ 1936），廣東番禺人，原名衍鴻，字展堂，號不匱室主。曾任廣東省省長、國民黨中央政治會議主席、國民政府主席、立法院院長等職務。

鈐印有“足盧珍藏書畫金石印”、“慕楚”、“潘錫基印”、“貴忱印信”、“鉄嶺王貴忱章”、“可居室主”、“王貴忱印”。

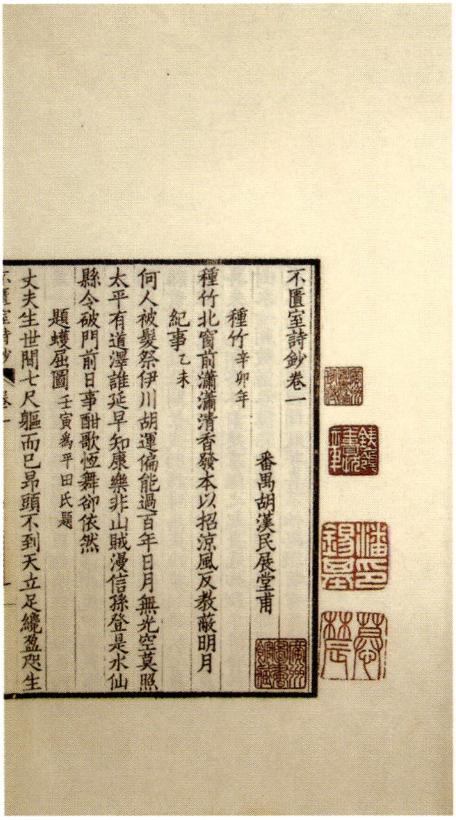

不匱室詩鈔卷一　番禺胡漢民展堂甫

種竹 辛卯年

種竹北窗前蕭蕭清香發本以招涼風反教蔽明月

紀事 乙未

何人被髮祭伊川胡運偏能過百年日月無光空莫照太平有道澤誰延早知康樂非山賊漫信孫登是水仙縣令破門前日事酣歌恆舞御依然

題蟆屈圖 壬寅為平田氏題

丈夫生世間七尺軀而已昂頭不到天立足纔盈咫生

不匱室詩鈔（3–1）

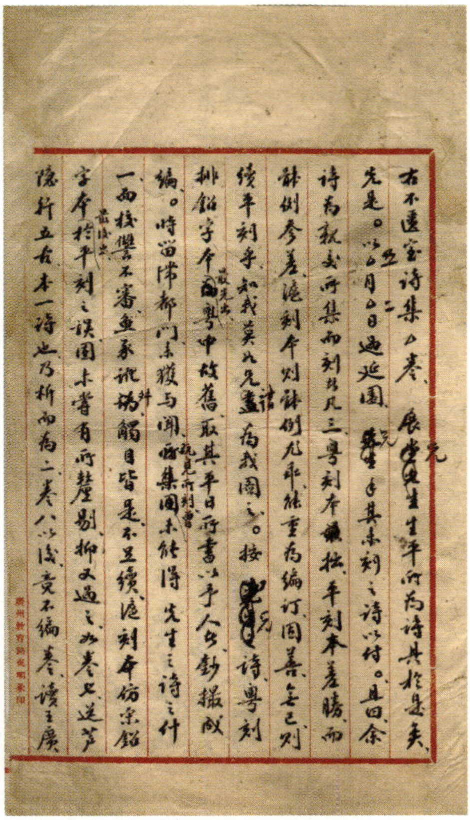

不匱室詩鈔（3–2）

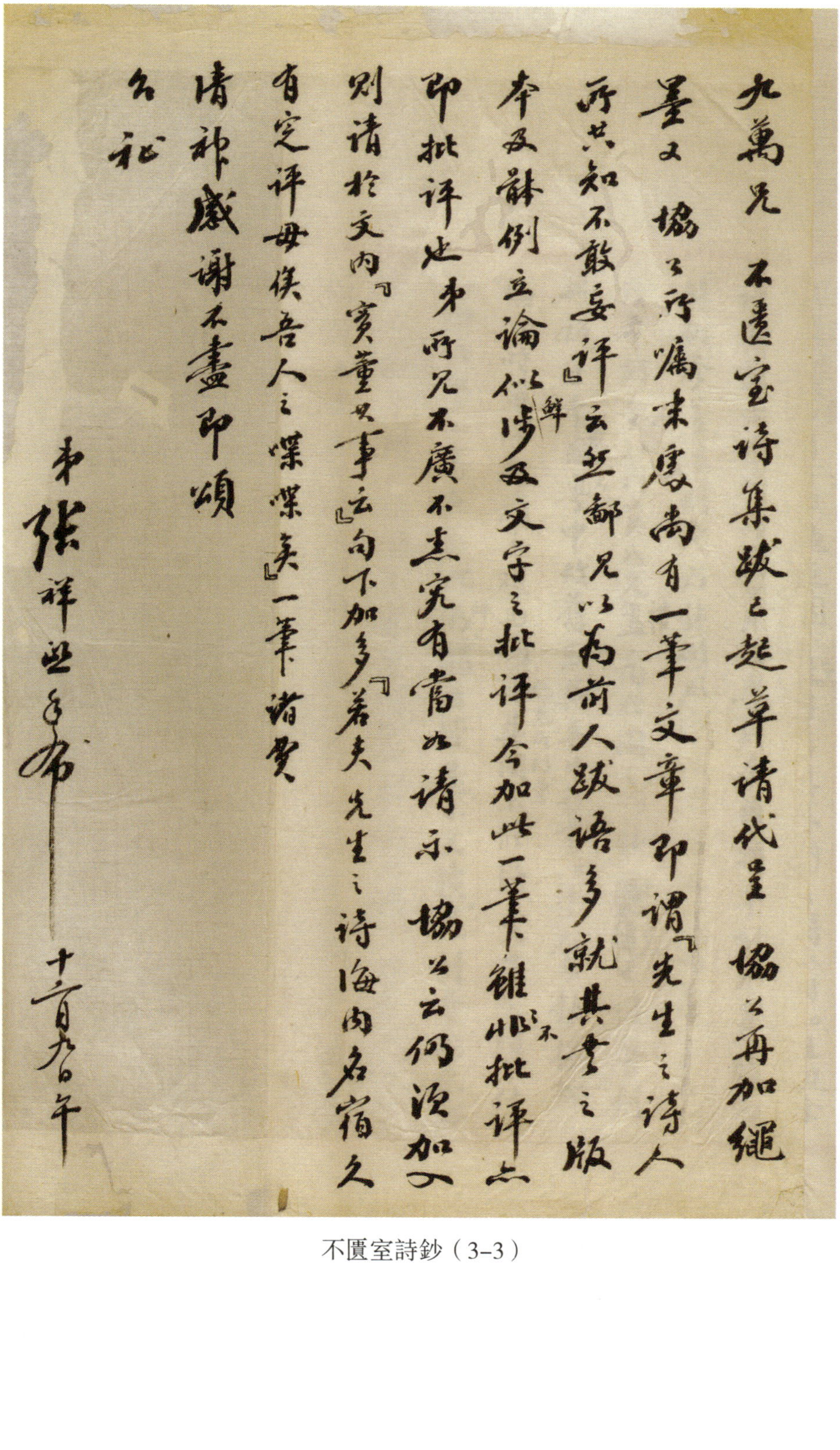
九萬兄 不匱室詩集跋已起草請代呈 協之再加繩
墨又 協之所囑未愜尚有一筆文章即謂『先生之詩人
所共知不敢妄評』云云鄙見以為前人跋語多就其書之版
本及體例立論似鮮涉及文字之批評今加此一筆雖似不批評亦
即批評也弟所見不廣不甚究有當否請示 協之云仍須加入
則請於文內『實董其事云』句下加多『若夫先生之詩海內名宿久
有定評毋俟吾人之喋喋矣』一筆諸費
清神感謝不盡即頌
台祉
弟張祥熙手布
十二月九日午

不匱室詩鈔（3–3）

民國書目

經部

0001 簡體字典 / 容庚著 . -- 民國二十五年 (1936) 石印本 . -- 1 册

12 行，21 字（“自序” 28 字 ;“卓序” 13 行，39 字），白口，四周單邊，匡高 15 厘米，寬 10.7 厘米。

封面題簽落款“卓君庸題”。前有民國二十五年卓定謀序、容庚自序（法書字體）。書尾粘貼一牌記。鈐印有“卓”等。

史部

0002 遼代年表 : 一卷 , 卷首一卷 / 黄任恒編 . -- 民國十四年 (1925) 南海黄任恒鉛印本 . -- 1 册 : 像 . -- (述窠雜纂 / 黄任恒撰 ; 遼痕五種)

10 行，20 字，上黑口，四周雙邊，雙黑魚尾，匡高 15.5 厘米，寬 10.4 厘米。

前有“像”及黄榮康、黄肇沂題詩，民國十四年著者述窠自題，“遼痕五種總目”及民國十四年著者黄任恒“自識”，遼痕五種引用書目，民國四年（1915）黄任恒“遼代年表自叙”。末附“勘誤表”半葉。書口下方鉛印“述窠雜纂”。鈐印有“鐵嶺王貴忱章”。

0003 南吴舊話録 : 二十四卷 , 補遺一卷 , 附録一卷 / (清) 西園老人口授 ; (清) 李尚絅補撰 ; (清) 李漢征釋 . -- 民國四年 (1915) 鉛印本 . -- 6 册

11 行，24 字，小字雙行不等，黑口，四周單邊，無界行，單黑魚尾，匡高 18.5 厘米，寬 10.5 厘米。

封面題簽落款“胡祖謙題”。前有民國三年（1914）吴重憙序、李延昰傳及胡祖謙、耿道沖等人仝校序；末有後序。鈐印有“子樞書畫”。

0004 勝朝粵東遺民録：四卷，補遺一卷，附一卷 / 九龍真逸輯．-- 民國五年 (1916) 東莞陳氏家刻本．-- 4 册．--（聚德堂叢書 / 陳伯陶輯）

11 行，22 字，小字雙行同，黑口，左右雙邊，匡高 16.1 厘米，寬 11.9 厘米。

盧子樞墨筆題跋。扉頁刊“勝朝粵東遺民録 附陳文忠張文烈陳忠愍行狀一卷”。牌記刊“丙辰仲秋付梓 板藏真逸寄盧”。缺：附録 1 卷。鈐印有“李致知草堂藏書”、“盧子樞”、“王貴忱印”等。

0005 釋氏疑年録：十二卷 / 陳垣編．-- 民國二十八年 (1939) 刻本．-- 4 册．--（輔仁大學叢書 / 輔仁大學編；第五）

10 行，22 字，小字雙行同，白口，四周雙邊，單黑魚尾，匡高 18 厘米，寬 12.9 厘米。

扉頁刊“釋氏疑年録十二卷”。牌記刊“輔仁大學叢書第五 民國廿八年冬刊行”。卷十二末刊“受業深縣趙衛邦校”。前有民國二十七年（1938）陳垣“釋氏疑年録小引”。鈐印有“盧子樞”、“王貴忱印”。

0006 莫天一先生七十正壽徵詩文書畫啓：附録四卷 / 莫培樾輯．-- 民國三十六年 (1947) 鉛印本．-- 1 册

17 行，35 字，小字雙行不等，白口，四周單邊，雙黑魚尾，匡高 17.6 厘米，寬 12.3 厘米。

封面題簽：莫天一先生七十正壽徵詩文書畫啓 金曾澄題。前有張元濟“好書者多壽”序，莫伯驥記，民國三十六年莫培樾“家大人七十生朝徵詩文書畫啓”。鈐印有“王貴忱印”。

0007 邵二雲先生年譜：一卷 / 黃雲眉編．-- 民國二十二年 (1933) 鉛印本．-- 1 册：照片．--（金陵大學中國文化研究所叢刊 / 金陵大學中國文化研究所；甲種）

12 行，32 字，上粗黑口下細黑口，四周單邊，單黑魚尾，匡高 16 厘米，寬 11.4 厘米。

封面鉛印“金陵大學中國文化研究所叢刊甲種 邵二雲先生年譜 金陵大學中國文化研究所印行”。扉頁鉛印“邵二雲先生年譜 黃雲眉編著 金陵大學中國文化研究所印行”。書口下方鉛印“金陵大學中國文化研究所叢刊”。前有照片四張，有民國二十年（1931）黃雲眉“自序”附民國二十一年（1932）識。鈐印有“國立中央大學書”、“鐵嶺王貴忱章”。

0008 吴興周夢坡先生年譜：一卷 / 周延礽編 . -- 民國二十三年 (1934) 鉛印本 . -- 1 册

12 行，27 字，小字雙行同，下黑口，四周單邊，單黑魚尾，匡高 20.7 厘米，寬 14.4 厘米。

前有民國二十三年張人傑序，末款署“中華民國二十三年十月紹興蔡元培填諱”。鈐印有“可居室主”、“王貴忱印”。

0009 天然和尚年譜：一卷；天然和尚著述考：一卷 / 汪宗衍編 . -- 民國三十二年 (1943) 鉛印本 . -- 1 册：像

13 行，25 字，小字雙行同，上黑口，四周單邊，單黑魚尾，匡高 14.8 厘米，寬 10.6 厘米。

扉頁鉛印“天然和尚年譜 黄佛頤題”。牌記鉛印“癸未春刊”。前有“天然和尚象”，“象”右側有字“廣州海幢寺藏本”。卷首有民國三十一年（1942）汪宗衍“天然和尚年譜序”。鈐印有“盧子樞”、“王貴忱印”。

0010 明江西提學僉事子宿府君家傳 / 汪兆鏞纂 . -- 民國 (1912~1949) 刻本 . -- 1 册

9 行，21 字，小字雙行同，黑口，四周雙邊，單黑魚尾，匡高 12 厘米，寬 9.6 厘米。

書口題名：青湖文集卷首。汪應軫（1490 ~ 1547），明浙江山陰人，字子宿。後官至江西提學僉事。汪兆鏞（1861 ~ 1939），字伯序，號憬吾，又稱微尚居士、清溪漁隱。祖籍浙江山陰，父來粤爲幕客而入籍廣東番禺，汪應軫十二世孫。

0011 江西贛州袁萬劉氏支譜：四卷 / 劉師基纂修；劉玉瑨編修 . -- 民國二十六年 (1937) 刻本 . -- 4 册

10 行，字數不等，小字雙行不等，四周雙邊，單黑魚尾，匡高 26.8 厘米，寬 16 厘米。

扉頁刊“民國丁丑年重修 劉氏支譜 彭城堂鎸”。書口下方刊“彭城堂”。封面題名：劉氏支譜；卷二至卷四書口中部題名：浪房耐公支下。

始祖廣傳，諱源遠，官授江西贛州府瑞金縣太守，生子十四。二世巨浪，廣傳六子。下傳至十四世耐，生子四：允福、允康、允金、允寧。是譜爲浪房耐公支下世系。再下傳十三世穀公，名鐘靈，字得祠，生四子：茂華、茂清、茂彬、茂英，開啓四大房繁衍。

譜載：卷首序、凡例、家規、格言、源流世系、跋；卷二至卷四世系。

0012 古譜纂例：六卷，卷首一卷 / 黄任恒輯 .-- 民國十四年 (1925) 鉛印本 .-- 2 册：像 .-- (述窠雜纂 / 黄任恒撰)

11 行，30 字，上黑口，四周雙邊，雙黑魚尾，匡高 15.3 厘米，寬 10.6 厘米。

扉頁鉛印"古譜纂例 古窑譚字渭署"。書口下方鉛印"述窠雜纂"。前有"像"及黄榮康、黄肇沂題詩，民國十四年著者述窠自題，光緒三十年（1904）著者黄任恒"自叙"。末附"勘誤表"，"勘誤表"末有字"廣州河南環珠直街美泰號發行"。鈐印有"鐵嶺王貴忱印"。

0013 湘城訪古録：一卷 / (清) 陳運溶撰；顧燮光輯校 .-- 民國十七年 (1928) 石印本 .-- 1 册 .-- (顧氏金石輿地叢書：八種 / 顧燮光輯；第一集)

13 行，26 字，小字雙行同，上下黑口，四周單邊，單黑魚尾，匡高 15.2 厘米，寬 11.1 厘米。

王貴忱墨筆封面題簽：湘城訪古録。扉頁石印"湘城訪古録 戊辰仲春 顧燮光"。書口下方石印"金石輿地叢書"。鈐印有"王貴忱印"。

0014 燕喜述略：六卷 / 楊芝泉編 .-- 民國三十五年 (1946) 連縣燕喜中學鉛印本 .-- 1 册

12 行，30 字，小字雙行 38 字，上白口下黑口，四周雙邊，單黑魚尾，匡高 15.1 厘米，寬 10.2 厘米。

觀古堂墨筆題簽：燕喜述畧 硃筆批校本。扉頁鉛印"燕喜述略 桂坫題"，"中華民國三十五年十一月一日出版"。前有民國三十五年桂坫序、民國三十三年（1944）鄧青陽序楊芝泉自序、桂坫"題燕喜述略"。鈐印有"王貴忱"、"觀古堂"。

0015 周愨慎公祀典録：五卷 / 佚名輯 .-- 民國 (1912~1949) 鉛印本 .-- 2 册

12 行，26 字，小字雙行同，白口，四周單邊，匡高 17.7 厘米，寬 12.2 厘米。

書口中部鉛印各小題。鈐印有"南開大學圖書館藏書"。

0016 北洋督練處章程：九種 / 北洋督練處輯 . -- 民國 (1912~1949) 鉛印本 . -- 1 册

10 行，25 字，白口，四周雙邊，單黑魚尾，匡高 19.2 厘米，寬 12.2 厘米。

末葉鉛印“湖北督練公所付印”。鈐印有“貴忱印信”。

0017 大中華紡織股份有限公司章程并修改案：一卷 / 大中華紡織股份有限公司輯 . -- 民國八年 (1919) 鉛印本 . -- 1 册：表格

12 行，28 字，白口，四周雙邊，單黑魚尾，匡高 17 厘米，寬 12.5 厘米。

《貸借對照表》、《損益對照表》末鉛印“民國八年己未夏曆十二月底大中華紡織有限公司抄”。書口下方鉛印“上海商務印書館代印”。書口題名：大中華紡織公司章程。鈐印有“貴忱印信”。

0018 最近改良廣東鄉土地理教科書：二卷 /（清）蔡鑄編注 . -- 民國十一年 (1922) 鉛印本 . -- 1 册：表

9 行，21 字，小字雙行不等，白口，四周雙邊，單黑魚尾，匡高 16.2 厘米，寬 13.1 厘米。

封面題簽：最新改訂廣東鄉土地理教科書。扉頁鉛印“前經廣東提學使沈鑒定 最近改訂廣東鄉土地理教科書 附新改縣名表”。前有光緒三十四年（1908）蔡鑄“原序”，蔡鑄“重校序”，編輯大意（凡例）。鈐印有“王貴忱印”、“貴忱印信”。

0019 唐折沖府考補：一卷，補遺一卷 / 羅振玉撰 . -- 民國十三年 (1924) 鉛印本 . -- 1 册 . --（永豐鄉人雜著 / 羅振玉撰）

12 行，23 字，小字雙行同，黑口，四周單邊，單黑魚尾，匡高 17.9 厘米，寬 12.4 厘米。

據民國羅振玉撰民國十一年（1922）刊本《永豐鄉人雜著》本鉛印。扉頁鉛印“折沖府考補 永豐鄉人雜著 甲子夏六月印本”。前有羅振玉記。末附“校記”。鈐印有“禮堂持贈”、“鐵嶺王貴忱印”。

0020 新會修志條例：一卷 /（清）黄培芳撰 . 肇慶修志章程：一卷 /（清）陳澧撰 . 海東金石存攷：一卷，附海東金石待訪目一卷 /（清）劉喜海撰 . 潔盦金石言：一卷 /（清）范公詒撰 . -- 民國二十三年 (1934) 鉛印本 . -- 1 册 . --（信古閣小叢書 / 黄任恒輯）

10 行，20 字，黑口，左右雙邊，單黑魚尾，匡高 15.2 厘米，寬 11.1 厘米。

每種書卷末均有黄任恒甲戌（1934）跋；《海東金石存攷》卷首有陳宗彝道光十二年（1832）序。卷末附“校勘表”。鈐印有“鐵嶺王貴忱印”。

0021 補遼史藝文志：一卷，附録一卷 / 黄任恒輯 . -- 民國十四年 (1925) 南海黄任恒鉛印本 . -- 1 册 : 像 . -- (述窠雜纂 / 黄任恒撰，遼痕五種)

10 行，20 字，小字雙行 40 字，上黑口，四周雙邊，雙黑魚尾，匡高 15.5 厘米，寬 10.5 厘米。

扉頁鉛印“補遼史藝文志”。前有“像”及黄榮康“題述窠小影”，民國十四年著者述窠自題，光緒三十一年（1905）著者黄任恒識“補遼史藝文志小叙”。書口下方鉛印“述窠雜纂”。鈐印有“鐵嶺王貴忱印”。

0022 四部叢刊書録：不分卷 / 商務印書館編 . -- 民國十一年 (1922) 上海商務印書館鉛印本 . -- 1 册

13 行，25 字，小字雙行同，白口，四周雙邊，單黑魚尾，匡高 14.8 厘米，寬 10.2 厘米。

前有張元濟等“印行四部叢刊啓”，四部叢刊例言；末有民國十一年商務印書館“四部叢刊刊成記”，孫毓修識。書口下方鉛印“涵芬樓”。鈐印有“王貴忱印”。

0023 四部叢刊書録：不分卷 / 商務印書館編 . -- 民國十五年 (1926) 商務印書館鉛印本 . -- 重印 . -- 1 册

13 行，25 字，小字雙行同，白口，四周雙邊，單黑魚尾，匡高 14.8 厘米，寬 10.2 厘米。

前有民國十五年上海商務印書館“重印四部叢刊啓”，四部叢刊第二次預約簡章，張元濟等“印行四部叢刊啓”，四部叢刊例言；末有民國十一年商務印書館“四部叢刊刊成記”，孫毓修識。書口下方鉛印“涵芬樓”。鈐印有“王貴忱印”。

0024 四部叢刊續編目録：一卷 / 商務印書館編 . -- 民國二十三年 (1934) 上海商務印書館鉛印本 . -- 1 册

12 行，28 字（卷首“緣起”爲 24 字），小字 38 字，白口，四周雙邊，單黑魚尾，匡高 14.4 厘米，寬 10.6 厘米。

前有輯印緣起、發行簡章；末附定單。是書包括：1. 本年擬出之書；2. 預備明年續出之書。

0025 四部叢刊三編預約樣本：一卷，附初編續編目録一卷 / 商務印書館編．-- 民國二十四年 (1935) 上海商務印書館鉛印本．-- 1 册

12 行，28 字（卷首“緣起”爲 24 字），小字 38 字，白口，四周雙邊，單黑魚尾，匡高 14.2 厘米，寬 10.3 厘米。

前有輯印緣起；末附預約簡章、樣張。鈐印有“王貴忱印”。

0026 四部書目總録樣本 / 周云青編纂．-- 民國十八年 (1929) 上海醫學書局鉛印本．-- 1 册：照

緒言 16 行（纂例 14 行），36 字，小字雙行不等；索引、正文 20 行，分三欄，每欄 18 字，白口，四周單邊，匡高 21 厘米，寬 15 厘米。

前有緒言、纂例、引用書目表、索引。書口題名：四部書目總録。

0027 百衲本已出十八史跋文彙刊：不分卷 / 商務印書館編．-- 民國二十五年 (1936) 上海商務印書館鉛印本．-- 1 册

12 行，28 字，黑口，四周雙邊，單黑魚尾，匡高 14.2 厘米，寬 9.6 厘米。

封面題名下有小字“商務印書館印贈二十五年一月”，題名右側鉛印“百衲本二十四史已出各史表”；封面背面爲商務印書館輯印“百衲本二十四史”版本一覽。

0028 百衲本二十四史樣本：不分卷 / 商務印書館編．-- 民國十九年 (1930) 上海商務印書館鉛印本．-- 1 册

13 行，19 字（附優待定户簡章 25 字），白口，四周雙邊，單黑魚尾，匡高 14.7 厘米，寬 9.5 厘米。

前有民國十九年商務印書館印書啓“影印百衲本二十四史緣起”，民國十九年張元濟“影印百衲本二十四史序”、“百衲本二十四史版本述要”。末附“百衲本二十四史優待定户簡章”。鈐印有“苕華藏書”。

0029 中國書店書目：不分卷 / 中國書店編 . -- 民國十五年 (1926) 上海中國書店石印本 . -- 1 册

16 行，字數不等，白口，四周單邊，單黑魚尾，匡高 16.1 厘米，寬 12 厘米。

卷端題名下有"丙寅年四月"。書目内容包括：經部、史部、子部、集部、叢書、補遺，及上海中國書店代售書書目。

0030 中國書店書目：不分卷 . 第一期 / 中國書店編 . -- 民國十八年 (1929) 上海中國書店石印本 . -- 1 册

16 行，30 字，小字雙行同，白口，四周單邊，單黑魚尾，匡高 16.3 厘米，寬 11.7 厘米。

卷端題名下有"己巳年第一期"。封面題簽：中國書店新舊書目 己巳年第一期 徐乃昌題，石印"徐乃昌印"。封面背面有中國書店啓"外埠函購書籍章程"。封底石印"家刻本精印本書籍"，背面石印"徵求錢譜"等。書口下方石印"上海西藏路大慶里"。

0031 中國書店書目：第一卷 / 中國書店編 . -- 民國十八年 (1929) 上海中國書店石印本 . -- 1 册

16 行，30 字，小字雙行同，白口，四周單邊，單黑魚尾，匡高 16.7 厘米，寬 11.9 厘 米。

卷端題名下有"己巳十月第一卷"。封面爲紅紙石印，題：中國書店新舊書目 第一卷 章鈺題耑 上海山海關路原昌印書館五彩印刷所承印，并石印有"霜根"印。封面背面石印中國書店啓"外埠函購書籍章程"。卷末石印"古今圖書集成零種"書目。書口下方石印"上海西藏路大慶里"。

0032 中國書店廉價書目：不分卷 / 中國書店編 . -- 民國二十二年 (1933) 上海中國書店鉛印本 . -- 1 册

16 行，30 字，小字雙行同，白口，四周單邊，單黑魚尾，匡高 17 厘米，寬 12 厘米。

封面題名及封面背面"中國書店啓"爲紅紙鉛印。書口下方鉛印"上海西藏路大慶里"。書口題名：中國書店書目。

0033 修綆堂書店目録：第三期 . -- 民國二十三年 (1934) 修綆堂書局石印本 . -- 1 册

14 行，31 字，小字雙行不等，白口，四周雙邊，單黑魚尾，匡高 15.8 厘米，寬 11.7 厘米。

封面題簽落款爲“半農”。前有修綆堂書店主人啓事。卷端、書口題名：修綆堂書目。是書按經、史、子、集、叢書及補遺分類，收書 4963 種。

0034 圖書目録：第二期 . -- 民國 (1912~1949) 北平開明書局石印本 . -- 1 册

13 行，大小字數不等，白口，四周雙邊，單黑魚尾，匡高 17.5 厘米，寬 11.3 厘米。書口題名：開明書局書目。黄紙本。

0035 西泠印社書籍目録：四卷，補遺一卷 . 第二十一期 / 西泠印社編 . -- 民國十三年 (1924) 上海西泠印社石印本 . -- 1 册

13 行，28 字，小字雙行同，細黑口，左右雙邊，單黑魚尾，匡高 16.3 厘米，寬 10.9 厘米。封面佚名墨筆題記。書尾題有“中華民國十三年二月第二十一期重編”。卷端、書口題名：西泠印社書目。

0036 四存學會出版部書目：一卷 / 四存學會出版部編 . -- 民國十四年至十六年 (1925~1927) 北京四存學會鉛印本 . -- 1 册：表格

13 行，字數不等，小字雙行不等，白口，四周雙邊，單黑魚尾，匡高 16.9 厘米，寬 10.9 厘米。

0037 浙江省立圖書館善本書目甲編：四卷 / 毛春翔編 . -- 民國二十六年 (1937) 鉛印本 . -- 1 册

12 行，24 字，小字雙行 48 字，黑口，四周單邊，單黑魚尾，匡高 18.5 厘米，寬 12.9 厘米。封面題簽：浙江省立圖書館善本書目甲編 文若。牌記鉛印“中華民國二十五年十月印行”。前有民國二十五年張宗祥序，民國二十六年張元濟序，民國二十六柳詒徵序，民國二十六年陳訓慈序。鈐印有“王貴忱印”。

0038 書目舉要：一卷 / 周貞亮；李之鼎同編 . -- 民國九年 (1920) 刻本 . -- 1 册

10 行，20 字，小字雙行同，黑口，左右雙邊，單黑魚尾，匡高 16.1 厘米，寬 13 厘米。

扉頁刊“書目舉要 仁和邵章署”。牌記刊“南城宜秋館刊”。書口下方刊“宜秋館”。卷末刊“庚申春付刊”。是書收録漢至清書目二百七十三種，分爲十一類。

0039 揚州吴氏測海樓藏書目録：七卷 / (清) 吴引孫編 . -- 民國二十年 (1931) 北平富晋書社石印本 . -- 2 册

15 行，大小字不等，黑口，四周單邊，單黑魚尾，匡高 16.7 厘米，寬 12 厘米。

白紙本。殘本，現存三卷：卷四、卷六、卷七。

0040 陳融家藏目録 / 佚名抄 . -- 民國 (1912~1949) 抄本 . -- 1 册

10 行，字數不等，小字雙行字數不等，白口，四周雙邊，單黑魚尾，匡高 22.3 厘米，寬 16.1 厘米。

紅格紙，簡單輯抄了陳融家所藏書之著者、字號、題名、卷數、架號或排號五部分内容。

0041 來青閣書目：不分卷 / 來青閣書莊編製 . -- 民國十七年 (1928) 上海來青閣書莊石印本 . -- 1 册

13 行，26 字，小字雙行同，白口，左右雙邊，單黑魚尾，匡高 17.2 厘米，寬 11.5 厘米。

白紙本。前有來青閣書莊主人楊壽祺“叙”。

0042 來青閣書目：不分卷 / 來青閣書莊編製 . -- 民國二十年 (1931) 上海來青閣書莊石印本 . -- 2 版 . -- 1 册

13 行，大小字不等，白口，左右雙邊，單黑魚尾，匡高 16.7 厘米，寬 11.3 厘米。

黄紙本。前有來青閣書莊主人楊壽祺“叙”。

0043 博古齋書目 . 第九期 . -- 民國 (1912~1949) 上海博古齋書店石印本 . -- 1 册

15 行，大小字字數不等，白口，四周單邊，匡高 15.2 厘米，寬 11.4 厘米。

封面有佚名墨筆題“自備查考非送品”。

0044 博古齋書目 . 第十五期 . -- 民國 (1912~1949) 上海博古齋書店石印本 . -- 1 册

分上下欄，15 行，大小字字數不等，白口，四周單邊，匡高 17.8 厘米，寬 12.1 厘米。
前有“影印各種叢書定價表”。

0045 禁燬書目 : 五種 / (清) 高宗弘曆敕編 . -- 民國 (1912~1949) 蘇州振新書社刻本 . -- 重印 . -- 4 册 (1 函)

13 行，22 字，小字雙行同，上黑口，左右雙邊，雙黑魚尾，匡高 18 厘米，寬 13.7 厘米。
據清姚覲元輯清光緒九年（1883）歸安姚氏刊《咫進齋叢書》本重印。佚名墨筆函套題簽：禁毀書目 咫進齋刊。扉頁刊“禁書總目 銷毀抽毀書目 違礙書目”。牌記刊“蘇州振新書社經印”，爲紅色紙。是書所收五種爲：禁書總目、銷毀書目、全毀書目、抽毀書目、違礙書目。鈐印有“北京市文史研究館藏書之章”、“可居室印”。

0046 四部寓眼録 : 二卷 / (清) 周廣業撰 . -- 民國二十二年 (1933) 鉛印本 . -- 1 册

12 行，31 字，黑口，四周單邊，單黑魚尾，匡高 15.8 厘米，寬 10.5 厘米。
封面鉛印：癸酉夏五 四部寓眼録 蟫隱廬印行。書口下方鉛印“萬潔齋校刊”。末有清乾隆五十一年（1786）周廣業跋。

0047 書目長編 : 二卷 , 補遺一卷 , 補校一卷 / 邵瑞彭等輯 . -- 民國十七年 (1928) 鉛印本 . -- 2 册

11 行，25 字，小字雙行 38 字，上白口下黑口，四周單邊，單黑魚尾，匡高 14.8 厘米，寬 11.1 厘米。
封面題簽、扉頁題名落款“李盛鐸署檢”。牌記鉛印“戊辰正月印於京師”。前有民國十七年邵瑞彭序。鈐印有“鐵嶺王貴忱之章”。

0048 禁書總目 : 十三種 / 佚名抄 . -- 民國十七年 (1928) 抄本 . -- 4 册 (1 盒)

行數不等，字數不等，無行格界欄。
書名代擬，總目及書脚題名：乾隆禁書彙編。種數據卷首總目録題。扉頁題“禁書總目、違礙書目、奏繳咨禁書目”。黃佛頤（字慈博）朱筆批校。末一種卷首有墨筆手書記：“戊辰十月抄存，乾隆四十八年内閣紅本處查辦應毀書目。北京大學研究所國學門週栞編印本,一九二六年。”間有鉛印本配葉,所收禁書目龐雜。未出版。盧子樞舊藏。鈐印有“佛頤手校”、“王貴忱印”。

0049 禁書總録：二卷，附録一卷 / 陳乃乾校輯．-- 民國二十一年 (1932) 鉛印本．-- 2 册

上卷上下兩欄，10 行，字數不等，小字雙行不等；下卷 11 行，28 字，黑口，四周單邊，匡高 14.1 厘米，寬 10.3 厘米。

扉頁鉛印“索引式的禁書總録 胡適題”。書口下方鉛印“慎初堂校印”。前有民國二十一年王鐘麒序。鈐印有“冀縣王富晋印”、“可居室印”、“王貴忱印”等。

0050 四庫著録江西先哲遺書鈔目：四卷 / 豫章叢書編刻局輯．-- 民國 (1912~1949) 刻本．-- 1 册．--（豫章叢書 / 胡思敬輯）

10 行，20 字，小字雙行同，黑口，左右雙邊，匡高 15.7 厘米，寬 12.2 厘米。

扉頁刊“四庫著録江西先哲遺書鈔目 持盦題”。牌記刊“豫章叢書編刻局刊”。前有序例。鈐印有“王貴忱印”。

0051 吴中藏書先哲考略：不分卷 / 蔣鏡寰輯．-- 民國二十四年 (1935) 鉛印本．-- 1 册．--（可園叢書 / 江蘇省立蘇州圖書館輯）

14 行，40 字，黑口，四周單邊，無界行，單黑魚尾，匡高 20.1 厘米，寬 13.2 厘米。

封面題簽落款“陳子清署端”；扉頁題名落款“乙亥中秋 陳子清”。卷末跋後牌記：吴中藏書先哲考略 吴縣吟秋蔣鏡寰輯 省立蘇州圖書館印。前有民國十九年（1930）蔣鏡寰自序、索引；末有民國十九年陶惟坻跋。鈐印有“張昌禄”、“王貴忱印”。

0052 地券徵存：一卷 / 羅振玉校寫．-- 民國七年 (1918) 影印本．-- 1 册．--（嘉草軒叢書：十一種三十二卷 / 羅振玉輯；十）

14 行，22 字，小字雙行同，白口，四周單邊，匡高 9.2 厘米，寬 6.9 厘米。

末有民國七年羅振玉校跋。書口題名：地存。鈐印有“王貴忱印”。

0053 金石學録：四卷 / (清) 李遇孫輯 . -- 民國 (1912~1949) 鉛印本 . -- 1 册 . -- (古學彙刊 / 鄧實等輯；第二集 . 金石類)

12 行，32 字，黑口，四周單邊，單黑魚尾，匡高 16.5 厘米，寬 11.4 厘米。

前有道光二年（1822）李富孫“金石學録序”，李遇孫“金石學録例目”。鈐印有“潘新熹”、“潘新熹印”、“王貴忱印”、“貴忱印信”、“王大文印”。

0054 楚州金石録：一卷，附存目一卷 / 羅振玉録 . -- 民國七年 (1918) 影印本 . -- 1 册 . -- (嘉草軒叢書：十一種三十二卷 / 羅振玉輯；七)

14 行，22 字，小字雙行同，白口，四周單邊，匡高 10.5 厘米，寬 8 厘米。

書口題名：楚録。鈐印有“王貴忱印”。

0055 循園金石文字跋尾：二卷 / 范壽銘撰；顧燮光輯録 . -- 民國十一年至十二年 (1922~1923) 會稽顧燮光金佳石好樓石印本 . -- 1 册

11 行，25 字，小字雙行同，黑口，四周雙邊，匡高 17.9 厘米，寬 12.6 厘米。

扉頁鉛印“循園金石文字跋尾 癸亥端午燮光 附綴學堂河朔碑刻跋尾”。前有民國十一年（1922）顧燮光序。附有：綴學堂河朔碑刻跋尾：一卷 / 陳漢章撰。

0056 遼代金石録：四卷 / 黄任恒輯 . -- 民國十四年 (1925) 南海黄任恒鉛印本 . -- 2 册：像 . -- (述窠雜纂 / 黄任恒撰；遼痕五種)

10 行，20 字，小字雙行 40 字，上黑口，四周雙邊，雙黑魚尾，匡高 15.3 厘米，寬 10.7 厘米。

扉頁鉛印“遼代金石録”。前有“像”及黄榮康“題述窠小影”，民國十四年著者述窠自題，光緒三十一年（1905）著者黄任恒識“遼代金石録叙目”。末附“勘誤表”。書口下方鉛印“述窠雜纂”。鈐印有“鐵嶺王貴忱章”。

0057 清誥授光禄大夫體仁閣大學士贈太保張文襄公墓志銘：不分卷 / 陳寶琛撰并丹書；徐世昌篆蓋 . -- 民國 (1912~1949) 初拓本 . -- 1 册

志文共 1912 字，分 120 行，半葉 8 行，滿行 16 字，每 8 行爲一節，間空一行，每方 5 節。

着墨拓葉共九張（八整張，首尾各半葉）。前有墨筆題簽兩幅，一爲：張文襄公墓志王貴忱謹題；一爲：張文襄公墓誌 陳永正題。末有徐續墨筆“丙戌持觀并題”跋文一篇。末刊有“李月庭刻石”字樣。拓本爲黄楊木天地蓋經折裝。鈐印有“徐續私印”、“荊花深處”、“王貴忱印”、“陳”、“止水”等。

0058 夢碧簃石言：六卷 / 顧燮光著 . -- 民國十四年 (1925) 鉛印本 . -- 3 册：照

15 行，25 字，小字雙行同，黑口，左右雙邊，單黑魚尾，匡高 11.2 厘米，寬 12.9 厘 米。

前有范壽銘叙，吴昌綬、繆荃孫、羅振玉等八人評語。

0059 古誌新目：一卷 / 顧燮光輯 . -- 民國十二年 (1923) 會稽顧燮光金佳石好樓石印本 . -- 1 册 . -- (非儒非俠齋金石叢著八種 / 顧燮光撰)

11 行，25 字，小字雙行同，黑口，四周雙邊，匡高 17.8 厘米，寬 12.9 厘米。

扉頁石印“古誌新目癸亥春日三版燮光書”，扉頁背面有叢書目。前有民國十二年顧燮光序。

0060 石例簡鈔：四卷 / (清) 黄任恒輯 . -- 民國十七年 (1928) 刻本 . -- 1 册

10 行，20 字，小字雙行同，上白下黑口，左右雙邊，單黑魚尾，匡高 17.6 厘米，寬 11.3 厘米。

前有光緒三十二年（1906）自叙、民國十七年黄佛頤叙、引用書目等。鈐印有“鐵嶺王貴忱之章”。

0061 恒農專録：一卷 / 羅振玉校録 . -- 民國七年 (1918) 上虞羅振玉影印本 . -- 1 册 . -- (嘉草軒叢書：十一種三十二卷 / 羅振玉輯；八)

14 行，22 字，小字雙行同，白口，四周單邊，匡高 9.3 厘米，寬 6.9 厘米。

前有民國六年（1917）羅振玉“序”（法書字體）。鈐印有“王貴忱印”。

0062 楚州城甎録：一卷 / 羅振玉撰 . -- 民國七年 (1918) 上虞羅振玉影印本 . -- 1 册 . -- (嘉草軒叢書：十一種三十二卷 / 羅振玉輯；九)

14 行，22 字，小字雙行同，白口，四周單邊，匡高 9.7 厘米，寬 7 厘米。

末有民國七年羅振玉“跋”（法書字體）。鈐印有“王貴忱印”。

0063 專誌徵存：一卷 / 羅振玉校録 . -- 民國七年 (1918) 上虞羅振玉影印本 . -- 1 冊 . -- (嘉草軒叢書：十一種三十二卷 / 羅振玉輯；十一)

14 行，22 字，小字雙行同，白口，四周單邊，匡高 9.2 厘米，寬 6.9 厘米。

卷端下方有“唐風樓專録二”。末有民國七年羅振玉“跋”(法書字體)。鈐有“王貴忱印”朱印。

0064 史微：八卷 / 張采田撰 . -- 民國元年 (1912) 孱守齋重刻本 . -- 4 冊 . -- (多伽羅香館叢書)

10 行，24 字，小字雙行同，黑口，左右雙邊，單黑魚尾，匡高 13.4 厘米，寬 10.2 厘米。

扉頁刊“内篇八卷 秦樹聲署”。牌記刊“壬子夏五孱守齋重鋟”。各卷卷端下刊“多伽羅香館叢書第一種”。前有德謙氏序、題辭、東蓀重鋟記等。

0065 古史新證：一卷 / 王國維撰 . -- 民國二十四年 (1935) 影印本 . -- 1 冊 . -- (王静安先生遺著 / 王國維撰)

行數不等，字數不等，無界行邊匡。

據王國維稿本影印。扉頁：王静安先生遺著之一 古史新證 馬衡署檢。牌記：民國二十四年一月北平來薰閣影印。前有民國二十三年（1934）唐蘭序。鈐印有“王林於一九四九年解放江南後買書記”、“潘錫基”、“錫五珍藏”。

子部

0066 朱九江先生講學記：一卷；朱九江先生講學記書後：一卷 / (清) 簡朝亮纂 . -- 民國二十二年 (1933) 麗澤堂刻本 . -- 1 冊

11 行，24 字，白口，四周雙邊，單黑魚尾，匡高 19.1 厘米，寬 14.5 厘米。

扉頁刊“朱先生禮山講學記 簡先生講學記書後合編”；背面牌記刊“癸酉孟冬再傳弟子發印於麗澤堂”。佚名朱筆點讀。鈐印有“貴忱印信”、“鐵嶺王貴忱章”。

0067 四聖心源提要 : 一卷 / 盧朋著編 . -- 民國 (1912~1949) 鉛印本 . -- 1 册

14 行，37 字，白口，四周雙邊，雙黑魚尾，匡高 18.5 厘米，寬 11.6 厘米。

扉頁鉛印“四聖心源提要 任子貞題”。前有廖景曾序,民國二十一年(1932)盧朋著“四聖心源提要序”。末附“校勘記”。鈐印有“盧子樞”。

0068 圖畫見聞誌 : 六卷 / (宋) 郭若虛撰 . -- 民國二十三(1934)上海商務印書館影印本 . -- 初版 . -- 1 册 . -- (四部叢刊續編 . 子部)

前 3 卷 14 行，24 字，小字雙行同，白口，四周單邊，單黑魚尾，匡高 12.8 厘米，寬 10.6 厘米。後 3 卷 11 行, 20 字, 小字雙行同, 白口, 左右雙邊, 單黑魚尾, 匡高 13.5 厘米, 寬 9.9 厘米。

扉頁：圖畫見聞誌 四部叢刊續編子部。牌記：上海涵芬樓借常熟瞿氏鐵琴銅劍樓藏宋刻配元鈔本景印。前有郭若虛序，末影印嘉慶己未黃丕烈識、復翁白焦記，胡文楷跋。

0069 竹人録 : 二卷 / 金元鈺撰集 . -- 民國二十七年 (1938) 鉛印本 . -- 1 册

11 行，19 字，黑口，四周雙邊，雙黑魚尾，匡高 10.1 厘米，寬 9.3 厘米。

上卷末牌記鉛印“民國二十七年五月秦彥沖據活字板本校印”；下卷末牌記鉛印“鄞秦氏睿識閣”。前有民國二十七年褚德彝序、清嘉慶十二年（1807）李賡芸序、嘉慶十二年金元鈺小序。鈐印有“可居室主”、“貴忱寓目”、“鐵嶺王貴忱之章”。

0070 清波雜志 : 十二卷 /(宋) 周煇撰 . -- 民國二十三年(1934)上海商務印書館影印本 . -- 2 册 . -- (四部叢刊續編 . 子部)

12 行, 20 字, 小字雙行同, 白口, 左右雙邊, 雙黑魚尾, 匡高 13.8 厘米, 寬 10.7 厘米。

扉頁：清波雜志 四部叢刊續編子部。牌記：上海涵芬樓借常熟瞿氏鐵琴銅劍樓藏宋刊本景印原書板高二十四公分寬十九公分。前有紹熙四年（1193）張貴謨序，卷一卷端有紹熙三年（1192）周煇識；末有紹熙四年張訢、陳晦跋，慶元二年（1196）楊寅跋，慶元四年（1198）龔頤正、徐似道跋，民國二十三年張元濟跋。鈐印有“鐵嶺王貴忱印”。

0071 光漢室叢談：一卷 / 劉光漢撰 . -- 民國 (1912~1949) 鉛印本 . -- 1 册

14 行，31 字，白口，四周雙邊，單黑魚尾，匡高 15.8 厘米，寬 11.4 厘米。

封面題簽：光漢室叢談 楚南劉申叔光漢撰。書口下方鉛印“警鐘報社印”。鈐印有“潘氏老蘭”等。

0072 樱窗雜記：四卷 / 汪兆鏞撰 . -- 民國三十二年 (1943) 鉛印本 . -- 1 册

12 行，21 字，小字雙行同，黑口，左右雙邊，單黑魚尾，匡高 16.1 厘米，寬 10.8 厘米。

封面題簽“張元濟謹署”。扉頁鉛印“汪憬吾先生遺著 樱窗雜記 張元濟拜題”。前有民國三十二年錢振鍠序、民國十五年（1926）自序；末有民國三十二年劉承幹跋。鈐印有“元”、“張元濟印”、“盧子樞”、“王貴忱印”。

0073 老子道德經：不分卷 /（春秋）李耳撰；（清）徐大椿注；曾廣銘校 . -- 民國三十五年 (1946) 鉛印本 . -- 1 册

10 行，字數不等，小字雙行不等，四周單邊，匡高 18.2 厘米，寬 12 厘米。

前有民國三十五年曾廣銘序，乾隆二十五年（1760）徐大椿序。封面題名：道德經詳註。鈐印有“王貴忱印”。

集部

0074 鮑參軍詩注：四卷，附鮑令暉詩注一卷，校勘表一卷 /（南朝宋）鮑照撰；（南朝宋）鮑令暉撰；（清）錢振倫注；（清）黃節補注 . -- 民國 (1912~1949) 鉛印本 . -- 1 册

10 行，26 字，小字雙行同，黑口，四周雙邊，單黑魚尾，匡高 19.9 厘米，寬 12.3 厘米。

封面有李滄萍墨筆題字：高齊讀本 鮑參軍詩注四卷 丙子十月廿三日綫裝一册；天頭有李滄萍墨筆校字，正文有李滄萍朱筆圈點、句讀。前有張溥“鮑參軍集題詞”，本傳，虞炎“鮑照集序”，同治七年（1868）錢振倫序，民國十二年（1923）張爾田序、民國十二年十二月黃節“鮑參軍詩補注自序”。鈐印有“滄萍印信”、“滄萍”、“鞠生”、“茗之華”、“錦錢書屋”、“可居室印”、“鐵嶺王貴忱章”、“貴忱印信”。

0075 溪堂集：十卷，補遺續補校勘補遺一卷 /（宋）謝逸撰；魏元曠校；胡思敬校勘補遺 . -- 民國四年 (1915) 南昌胡氏退廬刻本 . -- 2 册 . --（豫章叢書 / 胡思敬輯）

10 行，20 字，小字雙行同，黑口，左右雙邊，匡高 15.7 厘米，寬 12 厘米。

白紙本。佚名朱筆批點。牌記刊“乙卯冬月栞於南昌退廬”。末有民國五年（1916）魏元曠跋、民國六年（1917）胡思敬跋。鈐印有“可居室印”、“王貴忱印”。

0076 芳谷集：三卷，校勘記一卷 /（元）徐明善撰；胡思敬校勘 . -- 民國九年 (1920) 南昌胡氏退廬刻本；2 册 . --（豫章叢書 / 胡思敬輯）

10 行，20 字，小字雙行同，黑口，左右雙邊，匡高 15.5 厘米，寬 12 厘米。

白紙本。牌記刊“庚申五月刊於南昌退廬”。佚名朱筆批點。是集爲《四元人集》首種，前有《四元人集》扉頁、牌記、總目，末有民國十年（1921）胡思敬跋。鈐印有“可居室印”、“王貴忱印”。

0077 匏翁家藏集：七十七卷，補遺一卷 /（明）吴寬撰 . -- 民國八年 (1919) 上海商務印書館影印本 . -- 12 册 . --（四部叢刊 . 集部 / 張元濟等輯）

12 行，24 字，小字雙行同，白口，左右雙邊，匡高 13.9 厘米，寬 10.4 厘米。

扉頁：匏翁家藏集 四部叢刊集部。牌記：上海涵芬樓藏明正德刊本原書板心高營造尺六寸二分寬四十七分。前有正德三年（1508）李東陽序，正德四年（1509）王鏊序；末有正德三年徐源後序。鈐印有“盧子樞藏”、“廣州仲元圖書館藏金石圖書之印”、“可居室主”、“王貴忱印”等。

0078 亭林餘集：一卷 /（清）顧炎武撰 . -- 民國 (1912~1949) 影印本 . -- 1 册：像 . --（四部叢刊集部 / 張元濟等輯）

10 行，21 字，白口，左右雙邊，單黑魚尾，匡高 13.3 厘米，寬 9.6 厘米。

扉頁：亭林餘集 四部叢刊集部。牌記：上海涵芬樓藏誦芬樓刊本原書版匡高營造尺五寸六分寬營造尺四寸一分。書口下方有“誦芬樓校栞”。 前有乾隆三十八年（1773）彭紹升“亭林先生餘集序”，朱彝尊摹“像”、沈兆澐題像；末有光緒二年（1876）蒯光典跋。

0079 蒯緱館十一草：一卷 /（清）薛始亨撰．-- 民國三十七年 (1948) 上海商務印書館影印本．-- 1 册．--（廣東叢書 / 廣東叢書編印委員會輯；第二集）

12 行，28 字，小字雙行 41 字，白口，四周雙邊，單黑魚尾，匡高 14.1 厘米，寬 10.8 厘米。

封面題簽落款“梁寒操署”；扉頁落款“羅卓英題”。鈐印有“均墨”、“恭綽”、“恭綽之印”、“王貴忱印”。

0080 二十七松堂集：十卷 /（清）廖燕撰．-- 民國十七年 (1928) 鉛印本．-- 重印．-- 10 册

12 行，28 字，小字雙行不等，下黑口，四周雙邊，單黑魚尾，匡高 17.9 厘米，寬 10.8 厘米。

扉頁鉛印“民國戊辰仲春重印 二十七松堂集 廖景黎家藏”。牌記鉛印“韶州風度路利民印務局承刊”。書口下端鉛印“韶城利民印務局承印”。前有序“重刊二十七松堂全集”。鈐印有“鐵嶺王貴忱章”、“鐵嶺王貴忱印”等。

0081 二十七松堂集：十卷 /（清）廖燕撰．-- 民國 (1912~1949) 商務印書館鉛印本．-- 重印．-- 10 册：彩圖

12 行，28 字，白口，四周雙邊，單黑魚尾，匡高 17.5 厘米，寬 11.7 厘米。

册一新增護葉有王貴忱先生墨筆贈言：“癸酉新春，謹以《廖紫舟先生集》与貽伯勤教授惠存。王貴忱敬贈。”封面題簽：二十七松堂集 逸園題簽。扉頁刊“二十七松堂集 黄逸園書”；背面牌記刊“韶州風度中路寶元印務局商務印書館重印”。前有民國十七年（1928）張日麟“重刊二十七松堂全集序”，民國十七年許祖業“重刊二十七松堂集序”，清乾隆三年（1738）高密、高綱序，朱渠序，曾璟《廖燕傳》，廖燕自序，王源《廖處士墓誌銘》，日本文久二年（1862）江門鹽谷世弘“刻二十七松堂集序”。序文題名《重刊二十七松堂全集 》。是集共十卷，卷一爲序及目録等，卷二至十爲正文，包括論、辯、説百七十篇（含卷一自序），詩五百五十一首。鈐印有“王貴忱印”、“貴忱印信”、“希聲”。

0082 重編朴燕巖先生文集：七卷附補遺一卷 / (朝鮮) 朴趾源著；(朝鮮) 金澤榮評；(朝鮮) 王性淳訂 . -- 民國六年 (1917) 淮南孫氏鉛印本 . -- 2 册

10 行，24 字，小字雙行 48 字，白口，四周雙邊，單黑魚尾，匡高 18.7 厘米，寬 12.7 厘米。扉頁題名落款“南通張謇書”。佚名抄朱筆批注。書尾牌記鉛印“中華淮南孫遷階玉樹氏刊”。書口題名：重編燕巖集。鈐印有“潘新熹”、“潘新熹印”、“王貴忱印”、“可居室印”。

0083 章實齋文鈔：一卷 / (清) 章學誠著 . -- 民國六年 (1917) 鉛印本 . -- 1 册

12 行，30 字，黑口，四周單邊，單黑魚尾，匡高 17.6 厘米，寬 12.8 厘米。書口下方鉛印“菊飲軒”。牌記鉛印“丁巳六據章氏存稿印行”，“湖北官紙印刷局”。末有“校勘記”及民國五年（1916）菊飲主人後記。鈐印有“貴忱印信”。

0084 兩當軒集：二十二卷，攷異二卷，附録四卷 / (清) 黄景仁著 . -- 民國二十三年 (1934) 上海掃葉山房石印本 . -- 6 册

14 行，30 字，小字雙行同，白口，四周雙邊，單黑魚尾，匡高 16.4 厘米，寬 11.7 厘米。扉頁：黄仲則先生著 兩當軒全集 掃葉山房石印。牌記爲“民國廿三石印 掃葉山房 總發行所上海北市棋盤街掃葉山房”。書口下方石印“掃葉山房石印”。書口題名：兩當軒全集。附録四卷内容分别爲：序跋；傳狀誌文；年譜；詩話、先友爵里名字攷。“攷異”卷末有“攷異補”。

0085 靈芬館詩集：初集四卷，二集十卷，三集四卷 / (清) 郭麐撰 . -- 民國二年 (1913) 掃葉山房石印本 . -- 4 册：像

12 行，23 字，小字雙行同，白口，四周雙邊，匡高 14.9 厘米，寬 10.2 厘米。牌記：民國二年石印 掃葉山房。總目題名：靈芬館集。

0086 懺餘綺語：一卷；爨餘詞：一卷 /（清）郭麐撰；（清）許增刊．-- 民國 (1912~1949) 上海中華書局鉛印本．-- 1 册．--（靈芬館詞四種 /（清）郭麐撰；四部備要．集部．清别集）

13 行，26 字，小字雙行同，黑口，四周單邊，單黑魚尾，匡高 14.8 厘米，寬 10.6 厘米。

封面題簽：靈芬館詞四種 册二。書口上方鉛印"靈芬館詞"，下方鉛印"中華書局聚珍倣宋印版"。《懺餘綺語》前有陳鴻壽序，末有光緒五年（1879）王詒壽跋。

0087 校訂定盦全集：十卷，附定盦年譜藁本一卷 /（清）龔自珍撰．-- 民國七年 (1918) 上海掃葉山房石印本．-- 6 册

14 行，31 字，白口，四周雙邊，單黑魚尾，匡高 15.7 厘米，寬 11.6 厘米。

據清宣統元年（1909）[時中書局鉛印本] 石印。封面題簽、扉頁：定盦全集；牌記：民國七年石印 掃葉山房 總發行所上海北市棋盤街掃葉山房。書口大題下有小題。書口下方石印"邃漢齋校訂本"。鈐印有"貴忱印信"、"王大文印"。

0088 龔定盦詩文真迹三種 /（清）龔自珍書．-- 民國二十年 (1931) 上海中華書局影印本．-- 1 册

行數、字數不定，無界行無邊匡。

鈐印有"潘新熹印"、"鐵嶺王貴忱印"、"鐵嶺王貴忱之章"、"可居室主"、"王貴忱印"、"可居室印"、"王大文印"。

0089 定盦文集：三卷，續集四卷，文集補五卷，文集補編四卷 /（清）龔自珍撰．定盦先生年譜：一卷 /（清）吴昌綬編．-- 民國十二年 (1923) 上海國學扶輪社鉛印本．-- 3 版．-- 5 册

13 行，30 字，小字雙行同，黑口，四周雙邊，單黑魚尾，匡高 17.5 厘米，寬 12.1 厘米。

宣統元年（1909）九月初版。封面題簽：諸名家評點 精刊龔定盦全集。缺《定盦文集》三卷。鈐印有"王貴忱印"等。

0090 定盦文集：三卷，續集四卷，文集補五卷 /（清）龔自珍撰．-- 民國 (1912~1949) 上海涵芬樓影印本．-- 3 册．--（四部叢刊．集部）

12 行，24 字，小字雙行同，白口，左右雙邊，單黑魚尾，匡高 13.9 厘米，寬 10.7 厘米。扉頁：定盦文集 四部叢刊集部，癸巳新秋得於海王邨。牌記：上海涵芬樓景印同治刊本原書板心高營造尺五寸九分寬四寸四分。鈐印有“于懷”、“王貴忱”、“王大文印”。

0091 定盦文集：三卷，續集四卷，文集補五卷，文集補編四卷，文集增補一卷 /（清）龔自珍撰．-- 民國 (1912~1949) 上海中華書局鉛印本．-- 4 册．--（四部備要．集部）

13 行，30 字，小字雙行同，黑口，四周單邊，單魚尾，匡高 15 厘米，寬 10.6 厘米。白連史紙本。牌記鉛印“四部備要 集部上海中華書局據通行本校刊 桐鄉 陸費逵総勘 杭縣高時顯 吴汝霖輯校 杭縣丁輔之監造”；匡外有“版權所有不許翻印”字樣。書口下方鉛印“中華書局聚珍倣宋版印”。封面及扉頁題名：定盦全集。

0092 定盦文集：三卷，續集四卷，文集補五卷，文集補編四卷，文集增補一卷 /（清）龔自珍撰．-- 民國 (1912~1949) 上海中華書局鉛印本．-- 4 册．--（四部備要．集部）

13 行，30 字，小字雙行同，黑口，四周單邊，單魚尾，匡高 15 厘米，寬 10.6 厘米。黄草紙本。牌記鉛印“四部備要 集部 上海中華書局據通行本校刊 桐鄉 陸費逵総勘 杭縣高時顯 吴汝霖輯校 杭縣丁輔之監造”；匡外有“版權所有不許翻印”字樣。書口下方鉛印“中華書局聚 珍倣宋版印”。封面及扉頁題名：定盦全集。鈐印有“黑龍江省圖書館藏書印”、“鉄嶺王貴忱章”、“可居室”、“可居室主”、“王貴忱印”、“王大文印”等。

0093 定盦文集補編：四卷 /（清）龔自珍撰．-- 民國 (1912~1949) 上海商務印書館（涵芬樓）影印本．-- 1 册．--（四部叢刊．集部）

10 行，22 字，小字雙行同，白口，四周雙邊，單黑魚尾，匡高 13.8 厘米，寬 10.4 厘米。黄紙本。據清光緒朱之榛刊本影印。牌記：上海涵芬樓景印原刊本原書板框高營造尺五寸六分寬四寸一分。末有光緒十二年（1886）朱之榛題後、光緒二十八年（1902）朱之榛校刊本題後。鈐印有“鐵嶺王貴忱之章”、“王大文印”。

0094 陳東塾先生遺詩：一卷 /（清）陳澧撰；汪兆鏞輯．-- 民國二十年 (1931) 刻本．-- 1 冊

11 行，21 字，小字雙行同，黑口，左右雙邊，匡高 15.4 厘米，寬 12 厘米。

扉頁刊“陳東塾先生遺詩一卷”。牌記刊“辛未年冬刊成”。末有民國二十年汪兆鏞“東塾遺詩跋”。書口刊“東塾遺詩”。附補遺一葉。鈐印有“盧子樞”、“王貴忱印”。

0095 遲鴻軒詩續：一卷，遲鴻軒文續一卷 /（清）楊峴撰．-- 民國二年 (1913) 吴興劉氏嘉業堂刻本．-- 1 冊．--（吴興叢書 / 劉承幹輯）

11 行，21 字，小字雙行同，黑口，左右雙邊，單黑魚尾，匡高 18.7 厘米，寬 12.7 厘米。

封面題簽：遲鴻軒集 詩文續。卷端書口下均刊有“嘉業堂校刊”。“遲詩續”、“遲文續”卷首均有光緒十九年（1893）藐翁自序。鈐印有“王貴忱印”、“可居室”。

0096 海雲閣詩鈔：一卷 /（清）葉衍蘭撰．-- 民國十七年 (1928) 番禺葉氏刻本．-- 1 冊

9 行，18 字，小字雙行 48 字，黑口，左右雙邊，匡高 17 厘米，寬 11.4 厘米。

封面題簽落款“門人潘飛聲敬題”；扉頁題名落款“受業冒廣生謹署”。扉頁前葉有梁方仲墨筆題贈款“外舅大人清覽 門婿梁方仲謹寄”。天頭間有墨筆題注。前有光緒十四年（1888）汪瑔序；末有民國十七年葉恭綽跋（著者之孫）及冒廣生跋。鈐印有“梁方仲印”、“古泉齋”、“王貴忱印”。

0097 匠翹别墅詩集：二卷 /（清）蕭涵棨撰．-- 民國八年 (1919) 鉛印本．-- 2 冊：像

10 行，26 字，小字雙行不等，白口，四周雙邊，單黑魚尾，匡高 15.5 厘米，寬 11.8 厘米。

封面題簽：匠翹集初刊 楊壽昌署簽。扉頁鉛印“八年國慶日 匠翹别墅詩集徐傅霖 署”。書口下端鉛印“粵東編譯公司承印”。前有“蕭先生鏡容肖像”，民國八年楊壽昌序，民國二年（1913）黎若琨“鏡容蕭先生遺詩付梓啓”，民國五年（1916）李宗堯“匠翹詩集序”，民國八年黄兆蓉“匠翹别墅詩集序”，民國七年（1918）徐國榦“鏡蓉先生詩集序”；末有江逢辰“鏡蓉蕭先生墓誌銘”，民國八年蕭詒剛述。末附“勘誤表”。鈐印有“王貴忱印”。

0098 廣雅堂詩集：不分卷 / (清) 張之洞撰；嚴範孫注 . -- 民國十九年 (1930) 影印本 . -- 2 册

10 行，23 字，白口，四周雙邊，單魚尾，匡高 21.7 厘米，寬 15 厘米。

據民國八年至九年（1919 ~ 1920）嚴氏手注本影印。牌記：中華民國十九年七月景印於北平。前有清宣統二年（1910）端方序；末有嚴智怡（嚴範孫次子）校印記。封面題簽、扉頁題名：嚴範孫先生注廣雅堂詩手稾。鈐印有“張權和印”、“厚璋”、“鐵嶺王貴忱之章”、“王貴忱印”、“可居室印”。

0099 廣雅堂詩集：四卷 / (清) 張之洞撰 . -- 民國 (1912~1949) 鉛印本 . -- 2 册

9 行，20 字，小字雙行同，黑口，四周單邊，單黑魚尾，匡高 15.7 厘米，寬 11.1 厘米。

王貴忱墨筆題簽：廣雅堂詩集 王貴忱謹題。佚名墨筆圈點、句讀；天頭印有雙圈。扉頁鉛印“廣雅堂詩集 寶熙謹署”。末有弟子樊增祥跋，子張燕卿民國二十四年（1935）跋，附“勘誤表”。鈐印有“寶熙印信”、“可居室印”、“王貴忱印”。

0100 廣雅堂駢體文：二卷，補遺一卷 / (清) 張之洞撰 . -- 民國十年 (1921) 南皮張氏刻本 . -- 1 册 . -- (廣雅堂四種 / (清) 張之洞撰)

12 行，25 字，小字雙行同，黑口，左右雙邊，單魚尾，匡高 19.7 厘米，寬 15 厘米。

牌記刊“辛酉正月南皮張氏刊版”。每卷卷末刊“無錫許同莘校録”。鈐印有“可居室印”、“王貴忱印”。

0101 廣雅堂散體文：二卷，附録一卷 / (清) 張之洞撰 . -- 民國十年 (1921) 南皮張氏刻本 . -- 1 册 . -- (廣雅堂四種 / (清) 張之洞撰)

12 行，25 字，小字雙行同，黑口，左右雙邊，單魚尾，匡高 19.7 厘米，寬 15 厘米。

牌記刊“辛酉七月南皮張氏刊版”。每卷卷末刊“無錫許同莘校録”。鈐印有“可居室印”、“王貴忱印”。

0102 廣雅堂雜著：四卷 / (清) 張之洞撰 . -- 民國十一年 (1922) 南皮張氏刻本 . -- 1 册 . -- (廣雅堂四種 / (清) 張之洞撰)

12 行，25 字，小字雙行同，黑口，左右雙邊，單魚尾，匡高 19.7 厘米，寬 15 厘米。

扉頁刊“廣雅堂雜箸”。牌記刊“壬戌十月南皮張氏刊版”。每卷卷末刊“無錫許同莘校録”。末有民國十一年許同莘跋。鈐印有“可居室印”、“王貴忱印”。

0103 廣雅堂金石文：四卷 / (清) 張之洞撰 . -- 民國十七年 (1928) 刻蠟版油印本 . -- 1 册

10 行，25 字，小字雙行不等，白口，無界行邊匡。

每卷卷末刊“無錫許同莘編録”。末有張權民國十七年跋。鈐印有“天津市文物管理處 資料室”、“可居室印”、“鐵嶺王貴忱章”。

0104 幸草亭詩鈔：二卷 / (清) 楊文瑩撰 . -- 民國八年 (1919) 錢塘楊氏勖采堂鉛印本 . -- 2 册 : 像

10 行，21 字，小字雙行同，黑口，左右雙邊，單魚尾，匡高 16.3 厘米，寬 11.2 厘米。

牌記鉛印“己未六月錢塘楊氏勖采堂刊”。下卷卷末鉛印“用倣宋版印 男復謹校字”。前有“幸州老人七十一歲遺像”及吴慶坻述贊，光緒己亥（1899）譚獻叙；末有民國八年吴慶坻“後序”，光緒三十年（1904）潘鴻識。鈐印有“潘新熹印”、“須德馬賓甬藏書”、“鐵嶺王貴忱章”、“王貴忱印”等。

0105 廖廷相詩選：一卷 / (清) 廖廷相撰 . -- 民國 (1912~1949) 刻本 . -- 1 册

11 行，22 字，白口，四周單邊，單黑魚尾，匡高 18 厘米，寬 14.3 厘米。

書名代擬，書口葉碼標識爲五十一至五十七。末有廖景曾墨筆題跋：“先君生平專研經學，吟詠甚希，篋中遺詩祇二十七首，南海廖氏家譜經已采録，朋舊紛紛借閲，卷帙浩繁，檢尋不易，特抽印單行本以便諷誦。庚午孟秋廖景曾識。”書口刊“南海廖維則堂家譜”。

0106 文道希先生遺詩：一卷 / (清) 文廷式撰 ; (清) 葉恭綽輯 . -- 民國十八年 (1929) 鉛印本 . -- 1 册

10 行，22 字，小字雙行同，白口，四周單邊，單黑魚尾，匡高 16.9 厘米，寬 11 厘米。

封面題名落款“敬觀署”，扉頁題名落款“狄平子署”。前有民國十八年陳三立序及陳詩序、民國十八年葉恭綽叙徐乃昌題詞。鈐印有“王貴忱印”。

0107 濤園詩集：二卷 / (清) 沈瑜慶撰 . -- 民國九年 (1920) 鉛印本 . -- 1 册

10 行，22 字，小字雙行同，黑口，四周單邊，雙黑魚尾，匡高 16.7 厘米，寬 10.4 厘米。

封面題簽、扉頁題名：濤園集。前有民國九年沈曾植序、詩集總目（正陽篇、春申篇、南州集、義熙集）。據詩集總目，是書缺南州集、義熙集。鈐印有“貴忱印信”等。

0108 暢谷文存：八卷，校勘記一卷 / (清) 宋昌悦著；胡思敬校勘 . -- 民國六年 (1917) 南昌胡氏退廬刻本 . -- 3 册 . -- (豫章叢書 / 胡思敬輯)

10 行，20 字，小字雙行同，黑口，左右雙邊，匡高 15.5 厘米，寬 11.9 厘米。

白紙本。佚名朱筆批點。牌記刊“丁巳仲秋栞于南昌退廬”。末有民國七年（1918）胡思敬跋。鈐印有“可居室印”、“王貴忱印”。

0109 聊自娱齋遺稿：一卷 / 容作恭撰 . -- 民國二十一年 (1932) 鉛印本 . -- 1 册

10 行，18 字，白口，左右雙邊，單黑魚尾，匡高 16.1 厘米，寬 10.5 厘米。

卷端下方有“容庚、容肇新、容肇祖校字”字樣。前有民國二十一年楊壽昌序，祈正序，壬申黄佛頤序，張爾田、鄧爾雅、黄仲琴“題詞”；末有民國二十一年容庚、容肇祖跋。書口鉛印“聊自娱齋稿 頌齋叢刻之一 文嵐簃印書局印”。鈐印有“王貴忱印”朱印。

0110 温文節公集：六卷 / 温肅撰 . -- 民國 (1912~1949) 鉛印本 . -- 1 册

21 行，48 字，白口，四周單邊，匡高 15.5 厘米，寬 10.8 厘米。

封面題簽：温文節公集 商衍瀛署耑。扉頁鉛印“温文節公集 桂坫篆”。鈐印有“商衍瀛”、“桂南屏”、“王貴忱印”。是書包括：1. 温文節公文集一卷；2. 温文節公文集補遺一卷；3. 温文節公文集磡誤表一卷；4. 温文節公詩集一卷；5. 温文節公詩集補遺一卷；6. 温文節公詩集磡誤表一卷。

0111 泉石留言：一卷，附録一卷 / (清) 陳煜駟撰 . -- 民國十三年 (1934) 潮安黄仲琴鉛印本 . -- 1 册

9 行，18 字，黑口，四周單邊，單黑魚尾，匡高 13.9 厘米，寬 9.3 厘米。

封面題簽：泉石留言 歲在甲戌中秋 武進董康。扉頁鉛印“民國廿三年八月 泉石留言 武進董康”。書口下方鉛印“嵩園叢刻”。前有張友仁等“題詞”，光緒二十三年（1897）

陳元麟“原序”,黄仲琴民國八年（1919）“重刊序”。鈐印有“董康”、“董”、“王貴忱印”。

0112 玉山文集：二卷 / 周馥撰 . -- 民國十一年 (1922) 秋浦周氏刻本 . -- 2 册 . -- (周慤慎公全集 / 周馥撰)

12 行，25 字，小字雙行同，白口，左右雙邊，單黑魚尾，匡高 20.7 厘米，寬 15 厘米。

封面題簽：周慤慎公文集。扉頁刊“玉山文集二卷”。牌記刊“民國十一年孟春秋浦周氏校刊”。每卷卷端下均刊有“男學淵 學熙 學煇校録”。

0113 文微：一卷 / 林畏廬口授；朱羲胄纂述 . -- 民國十三至十四年 (1924~1925) 潛江朱氏悟園刻本 . -- 1 册

10 行，21 字，小字雙行同，粗黑口，左右雙邊，單黑魚尾，匡高 16.4 厘米，寬 12.4 厘米。

扉頁刊“癸亥春三月 文微 陳寶琛題”。牌記刊“潛江朱氏悟園輯甲子歲四月開雕乙丑歲六月刊成”。前有民國十三年（1924）王葆心序，黄侃“題辭”；末有民國九年（1920）朱羲胄識，“識”末刊有“槧人黄岡陶子麟栞板”。鈐印有“可居室印”、“鐵嶺王貴忱印”。

與《吹萬樓雜著》合訂。吹萬樓雜著：一卷 / 高燮撰 .— 民國五年（1916）石印本。

0114 澹盦文存：二卷 / 吴道鎔撰 . -- 民國三十二年 (1943) 鉛印本 . -- 1 册：像

13 行，25 字，上黑口，四周單邊，單黑魚尾，匡高 14.7 厘米，寬 10.6 厘米。

封面題簽：澹盦文存 門人何惺常謹書籤。前有“澹盦吴先生遺象”，張學華撰“誥授通奉大夫翰林院編修吴君行狀”,民國二十六年（1937）温肅序；末有民國三十一年（1942）汪宗準“澹盦文存跋”,陳善伯“番禺吴丁二先生遺詩跋”,張學華題。鈐印有“盧子樞”、“子樞好珍”、“王貴忱印”。

0115 惺默齋集：文一卷 , 詞一卷 / 汪兆銓撰 . -- 民國 (1912~1949) 刻本 . -- 1 册

11 行，21 字，小字雙行同，黑口，左右雙邊，版匡高 15.5 厘米，寬 11.8 厘米。

扉頁刊“辛伯所著文 此吾友陳君樹鏞所署”。天頭有佚名朱筆校字，旁粘刊正字紙條。詞卷末刊“廣東省西湖街超華齋刊印”。鈐印有“梁鳳餘”、“王貴忱印”。

0116 節盦先生詩鈔：四卷 / 梁鼎芬撰；佚名抄．-- 民國 (1912~1949) 抄本．-- 1 册

9 行，字數不等，小字雙行不等，白口，四周雙邊，單魚尾，匡高 18.5 厘米，寬 11.2 厘米。是抄本稿紙爲紅格，書口下有紅色字“源昌”、“文寶樓”、“寶昌”。佚名墨筆校注、圈讀。書脚書名：節盦詩鈔。是抄本部分詩歌題名下注明與其他抄本題名之不同、詩歌來源、録入者等情况；天頭注有不同抄本各自的用字差别，以及其他抄本的缺字、漏字、誤字情况等。鈐印有“点堂”、“南海陳機”、“王貴忱印”、“可居室印”。

0117 節庵先生遺詩：六卷 / 梁鼎芬撰．-- 民國十二年 (1923) 沔陽盧氏慎始基齋刻本．-- 2 册

12 行，21 字，小字雙行同，黑口，左右雙邊，雙黑魚尾，匡高 19.2 厘米，寬 13.8 厘米。扉頁刊“節庵先生遺詩六卷”。牌記刊“沔陽盧氏慎始基齋栞於武昌”，牌記框外刊有“黄岡陶子麐承刊”。前有光緒十九年（1893）陳三立“舊序”，參校姓氏，目録後有民國十二年余紹宋識；末有民國十二年沔陽盧弼跋，并附“沔陽盧氏慎始基齋刊印書目 ”。書中有墨釘。鈐印有“鐵嶺王貴忱章”、“可居室印”、“可居室主”、“廣東人民圖書館圖書”、“廣州古籍書店”。

0118 節庵先生遺詩續編：一卷 / 梁鼎芬撰；葉恭綽輯．-- 民國 (1912~1949) 鉛印本．-- 1 册

15 行，40 字，小字雙行同，黑口，四周單邊，單黑魚尾，匡高 20.2 厘米，寬 12.3 厘米。封面題簽：節庵先生遺詩續編 恭綽敬題。書口題名：節庵先生遺詩。前有葉恭綽序及“續編凡例”。末附“勘誤表”。

0119 丁潛客先生遺詩：一卷，卷首一卷 / 丁仁長撰．-- 民國十八年 (1929) 九曜坊翰元樓刻本．-- 1 册

9 行，21 字，小字雙行同，白口，左右雙邊，單黑魚尾，匡高 16.5 厘米，寬 12.3 厘米。封面題簽：丁潛客先生遺詩 己巳臘晦道人題籤。書口題名：潛客先生詩。牌記刊“己巳年刊”。末葉刊“九曜坊翰元樓刊印”，并有桂坫“續題詞”。鈐印有“王貴忱印”。

0120 微尚齋雜文 : 六卷 / 汪兆鏞撰 . -- 民國三十一年 (1942) 鉛印本 . -- 1 册

13 行, 25 字, 小字雙行同, 上黑口, 四周單邊, 單黑魚尾, 匡高 14.8 厘米, 寬 10.7 厘米。

扉頁鉛印 “微尚齋雜文 張爾田署”。牌記鉛印 “壬午七月”。前有民國三十一年闇道士張學華序。鈐印有 “盧子樞”、“王貴忱印”。

0121 微尚齋詩續稿 : 一卷 / 汪兆鏞撰 . -- 民國 (1912~1949) 鉛印本 . -- 1 册

12 行, 21 字, 小字雙行同, 黑口, 左右雙邊, 單黑魚尾, 匡高 16.6 厘米, 寬 12.6 厘米。

是書爲《蟄居集》。末有張學華撰 “誥授朝議大夫湖南優貢知縣汪君行狀”。鈐印有 “王貴忱印”。

0122 闇齋稿 : 三卷 / 張學華撰 . -- 民國三十七年 (1948) 鉛印本 . -- 1 册

13 行, 25 字, 小字雙行 50 字, 上黑口下白口, 四周單邊, 單黑魚尾, 匡高 14.7 厘米, 寬 10.6 厘米。

封面題簽落款“桂坫題”。前有民國三十七年(1948)闇道人自序及廖景曾序。鈐印有“桂南屏”、“王貴忱印”。是書包括 : 1. 闇齋文稿一卷 ; 2. 闇齋詩稿一卷 ; 3. 闇齋詞 一卷。

0123 慎宜軒文 : 十二卷 / 姚永概撰 . -- 民國 (1912~1949) 刻本 . -- 2 册

12 行, 24 字, 白口, 左右雙邊, 單黑魚尾, 匡高 18 厘米, 寬 12.4 厘米。

白紙本。王貴忱題簽。扉頁落款“陳衡恪題”。前有王樹枏序。鈐印有“鐵嶺王貴忱印”、“可居室印”。

0124 遼居稿 : 一卷 / 羅振玉撰 . -- 民國十八年 (1929) 上虞羅氏石印本 . -- 1 册 . -- (松翁居遼後所著書 / 羅振玉撰)

12 行, 23 字, 細黑口, 四周單邊, 匡高 17.9 厘米, 寬 12.5 厘米。

扉頁石印 “遼居稿 鮑鼎署”。前有民國十八年羅振玉序并目録。鈐印有 “王貴忱印”。

0125 遼居乙稿：一卷 / 羅振玉撰 . -- 民國二十年 (1931) 上虞羅氏石印本 . -- 1 册 . -- (松翁居遼後所著書 / 羅振玉撰)

12 行，23 字，細黑口，四周單邊，匡高 17.9 厘米，寬 12.5 厘米 .

扉頁石印“遼居乙稿 辛未正月長洲章鈺署首”。前有民國二十年羅振玉序并目録。鈐印有“王貴忱印”。

0126 羣碧樓詩鈔：四卷 / 鄧邦述撰 . -- 民國 (1912~1949) 刻本 . -- 1 册

10 行，21 字，小字雙行同，粗黑口，左右雙邊，單黑魚尾，匡高 17.4 厘米，寬 12.7 厘米。

佚名墨筆封面題名：羣碧樓詩鈔。扉頁刊“羣碧樓詩鈔四卷 吴曾源”。前有民國十九年（1930）正闇居士著者鄧邦述記。鈐印有“可居室主”、“王貴忱印”。

0127 番藷雜詠：一卷 / 吴增撰 . -- 民國二十六年 (1937) 鉛印本 . -- 1 册

10 行，22 字，白口，四周雙邊，單黑魚尾，匡高 17.7 厘米，寬 12.4 厘米。

卷端大題：養和精舍詩鈔，小題：番藷雜詠。封面及扉頁題名“番”字作“蕃”。前有王貴忱墨筆手書序文一則。扉頁鉛印“養和精舍詩鈔 蕃藷雜詠 曾遒題”。牌記鉛印“强圉赤奮 若魚月刊”。書口下方印有“泉山書社印刷部印”。前有民國二十六年（1937）思歸子葉青眼序，民國二十六年吴增自序。鈐印有“曾遒印”、“王貴忱”、“王貴忱印”。

0128 抱潤軒文集：二十二卷 / 馬其昶撰 . -- 民國十二年 (1923) 刻本 . -- 4 册

11 行，22 字，小字雙行同，粗黑口，左右雙邊，單黑魚尾，匡高 18 厘米，寬 12.6 厘米。

扉頁刊“襃潤軒文集廿二卷”。牌記刊“癸亥冬日 刊于京師”。前有民國八年（1919）陳三立序，民國十年（1921）王樹枏序，光緒元年（1875）孫衣言、光緒二年（1876）張裕釗、光緒十九年（1893）吴汝綸、民國三年（1914）王樹枏、民國十二年柯劭忞“題辭”。鈐印有“鐵嶺王貴忱章”、“可居室主”、“王貴忱印”、“可居室印”朱印。

0129 抱香詞：一卷 / 楊鐵夫撰 . -- 民國 (1912~1949) 鉛印本 . -- 1 册

11 行，24 字，上白口下黑口，小字雙行同，四周雙邊，單黑魚尾，匡高 14.5 厘米，寬 10.3 厘米。

封面有作者楊鐵夫向盧子樞贈書題字。封面題簽：抱香室詞。題簽及扉頁落款分别有“恭綽署檢”、“葉恭綽題”。前有洪澤丞、陳石遺等人“抱香室填詞圖題辭”十七則。鈐印有“鐵夫”、“王貴忱印”。

0130 負暄山館詩草 : 一卷 / 黄棣華撰 . -- 民國十六年 (1927) 鉛印本 . -- 1 册

12 行, 23 字, 小字雙行 46 字, 白口, 四周雙邊, 雙黑魚尾, 匡高 14.1 厘米, 寬 10.8 厘米。

封面題名：負暄山館游詩草，佚名墨筆題字“譚以彰置”。前有民國十四年（1925）李義田序、談道隆序、黄廣序、招量行序、楊成能序及民國十六年陳廷泰序。末有勘誤表。鈐印有“譚以彰印”、“王貴忱印”。

0131 嘯虹生詩鈔 : 四卷 , 續鈔三卷 / 邱煒萲撰 . -- 民國 (1912~1949) 鉛印本 . -- 1 册

14 行, 24 字, 小字雙行 33 字, 白口, 四周單邊, 單黑魚尾, 匡高 17.2 厘米, 寬 12.2 厘米。

前有民國十一年（1922）康有爲“邱菽園詩集叙”，民國六年（1917）“嘯虹生詩鈔自序”，“嘯虹生詩續鈔自序”。鈐印有“王貴忱印”。

0132 非儒非俠齋集 : 文集四卷 , 外集一卷 , 詩集二卷 , 聯語偶存初集一卷 / 顧燮光撰 . 福豔樓遺詩 : 一卷 / 陸珊撰 . -- 民國二十五年 (1936) 杭州顧廬石印本 . -- 3 册

14 行, 32 字, 小字雙行同, 黑口, 四周雙邊, 單黑魚尾, 匡高 17.2 厘米, 寬 11.5 厘米。

文集扉頁石印“非儒非俠齋文集 鼎梅道兄先生雅命 俞鎮拜署”；詩集扉頁石印“非儒非俠齋詩集 乙亥孟春 盧和欽題”。《福豔樓遺詩》扉頁石印“乙亥孟冬 福豔樓遺詩鄭圈璧敬題”。文集、外集、詩集每卷卷末下方鉛印“男培熹繕稿”。末附“非儒非俠齋鬻文書畫潤例”。

0133 黄梅花屋詩稿 : 一卷 / 陳融撰 . -- 民國三十七年 (1948) 鉛印本 . -- 1 册 : 圖

12 行, 25 字, 小字雙行同, 上黑口, 四周單邊, 單黑魚尾, 匡高 14.7 厘米, 寬 10.7 厘米。

前有民國三十七年葉恭綽序,李研山"棲心樓談詩圖爲顒盦詞丈製";末有"刻者芳名"。鈐印有"潘新熹印"、"鐵嶺王貴忱章"、"王貴忱印"等。

0134 不匱室詩鈔:八卷,附不匱室詩餘一卷 / 胡漢民撰. -- 民國二十五年 (1936) 石印本. -- 2 册

11 行,21 字,小字雙行同,黑口,四周雙邊,雙黑魚尾,匡高 18.8 厘米,寬 12.2 厘米。

護葉墨筆題:孟淵五兄存之 鄧元持贈 廿六 三 十一。牌記石印"中華民國二十五年十月廿五日國葬典禮委員會記"。前有陳衍、冒廣生、易大廠叙及陳三立、夏敬觀、吴用威、冒廣生等題辭;卷後有民國二十五年陳融跋。"詩餘"卷末落款"民國二十五年十月番禺馮康侯恭繕"。鈐印有"黄文燦印"、"王貴忱印"等。

0135 寒柯堂詩:四卷 / 余紹宋撰. -- 民國 (1912~1949) 鉛印本. -- 1 册

12 行,30 字,小字雙行同,黑口,左右雙邊,單黑魚尾,匡高 17.7 厘米,寬 12.4 厘米。

封面有著者墨筆題字:玉文吾兄賜教 余紹宋。扉頁鉛印"寒柯堂詩 古杭高世魚署"。書口下方鉛印"浙江文化印刷公司承印"。前有民國三十二年(1943)蔣麟振"原序",余重耀"賀刻序",附友朋來牘及續録,續録末有民國三十六年(1947)祝鴻逵識;末有民國三十三年(1944)項士元"後叙",民國三十三年賀揚靈"賀刻後記",民國三十五年(1946)劉衍文"校讀寒柯堂詩删定本書後"。末附"勘誤表"。鈐印有"越園持贈"、"魚詹"、"盧子樞"、"子樞"、"王貴忱印"等。

0136 行囊雜詠:二卷 / 屈翁老人撰. -- 民國 (1912~1949) 刻本. -- 1 册

8 行,20 字,白口,四周雙邊,雙黑魚尾,匡高 16.1 厘米,寬 10.9 厘米。

卷端下刊:屈翁老人東序未定稿。屈翁老人,即劉東序。書口下方刊"順德容奇文華承刊"。存一卷:卷下。

0137 三十六荷花院詩鈔:一卷 / 陳道華撰. -- 民國八年 (1919) 刻本. -- 1 册

11 行,21 字,小字雙行同,黑口,左右雙邊,匡高 15.7 厘米,寬 12 厘米。

卷端題名:日京竹枝詞百首,題名下刊有"愔盦叢著之一"。扉頁刊"日京竹枝詞",左下角刊有朱印"三十六荷花院道人"。牌記刊"己未仲春刊於廣州"。前有清光緒三十四年（1908）荷花院道人“日京竹枝詞自叙”。鈐印有“王貴忱印”。

0138 椝園文鈔：二卷，駢體文鈔一卷，詩鈔二卷，詞鈔一卷 / 張錫齡撰 . -- 民國二十一年 (1932) 刻本 . -- 2 册

11 行，25 字，黑口，左右雙邊，匡高 17.9 厘米，寬 12.1 厘米。

封面題簽及書脚題名：椝園稿鈔。有民國二十一年（1932）李民欣“椝園文鈔序”，民國二十年（1931）著者萬椝書堂主人“椝園文鈔自序”；民國二十一年“椝園駢體文鈔自序”；民國十八年（1929）“椝園詩鈔自序”；民國十七年（1928）“椝園詞鈔”自序。鈐印有“王貴忱印”。

0139 銓廬吟草初集：一卷 / 李良驥撰 . -- 民國 (1912~1949) 石印本 . -- 1 册

16 行，38 字，白口，四周雙邊，無界行，雙黑魚尾，匡高 19.3 厘米，寬 13.2 厘米。

前有易順鼎題詞。

0140 驪珠山房詩存：一卷 / 陳嘉謀撰 . -- 民國十一年 (1922) 刻本 . -- 1 册

10 行，25 字，白口，四周雙邊，單黑魚尾，匡高 18.4 厘米，寬 11.9 厘米。

封面題簽：驪珠山房詩存 全。扉頁刊“民國十一年 驪珠山房詩存馮凌雲題簽 驪珠山房藏板”。前有民國十一年朱振基序、著者陳嘉謀自序。其他合刻書包括：1. 湖海集一卷；2. 栖梅集一卷；3. 寧陽集一卷；4. 驪珠山房雜詠一卷；5. 亂離集一卷；6. 靈湫紀游吟草一卷。

0141 紫藤花館吟草：一卷 / 黄裔慕輯 . -- 民國 (1912~1949) 曬藍本 . -- 1 册

10 行，20 字，小字雙行不等，白口，四周單邊，無魚尾，無界行，匡高 18.2 厘米，寬 13.2 厘米。

盧子樞封面題簽。末有民國三十五年（1946）黄繩曾題跋。鈐印有“盧”、“子樞”、“盧子樞”。

0142 蒼雪廬唫藁：一卷 / 石綸樞撰 . -- 民國 (1912~1949) 稿本 . -- 1 册

9 行，25 字，小字雙行不等，無界行邊匡。

是書共收録詠物、詠史、感懷等詩歌六十三首，較全面地展現了著者詩歌各方面的内容。

鈐印有“北垣”、“石綸樞印”。

0143 客人三先生詩選：三種三卷 / 古直選 . -- 民國十九年 (1930) 鉛印本 . -- 1 册 . -- (客人叢書 / 古直輯)

11 行，23 字，小字雙行同，白口，左右雙邊，單黑魚尾，匡高 17.7 厘米，寬 12.3 厘米。

前有古直自序及其撰寫的李先生傳、宋芷灣先生中略、黃先生傳。是書包括：1. 李繡子先生詩一卷；2. 宋芷灣先生詩一卷；3. 黃公度先生詩一卷。

鈐印有“王貴忱印”。

0144 涵芬樓古今文鈔小傳：四卷，卷首一卷 / 商務印書館編譯所編 . -- 民國 (1912~1949) 上海商務印書館石印本 . -- 1 册

上下兩欄，均爲 12 行，字數不等，小字雙行 20 字，白口，四周雙邊，單黑魚尾，匡高 16.3 厘米，寬 12 厘米。

附：涵芬樓古今文鈔小傳附録。

0145 遼文補録：一卷，附録一卷 / 黃任恒輯 . -- 民國十四年 (1925) 南海黃任恒鉛印本 . --1 册：像 . -- (述窠雜纂 / 黃任恒撰；遼痕五種)

10 行，20 字，小字雙行 40 字，上黑口，四周雙邊，雙黑魚尾，匡高 15.3 厘米，寬 10.7 厘米。

扉頁鉛印“遼文補録”。書口下方鉛印“述窠雜纂”。前有“像”及黃榮康、黃肇沂題詩，民國十四年著者述窠自題，民國八年（1919）著者黃任恒識“遼文補録叙”。附録一卷爲“遼文最原叙目”。末附“勘誤表”。鈐印有“鐵嶺王貴忱章”。

0146 纓溪集：一卷 / 郭維潮等撰 . -- 民國三十六年 (1947) 鉛印本 . -- 1 册

10 行，30 字，白口，四周雙邊，雙順黑魚尾，匡高 15.2 厘米，寬 10.8 厘米。

封面題簽：纓溪集 鄒魯署。前有民國三十六年王力、桂坫題，有詹安泰“纓溪集序”；末有民國三十五年（1946）郭梧仙、郭漢鳴跋。書口下方鉛印“白雲印務局”。是集包括：郭維潮纓溪遺著、郭銓銅君遺著、郭懋楨西樵遺著、郭鏞笙齋遺著、郭佩璋子達遺著、郭有聲仲吹遺著、郭有光月槎遺著、郭光墀芹甫遺著、郭兆霖雨村遺著、郭祖培穀蓀遺著、郭壽蕙嗣崖遺著、郭汝霖福初遺著、郭壽樗翊崖遺著，并附録；附録内容爲郭維潮“訓後篇”、“孔孟尊周異同辯”，郭銓“整庵公七一壽序”、“張芙塘先生墓誌銘”、“先考纓溪府君行述”。

鈐印有“黄禧駢”、“王貴忱印”。

0147 松鄰書札：詩詞附 / 吴昌綬撰 . -- 民國十四年 (1925) 張祖廉影印本 . -- 2 册 (1 函)：圖

行數、字數不定，間界行、邊匡，無魚尾。

前有竇熙序（手迹）、張祖廉之“吴伯宛書札叙”。是書係吴昌綬致嘉善張祖廉之書牘，并附詩詞諸篇於後。

鈐印有“王貴忱印”、“鐵嶺王貴忱印”、“可居室主”、“王大文印”。

0148 清代名人書札：第一集 / 資研社輯 . -- 民國十六年 (1927) 中華印書局影印本 . -- 2 册

無界行邊匡，字數不等，行數不等。

鈐印有“可居室印”、“鐵嶺王貴忱印”。

0149 三松精舍圖詠：一卷 / (清) 李應鴻撰；(清) 李宗顥輯 . -- 民國(1912~1949)抄本 . -- 1 册

行數不等，字數不等，無界行無邊欄。

是書爲毛裝，紙撚斷損散葉。是抄本爲清道光二十五年（1845）秋張南山、劉簡臣、陳朗山、杜洛川等三十二人“集永勝寺三松禪院”題詠酬唱之作；“舊爲永勝寺物，壬子十一月八日骨董客携求售，同邑楊君碧山選其完備者凡十四葉，畫居其三”。現存五葉半，末半葉爲對“畫三業”内容的描述。

0150 九青圖詠：一卷 / 張次溪輯 . -- 民國二十三年 (1934) 雙肇樓鉛印本 . -- 民國二十六年 (1937) 增補 . -- 1 册：插圖 . -- (清代燕都梨園史料續編 / 張次溪輯)

10 行，21 字，白口，左右雙邊，單魚尾，匡高 15.6 厘米，寬 10.5 厘米。

佚名墨筆題簽：九青圖詠，即陳其年填詞圖中各家題詠。缺：圖、題詠第一葉。

0151 六榕修禊唱和集：一卷 / 李智菴編著 . -- 民國三十年 (1941) 鉛印本 . -- 1 冊：圖，照片

8 行，14 字，白口，四周單邊，雙黑魚尾，匡高 19.6 厘米，寬 12.1 厘米。

封面題簽：六榕修禊唱和集 中山印書局承印。扉葉插圖有"六榕寺修禊圖 辛巳上巳智菴先生屬作并序畫之 盧子樞"，照片爲"李智菴玉照"。前有李智菴"約修禊六榕寺啓"，民國三十年林汝珩序，"飲者留名録"、李智菴"席上致詞"。是集爲慶國府還都周年紀念之作，民國二十九年（1940）汪僞廣東省政府建立，委派李智菴爲番禺縣長。

0152 漁洋詩話：三卷 /（清）王貽上撰；（清）史承豫評點 . -- 民國十二年 (1923) 上海會文堂書局石印本 . -- 1 冊

10 行，19 字，黑口，左右雙邊，雙黑魚尾，匡高 13.6 厘米，寬 10.3 厘米。

封面題簽：評點漁洋詩話。外封有任稐備閲後題封，内封題簽"十四年五月十五日置于陽江旅次强"。佚名朱墨筆圈點句讀及校注。牌記石印"中華民國十二年六月上海會文堂書局印行"。前有康熙四十九年（1710）黄叔琳序、雍正三年（1725）俞兆晟序、阮亭自序。

0153 遼代文學考：二卷 / 黄任恒輯 . -- 民國十四年 (1925) 南海黄任恒鉛印本 . -- 1 冊：像 . --（述窠雜纂 / 黄任恒撰，遼痕五種）

10 行，20 字，小字雙行 40 字，上黑口，四周雙邊，雙黑魚尾，匡高 15.4 厘米，寬 10.6 厘米。

書口下方鉛印"述窠雜纂"。前有"像"及黄榮康、黄肇沂題詩，民國十四年著者述窠自題，光緒三十一年（1905）著者黄任恒"遼代文學考叙目"。末附"勘誤表"。鈐印有"鐵嶺王貴忱章"。

0154 雨屋深鐙詞：一卷，續稿一卷，三編一卷 / 汪兆鏞撰 . -- 民國二十九年 (1940) 鉛印本 . -- 1 冊

12 行，21 字，小字雙行同，黑口，左右雙邊，匡高 16.5 厘米，寬 12.5 厘米。

據清宣統三年（1911）、民國十七年（1928）刻本排印。牌記鉛印"宣統辛亥冬栞"；續稿牌記鉛印"戊辰夏四月刊"；三編牌記鉛印"庚辰二月"。前有沈澤棠序。鈐印有"盧子樞"、"王貴忱印"。

0155 捫虱談室詞：一卷；捫虱談室集外詞：一卷 / 廖恩燾撰 . -- 民國三十七年 (1948) 鉛印本 . -- 1 册 . -- (半舫齋詞集；三；四)

14 行，35 字，小字雙行 45 字，白口，四周單邊，單黑魚尾，匡高 17.8 厘米，寬 12.2 厘米。

封面題簽落款“懺盦自署檢”；扉頁二張，其一落款“戊子春暮自署檢”，其二落款“戊子春杪重鈔”。鈐印有“懺盦”、“王貴忱印”等。

0156 花間集：十卷 / (五代) 趙崇祚輯 . -- 民國十三年 (1924) 上海掃葉山房石印本 . -- 1 册

12 行，28 字，小字雙行同，白口，四周雙邊，單黑魚尾，匡高 17.2 厘米，寬 12.2 厘米。

佚名朱筆圈點、句讀。扉頁：仿宋本重校印。牌記：總發行所上海北市棋盤街掃葉山房 民國十三年石印 掃葉山房。前有廣政三年（940）歐陽炯叙，末有光緒十九年（1893）王鵬運跋。鈐印有“鄧蔭椿印”。

叢部

0157 大鶴山房全書：十種，附一種 / (清) 鄭文焯撰 . -- 民國 (1912~1949) 刻本 . -- 後印 . -- 8 册

行款不一，匡高寬不一。

據清光緒至民國間刻板後印。牌記刊“蘇州交通圖書館藏板”。是書包括：1. 説文引群説故、楊雄訓纂篇考一卷；2. 楊雄説故一卷；3. 高麗國永樂好大王碑釋文纂考一卷 . — 清光緒二十六年（1900）刻本；4. 醫故二卷附録一卷；5. 詞源斠律二卷；6. 冷紅詞四卷 . — 清光緒二十二年（1896）刻本；7. 樵風樂府九卷 . — 民國二年（1913）刻本；8. 比竹餘音四卷 . — 清光緒二十八年（1902）刻本；9. 苕雅餘集一卷 . — 民國四年（1915）刻本；10. 絶妙好詞校録一卷附瘦碧詞二卷 . — 民國六年（1917）刻本。

鈐印有“鐵嶺王貴忱 章”、“可居室主”、“貴忱寓目”、“可居室”、“王貴忱印”、“有錢人家”。

0158 松鄰叢書甲編：三種 / 吴昌綬輯 . -- 民國七年 (1918) 仁和吴昌綬雙照樓刻本 . -- 1 册

10行，20字，小字雙行同，黑口，四周單邊，匡高16.7厘米，寬10.4厘米。

題名據總扉頁，三種書均有其扉頁。牌記刊“丁巳七月夏孫桐署”。《元西湖書院重整書目》卷末有民國三年（1914）吴昌綬跋。各種書首葉書口下刊“仁和吴氏”。是書包括：1. 元西湖書院重整書目一卷附録 /（元）胡師安等撰；2. 南廱志經籍考存二卷（卷十七、卷十八）/（明）梅鷟撰；3. 内板經書紀略一卷 /（明）劉若愚撰。

鈐印有“貴忱印信”、“王貴忱印”。

0159 影印元明善本叢書十種樣本，附預約及特價簡章 . -- 民國二十六年 (1937) 商務印書館鉛印暨影印本 . -- 1 册

13行，34字，白口，四周雙邊，單黑魚尾（樣張版式不等），匡高17厘米，寬12.3厘米。

書名據封面題簽題。前有“影印元明善本叢書十種啓事”；末有影印發售預約及特價簡章、樣張。是書包括：1. 元明善本叢書十種提要；2. 元明善本叢書十種子目；3. 元明善本叢書十種樣張。即影印了《濟生拔粹》、《今天彙言》、《歷代小史》、《百陵學山》、《古今逸史》、《子彙》、《兩京遺編》、《夷門廣牘》、《紀録彙編》、《鹽邑志林》十種元明善本叢書之提要、子目及其樣張。

0160 娟鏡樓叢刻：四帙八種 / 張祖廉輯 . -- 民國十年 (1921) 嘉善張氏鉛印本 . -- 4 册

11行，19字，小字單行同，黑口，左右雙邊，單黑魚尾，匡高14.9厘米，寬9.8厘米。

書名據封面題簽、著者據序題；“娟鏡樓”爲張祖廉署居。每册扉頁背面牌記鉛印“上章涒歎之歲嘉善張氏用聚珍倣宋版斠印”；卷末牌記鉛印“上海聚珍倣宋印書局印”。是書包括：1. 甲帙（1）謽庵文存一卷 /（清）沈瑋寶撰；(2）抱潛詩存一卷 /（清）陳元禄撰；2. 乙帙（1）十五福堂筆記一卷 /（清）陳元禄撰；(2）女世説一卷 /（清）嚴蘅撰；(3）嫩想庵殘稿一卷 /（清）嚴蘅撰；(4）紅燭詞一卷 /（清）嚴蘅撰；3. 丙帙（1）定盦遺著一卷 /（清）龔自珍撰；4. 丁帙（1）定盦先生年譜外紀二卷 / 張祖廉撰。

鈐印有“王貴忱”、“貴忱寓目”“、王大文印”等。

0161 遼居雜著乙編：十種 / 羅振玉撰 . -- 民國二十二年 (1933) 上虞羅氏石印本 . -- 4 册：表格

12 行，23 字，小字雙行同，細黑口，四周單邊，匡高 18.6 厘米，寬 12.8 厘米。

書名據扉頁題。牌記石印“癸酉五月印於遼東”。卷首有民國二十二年羅振玉序并總目録。是書包括：1. 漢熹平石經集録續補一卷；2. 高昌麴氏年表一卷；3. 高昌專録一卷；4. 唐折衝府考補一卷；5. 遼帝后哀册文録一卷附録一卷 / 羅振玉輯；6. 雪堂所藏古器物圖説一卷；7. 上虞羅氏枝分譜一卷；8. 本朝學術源流概略一卷；9. 松翁未焚稿一卷；10. 金州講習會論語講義一卷。

鈐印有“王貴忱印”。

0162 遼居雜著丙編：四種 / 羅振玉撰 . -- 民國二十三年 (1934) 上虞羅氏七經堪石印本 . -- 2 册：表格

12 行，23 字，小字雙行同，細黑口，四周單邊，匡高 18.6 厘米，寬 12.8 厘米。

書名據扉頁題。扉頁石印“遼居雜著丙編羅繼祖謹署”。扉頁背面有總目并牌記“上虞羅氏七經堪印行”。《續拾》及《車塵稿》卷首有民國二十三年羅振玉記，《器物識小録》卷首有民國二十年（1931）羅振玉記。是書包括：1. 漢熹平石經集録又續編一卷續拾一卷；2. 唐折衝府補拾遺一卷；3. 古器物識小録一卷；4. 車塵稿一卷。

鈐印有“王貴忱印”。

索　引

説　明

一、本索引包括書名與著者的拼音及筆畫索引。

二、同一書名或同一著者在同一頁中數次出現的，在頁碼後面加圓括號注明出現的次數。如：廣雅堂詩集 301（2）；出現在不同頁碼的，分别注明頁碼。

三、同一書名或同一責任者排在同一圖録或書目的連續兩頁時，注明連續頁碼，中間用“–”連接。如：海山仙館叢書 258–259

書名拼音索引

E

F

G

H

J

W

X

Y

Z

著者拼音索引

書名筆畫索引

一畫

二畫

三畫

四畫

五畫

六畫

七畫

八畫

九畫

十畫

十一畫

十二畫

十三畫

二十二畫

二十三畫

二十四畫

二十五畫

二十八畫

著者筆畫索引

二畫

三畫

四畫

五畫

六畫

七畫

八畫

九畫

十畫

十一畫

十二畫

附録
可居室學述

可居室學述

丁玲

王貴忱先生號可居，齋名可居室、古泉齋等，1928年生，遼寧鐵嶺人。1945年於當地入伍，1949年隨軍南下入粵，從此在嶺南落地生根。1952年轉業地方工作，曾任粵東交通銀行經理、汕頭建設銀行行長。1957年政治上遭坎坷，次年被錯劃爲“右派”。自1978年落實政策後，先後任廣東省中山圖書館副館長、廣東省博物館副館長、廣州市地方志編委會副主任兼辦公室負責人。曾受聘爲廣東省社會科學院歷史研究所研究員、廣東省錢幣學會副會長。現爲廣東省社會科學院客座研究員，中國錢幣學會名譽理事、學術委員等。1994年獲國務院頒發的政府特殊津貼，表彰其對發展文化藝術事業做出的突出貢獻。

先生學問淹貫，富於收藏，是當代嶺南文史學界不可多得的一位通才式人物。其學術研究博涉文獻、古泉、金石、歷史、考古、書畫藝術等多個領域，所藏圖籍、錢幣、金石、書翰等蔚爲可觀。雖出身貧苦，自幼失怙，少年失學，又曾出入行伍，却以堅韌的意志修身問學，終成舊學名宿、收藏大家，其成業道路艱辛不易，亦堪稱傳奇。潘景鄭先生譽之爲“魁奇之士”，劉逸生先生贈詩云：“鐵嶺珠江路八千，回首華髮忽盈顛。荷戈豈信橫中夏，可隱何妨號謫仙。宛委珠璣真事業，羽陵光影舊因緣。訪書西諦誰能續，劫後人間賴有賢。”[①] 歎賞其傳奇經歷與收藏成就。兹述其收藏、學術、交游之大略，以紀其行，述其志，傳其學焉。

一、收藏與收藏觀

王貴忱先生之收藏，有圖籍、錢幣、金石、書畫等。其藏書富贍，曾藏有宋元

① 劉逸生先生1995年6月8日致王貴忱先生書簡，見《劉逸生先生書簡》，2002年，第14頁。

本若干，如南宋殘本《詩經附音注》、元刊本虞集《道園學古録》、元寫本《寶元天人相遺書》等；明本二百餘種，多罕見秘本、孤本；而以清本最夥，其中不乏珍稀之什，如名家稿鈔本、批校本、收藏本等，所藏龔自珍集及相關著作自成一系，且頗有爲世所罕睹者。對錢幣文獻和廣東文獻均有系統收藏。其古幣收藏成果豐碩，在金石、書畫、火花等實物的收藏上亦頗有所得。

先生的藏印，有“貴忱所藏”、“可居室”、“貴”、“鐵嶺王氏可居室所藏古貨幣記”、“古泉齋”、“此真奇貨可居也”、“有錢人家”、“貴忱寓目”、“貴忱珍賞”、“鐵嶺人”、“曾見豬走”等。

先生的收藏，始於早年參軍時。其中對書信的收藏始自 1947 年。定居嶺南後，常至廣州文德路的舊書店訪書、讀書，所獲甚夥，積累了豐富的經驗與學識，故常戲稱自己畢業於“文德路大學”。每至外地，亦必造訪書店，曾與不少名家邂逅於舊書肆。又拜訪結識了衆多名師碩彦，因得言傳指授。購買之外，其不少藏品爲師友所贈或彼此互换而得。

（一）可居室之收藏

1. 圖籍

可居室藏書，以錢幣文獻、龔自珍集及相關著作、廣東地方文獻爲大宗。

先生曾整理自藏錢幣書目，編爲《可居室所藏錢幣書目》[①]，著録錢幣譜録諸作 213 種，分目録、圖像、文字、題跋、專著、雜著、雜誌、通考八類，附録外國著述。其中珍貴手稿有清人楊繼震編《鏟迹暗所藏空首幣目録》、鮑康致王懿榮的論泉手札、盛昱題楚幣書件、王懿榮論泉手札等；原錢拓本有清人金忠淳輯《金忠淳泉拓》、端方輯《陶齋泉拓》，民國方若輯《藥雨古化泉詠》等，以及近現代丁福保、周進、戴葆庭、方天仰、駱澤民、李峻嶺、陳恕齋、錢翠恒、潘景鄭、何新等人所輯本。所藏刊本中多有珍稀之本，如明萬曆間徐象梅摹圖，胡震亨、毛晋刻《秘册

① 發表於《廣東金融研究》（增刊），1983 年 4 月。

彙函》叢書本宋洪遵《泉志》十五卷，此當爲《泉志》傳世之最古版本[①]；又如明正德間劉氏慎獨齋刻馬端臨《文獻通考》本《錢幣考》、明萬曆間茅一相刻《欣賞編》叢書本宋李清照撰《打馬圖經》等。此外還有不少日本著述，如日本文化四年（1807）刻本《珍錢圖録》、文化十二年（1815）刻本《新校正孔方圖鑒》等。在《可居室所藏錢幣書目》所著録之外，其所藏錢幣文獻尚有不少珍品，如1950年沈子槎輯原錢拓印本《子槎果園兩翁古稀壽泉集拓》[②]、日本京都市桃山泉談會會刊《桃山泉談會誌》原拓印本等[③]。

可居室所藏龔自珍著作及相關文獻自成一系，2009年廣州圖書館引進可居室藏書，内僅龔氏著作即有近30種，相關文獻10餘種。龔自珍一生著述頗豐，傳世版本甚多。自嘉慶十五年（1810）龔氏自輯編年詩始，其自編及後人編訂其著述的版本數十種[④]，而清季及民初刻本，却存世無多，可居室所藏龔氏書的系統性由此更顯可貴。先生曾自述："往昔所見定盦集舊本或新編本，幾見無不收，要以索值不昂、書品稍佳者上選，雖節衣縮食猶所不計，故所得獨多。"[⑤]其所藏龔集頗多異本，如吴煦刻本《定盦初集》，先後所得凡五本，多取較早印本，或有批校者[⑥]；亦不乏珍稀之本，如道光三年（1823）自刻本《定盦文集》三卷餘集一卷、道光七年（1827）寫刻本《定盦文集》一卷餘集一卷，《中國古籍善本書目》有著録；光緒三十四年（1908）吴昌綬雙照樓紅印本《定盦先生年譜》、民國潘景鄭先生印江標刻《定盦續集己亥雜詩》紅印本等，均屬罕見之什。

---

① 商承祚先生在此書上題曰："清代名家多據之覆刻，則徐本可稱爲《泉志》刻本之鼻祖矣。"據王貴忱先生考證，此前有兩個傳抄本，一是《永樂大典》本，一是明嘉靖元年秋茶夢庵鈔本，恐久已無存。參見《洪遵〈泉志〉的學術價值——兼談古代錢幣文獻存佚情况》，《可居叢稿》，第327頁。該文初載《廣東圖書館學刊》1984年第1期，原題爲《略論洪遵〈泉志〉的學術價值——兼談古代錢幣學文獻存佚情况》。後載《甘肅金融》1999年第12期、《中國錢幣》2000年第3期。

② 據王貴忱先生題識，壽泉拓總出十集，每集謹拓印十册，洵爲難得。

③ 《桃山泉談會誌》前後刊行三十四册，中日兩國均無全套保存，而可居室所藏即達二十二册，後與中日公私收藏家所藏彙編成全套刊行，即吴振强等編《桃山泉談會誌》，遼沈書社1992年出版。

④ 參見趙金松《〈龔自珍全集〉綜論》，崔之清、陳蘊茜主編《學林新篇》第二册，中國青年出版社，2000年，第11頁。

⑤ 《龔自珍詩文集早期刊本述聞（四）》，《可居叢稿》，第98頁。該文原載《廣州師院學報》（社會科學版），1988年第3期。

⑥ 參見《龔自珍詩文集早期刊本述聞（四）》，《可居叢稿》，第98頁。

可居室關於廣東地方文獻的收藏成果亦甚豐。如清末外交官、戊戌變法中重要人物張蔭桓《戊戌日記》手稿、《駢體正宗》稿本等著作，清末民初金石學家、版本目録學家李宗顥日記、《南海李應鴻先生行述》、《禁毀書目韻編》、《雲林石譜》、《謗書逆案》、《邵齋漫録》等稿鈔本，均極珍貴。所藏清代文士廖燕的草書手卷《山居詩》，是今知廖燕存世的唯一書法實物[①]。此書卷寫於康熙二十九年（1690），是先生以多幅名畫與盧子樞先生易得。今歸廣州圖書館的可居室藏書中，廣東地方文獻即有 80 餘種，250 餘册。

以特色論，名人信札、手稿、鈔本等書寫真迹收藏最爲先生所津津樂道。它們不僅具有書法藝術價值，而且有著特殊的文獻資料價值，而後者更爲其所注重。可居室所藏清人稿鈔本，有清代作家、書法家張九鉞《晋南隨筆》稿本、《南窑筆記》鈔本，晚清篆刻家黄士陵手寫本《穆甫雜録》等。所藏張之洞致張佩綸、張曾敭、梁敦彦、瞿鴻禨、外務部等信札九十餘通，曾國藩晚年致李瀚章、李鴻章昆仲的書信與附片三十二通等，都成系列而具有重要的資料價值。此外，即便是零散的信札，亦足珍貴，如鮑康、王懿榮的論泉手札，袁世凱手批公牘件和家書，蔡元培致章宗元書札，王國維致沈曾植、徐乃昌書札等。先生亦致力於收集明代至近現代的金石家墨寶，1992 年嘗試輯爲《金石家翰墨》，内含《書簡編》、《題跋編》二册，收有傅山、金農、厲鶚、錢大昕、翁方綱、阮元、包世臣、龔自珍、陳澧、俞樾、龔橙、楊繼震、潘祖蔭、趙之謙、楊守敬、沈曾植、康有爲、章太炎、羅振玉、王國維、黄賓虹、楊樹達、郭沫若、于省吾、容庚等近一百五十位金石家的墨寶逾八百件，其中既有名家考古、論史、金石題跋之作，又有詩箋與論學手札，内容涉及甲骨、鐘鼎、陶文、璽印、碑版、古幣、書畫等多門專學，具有重要的文獻資料價值[②]。雖然該輯因故未能付梓，但先生對學人手迹搜集之力，從中可見一斑。此外，對于省吾、潘景鄭等近現代學者的論學書簡，先生皆妥爲保存。這些書簡記録了許多珍貴的學術觀點和資料，是有待挖掘和研究的寶藏。

---

① 據王先生《廖燕〈山居詩〉書卷跋》，其所見廖燕遺墨僅兩件。除此詩卷外，僅見韶州民國十七年（1928）所印十卷本《二十七松堂集》影印有廖燕行草斗方殘件。參見《廖燕〈山居詩〉書卷跋》，《可居叢稿》，第 495–496 頁。該文原載《嶺南書論》，黑龍江人民出版社，2003 年。

② 參見當年發佈的書訊。

可居室所藏古籍刊本中，也有不少爲珍稀之什。如明萬曆初印本《北宫詞紀》，明末清初吴宫華藏并批校的明萬曆寫刻本袁宏道《六祖壇經節録》，黄慈博批校佚名抄本《禁書總目》，翁同龢題跋、朱墨筆批校的清晚期山隱居校刊本顧炎武《亭林文集》六卷餘集一卷等，均屬珍本。所藏明萬曆年間清響齋刻本《三先生逸書》八卷，分别是徐渭撰《一枝堂稿》二卷，李贄撰《柞林紀譚》一卷，袁宏道撰《金屑編》一卷、《珊瑚林》二卷，馮昌曆撰《半峰録》二卷。《中國古籍善本書目》叢部著録有明萬曆清響齋刻本《三先生逸書》，現存兩套，其中一套存三種四卷：《一枝堂稿》二卷、《柞林紀譚》一卷、《金屑編》一卷；一套存三種五卷：《一枝堂稿》二卷，《柞林紀譚》一卷，《半峰録》二卷。兩套各缺兩種，且合起尚少《珊瑚林》一種[①]，則可居室藏本當爲現存唯一足本。所藏明天啓五年黄君蒨刻本《水滸牌》，是明末清初傑出畫家陳老蓮的木刻版畫力作，“湮没無聞近四百年”[②]，盧子樞先生謂：“昔所見刻本刀法皆未有爲是本之精細絶倫者，人物鬚眉畢肖，綫綫存神，巧奪天工，深得老蓮三昧……有幸獲睹此人間秘本，嘆觀止矣！”[③]

2. 錢幣

先生的“古泉齋”乃因其喜藏古錢幣而命名。篆刻家黄文寬先生曾刻“此奇貨可居也”、“有錢人家”等印章予之，前者恰與其另一常用室名“可居室”字面相關，雖是友人的玩笑，從中却可見出對其錢幣收藏之豐的肯定。先生自司職銀行期間開始研究錢幣學和收藏古幣，逐漸形成多個品種中國古幣的專藏，復加整理，輯爲目録或拓印成集，如拓寫本《古泉齋所藏空首幣目録》、《古泉齋所藏先秦古幣目録》、《庤乃錢鎛》，原錢拓本《空首幣集》、《平首布集》等。三孔幣拓本的收藏，更蔚爲大宗，1984年出版《三孔幣彙編》，收三孔幣品類達26種，不同面文的三孔幣墨拓本57枚，

① 虞淳熙《三先生逸書序》云：“柞林一枝，枝枝皆變珊瑚林，而林林皆撐壁月。”由此可知《珊瑚林》應爲《三先生逸書》中的一種。

② 《跋明黄君蒨刻本〈水滸牌〉》，《可居叢稿》，第5頁。該文原載《廣東圖書館學刊》1981年第1期，修訂後收入《廣東省社會科學院歷史與孫中山研究所五十周年紀念文集》，銀河出版社，2008年11月。

③ 見《陳老蓮水滸葉子》，四川圖書館據明天啓五年黄君蒨刻本《水滸牌》影印本，2010年。此書原刻本原爲王貴忱先生所藏，曾贈賴少其先生，賴先生因其珍貴，歸還王先生，王先生又贈予李一氓先生，李先生復捐贈四川圖書館。此次出版附印盧子樞、賴少其、王貴忱等人題跋。

手摹本12枚，學界稱之“最富”。[1]還曾藏有56枚空首幣，在20世紀70年代河南洛陽一帶相繼出土1200餘枚空首弊之前，這是很可觀的一份個人收藏。古泉齋所藏古幣以金屬鑄幣爲多，也偶有紙幣，如木刻藍印本明萬曆元年“五屯通行錢票”，此錢票經李學勤、郁祥楨、趙隆業等錢幣學家審定，認爲是罕見品，屬晚明時期遺物。[2]

所藏外國錢幣亦甚夥。自1954年開始接觸越南錢幣，曾結交廣西北海熱衷於古錢幣的收藏家陳希濂醫生，得其所藏越南錢幣一批。後陸續收集越南錢幣，所獲益多。從太平興寶到保大通寶，古泉齋收藏了幾千枚越南各個時期的銅錢，其中一枚壬戌年造的景興通寶爲其至愛。這是景興年間第一次造錢的開爐錢，法國人寫的一本《越南錢幣》裏曾提及，先生從一位收藏者那裏認出這個寶貝，最終以王莽錢幣銅範换得[3]。曾擇所藏越南錢幣，請夏穗手拓，輯爲《越南景興錢譜》和《越南錢幣集拓》，前者收景興錢230餘枚，後者精選除景興錢外的越南古錢350品。

3. 金石書畫及其他

先生亦雅好收藏金石、書畫、火花等，所藏印章、硯石、瓦磚、鏡鑒及各類金石拓本甚豐，見於其題跋文章的，有高其佩、鄧爾雅、黄文寬、盧煒圻等名家所刻印，黄賓虹鈐贈高奇峰的集古印譜，商承祚鈐贈吕留良用印，廣東端溪竹節硯，阮元所製井田硯，欒書缶銘硯拓，潮州古城磚，蒙古至元十五年鎏金鏡，東漢仙人騎馬銅鏡拓片，南明永曆二年張家玉碑墨本等。

其鮮爲人知的室名“越禮在斯堂”即與南越殘瓦和相關資料收藏有關。對此，林鋭先生《王貴忱：學界的傳奇》一文詳叙云：

> 20世紀初，廣州東山龜崗一帶因修建廣九鐵路而出土大量帶有文字的殘瓦，經當時的學者考證，斷爲南越國時期的遺物，由此而掀起搜集和研究南越瓦文的熱潮。但由於時世變遷，很多資料已經佚失。50年代以後，貴老陸續從温丹銘、黄文寬、盧子樞等先生那裏得到一批實物和研究資料。對原始材料特有的

① 何琳儀《余亡布幣考——兼述三孔布地名》，《中國錢幣》1990年第3期，第12頁。

② 參見《記明萬曆元年“五屯通行錢票”》，《可居叢稿》，第317至319頁。該文原載《中國錢幣》1994年第4期。

③ 參見王贏杰《王貴忱：錢圜函方樂陶陶》，《廣州日報》，2005年8月5日。

敏感和眼光使他馬上意識到這些材料的重要性，認爲從中可以得知南越國的一些典章制度，因此仿效羅振玉先生的“殷禮在斯堂”的故實，而自命室名爲“越禮在斯堂”。對其整理和研究，也成了他最大的一個心願。1990年他將精心保存的三百餘片殘瓦捐獻給廣東省博物館。在自己年老多病的情況下，借著去年省政協舉辦“廣東歷代書法展覽”的東風，他又毫無保留地將所有文獻資料轉贈給其友人林雅傑先生等人整理，《南越陶文録》一書終於出版，了却他的一大心願。[①]

可居室所藏名家書法真迹亦十分可觀，其中包括手稿、書札、題跋等。如清代名僧六舟詩箋，黄賓虹《畫學篇》書卷，張之洞、曾國藩、王國維等人手札，盧子樞、潘景鄭、黄小松等親撰之題跋文字，以及近世蜀中、東北名家書迹等。[②] 所藏金石家翰墨是有待開發的一大寶藏。[③]

這些書法作品不僅具有很高的藝術價值，而且有著重要的資料價值。如《畫學篇》爲黄賓虹先生九十高齡時雙目幾近失明狀態下親筆手書者，以七言詩評述上古三代至今世之畫學歷史，篇末案語闡發畫學理論，實爲一篇體現其畫藝實踐經歷與識見精髓的重要論著；所藏錢幣學家鮑康六件手迹，内容均與其編輯刻印《古泉彙》、《續泉彙》二書有關，俱有史料價值。

所藏畫作雖不多，但中有精品。如張大千1936年與黄君璧、謝稚柳等游雁蕩山時所作《雁蕩大龍湫》圖，上有作者題詞近二百言。此畫原爲商承祚先生得自北京廠甸，後贈予可居室。1978年王先生請謝稚柳先生題詞，與四十餘年前大千先生原題適相對稱，既爲畫面添墨彩，又補述舊游故事。

此外，火花亦爲可居室的特色藏品。1948年先生隨軍解放天津時駐紮津郊詹莊子，遇到一位八十餘歲的老翁，由於經常接觸，爲其所器重。還防話别時，老翁慨然以多年所藏集清末東西各國進口火柴商標珍品巨册相贈，蓋爲其當年供職天津海

① 林鋭《王貴忱：學界的傳奇》，《收藏·拍賣》2004年第3期。
② 《記謝無量先生書薛濤箋詩葉》：“不佞老退休以來，喜觀法書，而於蜀中近世諸老書迹尤爲致力，所得苦無多耳。”見《可居叢稿》，第493頁。
③ 詳見前文。

關時購自日本者[1]，此爲先生研究火花的基礎。

（二）可居之收藏觀

先生所藏以圖籍、錢幣、金石、書畫爲主，其中圖籍、錢幣收藏最爲豐富，且以專題爲特色。自稱并非像大玩藏家那種專玩稀奇珍寶的玩法，而是從不爲人注意的方面入手，弄通弄透，玩出名堂來。這種收藏取向的形成有多方面因素。其一是前輩學者的點撥。早年周叔弢先生曾指導其藏書，説宋元版本不易得，與其像富家子那樣專收宋元本，不如轉收明清版本，多留意嘉慶、道光時期的文人别集，如龔自珍、錢大昕等，并用心收集廣東文獻，這對其收藏和研究影響很深。其二是個人所好。在圖書收藏上，注重著者的性情、人品、學品，喜歡耿介、任性之人，如龔自珍、屈大均、廖燕等。喜藏明清有異端思想的文人著述、禁毁書及相關資料。欣賞張之洞的能力與學識，藏有其親筆墨迹及多種著述刊本。藏書之餘，又喜好收藏金石書畫。其三是職業的影響。自司職銀行時始對收藏和研究錢幣、錢幣文獻産生興趣，逐漸形成一份令人矚目的古幣和錢幣文獻專藏。其四，身處嶺南對其收藏也深有影響。先生讚歎“嶺表藝文崛起兩千年,歷代金石圖籍蔚爲大觀”[2],曾自述:“予自鐵嶺牧馬南來，忽忽已五十四春秋。生我遼東，毓我嶺南，故視嶺外爲不佞第一故鄉也。而於鄉邦歷史文物所得亦非少……予嘗以粤人自詡，所得粤中文物亦獨多，殆亦食報之謂歟。”[3] 對粤感情之深溢於言表，傾力收藏粤中文物與此有關。

在收藏觀念上，先生重視藏品的資料價值，以收藏服務於學術研究。對於藏品的市場價值，坦言自己信奉儒家思想，但不贊成儒家的“恥言利”，因爲有文物市場，才有“得”的空間。[4] 對文物的價值，自有衡量標準。20 世紀 80 年代，曾以當時價值 20 萬元的徐悲鴻手卷與文物商店换得定價 6 萬元的曾國藩書札。這批手札是曾國藩晚年致李瀚章、李鴻章昆仲的書信和附片，當係李瀚章編輯《曾文正公全集》時

① 王藜青《〈中國早期火柴工業及其商標〉序言》，見王貴忱、劉順卿編著，王藜青校訂《中國早期火柴工業及其商標》，1994 年再版，第 9 頁。

② 《〈王貴忱論著目録〉前言》，《可居叢稿》，第 552 頁。該目録爲自印本，著録 1962 至 1989 年間撰寫或發表的著作。

③ 《高綱〈二十七松堂集序〉》，《可居叢稿》，第 149 頁。

④ 張丹萍《王貴忱：收藏即是學問，讀書隨處可居》，《南方都市報》，2004 年 8 月 11 日。

抽出未刊之家藏件，具有豐富的資料價值。每得一件藏品，必力求弄清其來龍去脈、價值巨細，使之能爲學術進步發揮作用。因此，很多藏品皆轉换爲研究成果。小如題跋文字，大如《中國錢幣文獻叢書》、《張蔭桓戊戌日記手稿》等文獻整理成果，皆應歸功於其所藏有的第一手資料。

同時，先生也重視藏品的系統性。所藏錢幣實物、錢幣學文獻、龔自珍著作及相關資料皆自成一系，從而具有更大的資料價值。其錢幣學研究便多得力於豐碩的古幣和錢幣文獻收藏，在龔自珍詩文集版本研究上的創獲也與對龔氏著述的系統收藏有密切關係。

尤爲可貴的是，對於收藏，先生主張不藏私。雖癡迷和呵護自己的藏品，但對待師友、同好和學生，却不藏私。曾批評錢幣學界的弊端，指出“藏家的珍貴錢幣多不示人，也不發表。由於保守風氣盛行，致使一些新出土稀見幣，連出土地望也無從知道，其後更不知所往。至於居奇待價的風氣，更是所在多有。這些積習舊弊，自然阻滯學術研究進展，這些弊病也是舊社會所無法解決的”[①]，與此相反，他肯將辛苦得到的藏品與學人共享，以促進學術進步。對待書籍，“喜聚不喜散”，爲使之得到系統而完整的保存，情願獻出個人所藏。如曾將多次探訪方購得的胡正言刻《精選古今詩餘醉》初印本贈予李一氓先生，以與無事樓藏原版重印附增選詞補版印本珠聯璧合。曾向廣東省立中山圖書館捐獻所藏上半部明嘉靖本《周易程朱傳義》5册。此書著録於《中國古籍善本書目》經部易類，廣東省館恰藏有下半部5册，上下兩部書書根均題有“周易程朱傳義”字樣，并標有漢字從一至十，卷中均鈐有“番禺梁□□珍藏書畫印”，顯爲一書而分散爲二，至此合成完璧。先生爲此題跋曰：“予以一九五四年冬，於上九東書肆見有嘉靖本《周易程朱傳義》，存一至十二卷，極初印本，天地頭闊大，棉紙印，書品特佳。遂出三十元得之。年前在中山圖書館見善本書目載有明嘉靖刊本《周易程朱傳義》半部，經調一閱，所得之前半部與館藏適當完璧，殆必解放初分散，因出示所得之本，捐贈給中山圖書館善本部，俾共可

① 《清末民國時期的錢幣學》，《可居叢稿》，第213頁。該文原載河南錢幣學會編《中國錢幣常識選編》，鄭州出版社，1984年12月。收入《中國錢幣論文集》，中國金融出版社，1985年。

成全璧耳。"[①] 兩書之合，傳爲一段書緣佳話。

正是出於使藏品獲得更大利用、喜聚不喜散的觀念，先生跨越了傳統收藏家"藏私"的局限，陸續將其藏品捐贈給文化事業單位。曾兩次向廣東省立中山圖書館共捐獻三部明代善本書。除 1963 年所贈半部明嘉靖本《周易程朱傳義》外，1988 年又向該館捐獻明嘉靖本《韻譜》和明刻《七修類稿》。兩書分别著録於《中國古籍善本書目》經部小學類和子部雜家類。據考證，《韻譜》在海内外目録書中僅見著録於《千頃堂書目》，所贈當爲世間孤本；《七修類稿》傳本亦甚少。[②]1990 年，將精心保存的古代南越殘瓦三百餘片以及西漢獸骨五行刻辭捐獻給了廣東省博物館。1999 年，又向中國錢幣博物館捐獻錢幣文獻六百餘册，其中有不少是稀見本乃至孤本，還包括一批著名錢幣學者的手稿，堪稱我國目前最完整的一份錢幣學文獻專藏，現已成爲該館的"鎮館之寶"。2009 年廣州圖書館引進可居室藏書三百餘種，七百餘册。其中明萬曆刻本蘇轍《古史》六十卷經引進後，申報第三批國家珍貴古籍名録并入選。是書曾經明代徐氏紅雨樓及清人胡承珙、近人莫伯驥收藏，刊印流傳甚少，具有重要的版本和資料價值。

臺灣學者楊晋龍先生在《世紀之交廣州學術考察記》一文中對先生的收藏成就和不藏私的熱忱讚歎道："王貴忱先生是我們此次考察的奇迹……我們從來没有遇到過像王先生這樣的前輩學者，没有學歷，全憑自修而擁有如此豐富的學識，以及如此用心於文獻資料的收藏。不僅如此，他還把其中比較重要的資料，毫無條件地捐贈給公家單位，原因是公家的保存條件較好，目的是讓大家有機會作研究。……王先生這種無私的熱忱，實在令人感動。"[③]

先生的訪談語録可成爲其捐贈之舉的注脚：

其實個人的力量是很有限的，再完備的收藏也敵不過時間，歷史上藏書家的私人藏書最後大多散失無存就是一個教訓。只有化私爲公，將這些東西交給

① 謝暉《王貴忱先生向我館捐獻善本書述略》，《圖書館論壇》2002 年第 5 期，第 176 頁。
② 謝暉《王貴忱先生向我館捐獻善本書述略》，《圖書館論壇》2002 年第 5 期，第 176 頁。
③ 楊晋龍《世紀之交廣州學術考察記》，《中國文哲研究通訊》第十一卷·第二期，2001 年 6 月，第 184 頁。

國家、社會，才能充分保證這個專藏的完整性。學術乃天下之公器，我的收藏是爲研究服務的，藏品能夠爲更多的學人所利用，我很高興。[①]

個人收集文物，藏寶於民，可以積累文化成果；而捐贈文物，也是給文物一個相當好的歸宿，可以更好地保存和利用。我主張研究與實物結合，如果能爲朋友提供一些研究上的方便，也是相當有意義的。得失都是正常的。萬物經眼，皆爲我有，物我之間，我看得相當達觀。有的藏品可能玩了幾十年，有的可能就是只經眼而已。真正會玩的人，不會過於算計，也不會好古私藏，囤積居奇。好的東西，爲什麼一定要放在自己手裏呢？[②]

半個多世紀以來，可居室聚散之珍品無數。有因遭坎坷不得不忍痛毀棄者，如在十年動亂中燒毀了周作人先生信函；有贈送同好或與友人互易者，如以多幅名畫與盧子樞先生易得廖燕手書詩卷；由於經濟所限，還經常以研究過的藏品换新的一批，如以徐悲鴻先生手卷與文物商店换曾國藩未刊信札。得失之間，未嘗没有悲喜。但是，“學人竭瘁畢生心力之所獲，往往去之一旦”[③]，“再完備的收藏也敵不過時間”，所以“收藏了一輩子，换回來幾張收條”[④]，這些質樸無華的話語，既是其飽含辛酸的收藏歷程之濃縮，亦反映其看待生命、物我、得失的通脱。若非爲“物”所執，不能成其爲收藏家，“不以物喜”并非收藏家當有的心態；但個人力量與時空的局限，是成就再大的收藏家也不得不面對的現實。執之反而爲失，“歷史上藏書家的私人藏書最後大多散失無存”令人遺憾，唯使之回歸社會，藏品的生命力才能永恆，藏品的價值才得以發揚光大。文化事業單位成爲其大部分藏品的最終歸宿，這貌似最大的“失”，又似乎可謂之最大的“得”。

① 李鐘聲《王貴忱：食粤穀五十載，盡學人一片心》，《南方都市報》，2006年3月4日。
② 張丹萍《王貴忱：收藏即是學問，讀書隨處可居》，《南方都市報》，2004年8月11日。
③ 題宗惟恭《癖泉書室所藏泉幣書目》民國二十三年（1934）排印本，1964年夏至。
④ 李鐘聲《王貴忱：食粤穀五十載，盡學人一片心》，《南方都市報》，2006年3月4日。

二、治學領域與識見

先生擇過往所撰文章，分古籍整理和研究、錢幣研究、金石小品題跋、書畫評論題記等門類編爲《可居叢稿》，從中可見其治學的主要領域。而早在1989年，先生已自編《王貴忱論著目録》，將1962至1989年間所發表的文章按十三類編次成目，分别爲專著、古籍整理、譜録、古籍題跋、古幣研究、十竹齋研究、龔自珍研究、歷史研究、金石題跋、古硯研究、美術研究、書法評論及其他。從中更可窺見其治學領域之寬博。

難能可貴的是，先生治學不僅涉獵寬廣，且能在不同領域都有所創獲。其研究亦如同收藏，“從不爲人注意的方面入手，弄通弄透”，而不步前人後塵，人云亦云，顯示出獨到的識見。如《從古代中外貨幣交流探討廣東海上絲綢之路》是較早關於廣東海上絲綢之路的研究，《中國早期火柴工業及其商標》是最早研究中國火柴工業史的著作，《先秦貨幣文編》是第一部先秦貨幣文字專書，《屈大均全集》是新中國成立後對屈大均著作的第一次整理出版。此外，他對清初遺民詩人廖燕、清末外交官張蔭桓等的研究皆具開創性意義；對龔自珍詩的版本研究和輯佚，對《水滸葉子》版本源流的梳理等，亦能在吸納和借鑒前人成果的基礎上有新推進。

（一）古籍整理與藏書刊印

20世紀80年代以來，先生致力於古籍整理工作，將所藏秘籍付諸影印行世，整理出版新發現的古籍，如參與編輯《明本潮州戲文五種》、《屈大均全集》、《曾國藩未刊書札》、《張蔭桓戊戌日記手稿》、《中國錢幣文獻叢書》、《元大德南海志殘本》、《廣州大典》等，爲學術研究提供了許多新材料。

《明本潮州戲文五種》由吴南生先生主持整理出版，楊越、王貴忱、岑桑、顧錫麟、劉錕煬諸先生參與編輯，1985年由廣東人民出版社出版。是書收入兩種潮州出土鈔本和三種流傳於國外的明刊本，包括宣德鈔本《新編全相南北插科忠孝正字劉希必金釵記》、嘉靖鈔本《蔡伯皆》、嘉靖刻本《重刊五色潮泉插科增入詩詞北曲勾欄荔鏡記戲文全集》（附刻《顔臣》）、萬曆刻本《新刻增補全像鄉談荔枝記》和《重補摘錦潮調金花女大全》（附刻《蘇六娘》）。王先生與楊越先生合作撰寫《〈明本潮州戲文五種〉後記》，對五種戲文的發現過程、版本流傳情況等進行了梳理。《明本潮州戲文五種》的發現、整理和出版，“爲元明戲曲史的研究提供了無上的可靠的第一手資料”[①]，“對研究中國古代戲曲史和潮劇的歷史源流，有很高的歷史價值和學術價值”，“不僅使這些中國古代戲曲的瑰寶得以保存和廣爲流傳，而且也爲學術界及海内外喜愛中國戲曲藝術的朋友們，提供了有關研究中國古代戲曲史方面的珍貴文獻，特别是填補了潮劇史籍的空白”[②]。

《屈大均全集》的整理出版工作由歐初先生與王先生主持。屈大均長於詞章，詩名尤盛，生平著述甚豐。其著作因含反清思想而爲清廷所不容，自雍正至清末的近二百年中，被定爲禁書，銷毁者無數。清季雖有重刊其著作之舉，但未見有收集整理其遺著者；民國時始有學者對其著作進行搜集研究和整理出版。《屈大均全集》是新中國成立後首次編輯整理出版屈大均著作，是國家古籍整理出版規劃的一個重點項目。是書之整理始於1983年下半年，歷時13年，於1996年由人民文學出版社出版，凡八册，内含《翁山易外》、《四書補注兼考》、《皇明四朝成仁録》、《永安縣次志》、《廣東新語》、《翁山文外》、《翁山文鈔》、《翁山詩外》等，附録有汪宗衍著《屈大均年譜》、汪宗衍輯本《投贈集》、李文約編《屈大均資料》，其中有不少爲初次整理面世的珍貴文獻。

《曾國藩未刊書札》收入可居室所藏曾國藩致李瀚章、李鴻章昆仲之書信和附片。曾國藩與李氏昆仲爲世交[③]，又有師生之誼。此批書札共三十二通五十四頁，其中書信三通，附片二十九通，撰寫時間最早爲咸豐十一年（1861），最末一通下限至同治十年（1871），乃曾氏最後十年中之遺墨，具有重要的研究價值和歷史價值。

《張蔭桓戊戌日記手稿》影印所藏張蔭桓戊戌日記手稿，并作有釋文和箋注。日記用張氏自印緑格竹紙寫就，半頁八行，版心有“鐵畫樓”三字，總一百三十一頁，原分裝爲三册，所記日期始於光緒二十四年戊戌正月初一日（1898年1月22日），止於是年七月初六日（8月22日），即張氏被捕前三十二天，共記二百一十三天行事和見聞，史料價值很高。

① 饒宗頤《〈明本潮州戲文五種〉説略》，《明本潮州戲文五種》，廣東人民出版社，1985年，第6頁。
② 吴南生《〈明本潮州戲文五種〉序》，《明本潮州戲文五種》，第3頁。
③ 李父文安與曾國藩同爲道光十八年（1838）戊戌科進士。

《元大德南海志殘本》由王先生主持整理出版。此書雖僅存殘本，首尾俱闕，但仍不失爲瞭解宋元時期珠江三角洲的重要文獻，具有與其他史籍互爲補充、互爲印證的作用和價值。據《記大德〈南海志〉殘卷》一文考證，此書是流傳下來的最早的一部廣州志，不僅以孤本珍貴，而且保留了宋元時期珠江三角洲一帶大量彌足珍貴的史料，爲研究探討這一地區的經濟文化發展和歷史沿革提供了很多有價值的資料。此書也曾爲著名歷史學家、文獻學家陳垣先生所重視，陳先生曾爲之撰《書大德南海志殘本後》一文，考證其篇幅、成書年代、書名等。整理本《元大德南海志殘本》以北京圖書館藏本爲底本，附録有清末民初藏書家曹元忠、潘宗周及陳垣、黄蔭普等多位學者的相關考證文章，以及楊寶霖先生從《永樂大典》輯録的有關《南海志》的史料。潘景鄭先生稱："元大德《南海志》殘本，海内稀見之秘袟，得先生搜集校理，勒成佳本。"[①]

《廣州大典》是由廣州市委宣傳部、廣東省文化廳策劃并組織研究編纂的大型地方文獻叢書。該書自2005年開始編纂，2015年完成，收4064種文獻，成520册。先生作爲學術顧問，爲該書撰寫序言，并在第一輯《廣雅叢書》第30册附録中將所藏張之洞翰墨公之於世。其中包括張之洞致張佩綸、張曾敭、梁敦彦、瞿鴻禨、外務部等信札，以及詩箋、對聯等，内除致瞿鴻禨信札兩函外，均係首次面世，爲研究張氏生平、交游及其外交、經濟思想的珍貴實物。

（二）文獻學

先生專事舊學，精於搜校故籍、文獻考據，於版本目録學尤有心得。潘景鄭先生贊之："其校理古籍，於目録版本，涉覽尤廣，依據翔實，發前人所未發，裨益士林，誠非淺尠。"[②]

目録學是傳統學術研究的重要門徑，先生深諳此學，以爲治學之鑰。其研究古書必先由目録著手，利用歷代書目和古今相關論著研究古書作者情況、内容真僞、版本流變及傳世等。如通過查閲明正統間官修《文淵閣書目》、嘉靖間黄佐《廣東通志・藝文志》、崇禎間朱光熙《南海志・藝文志》、清光緒間曹元忠《箋經室遺集》

① 《〈可居叢稿〉序》

② 《〈可居叢稿〉序》。

群書題跋卷、近人潘明訓《寶禮堂宋本書録》、1959年出版的《北京圖書館善本書目》等公私書目和論著，考察元大德《南海志》的成書及其成爲殘卷本的傳世經過；通過考察符觀《重訂宋詩正體》在明嘉靖間高儒《百川書志》、明末清初黄虞稷《千頃堂書目》、清初錢曾《述古堂書目》等中的著録情況，并根據此書自錢氏之後鮮見稱引，以及康熙間吴之振《宋詩鈔》不提此書，指出其傳世之稀。

先生清點自藏書或將所見聞的圖籍編爲目録，既爲進一步研究奠定文獻基礎，亦爲後人提供了寶貴的研究資料。其《清初刊本〈皇明四朝成仁録〉單篇跋》考察清季以降見於公私書目著録及諸家論著的《皇明四朝成仁録》，著録該書十二種寫本；《胡正言所刻圖書見聞記》一文依四庫分類法，就見聞所及，將傳世的胡刻圖書目録以及見於著録之書目統爲編次，著録胡氏所刻書凡六十一種；《張蔭桓其人其著》依據見聞及所藏，著録張蔭桓著述十三種。這些書目不僅從古代目録書、史書及各類論著中搜尋資料，且廣泛採録彙集今人的研究成果，力求全面記録圖書版式、紙墨、流傳、收藏情況等，且不遺亡佚之書，極便後來學者稽查。其《可居室所藏錢幣書目》既揭示了個人收藏成果，也是錢幣學研究的珍貴資料；所輯《廣東貨幣金融歷史文獻知見録》，收録包括非粤籍人士成果在内的研究廣東貨幣金融史方面的專著和論文，附録粤籍人士（含外籍人士定居廣東者）所著貨幣金融史方面的論著而非關廣東者，所收書刊下限至1986年5月，均按刊出年代先後分類編次[①]，極便查詢。此外，其所撰題跋散記、文獻綜述等亦多有目録的作用，其中關於古籍稀見本、珍善本之成書、内容、傳世、行幅、裝綴的著録，關於錢幣學文獻著述和存佚情況的梳理等，皆有重要的學術參考價值。曾在上海馬飛海先生處見日本建仁元年（時當宋寧宗嘉泰元年）刊本《成唯識論》，并承馬先生雅命撰《日本古刻〈成唯識論〉跋》一文，文中指出此書“在其本國未必别有原刊印本”，距清人江建霞寫跋文以來百餘年間，“幾經喪亂，未見諸家著録，然猶幸全卷完好無損”，由知此書之珍貴程度和傳承、保存情況。其《清末民國時期的錢幣學》一文對清末民國時期錢幣學文獻的著録臻於完備，除詳論重要著述外，對這一時期出版的其他錢幣著作，亦力求作窮盡性著録。

① 参见王貴忱、陳佩山、鐘麗文《廣東貨幣金融歷史文獻知見録》，中國錢幣學會廣東分會編《首居年會錢幣論文集》，第206-227頁。

無論是介紹單書，還是綜述專題文獻，這些文章所著録的信息當可爲後來研究者所參考採用。

版本學亦是先生所精研的領域。其收藏、經手的古籍繁多，具有版本鑒定的豐富學識和經驗，對於何書用何種紙、何種印刷方法，刻印之精善粗疏等，往往可一望而知，并能綜合版式、紙墨、字體、序跋、題識、藏印、諱字、内容等書籍内在特徵以及史籍、目録書、方志等佐證，運用對勘、考辨等方法，對古書版本年代、價值等作出準確判斷。如《水滸葉子》一書，諸家多以鄭振鐸先生或潘景鄭諸先生藏本爲原刊，先生獲藏黄君蒨刻本《水滸牌》後，即細緻比較諸本同異，考察相關文獻，發現君蒨本《水滸牌》無江念祖《陳章侯水滸葉引子》，有他本所未見之張岱序文、王亹頌文，書名與周亮工《讀畫録》稱陳章侯“有《水滸牌》行世”語相合，見於著録之黄君蒨版畫作品未有天啓以後之作，周亮工《讀畫録》稱陳章侯《水滸牌》刻在崇禎之前，黄湧泉先生《陳洪綬》稱陳氏《水滸牌》刊於天啓五年，君蒨本刻畫圖像較之鄭振鐸先生藏《水滸葉子》更爲細緻精妙等，遂將君蒨本《水滸牌》定爲明天啓五年原刻本，同時考得《水滸牌》與《水滸葉子》命名有先後，曾經黄氏兄弟先後刻印等結論[①]，其觀點得到周叔弢、潘景鄭、盧子樞諸先生的認同。又如其《明萬曆初印本〈北宫詞紀〉跋》一文依據所藏《新鎸古今大雅北宫詞紀》凡例不避清諱，於陳融、鄭振鐸、李一氓三家所藏《北宫詞紀》各卷缺頁處俱全無缺且無補刻版頁，卷一目録所附第一頁插圖與《中國古代版畫展覽圖録續編》所收同一畫面圖版有細微不同，又證以本書刻印特點，指出此“信爲萬曆刊初印本”。其於版本鑒定可謂眼力精熟而考究詳致。

對於某人著述之刊行情況，某書之傳鈔刊印歷史和傳世版本，諸本之間源流關係等，先生亦勤爲窮原究委，予以考證。曾撰《龔自珍詩文集早期刊本述聞》，分六章連載於 1986 年至 1989 年間《廣州師院學報（社會科學版）》，介紹龔氏詩文集原刊本及其傳刻版本，清季至民國編刊之龔氏詩文集、全集及名家批校本等。其中有未見著録者，如道光間初刻單行本《破戒草》、光緒壬寅年（1902）浙江排印本《定

① 詳見《跋明黄君蒨刻本〈水滸牌〉》，《可居叢稿》，第 3-4 頁。

盦全集》；有雖爲翻刻但十分稀見之秘笈，如潘景鄭先生印江標刻《定盦續集己亥雜詩》紅印本。文中對於諸本之版式、内容、稀見或習見程度、初刻模樣或底本所自，校勘之精審或粗疏等，皆予以精細辨析，所揭示多具廓清源流之功。如指出吴煦同治七年（1868）刻《定盦初集》是龔自珍歿後首次編刊的七卷本，同治八年（1869）刻十六卷本《定盦文集》是龔氏身後第一個詩文合集本，後者爲《四部叢刊》據以影印之底本，此後相沿傳刻不絶，初印七卷本轉不爲人所知；清末龔集流傳較廣者，是廣州書商全經閣於光緒二十三年（1897）結集吴煦、朱之榛刊本依様翻刻的《龔定庵全集》；光緒壬寅年（1902）浙江排印本《定盦全集》實乃文集彙編本而非全集，爲龔氏著作的最早排印本；致力搜集定盦遺文，彙集諸家刊本鈔本，依類重加厘訂而編全集者，以邃漢齋校訂本《定盦全集》開其端；清季彙集諸家評校定盦詩文於一集，始自上海國學扶輪社宣統元年（1909）七月印行的《精刊龔定盦全集》……若非對龔集版本爛熟於胸而又心細如髮，不能有如此多創見。對此，潘景鄭先生謂："龔定盦先生詩文集，傳刻頻繁，取捨不同。吾友王貴忱先生搜羅極廣，撰文備詳書刻之源流，足當定盦之功臣。余深仰其好學深思爲不可及。"[①] 於《可居叢稿》序中又云："龔定庵遺集傳本頻繁，取捨不同，先生臚列群刻，詳述内容，凡篇章之多寡，文字之異同，撰文據證瞭若指掌，非其博聞深識，詎能下筆成文乎？"激賞之意，溢於言表。

先生還善於從細處發現文獻版本的特殊價值。其《記十竹齋〈印存初集〉》一文，記録舊藏二卷本胡正言《印存初集》，指出書前扉頁右下方加鈐"每部定價紋銀貳兩"八字長方朱文印[②]，這一細微發現實有重要意義。此文刊出後，周叔弢先生寄予王先生有定價印記古籍扉頁影本一件，并有來書如下：

> 《印存初集》確是罕見之書。尤爲可貴者是標明定價，可以考見當時書價。每本壹兩，可謂高矣，當時已爲世所重也。擬乞將《印存》扉頁影印二頁見賜，

① 先生發表《龔自珍詩文集早期刊本述聞（一）》後，潘景鄭先生將所藏自印江標刻紅印本《龔禮部己亥雜詩》投贈，同時贈《雨花詞》一首。潘先生贊語爲《雨花詞》題記内容，見録于王先生《龔自珍詩文集早期刊本述聞（四）》，《可居叢稿》，第 95 頁。

② 《介紹幾部明清刊本定價印記》，《可居叢稿》，第 52 頁。該文原載《廣東圖書館學刊》1981 年第 2 期。

> 不情之請，想能見諒。古籍中標明價格者，可謂絶無僅有。僕藏書中，只清同治李氏活字本《金石四例》用朱印標明價格，他無所見也。[①]

正如《介紹幾部明清刊本定價卯記》一文所説，周先生學識淵博，對古籍定價印記一事猶重視如此，此類定價印例傳本絶少可知。《介紹幾部明清刊本定價印記》還列有孫殿起《販書偶記續編》所載古籍定價印記條目，輯録舊籍中關於買書價銀的文字資料，皆寥寥可數，從而更可説明古籍定價資料之難得，且爲他人研究古籍定價提供了珍貴綫索。

先生在研究版本的同時，亦作校勘和輯佚。其通過不同版本的對勘，考異同，定善本。如《清初刊本〈皇明四朝成仁録〉單篇跋》將鄭謀信先生所藏康熙間初刻《翁山文外》十七卷本與廣州叢書本《皇明四朝成仁録》中之《河南死節大臣傳》、《三原涇陽死節二臣傳》二文對勘，發現"兩本間有異同，各有佳處，廣本所校補之異文，多與鄭本相合，可知鄭本爲勝"[②]。《明萬曆初印本〈北宮詞紀〉跋》參考冒廣生對所藏《新鐫古今大雅北宫詞紀》與陳融藏本對校後所作校記，以及吴曉玲校補《南北宫詞紀校補》一書所列舉上海圖書館所藏明刊後印本《北宫詞紀》之缺文和異文，得出"吴氏所藏萬曆原刊本確是足本，與冒本并稱善本"的結論，又由冒本與吴本中的異文，疑二者非同一版本。其對龔自珍著述各種版本的對勘尤爲細緻，對諸本之批校、評語亦曾細加對校，如《龔自珍詩文集早期刊本述聞（六）》將所藏吴昌綬舊藏道光三年刻本《定盦文集》所刊諸家評語二十五題三十六則與張公量《記原刻本定盦初集》、1975年上海人民出版社《龔定庵全集》、管林《〈定盦文集〉自刻本批評考釋》中所刊評語對讀，以視諸本文字異同。還曾留心輯佚龔氏集外文，《龔自珍集外詩文録》一文即輯録龔自珍集外詩文十三篇。

---

① 《介紹幾部明清刊本定價印記》，《可居叢稿》，第52頁。

② 《清初刊本〈皇明四朝成仁録〉單篇跋》，《可居叢稿》，第15頁。該文爲提交"紀念屈大均逝世二百九十周年學術討論會"論文。

（三）錢幣學

先生收藏和研究錢幣始於司職銀行期間。[①]曾自謙云：“初，習治古文獻、金石之學，徒以學無師承，性愚又喜爲鄙事，僅及版本、古貨小道而已。”[②]精通古文獻和金石學，而於古籍版本和錢幣學研究最爲著力，成就斐然。

先生的錢幣學研究主要集中於三個方面。第一，原始資料搜集。其對錢幣實物等原始研究資料的搜集，可謂至勤至精，收穫亦極爲豐碩，這與其重視藏品研究價值的收藏觀是密不可分的。曾指出錢幣的研究意義：“一枚古代錢幣，或多或少總會反映出其時的貨幣政策和社會經濟生活的某些史影，而錢幣本身的藝術造型和銘文，對研究當時的工藝水平、文字、民俗以至驗證歷代年號等方面，有時還會提供在史書上找不到的可貴資料，起到補史證史的作用。正是由於它本身具有歷史價值、藝術價值和經濟價值，自古以來就被視爲實藏物，形成廣泛引起研究興味的錢幣學科。”[③]關於原錢拓本的價值，亦曾指出，“錢家視原拓僅次實物一等，不輕易示人，猶如名貴金石拓本，稀見錢拓在錢幣業中同樣可索善價”[④]。正因對古幣及原錢拓本研究價值的極度重視，故致力於錢幣及錢拓收藏。曾整理所藏空首幣、平首布等不同種類錢幣，輯爲目録或拓印成集，如拓寫本《古泉齋所藏空首幣目録》、《古泉齋所藏先秦古幣目録》、《庤乃錢鎛》，原錢拓本《空首幣集》、《平首布集》、《金銀異錢録》、《可居室泉拓》等。其中《可居室泉拓》分三部分，第一部分收先秦刀幣 29 品，第二部分收先秦迄民國年間古錢 75 品，多稀見品，第三部分由《龜幣集拓》、《楚金鈑輯拓》、《印子幣拓集》、《兩廣新出鉛錢録》、《陽春出土南漢鉛錢範》、《廣州出土海外貿易錢録》、《蒙元遺製》七輯組成，收錢幣 125 品。《庤乃錢鎛》書稿曾經容庚、于省吾兩先生審閲，并由容先生題封面，以于先生手札代序，收空首錢、鎛 54 品。先生還編印了《三孔幣彙編》[⑤]，拓印了《越南景興錢譜》、《越南錢幣集拓》。所藏錢

---

① 先生在參軍時當過文書、會計，1952 年轉業時，由於在部隊期間登記造册被寫成“會計”，便被安排到粵東交通銀行任經理，1954 年改任汕頭地區建設銀行行長，這是他對收藏古錢幣、研究錢幣學産生興趣的機緣。

② 《〈王貴忱論著目録〉前言》，《可居叢稿》，第 552 頁。

③ 《洪遵〈泉志〉的學術價值——兼談古代錢幣文獻存佚情况》，《可居叢稿》，第 325 頁。

④ 《清末民國時期的錢幣學》，《可居叢稿》，第 213 頁。

⑤ 1984 年出版。

幣原始資料之豐，從上述著作中可見一斑。不辭苦辛將所藏錢幣拓印成集，則因深知“拓本比原器容易傳世”[①]。

第二，搜集、整理并研究錢幣文獻，梳理錢幣學史。《中國錢幣文獻叢書》和《中國錢幣大辭典・泉人著述編》是其錢幣文獻整理與研究的兩大成果。《中國錢幣文獻叢書》由王先生與馬飛海先生主編。該書精選歷代錢幣學論著，自1994年起陸續出版，計劃收書一百五十六種，出版三十一輯，現已出版十一輯，所收著作底本類型有木刻本、木活字本、稿本、批校本、鈔本、原錢拓本、近代影印本和排印本，以及時人所輯資料選編本，并盡可能採用善本，被譽爲“集錢幣文獻大成之作”[②]，“中國錢幣文獻之精華盡萃於斯”[③]。《中國錢幣大辭典》是錢幣學最具權威性的大型工具書，其中的《泉人著述編》由先生主編，介紹錢幣學者及其著作，共收辭目1662條，圖片300幅，附録《中國錢幣泉人著述年表》。先生還輯有《廣東貨幣金融歷史文獻知見録》[④]，收列包括非粵籍人士成果在内的研究廣東貨幣金融史方面的專著和論文目録，并附録粵籍人士（含外籍人士定居廣東者）所著貨幣金融史方面的論著而非關廣東者。此外，還撰寫了不少探討錢幣文獻和錢幣學史的單篇論文，如《古幣著録和有關問題的探討》評介南朝蕭梁時代至近現代著録研究古幣實物的專著[⑤]，《清末民國時期的錢幣學》綜述清末民國錢幣學研究狀況[⑥]，《洪遵〈泉志〉的學術價值——兼談古代錢幣文獻存佚情況》梳理了古代錢幣文獻存佚情況[⑦]。這些成果的取得與其深厚的文獻學功底和豐富的文獻收藏是密切相關的。其爲錢幣拓本和錢幣學文獻所撰題跋，記録了多年收藏與研究心得，其中關於洪遵《泉志》、倪模《古今錢略》、梁詩正《欽定錢録》、吴鈞《選錢齋筆記》、吴隱《遯盦古泉存》、方若《方家長物》等錢幣文獻的成書經過、内容得失、版本優劣與流傳情況等的評述，極富參考價值。

第三，研究錢幣史或通過錢幣探討歷史問題。先生是較早提出廣州海上絲綢之

① 《清末民國時期的錢幣學》，《可居叢稿》，第213頁。
② 吴旭民《〈中國錢幣文獻叢書〉即將出版》，《中國錢幣》1990年第2期，第43頁。
③ 程京生《中國錢幣研究述評》，《北方文物》1994年第2期，第124頁。
④ 與陳佩山、鐘麗文合作，載中國錢幣學會廣東分會編《首居年會錢幣論文集》，第206–227頁。
⑤ 見《可居叢稿》，第167–176頁。該文原載《中國錢幣》1994年第1期。
⑥ 見《可居叢稿》，第195–213頁。
⑦ 《洪遵〈泉志〉的學術價值——兼談古代錢幣文獻存佚情況》，《可居叢稿》，第325–331頁。

路觀點的學者之一，其《從古代中外貨幣交流探討廣州海上絲綢之路》一文，依據1960年起廣州三次出土的波斯薩珊朝銀幣、關於古代嶺南地區行使錢幣的史料記載以及古代廣州海外文物出土情况和有關史料，指出廣州是海上絲綢之路的發源地及經久不衰的對外通商港口城市①;《張之洞創辦廣東錢局考略》一文考辨張之洞在廣州創辦廣東錢局的經過、初鑄機器版製錢、所鑄銀圓的年代和品種等歷史問題②;此外，《古幣著録和有關問題的探討》論及中國古代金屬鑄幣形制變遷問題,《關於吴三桂鑄錢問題的探討》考證吴三桂鑄造“利用通寶”和“昭武通寶”的年代。③這些著述皆對錢幣史及相關的歷史問題提出了獨到的見解。

先生對中國錢幣文獻的搜集、整理和研究，“在當代學術界幾乎無出其右者”④。因博覽通觀，加之所親睹錢幣實物、拓本極多，故能明鑒各種文獻之優劣得失。如清李佐賢《古泉彙》一書，被同時期著名錢幣學家鮑康盛譽爲空前之著:“洋洋乎大觀哉！後來者不可知，而空前一語，足以當之矣。”先生在《〈古泉彙〉題記》中以此爲公允之論，但也指出該書所收錢圖“不無可議之品”：

> 如元集卷九第五頁背面之特小型三孔幣，疑爲錢估僞作；卷十四第十四頁最小空首幣型而首不空，面著一“高”字，屬可議者。亨集卷一第八頁齊之化刀幣，乃三字刀改刻品；第九頁之九字刀，亦屬僞品。利集卷一第十二頁所載有柄之重十二朱，疑僞品；卷二第七頁順讀半兩、明月半兩，均屬可議者；卷六第六頁兩枚二銖、一枚二朱等三錢，亦可議者；第七頁“永光”、“景和”二錢係改刻者；……餘如貞集卷一中所載之“天元聖寶”、“治平聖寶”等小型錢和“永盛通寶”、“永壽通寶”、“福平元寶”、“景元通寶”和“紹治通寶”，皆爲越南錢。

① 與王大文合作，見《可居叢稿》，第258-269頁。該文原載廣東省人民政府外事辦公室、廣東省社會科學院編《廣州與海上絲綢之路》，1991年。

② 見《可居叢稿》，第177-188頁。該文初載《學術研究》1984年第5期；修訂文本載中國錢幣學會廣東分會編《首居年會錢幣論文集》，1986年版，第14-21頁；又載《中國錢幣》1988年第3期。

③ 見《可居叢稿》，第189-192頁。該文原載《廣東文博》1994年第1期。

④ 葉選平《〈樂以忘憂——王貴忱學術與藝術回顧展〉前言》。

題記中共舉幣形、真僞、年代、所屬國等可議者四十四品，其觀書用心之細及錢幣鑒定之明辨秋毫，於此可見一斑。

（四）金石書畫研究及其他

先生對金石學素有研究，爲曾寓目或收藏的金石器物及拓本撰寫了大量的題跋小品，從中可見其深厚的金石學修養。如《記潮州古城磚及其拓本》、《跋大石齋所藏康熙拓本〈韓仁碑〉》、《題蒙古至元十五年鎏金鏡拓本》、《竹節古硯——廣東名硯考之一》等文對金石器物的年代、舊藏主或製作者等予以考訂或説明，雖皆簡短小文，但不乏精到之見。

其題跋小品文章，還記録了金石學界諸多掌故，有金石器物與收藏者之情緣舊事，如清人嚴荄的竹節硯齋，龔定庵曾擬構之寶燕樓，黄賓虹先生的寶荀樓；有金石資料之授受故事或流傳經歷。這些掌故或爲其熟稔於心，或從史料中索得，或乃親身所歷，當爲金石愛好者所喜聞樂見，亦爲金石學史之寶貴資料。所記金石器物或已埋没於荒煙蔓草，或仍塵封於秘室，有關故事當能爲之更添一段身價；金石製作者、收藏者或身已作古，甚至名亦隱晦，而舊物承載其故事、涵養其精神傳承。

對於印學，先生亦深有心得。認同黄文寬先生以筆、墨、刀、石四者并備爲極則的篆刻理論，對黄先生刻印所作評鑒，即體現此篆學精義："（黄先生）每有所作，必精選印稿，縱横排宕而規制嚴謹，雅趣妙意洋溢於朱白間，洵得筆、墨、刀、石四者兼備之旨。尤善作漢急就鑿印，切刀冲刀并用，章法藴帖安穩，於刀鋒筆意中隱含石痕墨韻，此其擅長者。"[①] 先生還致力於名家學者印譜的編輯，有功於印學之傳承，如曾與容庚、黄文寬兩先生一同鈐輯容先生藏用印集《頌齋印存》，於 1974 年成鈐印本十册，内收印一百四十餘鈕，其中鄧爾雅先生所刻印爲多，亦有容先生自刻印數方。[②]

在書法鑒賞上，先生以多年的書法研習，對書家書法特點、淵源關係等有深入

① 《〈黄文寬印譜〉序》,《可居叢稿》, 第 362 頁。該文原載北京市民政局工藝美術品廠鈐印本《黄文寬印譜》, 1990 年。

② 參見《記啓功先生軼聞二三事》,《可居叢稿》, 第 565 頁。該文原載《收藏・拍賣》2005 年第 8 期。

體會。如《賴少其及其書法藝術》一文中對金冬心和賴少其二人書法的淵源關係和差異有十分細緻的辨析：

他（金冬心）的書法追求古樸雄奇，以拙爲妍，這正是賴少其所嚮往的境界。但他學金而不泥於金，入其法中，出乎法外，形成樸厚清華的自家書風。賴書特點是工處在拙，從拙稚中見內美，在渾厚中見清雅高致。所作隸書吸取伊秉綬書體長處，參酌大家精微，取捨生發一從己意，風華樸厚，筆意清新。正書、漆書則規模於冬心，但同中見異，兩家書風判然有別。金體筆法如斧劈刀砍，以奇古取險制勝，賴書筆意雍容醇厚，以華樸相生見長。讀賴少其同志的書法，給人以氣象宏大，渾樸高華的美感，別有天真煥發的韻味，這正是書家所追求，而又難以達到的藝術高處。①

對并非以書藝名世的學者手筆，先生亦能憑據長年積累的豐富學識，道破其特色所在、淵源所自。如《略談張蔭桓其人其書》中對張蔭桓書法的評鑒：

審之所題日記封面"戊戌日記"四字楷書，可知作者嘗學習歐陽率更書法，能得具體，而正文筆意圓勁精渾，似得力於顏平原爲多。是則學非一家，博得衆長，而能機杼自運，形成自家書風。所書無一筆剽滑，點畫皆從法度中熔煉脱化而出，由以見臨池功力深。唯其意在記事，原非求工，逐日隨手寫來，意態風神流露於字裏行間，表現出作者才情韻致，於不甚經意所書，而精神所寄渾足，此無意之勝有意者。就此書法特點而言，是以筆法蒼健見勝，配字巧拙相濟，字體結構質實，縱橫恣肆自如，非斤斤於點畫間，始有此沉着透紙之筆。②

先生還曾指出廣東物候文化對書法的影響，"廣東人的書法有其保留傳統的一

① 《賴少其及其書法藝術》,《可居叢稿》, 第 422 頁。該文原載《南風》第 3 期，1981 年 3 月 3 日。
② 《略談張蔭桓其人其書》(與王楚材合作),《可居叢稿》第 460-461 頁。該文原載《嶺南書藝》總第 10 期，1987 年。

面，也有其根深蒂固的美學特點，綫條靈、活、具有圖案美”[①]，并曾講述自己的“獨特發現”：清初梁佩蘭、乾隆年間的黎簡、光緒進士梁鼎芬、辛亥時期的黄節，與解放初梅縣老縣長王志安（先生友人）的字如出一轍，間隔四百年，但五人時地不同，職業殊異，并無傳習的可能，可見人文地理的影響之大。這些觀點都極富見地。

關於繪畫，先生對黄賓虹、張大千、謝稚柳、李可染、黎雄才等畫師作品都寫有鑒賞文字，而很可玩味的，是商勇《收藏的故事》一文中記録的一位老先生叙述的先生辨别黄賓虹繪畫的獨特角度：

> 我問他：“王老，您覺得黄賓虹從哪個角度看是最準確的？”他説：“别看款兒，他的那種題字好模仿，能寫像了。”“那怎麽看呢？”“您看他的房子！”“他的房子有什麽特點呢？”“他的房子是‘船’，會動的。如杲這房子看上去摇動，那麽就是他的東西，如果房子是趴那兒的，就不是他的了。”我後來看了，發現確實是這樣的。他的房子實際就是幾條綫，而没有刻意地去畫建築物，是從畫面裏面的結構和層次來考慮的。[②]

從房子的動感鑒别黄賓虹繪畫之真僞，可謂能舉重若輕，以簡馭繁。若非博覽群畫且有過深入揣摩，不能有如此功力。

然而先生雖具鑒賞書畫藝術的眼光和功力，却更重視揭示和研究書畫作品所承載的資料。極鍾愛兼有藝術價值和資料價值的名家手稿、書札、題跋等，相比之下不甚看重對聯、横匾一類純粹爲裝飾之用創作的書法作品。所撰書畫小品多爲保存資料而作，如《記王寵行草書詩長卷》記録書卷上王寵諸印、鑒藏家印識以及容庚、齊燕銘兩先生題識，以留存名家書論及鑒藏故事；《袁寒雲的書法及其軼事》介紹自己及友人收藏的袁克文題跋、手書詩作、日記，并鉤沉考證其軼事始末。

先生認爲書法藝術成就與學養有關，主張“書法多練不如多看，多看書迹又不

---

① 吴肖丹《“貴老”不老王貴忱》，《羊城晚報》，2007年10月27日。

② 商勇《收藏的故事（三）》，《中國畫收藏導報》第5、6期。

如多看書籍”[①]，極讚賞李梅庵的一則書論:“古來學問家雖不善書，而其自有書卷氣。故書以氣味爲第一，不然，但成手技，不足貴也。”[②]其對張蔭桓書法的評價亦體現了將學養視作書法根基的觀點:“非熔學識與功力於一爐，無從達到此種境界。嘗謂大學問家未必能寫得好字，而寫好字的必是深有學養者，于思泊師許爲知言。竊以爲樵野致力於書法藝術，可謂學而善變，既根基於學養深、功力厚，亦緣以才華非同一般也。”[③]從中可見其觀點亦爲于省吾先生所認同。正由於主張以學問涵養藝事，先生極推重學藝兼修的學者型書畫家，喜談論學者的書畫藝術、書畫家的學識修養，這從其所撰《清代女詞人顧太清的書法》、《略談張蔭桓其人其書》、《〈盧子樞書畫集〉序》、《略談容庚在書法藝術上的成就》、《學習篆書秦隸的好範本——〈商承祚篆隸册〉讀後感》、《李可染及其藝術成就》等文中可以推見。

先生對火花亦有鑽研，這主要見於《中國早期火柴工業及其商標》一書及《火花一詞由來和早期收藏家》、《中國第一枚火花》、《中國古代的發燭和現代火柴》、《從文獻上看外國火柴的對華輸入》、《早期火花上的戊戌變法史影》等文。其中《中國早期火柴工業及其商標》是研究我國早期火柴工業史的第一本專著。此書是王先生與劉順卿先生合作編著，王藜青先生校訂、作序并注釋，插圖由陳克寧先生描繪，選用圖録共 34 幅，於 1963 年油印出版，1994 年張筱弇先生將此書重版，勘正錯漏，增加部分圖幅，并附録莼客《中日早期火花分野録》。書中論述了火柴的發明，關於外國火柴輸入的文獻記載，我國火柴工業的産生、規模和生産狀況，英、美、日等國對我國新興火柴工業的滲入和打擊，民國資本對資本主義列强的抗争，早期火柴商標的政治宣傳意義、文物價值以及早期火柴的價錢等問題，對我國早期火花研究起着先導作用，所輯資料亦具有相當的文史價值。

先生的成果有不少屬地方文物及人物研究。在 1999 年爲高綱《二十七松堂集序》所作跋語中自述“前後發表小文數十百篇，泰半爲記粤人粤事者，食粤穀多，誼固

① 梁基永《自愛風流高格調》,《可居閑墨》, 第 4 頁。

② 參見《題李瑞清致閔荷生手札》,《可居叢稿》, 第 478 頁。該文原載《王貴忱可居題跋書翰》, 嶺南美術出版社, 2003 年。

③ 《略談張蔭桓其人其書》(與王楚材合作),《可居叢稿》第 461 頁。該文原載《嶺南書藝》總第 10 期,1987 年。

宜然也”[①]。這一研究傾向固然與其早年即定居嶺南有關，而機緣則可追溯至其對《廣東新語》的習讀。先生説：“我讀的第一部廣東史籍，是清初屈大均的《廣東新語》。此書被譽爲廣東的百科全書，内容豐富，是入境問俗的必讀書，是我後來喜歡多接觸粵中史志的起點，也是後來與歐初先生合作編《屈大均全集》、和楊越先生整理《潮州戲文五種》以及我整理《張蔭桓戊戌日記》（的起點），都是抱著邊做邊學的願望進行的。此外，就手邊積存的資料，寫了一些如《從古代中外貨幣交流探討廣州海上絲綢之路》、《廣東歷代貨幣》序文等，都是抱著同一願望參與其事的。”[②] 曾參與廣州市第一次修志即《廣州史志》的編纂工作，亦致力於廣州歷史文獻叢書《廣州大典》的編輯整理工作。他對地方歷史文化研究、保护地方文獻傾注了大量心血。

以上主要對先生已發表的成果略作梳理，實際上他所涉及的學術領域比現有成果所呈現的還要寬廣，所研究的層面亦比其成果所展現的更爲豐富。例如對現代文壇巨匠魯迅和周作人的作品及其版本的熟稔程度，便是一般學者難望其項背的，其對魯迅的任何文章收入何集瞭如指掌，講述魯迅著作版本時亦如數家珍，而相關論文見諸發表者僅兩篇，所涉及的作品亦僅《百喻經》和《癡華鬘》兩種。有志於編纂《龔自珍全集》，已成書稿三百多萬字，又曾嘗試將所羅致的八百件金石家翰墨出版，可惜至今尚未如願。對晚清至近代許多歷史人物皆有深徹研究，往往能站在歷史的高度看待人物之成就、地位與過失，所得結論不苟同於流俗觀點，甚而有立案或翻案的意味。在口述時偶而透露個人的意志與立場，在文章中却不輕易臧否人物。其以獨立之人格與意志投入學術，以赤誠的情感向歷史索求真相，而公之於世的僅是其中最爲平實的收穫。對於因乎時間、精力所限或種種客觀條件而未能展示的研究所得，我們只能惋歎先生以耄耋之年，傳與世人的或許僅是其平生閱歷、學識之冰山一角；而對於這種力求客觀而盡量摒棄主觀的著文態度，則不能不欽佩其謹嚴篤實、厚積薄發的學者精神。

---

① 《高綱〈二十七松堂集序〉跋語》，《可居叢稿》，第149頁。該文原載《王貴忱可居題跋書翰》，嶺南美術出版社，2003年。

② 張演欽《王貴忱：我是文德路大學畢業生》，《羊城晚報》，2009年6月7日。

三、治學態度與方法

先生學問淹貫，治學嚴謹。素來秉持“言必有本，無徵不信”的治學原則，重視實物與文獻的互補互證，故收藏與學術相得益彰；又博雅多識，將各門類學問相貫通，因而能在學術研究中獨闢蹊徑；將收藏、學術與裝裱、書法等藝事相融會，樂而不疲。其一切成就與聲名皆如水到渠成。

（一）言必有本：實物與文獻相結合

“言必有本，無徵不信”的原則，在先生的研究實踐中，表現爲實物與文獻相結合的研究方法。他注重客觀之學，傾向述而不作，所著書多屬古籍整理或原始材料彙編成果，而單篇的題跋小品和論文，或客觀著録實物，或考證實物的來龍去脈、價值，或整理爬梳文獻資料。因而其研究一方面能提供新材料、新視角，另一方面又能落在實處，解決實際問題。主張“古物以可考者爲貴，而有文字可補史書之缺陷者尤可貴”[①]，以史證物和以物證史、補史是其研究中并行不悖的兩個重要視角。所進行的文獻學、錢幣學、金石書畫研究，多由實物生發出問題；對問題的解決，均憑據實物的印證、文獻的稽查；而所解決的問題，往往能揭示或進而利用實物的價值，補充文獻記載的缺陷，推動學術的前進。

例如，其於錢幣學研究，既重視考察古幣實物，又重視探討和利用歷史文獻。《古幣著録和有關問題的探討》一文中説：

> 錢幣專業實踐性很强，離開實物就難得要領，此外，還需要具備廣泛的歷史知識。但過去的一些錢幣學家重視實物，却忽視探討歷史文獻，而一些研究貨幣史的學者却相反，存在兩相脱離的現象。只有把這兩種方法結合起來，才能促進錢幣學和貨幣史研究的發展。堅持實物與文獻相結合的研究方法，可避免少走彎路。[②]

其錢幣學論文，能依據史籍、歷代錢幣學著作等文獻資料以及傳世或新出土的

① 《天福五年硯銘小識》，《可居叢稿》，第 376 頁。該文原載香港《大公報》，1979 年 10 月 24 日。
② 《古幣著録和有關問題的探討》，《可居叢稿》，第 167 頁。

古錢幣實物，對錢幣史、貿易史問題提出新見解。例如，《從古代中外貨幣交流探討廣州海上絲綢之路》一文中寫道：

據《漢書》記載，公元前一一九年，漢朝使臣張騫第二次出使西域時，曾派副使訪問安息[①]，揭開兩國正式交往的序幕。及至南北朝時期（四二〇—五八九年），兩國交往日趨增多，《魏書》記載從太安元年（四五五年）起的幾十年間，波斯國遣使朝貢中國多達十數次[②]，波斯薩珊朝銀幣在我國的大批出土，是這一歷史的見證物。但近幾十年來，多是在位於古代陸上絲綢之路通道的新疆、青海、河南、河北、陝西等省區發掘出土波斯銀幣，長江以南，則未見記録。直至從一九六〇年起廣東三次出土波斯薩珊朝銀幣，才填補了這一空白。波斯銀幣在廣東多次出土，對研究海上絲綢之路和廣州港口城市對外通商貿易，都具有重要的意義。[③]

廣東在秦漢時期爲南海郡，三國置交、廣二州，爲吴領地，例行孫吴大泉制度。及至南朝，《隋書·食貨志》稱："梁初，唯京師及三吴、荆、郢、江、湘、梁、益用錢。其餘州郡，則雜以穀帛交易。交、廣之域，全以金銀爲貨。"[④]這裏所説"以金銀爲貨"，不知是什麼形制的金銀貨幣，抑或爲稱量金銀幣？此問題過去一直没有明確答案。據《隋書·食貨志》記載，後周之初"河西都郡，或用西域金銀之錢，而官不禁"[⑤]。由知位於我國西北陸上絲綢之路通道的河西諸郡，其時是流通使用外國金銀幣的特殊經濟區域。廣州是海上絲綢之路的港口城市，自古以來海上貿易發達，爲舶來品的集散地。近年來廣東三次發掘出土的波斯薩珊朝銀幣，爲解決"交廣之域，全以金銀爲貨"的問題提供了答案。筆者之見，曲江縣出土的波斯銀幣，其被剪片應是參加了當地貨幣流通的結果。

① 原文注：《漢書·張騫李廣利傳》，中華書局，1974年。
② 原文注：據《魏書》各本紀綜合統計，中華書局，1974年。
③ 《從古代中外貨幣交流探討廣州海上絲綢之路》，《可居叢稿》，第263-264頁。
④ 原文注：《隋書·食貨志》，中華書局，1973年。
⑤ 原文注：《隋書·食貨志》，中華書局，1973年。

遂溪窖藏中一次發現一兩百個波斯銀幣，説明當時輸入量大，從而也顯示出南朝時期嶺南地區外幣流通量非小，波斯銀幣爲此間行用外幣的主要品種。由以見嶺南地區當時也是流通使用外國金銀幣的特殊經濟區域。在國際間通商沒有法定貨幣兑换率的情况下，金銀幣以其本身的經濟價值，是最容易被接受的國際貨幣。嶺南和河西都郡使用外國金銀幣爲流通貨幣，是對外貿易發達，形成具有國際市場性質的商品聚散地所致。[①]

文中結合史籍和近年來廣東三批波斯薩珊朝銀幣的出土情形，研究海上絲綢之路的活躍情況以及嶺南地區對外通商貿易行使金銀幣等具體問題，這充分體現其結合實物與文獻解決學術問題和以實物證史、補史的研究方法，以及“言必有本，無徵不信”的治學原則。

對於版本研究，他既重視對古籍版本的目驗、對勘功夫，又注意利用目録書、史志和相關論著。《水滸葉子》一書的刊本源流，“雖版畫史專著猶未能明辨，博雅如西諦先生者未遑詳檢《陶庵夢憶》、《讀畫録》諸書，亦無緣目驗黄君蒨原刻本《水滸牌》，是以物之顯晦莫測，固非學識所可力致耳”[②]，先生《跋明黄君蒨刻本〈水滸牌〉》一文，一方面參考張岱《陶庵夢憶》、《嫏嬛文集》，周亮工《讀畫録》，郭味蕖《中國版畫史》等相關文獻，另一方面將所藏黄君蒨刻本《水滸牌》與鄭振鐸、潘景鄭先生藏本細加對照，通過考史驗物，得出詳實可信的結論。

他對書信别加青睞，正因書信既有實物研究價值，又有文獻資料價值。《東北名人書翰一臠》一文説道：

我認爲，第一，許多書信包含第一手歷史資料。尤其是著名人物，包括政治軍事家，包括學者，包括實業家。不論正反面人物，他們的書信，一定會和當時具體形勢和具體事情有密切關係，可以補充正式史料的不足。第二，書信提供的史料，不僅具體細緻，而且是最可信的。因爲他是當時的原始記録。日

① 《從古代中外貨幣交流探討廣州海上絲綢之路》，《可居叢稿》，第 266—267 頁。
② 《跋明黄君蒨刻本〈水滸牌〉》，《可居叢稿》，第 5 頁。

記也是原始記録，但日記可以造假，自己寫給自己看的嘛，當時就可以造假，以後還可以陸續造假。但是書信不一樣，因爲書信必須寄給收信人。寫的當時，寫信人不能造假，因爲收信人也知道。後來更無法造假，因爲信已經不在他自己手裏了。第三，過去許多書信，文辭優美，書法精湛，是文學藝術品，可供後人欣賞。歷史上的名帖巨迹好多都是書信，書信是傳播書法藝術最重要的載體。第四，中國過去的書信，往往都寫在特定的信紙上，也就是所謂箋紙。箋紙名氣最大的是晚明的十竹齋。我曾研究過十竹齋，他的特點是套色，現在北京榮寶齋套色基本是繼承晚明版畫的。我收藏過十竹齋箋紙，分十二部分。有一種是開化紙的，清代芥子園翻刻十竹齋，也是用開化紙，還有是薄宣紙的。晚明版畫登峰造極，但箋紙最發達的還是在清代和民國，各個階層都用，許多達官貴人和讀書人寫信，都要用箋紙，許多人自己印箋紙。因此，書信還是工藝品，是研究工藝史、美術史的原始資料。①

這裏指出書信是第一手資料、最可信的原始記録、可供欣賞的文學藝術品，是工藝史、美術史研究的原始資料，可見先生將書信視爲學術研究的可靠依據。

出於對實物和文獻的重視，先生致力於實物收藏和文獻積累。所研究的實物，多來自個人收藏。傾向於利用所掌握的第一手資料出系列性成果，如關於錢幣、火花、硯石、龔自珍、胡正言所刻書的研究成果皆呈系列性。同時樂於公佈所收藏或經眼的實物，爲其他研究者提供第一手資料，促進學術的進步。在實物之外，其對歷史文獻資料的搜集也不遺餘力。曾描述自己做學問的程序："事先根據自己占有的資料判斷自己能做到什麼程度，吃透最重要的文獻才開始寫文章。"② 其以傳統製作卡片的方式搜集文獻資料，早年曾買舊賬本剪下來，做了一百多萬字的卡片。雖已享有盛名，但其私下勤懇如此，却未必盡爲人所知曉。

言必有本的治學原則和實物與文獻相結合的研究方法，使先生的收藏與學術相

① 《東北名人書翰一臠》，《可居叢稿》，第 516-517 頁。該文原載《白雲論壇》第四卷，北京圖書館出版社，2007 年。

② 林銳《王貴忱：學界的傳奇》，《收藏·拍賣》2004 年第 3 期。

得益彰。其學術因收藏而富有創獲，其收藏亦因學術之顯名而越發豐厚。

（二）博涉廣識：各門類學問相貫通

先生博涉多通，其研究涵蓋文獻學、錢幣學、金石學、歷史學、考古學、書畫藝術等多個領域，并能將各門類學問相貫通。

一方面，融合文獻學、歷史學、文字學等各門類學問的視野和學術根基研究錢幣學，成就獨樹一幟。

其錢幣學研究以占有且熟悉大量文獻資料見長，即得力於深厚的文獻學功底。其與馬飛海先生主編《中國錢幣文獻叢書》，不僅將衆多珍貴的錢幣學論著薈萃成集，且皆爲撰寫題記，介紹諸書作者、成書、内容、價值、著録、版本情况等，功力深湛，而文字極其簡練。如《〈泉志〉題記》云：

> 《泉志》成書於紹興十九年（一一四九年），宋陳振孫《直齋書録題解》、《宋史·藝文志》著録，惜無宋、元刊本傳世。明《永樂大典》收有《泉志》，惟大典本已佚，僅有清翁樹培校録大典本得以傳世。明胡震亨、毛晋萬曆年輯刻《秘册彙函》叢書，收入明萬曆時人徐象梅摹圖本《泉志》，及明崇禎間毛晋輯《津逮秘書》再據此本翻刻。清《學津討原》本、隸釋齋本和《晦本齋叢書》本均同屬這一版本系統。另有明嘉靖元年（1522 年）秋茶夢庵鈔本，見清初錢曾《讀書敏求記》著録，原本已佚。①

以寥寥二百字，概述洪遵《泉志》一書的著録情况、版本源流及傳世情形。再結合其 1957 年四次爲《泉志》所題跋文，可知此識見乃歷年積累所得，洵爲厚積薄發。此後又撰《洪遵〈泉志〉的學術價值——兼談古代錢幣文獻存佚情况》一文，以宋以前錢幣文獻存佚情况證明《泉志》之影響與價值，并細緻分析《泉志》一書體制内容之得失。這種向錢幣舊籍探賾索隱，鉤深致遠的精神與功夫，體現了其錢幣學與文獻學研究的相輔相成。

---

① 《〈泉志〉題記》，《可居叢稿》，第 288 頁。該文原載《中國錢幣文獻叢書》第一輯，上海古籍出版社，1994 年。

他重視錢幣文獻的資料價值與版本價值，爲所收藏或寓目的錢幣學文獻所作題跋文字，多在評述内容外，兼論諸書版本。如指出梁詩正《欽定錢録》一書“由内府董理付梓，書版開廓，寫刻至精，更以開花紙印本，誠非皇家之力莫辦，爲清代殿版中之罕見本也”①。曾將同治本《泉志》與《秘册彙函》并《津逮秘書》本對校，指出“翻刻本多有失真，間有譌誤，草率摹刻還在其次。益信書貴原刻非妄爾”②。嘗論及版本目録學與錢幣學之間的聯繫。如題張崇懿《錢志新編》云：“此道光原刊本而初印者，惜卷尾缺數葉。爰請盧達文先生爲之補白，以備日後遇有原刻本鈔配齊全耳。此帙爲獨山莫氏父子舊藏，鈐有莫友芝、莫經農諸印記。莫友芝以治目録板本之學聞，有《郘亭書目》行世。……初不知莫氏亦雅好古幣。清季板本學者若葉德輝、楊惺吾諸人亦同有此癖，且有專書問世。殆板本之學似與古幣學甚有緣分也。”③題倪模《古今錢略》云：“《古今錢略》卷帙浩繁，文字數十萬言，錢圖四千餘品，都三十四卷，而鎸刻板式、印刷以及用紙皆佳，清季所刊錢譜無出其右者，蓋督理此書校刊者，爲楊守敬、饒登秩二家。惺吾擅長版本目録學，以校刊善本古籍鳴世，亦兼及古幣諸事。饒氏以精研古錢聞。皇皇巨製，非兼二公之長則莫辦也。”④先生致力於不同版本錢幣文獻的收藏與研究，對版本學之於錢幣學的意義，自有深切體會。

由於寬闊的歷史視野，其錢幣學研究能結合歷史大背景看待錢幣史問題，亦能透過錢幣探討貿易史及其他歷史問題。《從古代中外貨幣交流探討廣州海上絲綢之路》一文寫道：“遠渡重洋的錢幣，特别是從地下新發掘的錢幣，不僅具有文化交流的意義，有鑄文的貨幣有時對研究歷史問題會提供重要的綫索，在考古學界，經常是借助古錢幣作爲歷史斷代的依據。研究絲綢之路問題，在史文不足徵的情况下，散布到世界幾大洲的中國古幣，值得重視。”⑤指出在異國出土的古錢幣對於歷史問題的研究價值。該文即透過有關史籍資料和外國金銀幣在廣東的出土情况，探討古代嶺南地區海外貿易的活躍情况以及廣州在海上絲綢之路中的歷史地位。《關於吴

---

①　1962年題於梁詩正《欽定錢録》光緒十四年（1888）銅板影印本。

②　同治本《泉志》校後。

③　1957年題於張崇懿《錢志新編》道光十年（1830）刻本。

④　《題倪模〈古今錢略〉》，《可居叢稿》，第156頁。1962年題。

⑤　《從古代中外貨幣交流探討廣州海上絲綢之路》（與王大文合作），《可居叢稿》，第260頁。

三桂鑄錢問題的探討》一文，在探討吴三桂鑄幣問題的同時，對近兩三百年來衆説紛紜的吴三桂建立年號的問題也進行了辨析，指出吴三桂改元昭武應是康熙十七年（1678）而非十三年，又由於吴三桂在改元昭武的當年已病死，所以并没有昭武二年。這些著作皆反映其錢幣研究與歷史研究相融合的方法和眼光。

先生還從文字學角度研究錢幣。他與商承祚、譚棣華兩先生合著的《先秦貨幣文編》爲第一部先秦貨幣文字專書，1983年由書目文獻出版社出版。該書收録先秦貨幣文字共8215字，其中正編313字，同文異體字5726字；合文63字，同文異體字232字；附録待考釋的文字534字，同文異體字1347字。又嘗撰《説錢》、《釋鏄》二文，辨析“錢”、“鏄”二字之形體意義，言簡意賅地梳理了相關的古今、異體字。

另一方面，錢幣學的研究背景，亦使先生在文獻學、金石學等領域有特殊的發明。歷來研究貨幣史的學者，對書價鮮有論及，而文獻學家亦少關注此問題，這自然與古籍定價資料絶少有關。而先生有《記十竹齋〈印存初集〉》和《介紹幾部明清刊本定價印記》兩篇文章涉及古籍定價問題。前者記録其舊藏《印存初集》扉頁上的定價朱印，後者介紹明清刊本定價記録和有關買書價的文字資料，文末根據白銀和銅錢使用領域的不同，指出“圖書上的定價印記，不但對物價史有參考價值，也是白銀在明清貨幣經濟中佔據重要地位的見證物”[①]。先生因其豐富的古籍收藏，深知古籍定價印記之少見，從文獻中鉤沉出買書價銀的文字資料，并指出書價印記在貨幣流通史上的意味以及對於貨幣研究的意義，這體現其作爲收藏家、文獻學家兼錢幣學家獨到的學術視角和眼光。

古籍定價難得一見，硯銘標值更是絶無僅有，而先生《天福五年硯銘小識》一文曾論及之。此文記録商承祚先生舊藏端硯，硯底款識云：“天福伍年伍月一日，買此端州彦（硯）瓦，計價錢伍拾阡文，賣叁拾阡文。釋□□□□。”文中指出此“僧人標示減價出讓兜售語”爲“硯銘中孤例”，是“物價史之絶好資料”，“可補史書之缺陷”。[②] 此亦顯示錢幣學背景對其評鑒金石器物價值視角的影響。

龔自珍是公認的文學家、思想家，而其錢幣學者身份却甚少爲人注意，這一方

① 《介紹幾部明清刊本定價印記》，《可居叢稿》，第53頁。
② 參見《天福五年硯銘小識》，《可居叢稿》，第375-376頁。

面是由於其錢幣學著述俱已失傳，另一方面則是因其文名特著，掩蓋了其錢幣學成就。先生對此有所發明，其《龔自珍詩文集早期刊本述聞（六）》一文輯録了孔憲彝《泉史後序》、翁同書《選青小箋序》、戴熙《古泉叢話》、楊繼震未刊稿《差不貧于古齋論錢雜稿》、宗惟恭《癖泉書室所藏泉幣書目》五部舊籍中關於龔自珍研究古幣的資料。《龔自珍與晚清時期錢幣學》一文，則依據所輯孔、戴、楊、宗等人書中及張祖廉《定盦先生年譜外紀》、龔自珍自述等資料，考證龔氏與晚清錢幣學者交游、訪求錢幣學書的情形及其錢幣學識和古幣收藏概況[①]。若非同時廣泛涉略龔自珍著述和錢幣學文獻，深諳錢幣學史和古幣知識，不會有此獨到發現。由此可見，博雅多識使其在學術研究上獨闢蹊徑。

（三）樂以忘憂：學問與藝事相融會

先生的會客廳懸掛著“樂以忘憂”的大横幅，是2010年葉選平先生爲之書寫的。2011年3月舉辦的個人學術與藝術回顧展以之爲題，蓋以此語特能概括先生的治學與生活態度。

先生少年孤苦而好學，在啓蒙老師張日宣等的指導下初涉舊學和書法。年十五六入伍，行軍七八年間，不廢卷帙，漸嗜收藏。因隨軍南下嶺南，轉業司職銀行，遂開始收藏和研究廣東文獻與錢幣。1957年被打爲右派并降級，搬進很小的房子，便取“隨處可居”之意，以“可居室”爲齋名。此後21年間，不爲困難所屈，收藏、讀書、著述、練字，一如既往。原中南局書記金明在20世紀70年代初爲其寫下“隨處可居，敬業不已”的書件。如今從王世襄、廖冰兄書寫的“可居室”横幅題款中的“貴忱年弟”[②]，仍可想見當年辛酸。縱觀其平生所歷，雖“隨處可居”，却不隨波沉浮；雖屢屢離憂逢患，而樂學之志不移。收藏、學術是其一生所好，但均非用作進身之階。爲保護好藏書，習得裝裱的好手藝；又因常親手抄書、書寫題跋、研習名家書迹，書藝日進，自成一家。將學問與藝事相融會，樂在其中，經年不變。

先生藏書、讀書，還極其愛書且懂得護書。眼裹見不得書破，也容不得書沾染

---

① 此研究成果亦見於《龔定庵收集古錢幣軼事紀聞》一文，載《中國錢幣》1987年第2期。

② 所謂年兄年弟，是科舉時代同榜登科者之間的稱呼，王世襄、廖冰兄與王貴忱三先生於同一年被打爲右派，“年弟”之稱便是對這一經歷的幽默注解。

塵垢;翻古書前一定要洗手,買到破書,一定要裱好。常開玩笑:“我好玩,廣東裱書,我説第二,没人敢稱第一。”對珍貴的書籍,會精加裝池,其中最上等的是金鑲玉裝。經他金鑲玉改裝過的藏書,有道光三年(1823)龔自珍自刻本《定盦文集》三卷餘集一卷、道光七年(1827)寫刻本《定盦文集》一卷餘集一卷、明萬曆清響齋刻本《三先生逸書》等。曾將所藏張之洞翰墨精心裝裱爲五册,又精選周叔弢、于省吾、潘景鄭、李一氓、周一良、汪宗衍、劉逸生、李可染諸先生寫予的論學書簡,分别刊印并手工裝裱成册。亦自印、自裝個人著作,如其序跋、論文集《可居題跋》,每册均爲手工綫裝,鉛字豎排,名家題簽,迄今已出五集,被藏書界譽爲“新善本”。在先生看來,裝裱是一門手藝,更是一種樂趣。常感歎“能干這種活的人,現在是越來越少了”,還率性地説,“我是裱書匠,我自己喜歡這個職業”。

先生在治學之餘,又潛心翰墨,臨池不輟,因而書藝與學術并進。其不少題跋、著作和手抄文字,皆化身書法作品。20世紀50年代在洪遵《泉志》、謝堃《錢式圖》、鮑康《大泉圖録》等錢幣文獻上的題跋,是其有紀年的較早墨迹。寫於古錢幣、硯石、瓦磚、鏡鑒等藏品拓本上的題跋,融藏趣、書藝、文采、學識於一爐。所書寫的自撰文,如《吴泉説》書卷,得容庚、吴三立、啓功、盧子樞諸先生題跋於上,已成爲珍貴的書法藝術品。揮毫抄書,更是其日常積累資料的一種方式,“每聞善事心先喜,得見奇書手自鈔”是其最喜歡的一幅聯語。書寫凝練前人佳句而成的聯語,自況自味,則是其老來一大樂事。因以學問涵養藝事,其書法能遠離匠氣而自有書卷氣。2011年3月,在廣州二沙島嶺南會展覽館舉行的“樂以忘憂——王貴忱學術與藝術回顧展”上展出其部分書法作品,包括20世紀50年代的洪遵《泉志》題跋,60年代的倪模《古今錢略》題跋、羅振玉錢幣學著作《俑廬日記》手抄本、明初版《天元玉歷》題跋、《吴泉説》書卷,70年代的錢幣拓本題跋、《張文烈公軍中遺稿》跋稿、王安石詩行書軸、德祐殘磚拓本題跋、抄録黄賓虹《畫學篇》書卷、鄭乃珖《幼鴨圖》題跋,80年代的東坡墨妙亭斷碑十七字硯拓片跋、《小麻姑帖》題跋、“摩訶般若”磚拓題跋、論唐雲先生書學成就的文稿《〈泉志〉校誤》題跋,90年代以來的《桃花源記》行書卷、“春華秋實”“柳暗花明又一邨”“厚德載物,自强不息”“學劍不成書誤了”等横幅、録李瑞清論書語條幅、“每聞善事心先喜,得見奇書手自鈔”“有鶴松皆古,無花地亦香”等對聯、李雪松《龔自珍自寫書卷》題跋、吴讓之刻“古稀老人”印拓片題跋等。數十年來的翰墨，不僅是其書法藝術長進蜕變痕迹的展現，也是其學術識見日積月累的見證，從中更可體會其人生况味的沉溉和心境的變遷。

樂於收藏書札、手稿，也與愛好書法有關。先生自少年時代即愛好書法，在啓蒙老師張日宣、楊寶田的指導下，曾得識陳德懿、趙炳如等鐵嶺名家。20世紀50年代，其書法已形成自家風格。60年代後期以前，其楷書用筆瘦硬勁健，結體大小錯落，疏密有致，欹側取势。稍後，受錢玄同、魏建功等人影響，其楷書臨習北魏寫經，并参摹漢簡筆法。60年代後期至70年代初，形成結體茂密、捺筆粗重、横畫尖起粗收、竪筆拉長的特點，行書則除受寫經體影響外，轉益多師，熔鑄諸家，尤得力於蘇軾、董其昌、羅振玉等人。70年代末以後，其書法開始擺脱寫經體的影響，結體趨於平正，用筆轉向豐腴。90年代以後，書寫更爲自如，用筆瘦不露骨，墨無旁沈，意態俊逸而富有奇趣。周叔弢先生評其書法“質樸厚拙，毫無側媚之態，世人或不易知也”[①]，于省吾先生亦贊其書法之渾樸“上追魏晋，睥睨唐宋”[②]。正由於深諳書法，他對名家、學人的親筆墨迹情有獨鍾，在書法鑒賞與辨僞上有獨到的眼光。

如今先生喜歡與人分享其經歷，津津樂道於每一部藏書的輾轉授受或裝裱故事，即便薄薄的一箋手札，也可能凝聚了不爲人知的欣喜或苦辛。先生感歎看着自己的文稿倍感心酸，但對於它們所經歷之艱難境况與慘澹經營，那字裏行間原不露聲色。令人唏嘘惋歎的是，隨著時間的推移，能真正與其分享所苦所樂的人越來越少。聲名漸高，却似乎越發寂寞了。

四、廣交師友，獎掖後學

先生平生勤敏好學，與學界不少前輩時賢皆有深交。正如潘景鄭先生所稱，“先生遂專事舊學，歷游南北通都，問業名儒碩彦，如周叔弢、容希白、于思泊、商錫永諸老等，請益無間，錫永尊人藻亭先生尤見器重。以是名行日以修，著述日以富”[③]。

---

① 周叔弢先生1980年10月4日致王貴忱先生書簡，見《周叔弢先生書簡》，1994年，第4頁。

② 于省吾先生1976年5月31日致王貴忱先生書簡，見《于省吾先生書簡》，1994年，第17頁。

③ 《〈可居叢稿〉序》。

因其素來修身問業至勤，獲得诸多名儒碩彦的言傳親授，遂成舊學之大家。

從幼年失學到著述宏富的學者，從行伍出身到享有盛名的收藏家，先生的成業道路殊爲不易，數十年的自修苦學固然是關鍵，而師友的幫助、教導與提挈亦是重要因素。少時有幸跟隨一位中學校長張日宣讀書生活。張校長曾教以《古文觀止》，并請老朋友楊連地的兒子楊竇田教之至小學四年級。入伍後，曾被安排在陶鑄的夫人曾志身邊工作，這位知識女性的氣度與學養，深爲其所敬佩，亦對之有很深的影響。轉業之後，更有幸與周叔弢、容庚、于省吾、商承祚、潘景鄭等學界前輩接觸，耳濡目染，亲聆教诲，於收藏、學術漸精。先生對此十分感恩，曾説："有幸的是，在我轉業地方之後，先後得以拜周叔弢先生、潘景鄭先生爲師。弢翁又是我習爲版本之學的第一位啓蒙業師，景鄭師則是目録學的引路人；戴葆庭師是著名的錢幣學家，我曾得到他的言傳指授，始得略知古錢學門徑；容庚、于省吾、商承祚三位先生，是我長期請益的導師。我從以上幾位恩師處，獲得受益終身的啓迪。"[①]

在文獻收藏與研究上，先生受周叔弢、潘景鄭兩先生的教益最多。周叔弢先生是德高望重的古籍版本學者，舊藏宋元刊本及名家鈔校本等珍貴圖籍富極一時。1953年，先生與周叔老結緣於天津天祥商場書肆時，還是二十餘歲的年輕人，一身軍人裝扮，却挑中一套正德刻本《東萊博議》，恰被時任天津市副市長的周叔弢先生發現，周先生以之爲行家，即請至家中做客，從此，兩人開始了數十年的師生交往。周叔老年長37歲，周一良先生因稱王先生爲"家父的忘年交"。父子二人在學術上都對其有頗多教益。先生曾説："第一個對我影響比較大的是周叔弢，他算是我第一位恩師和忘年交。我剛剛開始涉足古文獻的時候，他給我的建議是研究明清近代，并且從廣東文獻著手。"[②] 著眼於錢幣學也與周叔弢先生的鼓勵有關。司職銀行期間，周先生建議其結合工作，把當地的金融、貨幣頭寸等研究吃透。他遵從師囑，由此走出了自己的學術研究之路。

潘景鄭先生亦爲文獻學界名宿，長於古籍目録、版本和金石考證之學，側重搜

① 《〈中國錢幣大辭典·泉人著述編〉後記》，《可居叢稿》，第332頁。該文原載《中國錢幣大辭典》，中華書局，2007年。

② 郭炳朋《王貴忱粵地"可居"六十載 大器晚成修大典》，《南方都市報》，2010年9月28日。

集善本和金石文字。先生與潘先生的交往始於20世紀70年代。此前對潘先生之學問著述“心儀已久”，只是“愧以獲咎之身，不便趨謁就教”。直至1978年解脱，稍後任職於圖書館，與潘老所在上海圖書館有業務聯繫，才得以親聆言教。此後每至滬，必登門請益。先生筆下的潘師，“每有叩問，必一一回答原本，不略不冗，恰如所請”[①]，“指授殷殷，誠我良師”[②]。潘師則稱之爲遼東“魁奇之士”，二十餘年前已爲其尚未問世的《可居叢稿》作序，并曾調寄《贊成功》一詞：“雋才蓋世，博覽群編，嶺南導領早居先。錦囊琢弆，文字奇緣，真知灼見，卓犖無邊。顧我江干，意致拳拳，風雨雞鳴自忘年。大文頻讀，快覩新妍，俚吟獻曝，誼摯情牽。”[③]激勵之情歷歷可見。潘老多次贈書予先生，其所珍愛的一部紅印本《定盦續集已亥雜詩》即爲潘老所贈。是書原爲潘先生持贈王佩諍先生[④]，後經王佩諍先生批校復回贈潘先生。1987年，潘老又將此書贈予先生，同時贈予《雨中花》詞一首，其題記記録了此書輾轉經過：“是册爲故人王君佩諍手校之本，即予貽贈者。佩諍詳加校注，録以見贈，得存行笈。十年動亂，劫掠殆盡，此册倖存爐餘中。兹檢贈貴忱先生，藉備藏紵之遺，存兹泥痕，以當縞紵之契，并贅俚句，即請教正。時丁卯冬十月，寄漚潘景鄭識，時年八十有一。”[⑤]先生稱此次獲贈“爲近三十年中訪書之最愜意事”[⑥]。

先生在文獻收藏與研究上還曾受到周作人先生的影響，在寫作上也曾仿習之。《周作人與鮑耀明通信集（1960—1966）》一書所收苦雨齋日記中，記録與先生通信、寄書、晤面、贈字等十餘事，如1962年2月27日日記云：“王貴忱托其友人柳志斌持信來訪，以吕純陽集見借，并日本燐寸票四葉見示。”[⑦]又同年2月29日：“上午往街寄耀明印譜一册，王貴忱快信、烏克蘭故事一册……”[⑧]5月2日：“王貴忱自東北

① 《〈潘景鄭先生書簡〉後記》，《可居叢稿》，第592頁。該文原載《潘景鄭先生書簡》，1995年。
② 《龔自珍詩文集早期刊本述聞（四）》，《可居叢稿》，第95頁。
③ 潘先生1984年5月贈王先生詞箋，見《潘景鄭先生書簡》，1995年，第9頁。
④ 王佩諍（1888—1969），名謇，江蘇吴縣人，著名藏書家、歷史學家。中華書局1959年出版的《龔自珍全集》是其校。
⑤ 《龔自珍詩文集早期刊本述聞》（四），《可居叢稿》，第95頁。
⑥ 《龔自珍詩文集早期刊本述聞》（四），《可居叢稿》，第94頁。
⑦ 《周作人與鮑耀明通信集（1960—1966）》，河南大學出版社，2004年，第123頁。火柴在日語中稱“燐寸”，“燐寸票”即爲火柴盒商標（火花）。
⑧ 《周作人與鮑耀明通信集（1960—1966）》，第124頁。

回京來訪，以安梨二瓶見贈，予以過去的工作一册。又寫字二紙，其一予劉順卿者。”[①]5月4日：“又寄西安三十元，王貴忱件，送還借書。”[②]5月18日：“晚得安藤寄書三册、王貴忱十四日信又書二册。”[③]從中可見二人當年往來情形。也正在此一時期，受周作人先生影響，先生開始研究廖燕。兩人曾多次互贈藏書。《説文窺管》是周先生所贈的第一部書，此爲錢玄同先生所藏嘉道時人書稿的影印本。錢、周在日本時是同學，民國初年在南京同住，此書膠捲後來便在周先生手裹，幾十年後，周先生在日本將之影印，并在書後寫有百來字的《後記》。是書爲綫裝本，在國内甚爲稀見。先生曾贈予周先生明代鄧球《吕純陽集》孤本，周先生回贈《金石契》一書，書的楠木夾板上有其手寫書名，内有其鈐印。先生稱當時周先生藏書多已不存，但對民俗學，尤其是對八仙很感興趣，其日記中借《吕純陽集》事亦可爲證。先生後來在“文革”動亂中忍痛燒毁了周先生來信和其他贈書，唯留下此書至今，故而對之倍加珍重。

先生與侯過、葉聖陶、吴三立、盧子樞、胡厚宣、張政烺、朱傑勤、劉逸生、李學勤等諸先生亦皆有較深的學術交流。盧子樞先生常爲其藏書、文稿作題跋，《〈盧子樞書畫集〉序》中説：“余每以所藏善本書或自録文稿等件，請其賜題。先生不以爲忤，每每寫數百言長文寵之。……二十年間，先生爲余所作題跋文字不下十數事，率皆文書俱佳，爲其翰墨生涯中之製作别裁耳。”[④]先生與朱傑勤先生結識於文德路書店，朱先生亦熱衷於龔自珍研究，曾有與先生合編《龔自珍研究資料》的願望[⑤]，因病逝而未能成愿。劉逸生先生也是龔自珍研究專家，20世紀60年代先生經李曲齋先生介紹與劉先生認識，此後四十餘年間常扣教請益，在龔自珍研究問題上獲其教益甚多，在與戚世雋、王大文合作新編《龔定庵全集》書稿過程中，更得到了逸老的幫助和指導。

在錢幣學上，先生曾得到錢幣收藏家、泉學名宿戴葆庭先生的言傳指授。1956

---

① 《周作人與鮑耀明通信集（1960—1966）》，第153頁。
② 《周作人與鮑耀明通信集（1960—1966）》，第154頁。
③ 《周作人與鮑耀明通信集（1960—1966）》，第158頁。
④ 《〈盧子樞書畫集〉序》，《可居叢稿》，第487頁。
⑤ 參見《龔自珍與晚清時期錢幣學——朱傑勤先生逝世八周年紀念》所録朱傑勤先生來信，見《可居叢稿》，第557頁。朱先生在信中提及自己手中尚未發表的約三萬字的《龔自珍師友記》文稿。

年夏，承北京駱澤民先生介紹，得致信戴老請教泉學。此後數年，又至上海獲其言教，因此先生將戴老尊爲自己“初涉泉學的業師”[①]。其與商承祚、譚棣華先生合編的《先秦貨幣文編》書稿，“從編例研討，到選定錢幣銘文，始終得到戴老的大力幫助”[②]。曾藏戴先生手札約三四十通，後來爲避文害，嗣恐查抄信件累及戴老，大多已燒毁，僅去掉上下名款，裁存下五通有參考價值者。其中之一是戴老就《文編》選錢所遇到的古幣名品鑒定問題給予的答覆[③]，另有一封係回覆其提出的有關晋陽小刀幣的問題[④]。就此可想見先生當年問業之殷勤。戴先生曾輯《珍泉集拓》，此乃其“畢生心血之結晶”和“至珍至愛的寶藏”，其中收有其本人及方藥雨、張樹馴等藏家的名品拓本，并包含沈子槎、王貴忱、趙權之、馬定祥、彭信威等二十五位錢幣學家寫於 1936 年至 1966 年間的親筆題記[⑤]。王先生時年尚輕，而得躋身其中，可知其於錢幣學上成名很早，這自然與其勤於問學是分不開的。

先生與商承祚先生在錢幣學上亦有深入交流。嘗深爲商父商衍鎏先生所器重，兩家祖籍又同爲遼寧鐵嶺，有同鄉之誼，因而過從甚密。《先秦貨幣文編》是商承祚先生領銜編纂，商先生精於古文字研究，王先生則熟悉且掌有大量先秦古幣原始資料，二人各以所長編爲此先秦貨幣文字第一部專書。商先生曾在王先生所藏明萬曆本《泉志》上題寫後記，從中亦可見二人共賞好書，相析疑義之情誼。

金石學家容庚先生，古文字學家于省吾先生亦曾對先生的錢幣學研究有較大的幫助和影響。《庤乃錢鎛》書名是容庚先生所題，書中探討“錢”、“鎛”諸字形義的《説錢》、《釋鎛》二文，即在容先生鼓勵下寫成，并經于省吾先生審定後發表。先生稱其重視文獻之治學態度與方法的淵源之一，正是于師所教導的八字原則——“言必有本，無徵不信”。

在古籍整理上，先生與軍政、文化界名家李一氓、歐初諸先生有較多的交往。20 世紀 80 年代，李一氓先生主持國務院古籍整理出版規劃小組工作，王先生參與

① 《記戴葆庭先生的一通手札》，《可居叢稿》，第 320 頁。該文原載《中國錢幣》1995 年第 3 期。
② 《記戴葆庭先生的一通手札》，《可居叢稿》，第 321 頁。
③ 復信見於《記戴葆庭先生的一通書札》一文。
④ 《清末民國時期的錢幣學》，《可居叢稿》，第 211-212 頁。
⑤ 參見戴志强《〈珍泉集拓〉跋》，《珍泉集拓》影印本，新華出版社，1991 年。

整理的《屈大均全集》和《明本潮州戲文五種》二書的出版，均與李老的重視和支持分不開。《屈大均全集》的整理工作原爲華東一位學者領去，後經李老協調，將整理這位廣東人士著作的任務轉給廣東，此書即由歐初、王貴忱兩先生主編。對《明本潮州戲文五種》的影印出版，李一氓先生亦有促成之功。

在藝事上，先生與李可染、黃文寬、謝稚柳、唐雲、賴少其等藝術界名宿皆交好。李可染先生是當代卓越的國畫大師，在書法藝術上所取得的成就亦多有可述者，唯傳世書法作品以大件居多，而小行書如書簡之類的遺墨恒不多見。其寫給王先生的幾封信，皆文情并茂之作，既是二人雅誼的見證，又具有特殊的藝術價值和資料價值。黃文寬先生是當代著名篆刻家、書法家，曾爲王先生刻印多方，二人共同選定的《黃文寬印譜》中，泰半是爲王先生所刻印。《可居室印識》所收印亦多爲黃先生所刻，其中一枚“鐵嶺王貴忱章”是先生所喜用的，邊款題“仿漢將軍印，持頌貴忱先生年禧”，先生曾爲題識云：“貴忱少時列身軍籍，位不過伍長，文老依漢大將軍印式作此見惠，心竊喜之，意猶知媿尔。”[①] 另有一印“嶺海大學肄業”亦是黃先生所贈。王先生常戲稱自己是“文德路大學”畢業，請黃先生爲刻“文德路大學肄業”印章，黃先生遂刻此印以贈[②]。這些印章融會了藝術性與生活情趣，銘刻了二人之高誼。賴少其先生是當代傑出的藝術大師，在國畫、版畫、書法、詩文等諸多領域皆有相當造詣，亦嗜好收藏，與王先生經常互贈藏品，其中不乏珍品，如王先生曾將明黃君蒨所刻陳洪綬《水滸牌》、胡正言《十竹齋印存初集》、鄧爾雅先生對聯等贈予賴先生，賴先生則將黃賓虹先生所書《畫學篇》長卷轉贈[③]。互贈所愛，正因將彼此視作知音。

多年來，先生樂於與師友切磋學藝，互贈、共享藏品，彼此校閱著述，互寫題跋。傾力於保存師友的書迹，以留存資料，紀念故人。而“文革”期間，商承祚、黃文寬、黃燦光、馮少俠、王志民、譚棣華諸先生，及果菜公司的一些同事，曾無償代爲保管書籍。對於師友的無私相助，先生至今念念不忘。

先生感念前輩學者的獎掖之恩以及與衆師友間的情誼，對待後學，亦關愛有加，

① 見《可居室印識》，鈐印本。

② 後來一所老人大學用了此名，這枚印章便閒置了。

③ 關於賴先生與王先生之間的交往事迹，林銳先生《別有韻味的書法藝術——寫在〈賴少其書信集〉出版之際》一文曾細叙之，見《賴少其書信》，嶺南美術出版社，2005年。

常予鼓勵和幫助。任廣州市地方志編委會副主任兼辦公室負責人期間，積極辦班培養人才。多年來對造門問業者，皆不視出身，誨之不倦，極盡誘學之誠、獎掖之力，身邊相從受益的學生由此日增。先生的上門弟子林鋭先生在一次訪談中説："如果王老覺得你在某方面有才華，他會毫無保留地把資料送給你。他對學生更像是傳統的師承。"① 其《王貴忱：學界的傳奇》一文述及先生對後學的無私幫助："對身邊的年輕人，貴老更是愛護有加，盡其所能加以扶持，經常以自己的藏品相贈，甚至給予經濟資助。"② 胡文輝先生也説，王先生對後輩的賞拔是不遺餘力的③，寫作《現代學林點將録》也得到了先生的勉勵和指導。

先生還常指導後學整理古籍，并慷慨將藏品交付後學整理和研究。例如，20 世紀 80 年代初，將吴榮光著、李宗顥補遺的《歷代名人年譜》一書贈予林梓宗先生，并建議將之整理出版。2002 年，此書點校本由北京圖書館出版社出版，内含李宗顥補充吴榮光原著所缺載的金石、文物及名人生卒等信息一千多種（條）。又如 1985 年夏，先生到廣東省立中山圖書館善本室看書，提出《越臺雜記》一書詳載廣州史事，頗有價值，建議林子雄先生整理出版。此書後來與《嶺南風物記》、《五山志林》等彙爲《清代廣東筆記五種》，列入《廣州史志叢書》，於 2006 年由廣東人民出版社出版。林子雄先生點校本《廖燕全集》是迄今收録最爲齊全的廖燕作品集和研究資料集，該書也是祁烽、王貴忱兩位先生建議整理出版，書中收録的廖燕草書真迹《山居詩》是可居室所藏珍品。林鋭先生所撰《可居室藏張之洞致張佩綸手札》一文，揭示了可居室珍藏的六十餘件張之洞致張佩綸手札的珍貴内涵，這批手札具有極高的資料價值與藝術價值，先生將之交付弟子研究，足見對後學的厚愛與賞掖之力。

五、著述繫年

收列王貴忱先生撰著、整理的著作、題跋、書信等，含未刊稿。各目按著作時間先後順序排列；著作時間不明確者，從發表時間。已發表或出版的著作，注明發

① 郭炳朋《王貴忱：粵地"可居"六十載 大器晚成修大典》，《南方都市報》，2010 年 9 月 28 日。
② 林鋭《王貴忱：學界的傳奇》，《收藏・拍賣》2004 年第 3 期。
③ 參見郭炳朋《王貴忱：粵地"可居"六十載 大器晚成修大典》，《南方都市報》，2010 年 9 月 28 日。

表刊物、期號或出版社、出版時間等。未曾發表且著作時間不詳者附於後。

1954年

跋日本舊版本《焦堅稿》，8月。收入《王貴忱書法集》，嶺南美術出版社，2016年2月。

1955年

題鮑康《大泉圖録》光緒二年刻本，12月7日。戊戌舊除夕前一日（1959年2月6日）又題一則。

跋清嘉慶刻本《山海經》，收入《王貴忱書法集》，嶺南美術出版社，2016年2月。

跋明正統司禮監本《書集傳》，收入《王貴忱書法集》，嶺南美術出版社，2016年2月。

1956年

題謝堃《錢式圖》道光二十二年刻本，1月1日。

1957年

題張崇懿《錢志新編》道光十年刻本，丙申年小年（1月23日）。

《泉志》題跋，清明後一日，題於原刻初印本《泉志》。小暑日（7月7日）、大暑日（7月23日）、8月24日再題。

題吴文炳《泉幣圖説》民國十六年影印本，4月29日。

題萬光煒《古今録》乾隆四十九年刻本，6月。

題《古錢對照表》，仲夏。

1958年

題葉德輝《古泉雜詠》光緒二十七年刻本，1月1日。

題《大日本貨幣精圖》日本明治間精印本。

1962年

題倪模《古今錢略》，1月29日。

中國早期火柴工業及其商標，天津刻印本。

題梁詩正《欽定錢録》光緒十四年銅版影印本，12月29日。

1963 年

題戴熙《古泉叢話》同治十一年刻本，2 月 15 日。

東方火柴商標的起源（與王黎青合作），載《新花園》1963 年第 6 期。

題《寒雲泉簡鈔》王貴忱手抄本，12 月 29 日。

1964 年

題《金忠淳泉拓》乾隆間原錢拓本，2 月 7 日。2 月 15 日、甲寅季春再題。

題宗惟恭《癖泉書室所藏泉幣書目》民國二十三年排印本，夏至。

題《陳老蓮水滸葉子》天啓五年刻本。

1969 年

吴泉説，手寫本。

1970 年

緑綺園印景，鈐寫本，成書 20 部。

1971 年

牧甫印存，鈐寫本，成書 10 部。

1972 年

庤乃錢鎛，拓寫本。

吴泉説，刻印本。

1973 年

説錢，3 月，見拓寫本《庤乃錢鎛》。

釋鎛，3 月末，見拓寫本《庤乃錢鎛》。

題吴均《選錢齋筆記》王貴忱手鈔本，3 月初。

題“嶺海大學肄業”自用印，冬至，2005 年 2 月 23 日又附識一則，收入《可居閑墨：王貴忱書法作品集》，2007 年。

頌齋印存，鈐寫本，成書 10 部。

1974 年

題張齡《松龕古泉鑒》民國十二年原錢拓印本，秋。

《煒圻篆刻集》序，爲原鈐本《煒圻篆刻集》撰。

題楊繼震《鏟迹暗所藏空首幣目録》同治間稿本。

題劉師培《虞夏贖金釋文》宣統元年張焴钞本。

1975年

《齋藏玉印譜》原鈐本跋。

跋清高其倬《味和堂詩集》。

題容庚舊藏端硯拓本，12月30日，收入《王貴忱可居題跋書翰》，嶺南美術出版社，2003年7月。

題龍川佗城唐開元塔殘磚，收入《王貴忱可居題跋書翰》，嶺南美術出版社，2003年7月。

1976年

題潘六如《射影集》民國僞錢拓本，12月。

謝稚柳畫師小傳，自印蠟紙刻印本。

題宋德祐二年款殘磚，收入《王貴忱可居題跋書翰》，嶺南美術出版社，2003年7月。

唐雲畫師小傳，寫本。

黄胄畫師小傳。

李可染小傳。

1977年

題黄賓虹《畫學篇》，10月1日，收入《王貴忱可居題跋書翰》，嶺南美術出版社，2003年7月。

1978年

記黄賓虹《畫學篇》書卷，載《作品》1978年第2期。

竹節古硯——廣東名硯考之一，載香港《大公報》，1978年10月20日。

1979年

井田硯——廣東名硯考之二，載香港《大公報》，1979年1月17日。

欒書缶銘硯——廣東名硯考之三，載香港《大公報》，1979年6月6日。

天福五年硯銘小識——廣東名硯考之四，載香港《大公報》，1979年10月24日。

1980 年

黄士陵手寫本《穆甫雜録》，載《安徽文博》1980 年第 1 期。

阮元井田硯——廣東名硯考之七，載香港《大公報》，1980 年 5 月 14 日。

關於黄賓虹鈐贈高奇峰印譜，載香港《美術家》第 14 期，1980 年 6 月。增訂文本載於《徽學通訊》1988 年第 11、12 期合刊。

評《端溪名硯》（與商承祚合作），原載《羊城晚報》，1980 年 8 月 22 日，《讀書》1980 年第 10 期轉載，收入《粵版書評集》，廣東人民出版社，1985 年 5 月。

黄賓虹贈高奇峰的印譜，載《南方日報》，1980 年 7 月 13 日。

記黄賓虹鈐贈高奇峰的印譜，載《江蘇畫刊》1980 年第 2 期。

李可染蘆塘競渡圖，載《廣東畫報》1980 年第 4 期。

英雄老去心猶壯，載《羊城晚報》，1980 年 12 月 12 日。

1981 年

跋明黄君蒨刻本《水滸牌》，載《廣東圖書館學刊》1981 年第 1 期，修訂後收入《廣東省社會科學院歷史與孫中山研究所五十周年紀念文集》，銀河出版社，2008 年 11 月。

記十竹齋《印存初集》，載《廣東圖書館學刊》1981 年第 2 期。

比亞兹萊的黑白裝飾畫，載《南風》第 2 期，1981 年 2 月 19 日。

賴少其及其書法藝術，載《南風》第 3 期，1981 年 3 月 3 日。

潮州的一塊古磚，載《南風》第 7 期，1981 年 4 月 29 日。

介紹幾部明清刊本定價印記，載《廣東圖書館學刊》1981 年第 4 期。

黎雄才的山水畫，載《江蘇畫刊》1981 年第 4 期。

謝蘭生造像硯，載香港《大公報》，1981 年 5 月 17 日。

阮元所製赤壁硯山，載《南風》第 9 期，1981 年 5 月 29 日。

李遐齡秋波琴硯，載香港《大公報》，1981 年 7 月 20 日。

學習篆書秦隸的好範本——《商承祚篆隸册》讀後感，載《南方日報》，1981 年 8 月 23 日。

詹忠效綫描人物，載《廣東畫報》1981 年第 8 期。

題黄道周舊藏"斷碑十七字硯"（與蘇淵雷先生合作），秋後，收入《可居閑墨：

王貴忱書法作品集》，2007 年。

廣東最早鑄造的鉛錢，載《南風》第 21 期，1981 年 11 月 30 日。

1982 年

名家法書展覽欣賞記（與吴光光合作），載《廣州日報》，1982 年 2 月 2 日。

胡正言所刻書二種，載《廣東圖書館學刊》1982 年第 2 期。修訂文本載《徽州學叢刊》1985 年創刊號。

萬曆本甘暘《集古印譜》跋，載《廣東圖書館學刊》1982 年第 3 期。

《百喻經》與《癡華鬘》，載《廣東圖書館學刊》1982 年第 3 期。

廣東古代歷史人物介紹，載《廣東省文物普查訓練班講稿集》，1982 年 3 月。

符觀《重訂宋詩正體》跋，載《廣東圖書館學刊》1982 年第 4 期。

李可染及其藝術成就，見《李可染畫論》，上海人民美術出版社，1982 年 4 月。

新會何秋梧的治硯，載《南風》第 30 期，1982 年 4 月 25 日。

魯迅題書簽本《癡華鬘》，載《南風》第 34 期，1982 年 6 月 15 日。

嚴正、勤奮的容庚教授（與歐初合作），載《南風》第 37 期，1982 年 7 月 31 日。

督拓百花冢石刻印，載《南風》第 40 期，1982 年 9 月 15 日。

晋元康斷磚硯，載香港《大公報》，1982 年 10 月 24 日。

南漢的鉛錢——廣東最早的鑄鉛錢問題，載《廣東金融研究》1982 年第 11 期。

張大千的《雁蕩大龍湫》圖，載《畫廊》1982 年第 7 期。

從廣東畫院新址落成所想到的，載《南風》第 47 期，1982 年 12 月 15 日。

《李庚水墨畫集》序，日本大阪株式會社光陽出版社。

可居室印識，原拓本（成書 10 套）。

1983 年

從第一部《廣東通志》到“阮志”（與劉志修合作），載《南風》第 49 期，1983 年 1 月 15 日。

記景龍三年斷碑硯，載《嶺南文史》1983 年第 1 期。

《黎雄才畫集》讀後感，載《美術之友》1983 年第 2 期，收入《粤版書評集》，廣東人民出版社，1983 年 5 月。

古幣著録和有關問題的探討，原載《錢幣學會廣東分會成立專刊》，1983年3月。《廣東文博》1983年第1期、《中國錢幣》1984年第1期轉載。

古泉吟序文，中國錢幣學會第一届年會論文。

李可染畫牛，載香港《美術家》1983年第3期。

先秦貨幣文編（與商承祚、譚棣華合作），書目文獻出版社，1983年3月。

居巢作畫硯，載香港《大公報》，1983年3月27日。

三國孫吴鑄錢問題探討（與劉志飆合作），原載《廣東金融研究》1983年第5期。《泉幣之友》1983年第5期、《中國錢幣》1983年第3期轉載。收入《可居題跋》，1989年，題爲“三國孫吴鑄錢小引”。2003年中國錢幣學會古代貨幣專業委員會、江蘇省錢幣學會“六朝貨幣與鑄錢工藝研討會”會議論文；收入中國錢幣學會古代貨幣專業委員會、江蘇省錢幣學會編《六朝貨幣與鑄錢工藝研究》論文集，鳳凰出版社，2005年5月。

可居室所藏錢幣書目，載《廣東金融研究》1983年4月增刊。

讀《中國繪畫史》，載香港《大公報》，1983年5月16日。

端溪硯坑圖硯，載香港《書譜》1983年第6期。

記蘇淵雷所藏黄道周斷碑硯，7月1日，載《家庭》1983年第11期。

鮑康致楊繼震的談泉墨迹——錢幣學家遺簡之一，載《上海物資市場》，1983年8月20日；《廣東金融研究》1983年第11期。

《古泉吟五十首》序，8月25日爲邱思達刻印本《古泉吟五十首》撰，收入《可居題跋二集》，1992年。

楊繼震的安陽刀幣拓片，載《浙江錢幣》1983年第2期。

楊繼震記南宋錢墨迹——錢幣學家遺簡之二，載《上海物資市場》，1983年11月12日；《廣東金融研究》1983年第12期。

廣東的野味，載《中國烹飪》1983年第11期。

1984年

盛昱書題楚幣沛錢當圻，載《上海物資市場》，1984年1月21日。

余菊盦《海棠華館吟草》序，載余菊盦《海棠華館吟草》，澳門日報社，1984年1月。

收入《可居題跋》，1989 年。

關於吴三桂鑄錢問題的探討，載《廣東文博》1984 年第 1 期。

八百年前成書的泉志，載《南風》第 76 期，1984 年 2 月 23 日。

略論洪遵《泉志》的學術價值——兼談古代錢幣學文獻存佚情況，初載《廣東圖書館學刊》1984 年第 1 期。後載《甘肅金融》1999 年第 12 期、《中國錢幣》2000 年第 3 期，題名爲“洪遵《泉志》的學術價值——兼談古代錢幣文獻存佚情况”。

記潮州古城磚及其拓本，載《廣東文博》1984 年第 2 期。

黄牧甫早年的篆刻藝術，載《嶺南書藝》總第 2 期。

記王寵行草書詩長卷，載《嶺南書藝》總第 3 期。收入《可居題跋》，1989 年，題名爲“王寵自書詩卷跋”。

略談容庚在書法藝術上的成就（與歐初合作），載《家庭》1984 年第 3 期。

李佐賢題畫遺墨，載《泉幣之友》總第 9 期，1984 年 3 月。

跋晚明徽派版畫家黄君蒨刻本《水滸牌》，浙江學術討論會論文，1984 年 4 月，載《美術論壇》第 4 期。《徽學通訊》1986 年第 3 期轉載。

略談古本潮州戲文五種的版本，載《國務院古籍整理出版情況簡報》第 121 期，1984 年 4 月。

張之洞創辦廣東錢局考略，載《學術研究》1984 年第 5 期。修訂文本收入中國錢幣學會廣東分會編《首屆年會錢幣論文集》(《〈廣東金融〉增刊》)，1986 年 12 月；後載《中國錢幣》1988 年第 3 期。

火花一詞由來和早期收藏家，載《家庭》1984 年第 6 期。

中國第一枚火花，載《家庭》1984 年第 7 期。

中國古代的發燭和現代火柴，載《家庭》1984 年第 8 期。

記明刊本《重訂宋詩正體》，載《詩詞》報 1984 年第 22 期。

從文獻上看外國火柴的對華輸入，載《家庭》1984 年第 11 期。

寫《中國早期火柴工業及其商標》的前後，載《火花》1984 年第 6 期。

清末民國時期的錢幣學，原載河南錢幣學會編《中國錢幣常識選編》，鄭州出版社，1984 年 12 月。收入《中國錢幣論文集》，中國金融出版社，1985 年 9 月。

三孔幣彙編。

題商承祚《山西出土古幣拓片》原錢拓本。

1985 年

《周叔弢先生遺札十四通》後記，載《社會科學戰綫》1985 年第 1 期；《周叔弢先生書簡》，自印本，1994 年。

編輯屈大均全集述略，原載《廣州日報》，1985 年 1 月 19 日；《國務院古籍整理出版情況簡報》第 136 期（1985 年 3 月）、香港《大公報》1985 年 6 月 9 日轉載。

跋大石齋所藏南城本《小麻姑帖》，1 月。載《顏真卿小麻姑仙壇記》，上海書店，1990 年 1 月。

跋大石齋所藏宋拓《夫子廟堂碑》，1 月。收入《可居題跋》，1989 年。

利用通寶鑄行上限期探討，載《中國錢幣》1985 年第 1 期。

丁福保和《古泉叢書》，載《中國錢幣》1985 年第 1 期。

鄧秋枚舊藏茅山里磚硯，載《廣東文博》1985 年第 1 期。

《黎雄才畫集》序，1 月，見《黎雄才畫集》，嶺南美術出版社，1985 年 5 月。《美術之友》1985 年第 6 期、《羊城晚報》1986 年 2 月 1 日轉載。

題方若《舊雨樓泉景》原錢拓本，2 月[①]。

早期火花上的戊戌變法史影，載《家庭》1985 年第 2 期。

胡正言所刻圖書簡述（與王大文合作），載《廣州師院學報》1985 年第 3 期。收入南京十竹齋藝術研究部編《十竹齋研究文集》，1987 年 10 月。

中國最古的錢譜《泉志》，載香港《華僑日報》，1985 年 4 月 23 日。

中國歷代貨幣書籍，文化部文物局鄭州培訓中心印，1985 年 5 月。

跋大石齋所藏沈寐叟題簽魏碑拓本，5 月 30 日。

楊繼震手書空首幣故事，載《中國錢幣》1985 年第 2 期。

丹巡貼寶等七種銅錢鑄造時代探討——遼、西夏、金、元貨幣瑣談，載《內蒙古金融·錢幣增刊》1985 年總 51 期。收入內蒙古自治區錢幣學會編《〈內蒙古金融

---

① 題曰“逢叔弢文作古周年祭日”。

研究〉錢幣文集》第一輯，2002年。

原拓本《方家長物》跋，7月25日，1986年中國錢幣學會第二屆年會論文。湖北《金融志資料專輯》第21、22期合刊轉載。收入《可居題跋》，1989年。

學歷與學問，收入《在人生的斜坡上》，廣東人民出版社，1985年9月。

王懿榮索泉拓書簡一通，載《中國錢幣》1985年第3期。

關於古代版畫問題的通訊，載《古版畫通信》1985年第3、4期合刊，10月。

題戴葆庭《足齋泉拓拾餘集》原錢拓本，10月。

明本潮州戲文五種（與楊越合作），廣東人民出版社，1985年10月。

洪遵及其《泉志》，載《中國錢幣》1985年第4期。

復《湖北省金融志》主筆黄德立先生（信稿），4月26日，收入《可居題跋三集》，1995年。

題《洪氏〈泉志〉校誤》。

讀《畫語拾零》，載香港《美術家》第43期。

金代所鑄錢稀見品雜記——遼、西夏、金、元貨幣瑣談，載《内蒙古金融·錢幣續刊》1985年總第55期。

《三孔幣彙編》後記，初載《中國錢幣》1984年第4期。修訂文本載《陝西金融》1985年第11期；收入中國錢幣學會廣東分會編《首屆年會錢幣論文集》(《〈廣東金融〉增刊》)，1986年12月；收入《可居題跋》，1989年。

昭武通寶鑄行年代問題，載《上海工業經濟報》，1985年12月26日。

可居泉拓，原拓本，成書20部。

1986年

鮑康著述及其彩箋遺札（與童子玉合作），載《中國錢幣》1986年第1期；又載《徽學》1986年第1期，題名爲“鮑康著述及其彩箋書札”。

龔自珍詩文集早期刊本述聞（與王大文合作），載《廣州師院學報（社會科學版）》1986年第2期。

彭信威及其《中國貨幣史》，載《中國錢幣》1986年第2期。

題劉世珩《銀價駁議》光緒三十年排印本，春日。

思賢亭記（代番禺縣政府撰文，1986年5月刻石，碑在番禺縣思賢鄉），5月，收入《可居題跋二集》，1992年。

烏金鎮紙銘并序，6月3日。

清初刊本《皇明四朝成仁録》單篇跋，6月19日。爲“紀念屈大均逝世二百九十周年學術討論會”論文。

《大德南海志殘本》前言，廣州市地方志研究所印，1986年9月。

略談胡正言所刻書兩種（與王大文合作），載《南京史志》1986年第5期。

日本古刻《成唯識論》跋，11月12日，載《嶺南書藝》總第15、16期，1989年。

廣東貨幣金融歷史文獻知見録（與陳佩山、鐘麗文合作輯録），收入中國錢幣學會廣東分會《首届年會錢幣論文集》(《〈廣東金融〉增刊》)，1986年12月。

徐悲鴻致歐陽予倩書札，載《嶺南書藝》總第8期。

題《楚金版集拓册》，收入《可居題跋》，1989年。

題吴隱《遯盦古泉存》宣統元年原錢拓印本。

題西州山人《古今錢文考略》光緒二十一年刻本。

1987年

在廣州市第一次修志工作會議上的工作報告，載《廣州史志》創刊號，1987年1月。

龔自珍詩文集早期刊本述聞（二）（與王大文合作），載《廣州師院學報（社會科學版）》1987年第1期。

袁崇焕畫像及軼事記聞，載《廣州史志》創刊號，1987年1月。收入《可居題跋三集》，1995年，題名爲“袁崇焕畫像及其疏稿”。

記大德《南海志》殘卷（與葉章永合作），載《廣州史志》創刊號，1987年1月。

龔自珍詩文集早期刊本述聞（三）（與王大文合作），載《廣州師院學報（社會科學版）》1987年第2期。

大德本《南海志》殘卷跋，載《國務院古籍整理出版情況簡報》第175期、《廣州師院學報（社會科學版）》1999年第3期。

龔自珍收集古錢幣軼事紀聞，載《中國錢幣》1987年第2期。

胡正言刊本藝術類圖書簡述，載《徽學通訊》1987年第5、6期合刊。

《瓦當百圖印譜》序，秋日，載《嶺南書藝》總第 10 期。

略談張蔭桓其人其書（與王楚材合作），載《嶺南書藝》總第 10 期。收入《可居題跋》，1989 年，題名爲“書《張樵野戊戌日記》後”。

跋大石齋所藏康熙拓本《韓仁碑》，10 月 31 日，收入《可居題跋》，1989 年。

跋大石齋所藏鮑康秦詔版拓本册，11 月 1 日。

追念陶鑄同志，載《祁陽文史資料》第四輯，1987 年 12 月。載《廣州日報》，1989 年 1 月 21 日。收入廣東省委宣傳部、黨史辦公室編《高山青松：陶鑄誕辰一百周年紀念文集》，2008 年 1 月。

龍年話《百龍圖印譜》，載《文化參考報》第 24 期，1987 年 12 月 30 日。

湘中集印録。鈐印本，成書稿 12 部，未裝册。

題方若《藥雨古化雜詠》民國十四年原錢拓印本。

1988 年

《百龍圖印譜》序，1 月 24 日爲楊堅水《百龍圖印譜》撰。

龍年話龍錢，載《上海錢幣通訊》總第 4 期，1988 年 1 月。

《中國古鈔圖輯》讀後感（與趙珮賢合作），載《中國錢幣》1988 年第 1 期。

王廷訥爲《集古印譜》所撰序文，《徽學通訊》1988 年第 1 期。

龔自珍詩文集早期刊本述聞（四）（與王大文合作），載《廣州師院學報（社會科學版）》1988 年第 3 期。

題蒙古至元十五年鎏金鏡拓本，5 月 5 日，收入《王貴忱可居題跋書翰》，嶺南美術出版社，2003 年 7 月。

題潘景鄭《寄漚所藏泉影》原錢拓本，夏至。

楊家聰、楊毅父子畫展序，載《廣州日報》，1988 年 6 月 26 日。

書《中國歷代貨幣大繫·先秦貨幣》卷，7 月 14 日，收入《可居題跋》，1989 年。

唐雲、唐逸覽父子畫展前言，7 月 15 日，收入《可居題跋二集》，1992 年。

唐雲唐逸父子新加坡畫展序，1988 年 7 月。

《中國歷代貨幣大繫》先秦卷問世，載《上海錢幣通訊》總第 7 期。

陳介祺致鮑康談泉書札（與沈津合作標點注釋），《廣東錢幣通訊》7 期，1988

年 8 月起連載。

舊拓造像文字十四品跋，載《嶺南書藝》總第 12 期。

《印林閑話》編者按語，載《嶺南書藝》總第 12 期。

潘蘭史及其書法藝術，載《嶺南書藝》總第 13 期。

《古錢百詠》序，見邱思達《古錢百詠》，天津古籍出版社，1988 年 11 月。

題潘景鄭《著硯樓泉拓集》原錢拓本。

1989 年

《百鳳圖印譜》序，1 月 30 日爲楊堅水《百鳳圖印譜》撰。

《百鳳圖印譜》前言，載《文化參考報》第 1、2 期合刊，1989 年 1 月。

王貴忱論著目録：1962—1989 年，仲春，自印本。

龔自珍詩文集早期刊本述聞（五）（與王大文合作），載《廣州師院學報（社會科學版）》1989 年第 1 期。

龔自珍詩文集早期刊本述聞（六）（與王大文合作），載《廣州師院學報（社會科學版）》1989 年第 3 期。

中國古代對外貿易中有關貨幣問題的探討（與王大文合作），收入陳伯堅主編《廣州外貿兩千年》，廣州文化出版社，1989 年 3 月。

翁樹培及其泉學遺著，載《中國錢幣》1989 年第 2 期。

《打馬圖經注釋本》序，7 月 17 日爲孫仲彙《打馬圖經注釋本》撰。

《黄文寬印譜》序，11 月 20 日，見北京市民政局工藝美術品廠鈐印本《黄文寬印譜》，1990 年。

清代女詞人顧太清的書法，載《嶺南書藝》總第 17 期。

記黄賓虹鈐贈高奇峰的集古印譜，載黄賓虹研究會編《墨海煙雲：黄賓虹研究論文集》，安徽美術出版社，1989 年 10 月。收入趙志鈞編《黄賓虹金石篆印叢編》，人民美術出版社，1999 年 10 月。

題龔定庵寫刻本《破戒草》，收入《可居題跋》，1989 年。

可居題跋，自印綫裝本。

1990 年

《百馬圖印譜》序，1 月 10 日爲楊堅水《百馬圖印譜》撰。

《秦半兩錢文圖説》序，3 月 12 日，收入《可居題跋二集》，1992 年。

《晚清分省銀圓圖録》弁言，初春，收入《可居題跋二集》，1992 年。

賴少其、唐雲書畫展前言，載《羊城晚報》，1990 年 10 月 7 日。

《中國歷代壓勝錢收藏與鑒賞》序，12 月 25 日，見高文、袁愈高編著《中國歷代壓勝錢收藏與鑒賞》，巴蜀書社，1999 年 9 月。此前收入《可居題跋二集》，1992 年，題名爲"《中國壓勝錢集萃》引言"。

《廣東貨幣三百年》序，見吴志輝、肖茂盛編著《廣東貨幣三百年》，廣東人民出版社，1990 年 12 月。

題張克龢《石園泉拓》原錢拓本。

1991 年

《名家篆刻小集》序，2 月 25 日，收入《可居題跋二集》，1992 年。

劉隱和南漢鑄行錢幣考略，見《中國歷代貨幣大繫・隋唐五代十國貨幣》，上海古籍出版社，1991 年 4 月。

《戴葆庭集拓中外錢幣珍品》讀後感，載《中國錢幣》1991 年第 2 期。

《建昭雁足燈考》跋，初夏題於道光刊本《建昭雁足燈考》。

從古代中外貨幣交流探討廣州海上絲綢之路，載廣東省人民政府外事辦公室、廣東省社會科學院編《廣州與海上絲綢之路》，廣東省社會科學院出版社，1991 年 1 月。

1992 年

錢幣學家方地山軼聞，載《中國錢幣》1992 年第 1 期。

明萬曆初印本《北宫詞記》跋，載《廣州師院學報（社會科學版）》1992 年第 2 期。

錢幣文獻學者宗惟恭軼事，載《中國錢幣》1992 年第 2 期。

《中國花錢》弁言，見顧錦芳、張振才《中國花錢》，上海古籍出版社，1992 年 7 月。

題廖燕《山居詩》草書手卷，初秋，收入《王貴忱可居題跋書翰》，嶺南美術出版社，2003 年 7 月。

《錢幣百圖印譜》序，8 月 24 日爲楊堅水《錢幣百圖印譜》撰。

題廣東省博物館藏“猴王”、“松鶴”二硯墨本，冬日。

《桃山泉談會誌》後記（與吴振强合作），10月，見《桃山泉談會誌》，遼瀋書社，1992年12月。

《歷代筆記言錢録》前言，收入《可居題跋二集》，1992年。

可居題跋二集，自印綫裝本。

李可染先生書簡，自印綫裝本。

1993年

錢幣學家孫鼎及其手書跋文，載《中國錢幣》1993年第1期。

張蔭桓其人其著，載《學術研究》1993年第6期。

《觀世音百圖印譜》序，爲楊堅水《觀世音百圖印譜》撰。收入《可居題跋三集》，1995年，題名爲“《觀世音百圖印譜》弁言”。

大中通寶和最早的廣鑄大錢，收入《可居題跋三集》，1995年。

雞年話雞錢，收入《可居題跋三集》，1995年。

1994年

中國錢幣文獻叢書（與馬飛海合作主編），上海古籍出版社，1994年起陸續出版。

李可染先生書簡，自印綫裝本。

周叔弢先生書簡，自印綫裝本。

于省吾先生書簡，自印綫裝本。

1995年

記戴葆庭先生的一通手札，載《中國錢幣》1995年第3期。

題李瑞清致閔荷生手札，1月25日，收入《王貴忱可居題跋書翰》，嶺南美術出版社，2003年7月。

清代名僧六舟的詩箋，載《信息時報》，1995年7月20日。

題雙白鹿齋本《太上感應篇》，收入《王貴忱可居題跋書翰》，嶺南美術出版社，2003年7月。

《李廣祥書法集》弁言，收入《可居題跋三集》，1995年。

可居題跋三集，自印綫裝本。

潘景鄭先生書簡，自印綫裝本。

1996 年

題李廣祥草書書譜巨秩，5 月 21 日，收入《王貴忱可居題跋書翰》，嶺南美術出版社，2003 年 7 月。

《李廣祥書法選集》序，7 月，見公安部、中國書法家協會編《李廣祥書法選集》，1996 年 8 月。

屈大均全集（與歐初合作主編），人民文學出版社，1996 年 12 月。

題《李曲齋信札》，收入《王貴忱可居題跋書翰》，嶺南美術出版社，2003 年 7 月。

胡正言所刻圖書見聞記（與王大文合作），載《學士》卷三，廣東高等教育出版社。

1997 年

跋南明永曆二年張家玉碑，夏日，收入《王貴忱可居題跋書翰》，嶺南美術出版社，2003 年 7 月。

題《胡方草書詩卷》，12 月 29 日，收入《王貴忱可居題跋書翰》，嶺南美術出版社，2003 年 7 月。

《廣東歷代貨幣》序，見《廣東歷代貨幣》，廣東金融雜志社。

1998 年

龔自珍集外詩文録，載《學術研究》1998 年第 3 期。

龔自珍與晚清時期錢幣學——朱傑勤先生逝世八周年紀念，載《廣州師院學報》1998 年第 5 期。

題黄文寬印拓，收入《王貴忱可居題跋書翰》，嶺南美術出版社，2003 年 7 月。

李一氓先生書簡，自印綫裝本。

1999 年

《盧子樞書畫集》序，見《盧子樞書畫集》，嶺南美術出版社，1999 年 5 月。

《中國陶瓷鑒賞與投資》弁言，見《中國陶瓷鑒賞與投資》，嶺南美術出版社，1999 年 8 月。

張蔭桓戊戌日記手稿，澳門尚志書社，1999 年 11 月。

高綱《二十七松堂集序》跋語，12 月。收入《王貴忱可居題跋書翰》，嶺南美術出版社，2003年7月。

2000年

洪遵《泉志》的學術價值——兼談古代錢幣文獻存佚情況，《中國錢幣》2000年第3期。

2001年

題明《振雅雲箋》，1月4日，收入《王貴忱可居題跋書翰》，嶺南美術出版社，2003年7月。

吕留良的一方名章，載《廣東藝術》2001年第2期。

記謝無量先生書薛濤箋詩葉，春日，載《王貴忱可居題跋書翰》，嶺南美術出版社，2003年7月。

黄遵憲的一封家書及其自製信箋，載《廣東藝術》2001年第5期。

南明永曆三年誥贈李詒德誥書跋，10月30日，見《南明永曆帝敕封李詒德誥命及其考訂》，國際港澳出版社有限公司，2008年9月。後略作修改。

2002年

記劉逸生先生二三事，載《同舟共濟》2002年第1期。

《曾國藩未刊書札》序，見《曾國藩未刊書札》，商務印書館，2002年11月。

《廣東省立中山圖書館藏名人手札》弁言，見《廣東省立中山圖書館藏名人手札》，商務印書館。

劉逸生先生書簡，自印綫裝本。

2003年

題新莽鼓鑄錢，收入《王貴忱可居題跋書翰》，嶺南美術出版社，2003年7月。

題漢續銖錢，收入《王貴忱可居題跋書翰》，嶺南美術出版社，2003年7月。

題何紹申舊藏北魏宋景妃造像拓本，收入《王貴忱可居題跋書翰》，嶺南美術出版社，2003年7月。

題十國馬殷所鑄背策字鐵錢，收入《王貴忱可居題跋書翰》，嶺南美術出版社，2003年7月。

題五代開元通寶錢，收入《王貴忱可居題跋書翰》，嶺南美術出版社，2003年7月。

題五代唐國通寶鐵錢，收入《王貴忱可居題跋書翰》，嶺南美術出版社，2003 年 7 月。

題元至正之寶權鈔錢，收入《王貴忱可居題跋書翰》，嶺南美術出版社，2003 年 7 月。

題明天啓通寶大錢，收入《王貴忱可居題跋書翰》，嶺南美術出版社，2003 年 7 月。

題一九七九年上海人民美術出版社《水滸葉子》，收入《王貴忱可居題跋書翰》，嶺南美術出版社，2003 年 7 月。

跋王漁洋小楷書真迹，收入《王貴忱可居題跋書翰》，嶺南美術出版社，2003 年 7 月。

清張九鉞《晋南隨筆》稿本跋，收入《王貴忱可居題跋書翰》，嶺南美術出版社，2003 年 7 月。

題清同治兩色套印板《陶淵明集》，收入《王貴忱可居題跋書翰》，嶺南美術出版社，2003 年 7 月。

題初印本《翁同龢詩集》，收入《王貴忱可居題跋書翰》，嶺南美術出版社，2003 年 7 月。

題《寐叟題跋》，收入《王貴忱可居題跋書翰》，嶺南美術出版社，2003 年 7 月。

題古靈精怪手卷，收入《王貴忱可居題跋書翰》，嶺南美術出版社，2003 年 7 月。

題錢基博錢锺書父子書札，收入《王貴忱可居題跋書翰》，嶺南美術出版社，2003 年 7 月。

王貴忱可居題跋書翰，嶺南美術出版社，2003 年 7 月。

廖燕《山居詩》書卷跋，載《嶺南書論》，黑龍江人民出版社，2003 年 11 月。

《中國歷代書法碑林碑帖集》弁言，12 月 18 日，見《中國歷代書法碑林碑帖集》，廣東人民出版社，2004 年 1 月。

周一良先生書簡，自印綫裝本。又載《文獻》2003 年第 7 期。

汪宗衍先生書簡，自印綫裝本。

2004 年

王國維遺墨及書册數種，載《收藏・拍賣》2004 年第 2 期。

袁寒雲的書法及其軼事，載《收藏・拍賣》2004年第3期。

《龔定盦自寫詩卷》跋，載《收藏・拍賣》2004年第4期。收入李雪松編《龔定庵自寫詩卷》，文物出版社，2008年4月。收入《可居題跋四集（下）》，2010年。

2005年

記黄小松跋武梁祠畫像真迹，載《收藏・拍賣》2005年第6期。

記啓功先生軼聞二三事，載《收藏・拍賣》2005年第8期。

《開國將軍軼事》序，10月8日，見吴東峰《開國將軍軼事（續集）》，解放軍文藝出版社，2006年1月。

2006年

《閑窗書課——林雅傑作品集》弁言，12月，見《閑窗書課——林雅傑作品集》，嶺南美術出版社，2007年1月。

2007年

《古陶瓷識鑒講義》序言，1月，見陸建初《古陶瓷識鑒講義》，學林出版社，2007年1月。

中國錢幣大辭典・泉人著述編，中華書局，2007年2月。

題吴熙載"古稀老人"印，8月20日，收入《可居閑墨：王貴忱書法作品集》，2007年。

題東漢仙人騎馬鏡，秋日，收入《可居閑墨：王貴忱書法作品集》，2007年。2009年夏日重題，載《閑處光陰：羊草、李志東、夏穗書畫印拓作品》，中國文化藝術出版社，2009年8月。

高其佩銅印跋，冬日，載《指畫研究》2008年第1期。

東北名人書翰一臠，載《白雲論壇》第4卷，北京圖書館出版社，2007年11月。

題越南景興錢二品，收入《可居閑墨：王貴忱書法作品集》，2007年。

題張廷濟手札，收入《可居閑墨：王貴忱書法作品集》，2007年。

《可居閑墨：王貴忱書法作品集》，2007年。

2008年

越南景興錢譜。

2009 年

題毛晋卯石硯拓片，夏日，載《閑處光陰:羊草、李志東、夏穗書畫印拓作品》，中國文化藝術出版社，2009 年 8 月。

2010 年

可居題跋四集，自印綫裝本。

可居題跋五集，自印綫裝本。

越南古錢集拓，8 套，原拓自印綫裝本。

《朱學勤文集》序，《朱學勤文集》，廣西師範大學出版社，2011 年 1 月。

2011 年

可居叢稿，廣東人民出版社，2011 年 3 月。

跋清道光刻本《圓覺經略疏》，春日，收入《王貴忱書法集》，嶺南美術出版社，2016 年 2 月。

《祝允明草書書錦堂記卷》跋，西泠印社出版社，2011 年。

可居室藏清代民國名人信札，國家圖書館出版社，2011 年 12 月。

2012 年

可居室印識，原鈐原拓綫裝本 30 本，2012 年 6 月。

趙烈文遺文知見録及其《天放樓碑跋》稿本紀略，中山大學圖書館主辦中文古籍整理與版本目録學國際學術研討會論文，收入《中文古籍整理與版本目録學國際學術研討會論文集》，廣西師範大學出版社，2013 年 12 月。

《先秦貨幣彙覽・方足布卷》序，北京出版社，2012 年 12 月。

題《牧齋先生自書詩卷》。

題《陶陶女史百花圖手卷》。

題王玉玨《水仙圖》。

題明吴偉業先生《鄉居圖》。

書朱晦庵先生名句，賀沈津先生《美國哈佛大學哈佛燕京圖書館藏中文善本書志》出版。

2013年

題吴灝先生寫《朴廬讀札圖》。

題吴灝先生寫《壯暮翁作畫圖》。

《黄賓虹山水畫寫生稿》題跋二則。

題溥儒《鍾馗圖》。

張蔭桓詩文珍本集刊，曹淳亮、林鋭選編，學術顧問王貴忱，上海古籍出版社，2013年12月。

2014年

題漢唐雙璧拓，立春，收入《王貴忱書法集》，嶺南美術出版社，2016年2月。

題端溪宋坑可居叢稿書研拓，立春，收入《王貴忱書法集》，嶺南美術出版社，2016年2月。

可居叢稿（增訂本），廣東人民出版社，2014年6月。

周景良先生書簡，自印綫裝本，2014年。

題《明本潮州戲文五種》書硯拓，夏日，收入《王貴忱書法集》，嶺南美術出版社，2016年2月。

可居室藏錢幣文獻圖録，廣東教育出版社，2014年10月。

題中國錢幣文獻叢書書硯拓，秋日，收入《王貴忱書法集》，嶺南美術出版社，2016年2月。

題十六羅漢研齋之騎象羅漢研拓，中秋，收入《王貴忱書法集》，嶺南美術出版社，2016年2月。

《可居鑒賞大自在山房古磚六十品》25本，原拓自印綫裝本。

2015年

《廣州大典》跋，《廣州大典》，廣州出版社，2015年3月。

題大自在山房藏四川大邑晋畫像磚拓六品，收入《王貴忱書法集》，嶺南美術出版社，2016年2月。

《可居鑒賞大自在山房古磚六十品》典藏本10本，原拓自印綫裝本。

題端州宋坑可居室用鼓形大研拓，立秋，收入《王貴忱書法集》，嶺南美術出版社，

2016年2月。

題端州宋坑可居讀書硯拓，冬日，收入《王貴忱書法集》，嶺南美術出版社，2016年2月。

題方介堪、黄文寬印拓，冬日，收入《王貴忱書法集》，嶺南美術出版社，2016年2月。

題嶺南書藝印拓，冬至，收入《王貴忱書法集》，嶺南美術出版社，2016年2月。

2016年

題碧血丹心玉蟬芭蕉硯拓，立春，收入《王貴忱書法集》，嶺南美術出版社，2016年2月。

題可居室藏安南景興大錢拓之一之二，春日，收入《王貴忱書法集》，嶺南美術出版社，2016年2月。

題可居室藏安南明命吉語錢之一之二，春日，收入《王貴忱書法集》，嶺南美術出版社，2016年2月。

題後晋天福五年硯拓，春日，收入《王貴忱書法集》，嶺南美術出版社，2016年2月。

題戰國魏四龍祥雲大型畫像磚拓，春日，收入《王貴忱書法集》，嶺南美術出版社，2016年2月。

《王貴忱書法集》，嶺南美術出版社，2016年2月。

寫作時間不詳者

古泉齋所藏空首幣目録，拓寫本。

古泉齋所藏先秦古幣目録，拓寫本。

空首幣集，原錢拓本。

平首布集，原錢拓本。

金銀異錢録，原錢拓本。

可居室泉拓，原錢拓本，侯過、容庚先生題首。

庤乃錢鎛，原錢拓寫本，容庚先生題首。

補選錢齋筆記，據容庚先生頌齋藏舊鈔本移録原文配以可居室所藏錢幣拓本。

寒雲泉簡鈔，袁克文著、王貴忱手鈔本。

同治本《泉志》校後。

題葉志詵《平安館泉拓》清代原錢拓本。

題金嘉《洪氏〈泉志〉校誤》光緒二十年（1894）刻本。

題方若《舊雨樓錢拓集》原錢拓本。

題沈子槎《子槎果園兩翁古稀祝壽泉拓》1950年原錢拓印本。

題易忠箓《穭園泉蜕》原錢拓本。

題周進《陶盦泉拓》原錢拓本。

題方天仰《方雨樓泉拓》原錢拓本。

題陳恕齋《恕齋泉拓》原錢拓本。

題潘六如《贋鼎録》民國僞錢拓本。

題駱澤民《駱家泉拓》原錢拓本。